MINHA HISTÓRIA
PARA JOVENS LEITORES

MICHELLE OBAMA

MINHA HISTÓRIA
PARA JOVENS LEITORES

Tradução
DÉBORA LANDSBERG, DENISE BOTTMANN,
LÍGIA AZEVEDO E RENATO MARQUES

O selo jovem da Companhia das Letras

Copyright © 2021 by Michelle Obama

Todos os direitos reservados. Publicado nos Estados Unidos pela Delacorte Press, um selo da Random House Children's Books, uma divisão da Penguin Random House LLC, Nova York.

Esta obra foi baseada em *Minha história*, copyright © 2018 by Michelle Obama, publicado nos Estados Unidos pela Crown, um selo do Random House Publishing Group, uma divisão da Penguin Random House LLC, Nova York.

O selo Seguinte pertence à Editora Schwarcz S.A.

Grafia atualizada segundo o Acordo Ortográfico da Língua Portuguesa de 1990, que entrou em vigor no Brasil em 2009.

TÍTULO ORIGINAL Becoming: Adapted for Young Readers

CAPA Christopher Brand

FOTO DE CAPA Miller Mobley

PROJETO GRÁFICO Andrea Lau

PREPARAÇÃO Sheila Louzada

REVISÃO Carmen T. S. Costa e Angela das Neves

Dados Internacionais de Catalogação na Publicação (CIP)
(Câmara Brasileira do Livro, SP, Brasil)

Obama, Michelle
    Minha história : Para jovens leitores / Michelle Obama ; tradução Débora Landsberg ... [et al.]. — 1ª ed. — São Paulo : Seguinte, 2021.

    Outros tradutores : Denise Bottmann, Lígia Azevedo, Renato Marques.
    Título original: Becoming: Adapted for Young Readers
    ISBN 978-85-5534-134-2

    1. Cônjuges de presidentes – Estados Unidos – Autobiografia 2. Histórias de vida 3. Obama, Michelle, 1964- I. Bottmann, Denise. II. Azevedo, Lígia. III. Marques, Renato.

21-55638   CDD-920

Índice para catálogo sistemático:
1. Memórias autobiográficas   920

Aline Graziele Benitez - Bibliotecária - CRB-1/3129

[2021]
Todos os direitos desta edição reservados à
EDITORA SCHWARCZ S.A.
Rua Bandeira Paulista, 702, cj. 32
04532-002 — São Paulo — SP
Telefone: (11) 3707-3500
www.seguinte.com.br
contato@seguinte.com.br

*A todas as pessoas que me ajudaram
a me tornar quem sou:*

*as pessoas que me criaram — Fraser, Marian, Craig
— e minha enorme família estendida,*

meu grupo de mulheres fortes que sempre me anima,

minha equipe leal e dedicada que sempre me deixa orgulhosa.

———————

Aos amores da minha vida:

*Malia e Sasha, minhas duas gotinhas preciosas,
minhas razões de viver,*

*e, por fim, Barack, que sempre me prometeu
uma jornada interessante.*

SUMÁRIO

Nota aos leitores
9

Prefácio
11

A história começa
17

A nossa história
127

Uma história maior
295

Epílogo
431

Agradecimentos
437

Créditos das imagens
443

NOTA AOS LEITORES

QUANDO TEVE INÍCIO O PROCESSO DE ESCRITA DESTE livro, eu não sabia ao certo qual forma ele assumiria, muito menos qual seria o título. Mas uma coisa eu sabia: que queria ser honesta — e não foi diferente com esta edição para jovens leitores. Meu irmão, Craig, e eu crescemos no South Side de Chicago das décadas de 1960 e 1970, e nossos pais, Fraser e Marian Robinson, sempre foram muito diretos conosco. Eles nunca douravam a pílula nem apresentavam sua realidade de forma distorcida, porque sabiam que éramos capazes de lidar com a verdade. Quero tratar vocês com esse mesmo respeito.

Por isso, prometo contar minha história em toda a sua confusa glória — desde a vez em que tive dificuldade de ler uma palavra diante de toda a turma do jardim de infância até meu primeiro beijo, as inseguranças que sentia enquanto crescia, o caos de uma campanha eleitoral e a estranha experiência de apertar a mão da rainha da Inglaterra.

Mas espero que vocês não se deixem levar pelo glamour da Casa Branca, porque as partes mais significativas da minha história não são os bailes de gala nem os jantares oficiais, e sim as pequenas coisas: o sorriso do meu avô quando botava seu disco preferido para tocar, o cheiro da nossa casa quando minha mãe fazia a faxina de primavera, o ruído do raspador de gelo no vidro do carro no auge do inverno de Chicago.

Durante o processo de escrita, eu me dei conta de que nenhuma recordação é pequena demais. Cada partezinha da nossa história tem significado. Algumas lembranças podem causar uma pontada de dor, em especial aquelas relacionadas à juventude. Até hoje sinto o constrangimento de quando fracassei diante de todos os meus colegas de classe quando pequena. Até hoje sinto meu estômago se revirar porque duvidaram de mim. E até hoje sinto a dor e o vazio de ter perdido pessoas muito próximas. Em algum momento, todos experimentamos um tipo de dor que não conseguimos curar sozinhos.

Mas muitas vezes esses pontos sensíveis — aqueles que mais tentamos esconder — são as partes de nós mesmos que mais vale a pena compartilhar. Desconforto e conflito interno são sinais de que estamos fazendo o difícil trabalho que envolve descobrir as mais importantes verdades sobre nós mesmos. Quando olho para trás, noto que foi graças a esses momentos de grande dificuldade que encontrei a força necessária para promover uma mudança ou para buscar com mais determinação quem eu queria ser.

Esse não costuma ser o tipo de coisa que nos sentimos confortáveis em compartilhar. Em geral, nos preocupamos mais com o que eu gosto de chamar de estatísticas: os resultados de provas, as conquistas esportivas, a marca de roupa que a família tem dinheiro para comprar. Mas, na verdade, o que temos de mais importante é a nossa história — toda a nossa história, incluindo aqueles momentos em que nos sentimos um pouco vulneráveis. Muitas vezes, é compartilhando essas partes de nossa história que vemos beleza não apenas em nossa própria jornada, mas também na do outro.

Assim, espero que, ao ler minha história, você pense na sua também — porque é o melhor presente que você poderia receber. Os baques e machucados, as alegrias, os triunfos e as gargalhadas, tudo isso junto faz de você quem você é. E quem você é não é algo estático, imutável. Muda todo dia, todo ano. Nenhum de nós sabe que rumo a vida vai tomar. Essa é a questão da nossa história. E, assim como você, eu ainda tenho muito da minha história para viver.

PREFÁCIO

Março de 2017

QUANDO EU ERA CRIANÇA, TINHA SONHOS SIMPLES. Queria um cachorro. Queria uma casa com escada — dois andares para uma família. Por algum motivo, queria uma perua de quatro portas em vez do Buick de duas portas que era a menina dos olhos do meu pai. Eu falava para as pessoas que, quando crescesse, seria pediatra. Por quê? Porque adorava crianças pequenas e logo aprendi que a resposta era agradável aos ouvidos dos adultos. *Ah, vai ser médica! Boa escolha!* Na época, eu usava maria-chiquinha e vivia mandando no meu irmão mais velho, e, não importava o que acontecesse, sempre tirava 10 na escola. Era ambiciosa, embora não soubesse muito bem qual era minha meta. Hoje em dia penso que essa é uma das perguntas mais inúteis que um adulto pode fazer a uma criança — *O que você quer ser quando crescer?* Como se a certa altura você se tornasse algo e ponto-final.

Até agora, fui advogada. Fui vice-presidente de um hospital e diretora de uma ONG que ajuda jovens a construírem uma carreira significativa. Fui uma estudante negra da classe trabalhadora em uma faculdade de elite de maioria branca. Fui a única mulher, a única afro-americana, em todos os tipos de ambientes. Fui a noiva, a mãe estressada de uma recém-nascida, a filha consternada pelo luto. E até pouco tempo atrás fui a primeira-dama dos Estados Unidos da América. Foi um desafio que me tornou mais humilde, me estimulou e me retraiu, às vezes tudo ao mesmo tempo. Só agora estou começando a processar o que aconteceu nesses últimos anos — do instante, em 2006, em que meu marido começou a falar em concorrer à presidência até o momento em que estamos agora. Foi uma jornada e tanto.

Quando se é a primeira-dama, você enxerga os Estados Unidos em seus extremos. Fui a festas beneficentes em casas que mais pareciam museus de arte, casas em que as pessoas têm banheiras feitas de pedras preciosas. Visitei famílias que perderam tudo no furacão Katrina e choravam de gratidão só por terem uma geladeira e um fogão funcionando. Conheci pessoas fúteis e falsas, mas também outras — professores, esposas de militares e tantas mais — cujas almas me surpreenderam pela imensidão e pela força. E conheci crianças — muitas, no mundo inteiro — que me fizeram rir e me encheram de esperança e, felizmente, conseguiam esquecer meu título depois que começávamos a remexer a terra de um jardim.

Já fui considerada a mulher mais poderosa do mundo e apontada como uma "mulher negra raivosa". Queria perguntar às pessoas o que elas não gostavam em mim — o fato de ser mulher, negra ou "raivosa"? Sorri para fotos com gente que chamava meu marido de nomes horríveis em rede nacional, mas que mesmo assim queria uma lembrança dele para exibir. Algumas pessoas questionaram tudo a meu respeito na internet, até se sou homem ou mulher. Um congressista americano já fez piada da minha bunda. Fui magoada. Fiquei furiosa. Mas, acima de tudo, tentei rir dessas coisas.

Ainda não sei muito sobre os Estados Unidos, sobre a vida, sobre o que o futuro trará. Mas eu me conheço. Meu pai, Fraser, me ensinou a trabalhar duro, rir com frequência e cumprir com a minha palavra. Minha mãe, Marian, me ensinou a pensar com a minha própria cabeça e a usar minha voz. Juntos, no nosso apartamento apertado no South Side de Chicago, eles me ajudaram a enxergar o valor da nossa história, da minha história, da história mais ampla deste país. Mesmo quando não é bonita ou perfeita. Mesmo quando é mais real do que você gostaria que fosse. Sua história é o que você tem, o que sempre terá. É algo para se orgulhar.

Durante oito anos morei na Casa Branca, lugar com um número incontável de escadas — além de elevadores, uma pista de boliche e um florista. Dormia em uma cama com lençol de linho fino. Nossas refeições eram preparadas por uma equipe de chefs de nível internacional e servidas por profissionais mais bem treinados do que os de qualquer restaurante ou hotel cinco estrelas. Agentes do Serviço Secreto, com seus fones de ouvido, suas armas e caras sérias, ficavam diante de nossas portas, fazendo o possível para manter distância da vida particular da nossa família. De certo modo, acabamos nos acostumando com isso — com a estranha grandiosidade da nossa nova casa e também com a presença constante, embora silenciosa, de outras pessoas.

Era na Casa Branca que nossas duas meninas jogavam bola nos corredores e subiam nas árvores do Gramado Sul. Era onde meu marido, Barack Obama, se sentava tarde da noite, lendo informes e rascunhos de discursos na Sala dos Tratados, e onde Sunny, um dos nossos cachorros, às vezes fazia cocô no tapete. Eu podia ficar na Varanda Truman observando os turistas posando com seus paus de selfie e espiando pela cerca de ferro, tentando imaginar o que acontecia lá dentro. Em certos dias me sentia sufocada pelo fato de nossas janelas precisarem ficar fechadas por segurança, de que eu não podia tomar um ar fresco sem gerar alvoroço. Havia momentos em que ficava boquiaberta com as magnólias brancas que floresciam do lado de fora, a agitação cotidiana dos assuntos do governo, a grandiosidade das boas-vindas militares. Havia dias, semanas, meses em que odiava política. E havia momentos em que a beleza do país e de seu povo me deixava tão absorta que eu sequer conseguia falar.

E então acabou. Mesmo já esperando por isso, mesmo que as últimas semanas tenham sido cheias de despedidas emotivas, o dia em si ainda é um borrão. A mão sobre a Bíblia; o juramento repetido. A mobília de um presidente é retirada enquanto a do outro chega. Closets são esvaziados e reabastecidos em poucas horas. De repente, há novas cabeças em novos travesseiros — novas personalidades, novos sonhos. E quando termina, quando você sai pela última vez de um dos endereços mais famosos do mundo, é preciso, sob muitos aspectos, se encontrar outra vez.

Então vamos começar por aqui, por uma coisinha que aconteceu não faz muito tempo. Eu estava na casa de tijolos vermelhos para a qual nos mudamos recentemente. Nossa casa nova fica a cerca de três quilômetros da antiga, em uma rua residencial tranquila. Ainda estamos nos acomodando. Na sala de estar, nossos móveis foram dispostos como na Casa Branca. Temos recordações espalhadas pela casa, nos lembrando de que foi tudo verdade — fotos das nossas férias em família em Camp David, vasos feitos à mão por estudantes indígenas, um livro autografado por Nelson Mandela. O esquisito dessa noite foi que não havia ninguém em casa. Barack estava viajando. Minha filha mais nova, Sasha, tinha saído com os amigos. Minha filha mais velha, Malia, estava morando e trabalhando em Nova York, antes de começar a faculdade. Éramos só eu, nossos dois cachorros e uma casa silenciosa, vazia, algo que eu não presenciava havia oito anos.

E eu estava com fome. Saí do quarto e desci a escada com os cachorros me seguindo de perto. Na cozinha, abri a geladeira. Achei um saco de pão, peguei duas fatias e as coloquei no forno elétrico. Abri o armário e peguei um prato. Sei que é esquisito, mas esse momento — de tirar um prato do armário da cozinha sem antes alguém insistir em pegá-lo para mim e ficar parada sozinha vendo o pão tostar no forninho — me pareceu o que há de mais próximo de uma retomada da minha antiga vida. Ou talvez seja minha nova vida começando a se anunciar.

No fim das contas, não fiz só uma torrada; fiz queijo quente, pondo as fatias de pão no micro-ondas e derretendo uma massa pegajosa e gordurosa de cheddar no meio delas. Depois, levei o prato para o quintal. Não precisava dizer a ninguém aonde estava indo. Simplesmente fui. Estava descalça, de shorts. O frio do inverno havia enfim se dissipado. O ar cheirava a primavera. Sentei-me na escadinha da varanda, sentindo o calor de um dia inteiro de sol ainda na ardósia sob meus pés. Um cachorro começou a latir em algum lugar distante, e meus cachorros prestaram atenção, confusos por um instante. Foi então que me passou pela cabeça que aquele era um barulho surpreendente para eles, pois não tínhamos vizinhos, muito menos cachorros vizinhos, na Casa Branca. Para eles, tudo era novidade. Enquanto os cães exploravam o quintal, eu comia meu queijo quente no escuro, me sentindo sozinha da melhor maneira possível. Eu não estava pensando nos guardas armados a menos de cem metros de mim, no posto de comando construído especialmente para a nossa garagem, ou no fato de que ainda não posso andar na rua sem seguranças. Não estava pensando no novo presidente nem no antigo presidente.

Na verdade, estava pensando que dali a alguns minutos eu voltaria para dentro de casa, lavaria o prato na pia e iria para a cama, e talvez abrisse a janela para sentir o ar da primavera — que glória seria! Também estava pensando que aquele sossego me oferecia a primeira oportunidade verdadeira de pensar em muitas coisas. Quando era primeira-dama, eu chegava ao fim de uma semana movimentada precisando que me lembrassem como ela havia começado. Mas a noção de tempo está começando a ficar diferente. Minhas meninas, que chegaram à Casa Branca com bonecas, uma cobertinha de estimação e um tigrinho de pelúcia chamado Tiger, agora são adolescentes, jovens com planos e vozes próprias. Meu marido está se adaptando à vida depois da Casa Branca, recuperando o fôlego. E aqui estou eu, nesse lugar novo, com vontade de falar muita coisa.

A história começa

1

PASSEI BOA PARTE DA INFÂNCIA ESCUTANDO O SOM DO esforço. Chegava a mim sob a forma de música ruim, ou pelo menos amadora, atravessando as tábuas do assoalho do meu quarto — o *plim-plim- -plim* dos alunos sentados no andar de baixo, diante do piano da minha tia-avó Robbie, aprendendo as escalas devagar e com muitos erros no caminho. Minha família vivia no bairro South Shore, em Chicago, em uma construção de tijolos que era de Robbie e de seu marido, Terry. Meus pais alugavam o apartamento do segundo andar e Robbie e Terry moravam no primeiro. Robbie era tia da minha mãe e foi muito generosa com ela ao longo dos anos, mas comigo era um terror. Empertigada e séria, ela dirigia o coro da igreja local e também era a professora de piano oficial da nossa comunidade. Usava sapatos confortáveis e mantinha os óculos de leitura em uma correntinha em volta do pescoço. Tinha um sorriso maroto, mas, ao contrário da minha mãe, não gostava de sarcasmo. Às vezes, eu a ouvia dando bronca nos alunos por não terem praticado o suficiente ou até nos pais, por chegarem atrasados com os filhos para as aulas.

— Boa noite! — exclamava ela no meio da tarde, no mesmo tom exasperado que outra pessoa diria "Ah, pelo amor de Deus!". Parecia que poucos conseguiam corresponder às expectativas de Robbie.

Mas o som das pessoas tentando tocar piano virou a trilha sonora da nossa vida. Havia plim-plim à tarde, plim-plim à noite. As senhoras da igreja às vezes iam ensaiar os hinos. Segundo as normas de Robbie, crianças que faziam aulas de piano só podiam trabalhar uma música por vez. Do meu quarto, eu as ouvia tentando, notas e mais notas incertas, conquistar a aprovação dela, passar de uma canção de ninar mais fácil para outra mais difícil, mas só depois de inúmeras tentativas. A música nunca era irritante, apenas persistente. Galgava a escada que separava nosso espaço do de Robbie. Entrava pelas janelas abertas no verão, acompanhando meus pensamentos quando eu brincava com as minhas Barbies ou construía pequenos reinos com bloquinhos de montar. O único intervalo era quando meu pai chegava do turno matinal na estação de tratamento de água da cidade e sintonizava na TV um jogo de beisebol dos Cubs, aumentando o volume o suficiente para não ouvir o piano.

Era o finzinho da década de 1960 no South Side de Chicago. Os Cubs não eram ruins, mas também não eram bons. Eu me sentava no colo do meu pai, na cadeira reclinável dele, e o ouvia contar como os Cubs estavam se saindo ou dizer que Billy Williams — que morava perto da nossa rua — dava ótimas tacadas no lado esquerdo da base. Fora dos estádios de beisebol, os Estados Unidos estavam no meio de uma mudança gigantesca e incerta. Os Kennedy tinham morrido. Martin Luther King Jr. fora assassinado em uma sacada em Memphis, desencadeando motins país afora, inclusive em Chicago. A Convenção Nacional Democrata de 1968 se transformou em um banho de sangue quando a polícia atacou os manifestantes contrários à Guerra do Vietnã com bastões e gás lacrimogêneo em Grant Park, a uns quinze quilômetros da nossa casa. Nesse ínterim, famílias brancas deixavam a cidade e iam para os subúrbios, atraídas pela promessa de escolas melhores, mais espaço e provavelmente mais brancura também.

Na verdade, não absorvi nada disso. Eu era apenas uma criança, uma menina que brincava com Barbies e bloquinhos de montar, com os pais e com um irmão mais velho que dormia sempre com a cabeça a um metro da minha. Minha família era o meu mundo, o centro de tudo. Minha mãe me ensinou a ler cedo — me levava à biblioteca pública e se sentava a meu lado enquanto eu pronunciava as palavras em cada página. Todo dia meu pai ia trabalhar com o uniforme azul de funcionário municipal, mas à noite nos mostrava o que era amar o jazz e a arte. Quando menino, ele teve aulas no Instituto de Arte de Chicago, e no ensino médio pintava e esculpia. Nessa época também foi nadador e boxeador, competindo pela escola. Quando adulto, tornou-se fã de todos os esportes televisionados, de golfe profissional à Liga Nacional de Hóquei. Gostava de ver pessoas fortes se sobressaírem. Quando meu irmão, Craig, se interessou por basquete, meu pai passou a colocar moedas na moldura da porta da cozinha, incentivando-o a saltar para pegá-las.

Tudo o que tinha importância ficava a no máximo cinco quarteirões dali — meus avós e primos, a igreja na esquina onde frequentávamos a escola dominical sem muita regularidade, o posto de gasolina onde minha mãe me mandava comprar um maço de cigarros, e a loja de bebidas, que também vendia pão, bala barata e galões de leite. Nas noites quentes de verão, Craig e eu cochilávamos ao som dos jogos de softball da liga adulta que aconteciam no parque público próximo dali, o qual visitávamos de dia para subir no trepa-trepa do parquinho e brincar de pega-pega com as outras crianças.

Craig é menos de dois anos mais velho que eu. Ele tem o olhar afável e o jeito otimista do meu pai, e a tranquilidade da minha mãe. Sempre fomos próximos, em parte graças à lealdade constante e natural que ele pareceu sentir pela irmã caçula desde o início. Temos uma foto antiga da família, de nós quatro sentados no sofá, minha mãe sorridente me segurando no colo, meu pai sério e orgulhoso com Craig no colo dele. Estamos vestidos para ir à igreja ou talvez a um casamento. Eu tinha uns oito meses, uma bebê de cara fechada e rosto gorducho, de fralda e vestido branco passado, pronta para escapar das garras da minha mãe, o olhar fixo na câmera como se fosse comê-la. A meu lado está Craig, todo arrumado de gravatinha-borboleta e paletó, a expressão séria. Ele tinha dois anos e já era o retrato da cautela e da responsabilidade fraternal — o braço esticado até o meu, os dedos fechados em torno do meu punho gordinho em um gesto protetor.

Na época em que a foto foi tirada, morávamos no mesmo andar dos meus avós paternos em Parkway Gardens, um conjunto habitacional de prédios modernos a preço acessível no South Side de Chicago. Construído na década de 1950, tinha o intuito de amenizar a escassez de moradia para famílias negras da classe trabalhadora depois da Segunda Guerra Mundial. Mais tarde, ficaria deteriorado sob o jugo da pobreza e da violência das gangues, virando um dos lugares mais perigosos da cidade. Muito antes disso, porém, quando eu era pequena, meus pais — que se conheceram na adolescência e se casaram com vinte e poucos anos — aceitaram a oferta de se mudar alguns quilômetros mais ao sul, para a casa de Robbie e Terry, que ficava numa área mais bacana.

Na Euclid Avenue, éramos duas famílias vivendo sob um teto não muito grande. A julgar pela planta, o segundo andar provavelmente fora projetado para uma ou duas pessoas, mas nós quatro achamos um jeito de caber ali. Meus pais dormiam no único quarto, enquanto Craig e eu dividíamos uma área mais ampla que imagino ter sido projetada como sala de estar. Mais tarde, quando crescemos, meu avô materno — Purnell Shields, um apaixonado por carpintaria, apesar de não muito habilidoso — levou uns painéis de madeira baratos e improvisou uma divisória que separava o ambiente em dois espaços semiprivados. Acrescentou uma porta sanfonada de plástico a cada ambiente e criou uma pequena área comum na frente, onde guardávamos brinquedos e livros.

Eu adorava meu quarto. Tinha espaço suficiente para minha cama de solteiro e uma escrivaninha estreita. Deixava meus bichinhos de pelúcia na cama, arrumando todos meticulosamente em volta da minha cabeça à noite para me reconfortar. Do outro lado da parede dormia Craig, sua cama junto ao painel, paralela à minha. A divisória era tão fina que conseguíamos conversar deitados na cama, muitas vezes jogando uma bola de meia de um lado para outro pelo vão de 25 centímetros entre a divisória e o teto.

Tia Robbie, por sua vez, fazia de sua parte da casa um museu, a mobília coberta por plástico protetor, um material frio que grudava nas minhas pernas descobertas quando eu tinha coragem de me sentar. As prateleiras eram cheias de bibelôs de porcelana que não podíamos tocar. Eu deixava minha mão pairar sobre um conjunto de poodles de vidro com expressões dóceis — uma mãe de aparência delicada e três filhotes minúsculos — e depois a retirava, com medo da ira de Robbie. Quando não havia aula de piano, o primeiro andar era tomado por um silêncio mortal. A TV e o rádio nunca eram ligados. Não sei nem se os dois conversavam muito ali embaixo. O nome completo do marido de Robbie era William Victor Terry, mas por alguma razão só o chamávamos pelo último sobrenome. Terry era como uma sombra, um homem de aparência distinta que usava terno completo todos os dias da semana e basicamente não falava nem uma palavra.

Passei a considerar o andar de cima e o de baixo dois universos diferentes. No andar de cima, fazíamos o maior barulho sem nos preocupar. Craig e eu jogávamos bola e corríamos pelo apartamento. Borrifávamos lustra-móveis no assoalho de madeira do corredor para deslizar com as meias, muitas vezes batendo nas paredes. Lutávamos boxe na cozinha, usando luvas que meu pai nos dera de Natal junto com instruções personalizadas de como dar um jab certeiro. À noite, em família, jogávamos jogos de tabuleiro, contávamos histórias e piadas e escutávamos discos do Jackson 5. Quando ficava insuportável para Robbie, ela ia até o interruptor e ficava acendendo e apagando a luz da escada que compartilhávamos e que também controlava a lâmpada do corredor do segundo andar — era seu jeito educado de pedir que parássemos com o barulho.

Robbie e Terry eram mais velhos. Cresceram em outra época, com preocupações diferentes. Viram coisas que nossos pais não viram

— coisas que Craig e eu, crianças que éramos, nem imaginávamos. Essa é uma versão do que minha mãe dizia quando nos irritávamos com o mau humor do andar de baixo. Mesmo não sabendo os detalhes, éramos instruídos a lembrar que todos os habitantes da Terra carregavam uma história invisível, e só por isso já mereciam tolerância. Muitos anos mais tarde eu ficaria sabendo que Robbie havia processado a Universidade Northwestern por discriminação, pois se inscrevera para participar de uma oficina de coral na faculdade em 1943 e lhe negaram um quarto no dormitório feminino. Fora instruída a se hospedar em uma pensão na cidade — um lugar "para gente de cor", lhe explicaram. Já Terry tinha sido assistente de vagões em uma das linhas férreas noturnas que chegavam e saíam de Chicago. Era uma profissão respeitável, mas não muito bem remunerada, composta totalmente de homens negros que mantinham o uniforme imaculado enquanto arrastavam malas, serviam refeições e atendiam às necessidades dos passageiros, inclusive engraxando seus sapatos.

Anos depois de se aposentar, Terry ainda vivia em um estado de formalismo entorpecido — vestido à perfeição e sem nunca se mostrar firme demais, pelo menos até onde eu soubesse. Eu o observava aparar a grama no calor do verão calçando sapatos sociais, usando suspensório e um chapéu de feltro de aba curta, as mangas da camisa arregaçadas com zelo. Era como se tivesse renunciado a uma parte de si, como forma de perseverar. Parte de mim queria que Terry falasse, que desabafasse os segredos que carregava. Eu imaginava que ele tinha várias histórias interessantes sobre as cidades que visitara e como os ricos se comportavam ou deixavam de se comportar nos trens. Mas nunca ouvimos nenhuma história. Por algum motivo, ele nunca falava.

EU TINHA UNS QUATRO ANOS quando resolvi aprender a tocar piano. Craig, que estava no primeiro ano, já visitava o andar de baixo para tomar aulas semanais no piano vertical de Robbie e voltava relativamente ileso. Achei que estava pronta. Estava convicta de que, na verdade, já *tinha* aprendido piano, quase num passe de mágica — ouvindo durante tantas horas outras crianças tateando canções. A música já estava na minha cabeça. Eu só queria descer e demonstrar à minha tia-avó de expectativas tão elevadas que eu era uma menina muito talentosa, que não seria preciso esforço algum para me tornar sua melhor aluna.

O piano de Robbie ficava em um quartinho nos fundos da casa, perto da janela que dava para o quintal. Ela deixava um vaso de planta em um canto do cômodo e no outro uma mesa dobrável onde os alunos podiam preencher partituras. Durante as aulas, Robbie se sentava de coluna ereta em uma poltrona de encosto alto, marcando o ritmo com o dedo, a cabeça erguida, atenta a qualquer erro. Eu tinha medo de Robbie? Não exatamente, mas algo nela era amedrontador: ela representava a autoridade rigorosa com que eu ainda não tinha me deparado em nenhum outro lugar. Exigia excelência de todas as crianças que se sentavam ao piano. Eu a enxergava como alguém a conquistar, ou talvez, de alguma forma, a vencer. Com ela, eu sempre sentia que tinha algo a provar.

Na minha primeira aula, minhas pernas pendiam do banco, curtas demais para eu pisar no chão. Robbie me deu um livro de atividades básico, que me fascinou e me mostrou a forma certa de posicionar as mãos sobre as teclas.

— Muito bem, preste atenção — disse ela, me repreendendo antes de sequer começarmos. — Ache o dó central.

Quando você é pequeno, parece que o piano tem mil teclas. Você fica olhando aquela vastidão de preto e branco que se estende muito além do que dois bracinhos podem alcançar. O dó central, logo aprendi, era a âncora, a fronteira entre as áreas em que a mão direita e a mão esquerda viajavam, entre a clave de sol e a clave de fá. Se você conseguisse colocar o polegar no dó central, tudo o mais se encaixava automaticamente. As teclas do piano de Robbie tinham cores e formas irregulares, pontos em que pedacinhos de marfim tinham se quebrado com o tempo, deixando-as como uma série de dentes lascados. Por sorte, faltava um canto inteiro ao dó central, um pedaço mais ou menos do tamanho da minha unha, e eu usava essa falha para me guiar.

No fim das contas, eu gostava de piano. Sentar-me diante dele me parecia uma coisa natural, como algo que eu estava destinada a fazer. Minha família era repleta de músicos e amantes da música, principalmente do lado da minha mãe. Um tio meu tocava em uma banda profissional. Várias das minhas tias cantavam no coro da igreja. Eu tinha Robbie, que além do coro e das aulas dirigia um programa de teatro musical para crianças que Craig e eu frequentávamos todo sábado de manhã no porão da igreja dela. Porém, o centro musical da família era meu avô Shields, o carpinteiro, irmão caçula de Robbie. Era um homem despreocupado, dono de uma barriga redonda, uma risada contagiante e uma barba grisalha e desgrenhada. Quando eu era mais nova, ele morava no West Side de Chicago, e Craig e eu nos referíamos a ele como Westside. Mas ele se mudou para o nosso bairro no ano em que comecei a fazer aulas de piano, então mudamos seu nome para Southside.

Southside havia se separado da minha avó décadas antes, quando minha mãe era adolescente. Morava com a minha tia Carolyn, irmã mais velha da minha mãe, e meu tio Steve, irmão caçula dele, a dois quarteirões de nós, em uma casa térrea aconchegante que ele havia preparado para a música de cima a baixo, instalando alto-falantes em todos os cômodos, inclusive no banheiro. Na sala de jantar, fez um móvel complexo para comportar seu equipamento de som, em grande parte montado com peças compradas em vendas de garagem. Tinha dois toca-discos diferentes e prateleiras entupidas de discos que havia colecionado ao longo de muitos anos.

Southside desconfiava de muitas coisas. Não confiava em dentistas, o que o deixou quase sem dentes. Não confiava na polícia, e nem sempre confiava em brancos, pois era neto de uma escrava da Geórgia e passara os primeiros anos de vida no Alabama, na época da segregação, antes de rumar para o norte e chegar a Chicago na década de 1920. Quando teve filhos, Southside fez questão de mantê-los em segurança — assustando-os com histórias verdadeiras e inventadas sobre o que acontecia com crianças negras que entravam no bairro errado, dando--lhes sermões sobre evitar a polícia.

A música parecia ser a cura para suas preocupações, uma forma de relaxar e afastá-las. Quando recebia por seu trabalho de carpinteiro, às vezes Southside esbanjava e comprava um álbum novo. Vivia dando festas para a família, forçando todo mundo a falar alto para se fazer ouvir, pois a música sempre dominava o ambiente. Comemoramos a maioria dos principais acontecimentos de nossas vidas na casa de Southside, o que significa que ao longo dos anos desembrulhamos presentes de Natal ouvindo músicas de Ella Fitzgerald e assopramos velas de aniversário ao som de John Coltrane. Segundo minha mãe, quando era mais novo, Southside fazia questão de incutir jazz nos sete filhos, volta e meia acordando todo mundo ao amanhecer quando colocava um de seus discos no volume máximo.

Seu amor pela música passou para mim. Depois que Southside se mudou para o nosso bairro, eu passava tardes inteiras na casa dele, puxando álbuns das prateleiras ao acaso e colocando-os no toca-discos, cada um deles uma aventura imersiva. Embora fosse pequena, ele não impunha limites ao que eu podia ouvir. Southside foi quem me deu meu primeiro disco, *Talking Book*, de Stevie Wonder, que eu deixava na casa dele, em uma prateleira especial que havia separado para meus discos prediletos. Se eu estivesse com fome, ele fazia milk-shake ou fritava um frango inteiro enquanto escutávamos Aretha Franklin, Miles Davis ou Billie Holiday. Para mim, Southside era grandioso como o céu. E o céu, da forma que eu o imaginava, tinha que ser um lugar cheio de jazz.

EM CASA, eu continuava me empenhando para progredir como musicista. Sentada diante do piano de Robbie, eu aprendia escalas rapidamente e mergulhava de cabeça na leitura das partituras que ela me dava. Como não tínhamos piano, eu precisava praticar lá embaixo, no dela, esperando até ninguém estar em aula, não raro arrastando minha mãe para que ela se sentasse na poltrona e me escutasse tocar. Aprendia uma canção atrás da outra no livro de partituras. Provavelmente eu não era melhor do que os outros alunos, nem menos desastrada, mas estava determinada a me sair bem. Para mim, aprender era algo mágico. Me trazia uma satisfação enorme. Em primeiro lugar, porque havia entendido a simples e instigante relação entre o tempo que eu praticava e o que conseguia realizar. E também sentia algo em Robbie — um sentimento enterrado fundo demais para ser uma satisfação descarada, mas ainda assim a pulsação de algo mais leve e mais feliz que emanava dela quando eu chegava ao fim de uma canção sem me atrapalhar, quando minha mão direita captava a melodia e a esquerda tocava um acorde. Percebia de canto de olho: os lábios de Robbie se abriam de leve; o dedo que batia para marcar o tempo saltava um pouquinho mais.

Essa, no fim das contas, foi nossa fase de lua de mel. Talvez Robbie e eu tivéssemos continuado assim, caso eu fosse menos curiosa e respeitasse mais seu método ao piano. Mas o livro de partituras era tão grosso, e meu progresso nas primeiras poucas canções tão lento, que perdi a paciência e comecei a espiar páginas mais adiante — e não poucas páginas, mas muito à frente, lendo os títulos das canções mais avançadas e começando a tocá-las durante as sessões de exercícios. Quando apresentei, toda orgulhosa, uma dessas músicas a Robbie, ela explodiu, repudiando minha façanha com um cruel "Boa *noite!*". Fui repreendida da forma como a ouvira repreender tantos outros alunos. Eu estava apenas tentando aprender mais coisas e mais rápido, porém Robbie considerou minha atitude um crime grave. Não se impressionou nem um pouco.

Não me importei. Era o tipo de criança que gostava de respostas claras para minhas perguntas, que gostava de dissecar as coisas até chegar a uma conclusão lógica, mesmo que fosse exaustivo. Eu parecia uma advogada, e com uma propensão a ditadora, algo com que meu irmão, que volta e meia eu expulsava da nossa área de recreação compartilhada, concordaria. Quando achava que tinha uma boa ideia, não gostava que me dissessem não. Foi assim que minha tia-avó e eu acabamos discutindo, as duas furiosas e inflexíveis.

— Como a senhora pode estar com raiva de mim por querer aprender uma canção nova?

— Você não está pronta. Não é assim que se aprende a tocar piano.

— Mas eu *estou* pronta. Acabei de tocar.

— Não é assim que se faz.

— Mas *por quê*?

As aulas de piano se tornaram dramáticas e penosas, em grande parte porque eu me recusava a seguir o método de Robbie e ela se recusava a ver algo de bom na minha abordagem desregrada a seu livro de partituras. Lembro-me de discutirmos toda semana. Eu era teimosa e ela também. Tinha meu ponto de vista e ela o dela. Em meio às discussões, continuei tocando piano, e ela continuou escutando, fazendo infinitas correções. Eu lhe dava pouco crédito pela minha melhora. Ela me dava pouco crédito por melhorar. Mas mesmo assim as aulas continuaram.

Lá em cima, meus pais e Craig achavam tudo muito engraçado. Caíam na gargalhada à mesa de jantar quando eu narrava minhas batalhas com Robbie, ainda fervendo de raiva enquanto comia espaguete com almôndegas. Craig não tinha problemas com Robbie, pois era um garoto alegre e um aluno de piano que seguia as regras. Meus pais não demonstravam compaixão nem pelas minhas desgraças nem pelas de Robbie. Não eram de se envolver em questões fora dos estudos, esperando desde cedo que meu irmão e eu cuidássemos das nossas próprias vidas. Pareciam considerar que sua função era basicamente ouvir e nos apoiar conforme necessário dentro das quatro paredes da nossa casa. Outro pai teria repreendido o filho por ser petulante com uma pessoa mais velha, como eu fui, mas eles deixavam passar. Minha mãe vivera com Robbie esporadicamente desde que tinha uns dezesseis anos, seguindo todas as regras antiquadas que a mulher definia, e é bem possível que estivesse feliz em me ver desafiar a autoridade de Robbie. Hoje em dia olho para trás e acho que meus pais gostavam da minha determinação e fico contente por isso. Era uma chama dentro de mim que eles queriam manter acesa.

UMA VEZ POR ANO, Robbie organizava um recital sofisticado para que os alunos se apresentassem para uma plateia. Até hoje não sei como, mas ela dava um jeito de ter acesso a uma sala de ensaios da Universidade Roosevelt no centro de Chicago, realizando seus recitais em um magnífico edifício de pedra na Michigan Avenue, bem ao lado de onde a Orquestra Sinfônica de Chicago se apresentava. Só de pensar em entrar ali eu já ficava nervosa. Nosso apartamento na Euclid Avenue ficava a cerca de quinze quilômetros do Loop, o centro financeiro que, com seus arranha-céus reluzentes e calçadas movimentadas, me parecia a um mundo de distância. Minha família ia ao coração da cidade apenas algumas vezes por ano, para visitar o Instituto de Arte ou assistir a uma peça teatral, nós quatro viajando feito astronautas no carro do meu pai.

Meu pai aproveitava qualquer desculpa para dirigir. Era dedicado ao carro, um Buick Electra 225 cor de bronze com duas portas, ao qual se referia pelo apelido do modelo, "Dois e Vinte e Cinco". O automóvel estava sempre polido e encerado, e meu pai era cuidadoso quanto ao calendário de manutenção, levando-o à oficina da Sears para fazer o rodízio dos pneus e trocar o óleo do mesmo jeito que minha mãe nos levava ao pediatra para exames de rotina. Nós também adorávamos o Dois e Vinte e Cinco. As linhas harmoniosas e as lanternas traseiras estreitas davam a ele um visual descolado e futurista. Era tão espaçoso que parecia uma casa. Eu conseguia praticamente ficar de pé dentro dele, passando as mãos no teto revestido de tecido. Como na época usar cinto de segurança não era obrigatório por lei, Craig e eu passávamos boa parte do tempo cochilando no banco de trás ou apoiando o corpo no banco da frente quando queríamos falar com nossos pais. Na metade do tempo eu me apoiava no encosto para cabeça do motorista e levava o queixo à frente, para meu rosto ficar lado a lado com o do meu pai e termos a mesma visão.

O carro propiciava outro tipo de proximidade para minha família, a oportunidade de conversar e viajar ao mesmo tempo. À noite, depois do jantar, às vezes Craig e eu suplicávamos para meu pai nos levar num passeio sem rumo. Nas noites de verão ele nos fazia um agrado: íamos a um cinema drive-in a sudoeste do nosso bairro para assistir aos filmes do *Planeta dos macacos*, estacionando o Buick ao anoitecer e nos acomodando, minha mãe distribuindo o frango frito e as batatas chips que levava de casa para jantarmos, Craig e eu com a comida apoiada no colo, sentados no banco de trás e tomando o cuidado de limpar as mãos no guardanapo e não no assento.

Eu ainda levaria muitos anos para entender o que dirigir aquele carro significava para o meu pai. Quando criança, eu apenas percebia a liberdade que ele sentia ao volante, o prazer que tinha ao dirigir com um motor que funcionava bem e pneus perfeitamente equilibrados zunindo sob seus pés. Meu pai tinha trinta e poucos anos quando um médico lhe informou que a fraqueza esquisita que vinha começando a sentir em uma das pernas seria apenas o início de uma longa e provavelmente dolorosa derrocada. Havia o risco de que um dia, devido a uma misteriosa doença que atacava o cérebro e a medula espinhal, ele ficasse totalmente incapaz de andar. Não sei a data exata, mas a impressão é de que o Buick entrou na vida do meu pai praticamente junto com a esclerose múltipla. E apesar de ele nunca ter dito, o carro lhe deu uma espécie de alívio.

Nem ele nem minha mãe se concentraram no diagnóstico. Isso foi há décadas, época em que ainda não havia o Google e não era possível fazer uma simples pesquisa para ver um rol estonteante de gráficos, estatísticas e explicações médicas que dão ou tiram a esperança. De qualquer forma, duvido que eu fosse querer vê-los. Embora meu pai tenha sido criado na igreja, não teria rezado para que Deus o poupasse. Não teria procurado tratamentos alternativos, um guru ou um gene defeituoso no qual jogar a culpa. Na minha família, temos o velho hábito de ignorar as notícias ruins, de tentar esquecê-las praticamente no instante em que chegam. Ninguém sabia havia quanto tempo meu pai se sentia mal quando foi ao médico pela primeira vez, mas meu palpite é de que já fazia meses, se não anos. Ele não gostava de consultas médicas. Não tinha interesse em reclamar. Era o tipo de pessoa que aceitava o que viesse e seguia em frente.

O que sei é que, no dia do meu grande recital de piano, ele já mancava de leve, o pé esquerdo incapaz de acompanhar o ritmo do direito. Todas as minhas lembranças do meu pai incluem algum lembrete dessa deficiência, ainda que nenhum de nós estivesse disposto a chamá-la assim na época. O que eu sabia então era que meu pai se movimentava um pouco mais devagar que os outros pais. Às vezes eu o via hesitar antes de subir um lance de escadas, como se precisasse refletir sobre a manobra antes de tentá-la. Quando íamos fazer compras no shopping, ele se acomodava em um banco, satisfeito em ficar de olho nas sacolas ou tirar um cochilo enquanto o resto da família perambulava pelas lojas.

A caminho do centro para o recital, eu estava sentada no banco de trás do Buick usando um belo vestido e sapatos de couro envernizado, o cabelo preso em marias-chiquinhas, suando frio pela primeira vez na vida. Estava apreensiva com a apresentação, apesar de ter praticado minha canção no apartamento de Robbie quase até a morte. Craig também estava de terno e preparado para tocar sua canção. Mas a perspectiva não o incomodava. Na verdade, ele dormia profundamente, desmaiado no banco de trás, a boca entreaberta, a expressão feliz e despreocupada. Craig era assim. Eu passaria a vida admirando sua serenidade. Àquela altura, ele já jogava em uma liga infantil de basquete com partidas todo fim de semana e parecia ter dominado o nervosismo quanto a apresentações públicas.

Meu pai sempre escolhia o estacionamento mais próximo possível do nosso destino, pagando mais pela vaga para reduzir a distância que precisaria andar com suas pernas instáveis. Naquele dia, não tivemos problema para achar a Universidade Roosevelt, e fomos até o que parecia um salão enorme e ecoante onde aconteceria o recital. Eu me senti minúscula ali. O salão tinha janelas elegantes do chão ao teto, que davam para o gramado amplo de Grant Park e, mais adiante, para as ondas brancas do lago Michigan. Havia cadeiras cinza-chumbo arrumadas em fileiras que aos poucos eram ocupadas por crianças nervosas e pais ansiosos. E na frente, no palco elevado, estavam os dois primeiros pianos de meia cauda que vi na vida, os gigantescos tampos de madeira de lei abertos como asas de melros. Robbie também estava lá, irrequieta em um vestido floral, como se fosse a bela do baile, conferindo se todos os alunos haviam chegado com a partitura na mão. Ela pediu silêncio ao salão quando estava na hora de o show começar.

Não lembro a ordem em que tocamos naquele dia. Só sei que, na minha vez, me levantei da cadeira e caminhei com a minha melhor postura até a frente do salão, subi os degraus e tomei meu assento diante de um dos reluzentes pianos de meia cauda. A verdade é que estava pronta. Embora achasse Robbie ríspida e teimosa, eu tinha absorvido totalmente sua dedicação ao preparo. Sabia minha música tão bem que mal tive que pensar nela. Simplesmente comecei a movimentar as mãos.

No entanto, havia um problema, que descobri na fração de segundo em que levei meus dedinhos às teclas. Eu estava sentada diante de um piano perfeito, com superfícies espanadas com cuidado, as cordas internas afinadas com precisão, as 88 teclas dispostas em uma faixa impecável de preto e branco. A questão é que eu não estava acostumada com o impecável. Na verdade, nunca o tinha visto na vida. Toda a minha experiência com piano vinha da salinha de música de Robbie, com seu vaso de planta desalinhado e com vista para o nosso modesto quintal. O único instrumento que havia tocado era seu vertical nada perfeito, com suas teclas amareladas e o conveniente dó central lascado.

Para mim, um piano era desse jeito — assim como meu bairro era meu bairro, meu pai era meu pai, minha vida era minha vida. O piano de Robbie era o único que eu conhecia.

De repente, naquele momento me dei conta de que as pessoas me observavam enquanto eu olhava fixo para o brilho das teclas do piano, achando todas iguais. Não fazia ideia de onde pôr as mãos. Com a garganta apertada e o coração disparado, olhei para a plateia, tentando disfarçar meu pânico, buscando o rosto da minha mãe — meu porto seguro ali. O que vi foi um vulto se levantando da primeira fila e se aproximando de mim lentamente. Era Robbie. Àquela altura já tínhamos brigado à beça, tanto que eu meio que a enxergava como uma inimiga. Mas ali, em meio a meu constrangimento, ela se aproximou do meu ombro como um anjo. Talvez entendesse meu choque. Talvez soubesse que as injustiças do mundo tinham acabado de se apresentar silenciosamente a mim pela primeira vez. Talvez ela apenas precisasse apressar as coisas. De qualquer forma, sem dar uma palavra, Robbie pôs o dedo no dó central para que eu soubesse de onde começar. Em seguida, virou-se para trás com um leve sorriso de incentivo e me deixou sozinha para tocar.

2

COMECEI O JARDIM DE INFÂNCIA NA ESCOLA PRIMÁRIA Bryn Mawr no outono de 1969, me apresentando com duas vantagens iniciais: já sabia ler palavras básicas e tinha um irmão popular no segundo ano. A escola, um edifício de tijolos de quatro andares com um pátio na frente, ficava a poucos quarteirões da nossa casa na Euclid Avenue. A distância era uma caminhada de dois minutos ou, ao estilo de Craig, uma corrida de um minuto.

Gostei da escola logo de cara. Gostei da professora, uma senhorinha branca chamada sra. Burroughs, que me parecia uma anciã. Sua sala de aula tinha janelas amplas ensolaradas, uma coleção de bonecas e uma casinha de papelão gigantesca nos fundos. Fiz amizades na minha turma, atraída pelas crianças que, assim como eu, pareciam loucas para estar ali. Eu confiava na minha capacidade de ler. Em casa, devorei uma coleção de livros infantis graças ao cartão da biblioteca da minha mãe, e vibrei ao saber que nossa primeira tarefa como alunos do jardim de infância seria aprender a ler conjuntos de palavras à primeira vista. Recebemos uma lista de nomes de cores para estudar: "vermelho", "azul", "verde", "preto", "laranja", "roxo", "branco". Em aula, a sra. Burroughs testava um aluno de cada vez, exibindo uma série de cartões grandes de papel pardo e nos pedindo para ler a palavra impressa em letras pretas. Fiquei observando as meninas e os meninos que eu estava conhecendo. Eles se levantavam e enfrentavam os cartões. Quando se atrapalhavam recebiam a ordem de se sentar. Acho que era para ser uma espécie de jogo, quase como um jogo de soletrar, mas dava para ver uma triagem acontecendo e uma dose intencional de humilhação nas crianças que não passavam do "vermelho". Estávamos em 1969, em uma escola pública no South Side de Chicago. Se você vinha de casa com uma vantagem inicial, era recompensado na escola. Os professores achavam que você era "inteligente" ou "talentoso", o que por sua vez só aumentava sua autoconfiança. E essas vantagens se acumulavam rapidamente. As duas crianças mais inteligentes da minha turma eram Teddy, um menino de ascendência coreana, e Chiaka, uma afro-americana. E eles continuariam sendo os melhores da classe por anos a fio.

Eu estava decidida a não ficar atrás deles. Quando chegou minha vez de ler as palavras, me levantei e dei tudo de mim, recitando "vermelho", "verde" e "azul" sem dificuldade. Em seguida, levei um instante no "roxo". O "laranja" foi difícil. Mas só quando as letras B-R-A-N-C-O apareceram foi que gelei — minha garganta secou na hora, minha boca não se mexia, incapaz de emitir qualquer som enquanto meu cérebro entrava em pane, tentando desenterrar a cor. Foi um apagão total. Senti os joelhos bambearem, como se fossem dobrar. Mas, antes disso, a sra. Burroughs ordenou que eu me sentasse. E foi exatamente nessa hora que a palavra me veio em toda a sua perfeição natural. *Branco. Braaaanco.* A palavra era "branco".

Naquela noite, deitada na cama com os bichinhos de pelúcia em torno da cabeça, eu só pensava em "branco". Soletrei a palavra na minha cabeça, de trás para a frente e de frente para trás, com raiva da minha própria burrice. O constrangimento parecia um peso, algo do qual nunca conseguiria me livrar, embora soubesse que para os meus pais não importava se eu tinha lido todos os cartões da forma certa. Eu só queria conseguir. Ou talvez não quisesse ser vista como incapaz.

Tinha certeza de que a professora passou a me enxergar como alguém que não sabia ler ou, pior, que nem tentava. Eu tinha ficado obcecada pelas estrelinhas douradas que a sra. Burroughs tinha dado a Teddy e Chiaka naquele dia, para que usassem no peito como um emblema de sua realização, ou talvez como um sinal de que estavam destinados à grandeza, ao contrário dos outros — afinal, os dois tinham lido todas as cores sem vacilar.

Na manhã seguinte, pedi uma revanche.

Quando a sra. Burroughs disse não, acrescentando, com satisfação, que nós do jardim de infância tínhamos outras coisas para fazer, eu exigi.

Coitadas das crianças que tiveram de me ver encarando os cartões coloridos novamente, dessa vez mais devagar, fazendo pausas para respirar depois de pronunciar cada palavra, me recusando a deixar meus nervos criarem um curto-circuito no cérebro. E funcionou com "preto", "laranja", "roxo" e principalmente "branco". Aliás, eu praticamente berrei a palavra "branco" antes mesmo de olhar as letras no cartão. Hoje gosto de imaginar que a sra. Burroughs ficou impressionada com aquela menininha negra que tivera coragem de se defender. Não sabia se Teddy e Chiaka tinham sequer percebido. Fui logo reivindicando meu troféu, e naquela tarde voltei para casa de cabeça erguida, com uma daquelas estrelinhas de papel dourado grudada na blusa.

EM CASA, eu vivia em um universo de muito conflito emocional e intriga, criando uma novela eterna interpretada pelas minhas bonecas. Havia nascimentos, brigas e traições. Havia esperança, ódio e, de vez em quando, até amor. Minha maneira predileta de passar o tempo entre a escola e o jantar era me apossar da área comum ao meu quarto e ao de Craig e espalhar minhas Barbies pelo chão, imaginando cenas que me pareciam tão reais quanto a vida, às vezes incluindo os bonecos do Comandos em Ação de Craig no enredo. Guardava as roupas das minhas bonecas em uma pequena mala de vinil com estampa floral.

Dei a cada Barbie e a cada soldadinho uma personalidade. Também pegava os blocos de alfabeto gastos que minha mãe tinha usado anos antes para nos ensinar as letras. Eles ganharam nomes e vida interior.

Eu quase nunca saía para brincar com as crianças da vizinhança depois da escola, tampouco convidava os amigos da escola para irem a minha casa, em parte porque era muito certinha e organizada e não queria ninguém mexendo nas minhas bonecas. Já tinha ido à casa de outras meninas e visto, para meu horror, Barbies com o cabelo arrancado ou o rosto pintado com marcadores de texto. Além disso, na escola eu estava aprendendo que as relações entre crianças podiam ser complicadas. Por mais que se testemunhem cenas bonitas no pátio do recreio, sempre há as meninas populares, os valentões e os puxa-sacos. Eu não era tímida, mas também não tinha certeza se precisava dessa bagunça toda na minha vida fora da escola. Por isso, procurei ser a única encarregada do pequeno universo que havia criado na área comum em frente aos quartos. Se Craig aparecia e tinha a coragem de mudar um bloco de lugar, eu gritava. Às vezes, quando necessário, até batia nele — em geral, um soco direto no meio das costas. O fato era que as bonecas e os blocos precisavam de mim para ganhar vida, e era o que eu fazia, impondo-lhes uma crise pessoal atrás da outra. Como qualquer boa governante todo-poderosa, eu estava ali para vê-los sofrer e crescer.

Enquanto isso, da janela do meu quarto, eu observava a maioria dos acontecimentos da vida real no nosso quarteirão da Euclid Avenue. Nos finais de tarde, via o sr. Thompson, o afro-americano alto que era dono do edifício do outro lado da rua, enfiar o enorme baixo elétrico no porta-malas do Cadillac e partir para uma apresentação em algum clube de jazz. Via os Mendoza, a família mexicana da porta ao lado, chegarem em casa com a caminhonete cheia de escadas depois de passarem o dia pintando casas. Os cães deles corriam até a cerca para recebê-los com latidos.

Morávamos em um bairro de classe média com pessoas de todas as etnias. As crianças se juntavam não baseadas na cor da pele, mas em quem estava lá fora, pronto para brincar. Entre minhas amigas estavam uma menina chamada Rachel, cuja mãe era branca e tinha sotaque britânico; Susie, uma ruiva de cabelo cacheado; e a neta dos Mendoza, sempre que ela os visitava. A vizinhança era uma mescla de sobrenomes — Kansopant, Abuasef, Yacker, Robinson — e éramos muito novos para entender que as coisas ao nosso redor mudavam depressa. Quinze anos antes de meus pais se mudarem para South Shore, o bairro era 96% branco. Quando saí de lá e fui para a faculdade, décadas depois, era 96% negro.

Craig e eu fomos criados em meio a essas mudanças. Nos quarteirões que nos cercavam moravam famílias judias, famílias imigrantes, famílias brancas e negras, pessoas que prosperavam e pessoas que não prosperavam. Em geral, as pessoas cuidavam de seus gramados e ficavam de olho nos filhos. Entregavam cheques a Robbie para que suas crianças aprendessem a tocar piano. Minha família provavelmente era do lado mais pobre da vizinhança. Enfurnados no segundo andar da casa de Robbie e Terry, estávamos entre as poucas famílias que não eram donas da própria casa. O South Shore ainda não tinha mudado como outros bairros — com as pessoas em melhor situação partindo para os subúrbios e os comércios de bairro fechando um por um. Mas a mudança estava claramente começando a acontecer.

Começávamos a sentir os efeitos dessa mudança, principalmente na escola. Minha turma de segundo ano se revelou um grupo de crianças rebeldes e borrachas voando para todos os lados, o que nem eu nem Craig tínhamos vivido até então. A impressão era de que a professora não sabia impor o controle — aliás, parecia nem gostar de crianças. Além disso, ninguém parecia se importar com a incompetência da professora. Os alunos usavam isso como desculpa para extravasar, e ela parecia só pensar coisas horríveis de nós. Aos olhos dela, éramos uma turma de "crianças ruins", embora não tivéssemos nenhuma orientação e nenhuma estrutura, e tivéssemos sido sentenciados a ficar numa sala sinistra e mal iluminada no porão da escola. As horas pareciam longas e infernais. Eu ficava lá, infeliz, sentada na cadeira verde-vômito diante da minha carteira, sem aprender nada e esperando o intervalo do almoço ao meio-dia, quando podia ir para casa, comer um sanduíche e reclamar com a minha mãe.

Quando eu ficava zangada, quase sempre direcionava a raiva para a minha mãe. Eu reclamava da nova professora, e ela escutava e dizia coisas como "Ah, nossa" e "É mesmo?". Nunca cedia à minha indignação, mas levava minha frustração a sério. Se minha mãe fosse uma pessoa diferente, talvez tivesse sugerido apenas "Vai lá e dá o melhor de si". Mas ela entendia a diferença. Entendia a diferença entre reclamar à toa e uma angústia genuína. Sem me dizer, ela foi à escola muitas vezes para tentar convencê-los a fazer alguma coisa. Com isso, eu e mais algumas outras crianças de alto desempenho fomos discretamente tiradas da turma, fizemos provas e cerca de uma semana depois fomos promovidas para uma turma de terceiro ano iluminada e organizada no andar de cima, com uma professora sorridente e eficiente que sabia o que estava fazendo.

Foi uma medida trivial, mas que mudou minha vida. Na época, não me perguntei o que aconteceria com todas as crianças largadas no porão com a professora que não sabia lecionar. Agora que sou adulta, porém, percebo que ainda novas as crianças sabem quando não estão sendo valorizadas, quando os adultos não têm interesse em ajudá-las a aprender. A raiva que sentem disso pode se manifestar na forma de rebeldia. Não é culpa delas. Não são "crianças ruins". Estão apenas tentando sobreviver a circunstâncias ruins. Na época, só fiquei feliz de ter escapado.

COM O PASSAR DO TEMPO, minha mãe começou a me fazer sair de casa para brincar com as crianças do bairro. Queria que eu aprendesse a me socializar como meu irmão. Craig, como já mencionei, conseguia fazer com que coisas difíceis parecessem fáceis. Na época já era uma sensação na quadra de basquete, um garoto animado, ágil e que ganhava estatura rapidamente. Meu pai o incentivou a procurar os adversários mais difíceis que conseguisse achar — tempos depois, faria Craig cruzar a cidade sozinho para jogar com os melhores garotos da cidade. Mas, por enquanto, deixava meu irmão jogar contra os talentos do bairro. Craig pegava sua bola e atravessava a rua até o Rosenblum Park, passando pelos trepa-trepas e balanços onde eu gostava de brincar, e depois desaparecia em meio a um arvoredo na ponta oposta do parque, onde ficavam as quadras de basquete. Eu imaginava uma floresta escura ali, repleta de bêbados, bandidos e atividades criminais, mas, depois que começou a ir jogar naquelas quadras, Craig me esclareceu que ninguém lá era tão ruim assim.

Para o meu irmão, o basquete parecia abrir todas as portas. O esporte o ensinou a falar com desconhecidos quando queria jogar uma partida improvisada. Também o ensinou a provocar, de maneira amistosa, os adversários maiores e mais rápidos em quadra. E o ajudou a derrubar vários mitos sobre quem era quem no bairro, reforçando a ideia de que a maioria das pessoas era boa se fosse bem tratada — algo em que meu pai acreditava desde sempre. Até os caras esquisitos que ficavam na frente da loja de bebidas se alegravam ao ver Craig, chamando-o e o cumprimentando quando ele passava.

— Como é que você conhece esses caras? — perguntava eu.

— Sei lá. Eles apenas me conhecem — respondia ele, dando de ombros.

Eu tinha dez anos quando finalmente amadureci o bastante para começar a me aventurar, uma decisão instigada em grande parte pelo tédio. Era verão e eu estava de férias. Todos os dias, Craig e eu pegávamos o ônibus até o lago Michigan para ir a uma colônia de recreação pública, mas tínhamos de voltar às quatro da tarde, quando ainda restavam muitas horas de sol no dia. Minhas bonecas estavam se tornando menos interessantes, e, sem ar-condicionado, o nosso apartamento ficava insuportavelmente quente no fim da tarde. E foi assim que comecei a seguir Craig pelo bairro, conhecendo as crianças que ainda não conhecia da escola. Atravessando a viela atrás da nossa casa havia um miniconjunto habitacional chamado Euclid Parkway, com cerca de quinze casas construídas em torno de uma área verde compartilhada. Era um paraíso, livre de carros e cheio de crianças jogando softball, pulando corda ou simplesmente sentadas nos bancos, batendo papo. Mas, antes de chegar ao grupo de meninas da minha idade, precisei encarar um teste. E o teste veio na forma de DeeDee, uma menina que frequentava uma escola católica ali perto. DeeDee era atlética e linda, mas vivia de cara feia e revirava os olhos por qualquer coisa. Ela costumava ficar sentada nos degraus da entrada da sua casa ao lado de outra menina, mais popular, chamada Deneen.

Deneen era sempre simpática, mas DeeDee parecia não gostar de mim. Eu não sabia o motivo. Sempre que eu ia a Euclid Parkway, ela fazia comentários sarcásticos em voz baixa, como se só de aparecer eu já tivesse estragado o dia de todo mundo. Ao longo daquele verão, DeeDee começou a fazer os comentários em voz cada vez mais alta. Fiquei chateada. Eu sabia que tinha alternativas. Podia continuar sendo a novata perseguida, podia desistir do Parkway e voltar para os meus brinquedos em casa, ou podia tentar ganhar o respeito de DeeDee. E dentro da última opção havia outra: podia tentar conquistar DeeDee com palavras ou simplesmente calar a boca dela.

Quando DeeDee voltou a fazer um de seus comentários, avancei nela, invocando tudo o que meu pai tinha me ensinado sobre como dar um soco. Caímos no chão, os punhos descontrolados e as pernas agitadas, e todas as crianças do Euclid Parkway de repente formaram um círculo apertado ao nosso redor, seus gritos alimentados pela empolgação. Não lembro quem nos separou, se foi Deneen, meu irmão ou talvez um pai chamado a ajudar, mas, quando acabou, algo havia acontecido. Fui oficialmente aceita como membro da tribo do bairro. DeeDee e eu saímos ilesas, sujas de terra, arfando e destinadas a jamais sermos amigas íntimas, mas pelo menos ganhei seu respeito.

O BUICK DO MEU PAI CONTINUOU sendo nosso abrigo, nossa janela para o mundo. Passeávamos nele aos domingos e nas noites de verão, circulando sem destino pela cidade, só porque podíamos. Às vezes íamos até um bairro ao sul, uma região conhecida como Pill Hill — a Colina dos Comprimidos —, devido ao número aparentemente grande de médicos afro-americanos que moravam lá. Era uma das partes mais bonitas e ricas do South Side, onde as pessoas tinham dois carros na garagem e vários canteiros de flores junto às calçadas.

Meu pai via os ricos com certa desconfiança. Não gostava de gente presunçosa e tinha um pé atrás com a ideia de casa própria. Por um breve período, ele e minha mãe pensaram em comprar uma casa que ficava não muito longe da de Robbie. Certo dia, foram visitar o lugar com um corretor, mas acabaram desistindo. Na época, eu era totalmente a favor. Na minha cabeça, achava que o fato de a minha família morar em um lugar com mais de um andar significaria alguma coisa. Mas meu pai era cauteloso por natureza e achava necessário ter economias para o caso de emergências.

— Você não vai querer ficar sem dinheiro por ter comprado uma casa — dizia ele, explicando que certas pessoas entregavam suas economias e pegavam empréstimos muito altos. Tornavam-se donos de uma casa legal, mas não tinham liberdade alguma.

Meus pais conversavam conosco como se fôssemos adultos. Não davam aulas, mas se entregavam a todas as perguntas que fazíamos, por mais boba que fosse. Nunca apressavam uma discussão só porque era conveniente. Nossas conversas podiam durar horas, em geral porque Craig e eu aproveitávamos todas as oportunidades de interrogar nossos pais sobre coisas que não entendíamos. Quando pequenos, perguntávamos: "Por que as pessoas vão ao banheiro?" ou "Por que você precisa ter emprego?" e depois os bombardeávamos com questões complementares. Uma das minhas primeiras vitórias veio de uma pergunta que fiz por interesse próprio:

— Por que a gente precisa comer ovo no café da manhã?

Isso gerou uma discussão sobre a necessidade de proteína, o que me levou a perguntar por que creme de amendoim não poderia contar como proteína. Continuamos argumentando, até que, por fim, minha mãe acabou mudando sua opinião sobre ovos, que eu nunca gostei de comer. Nos nove anos seguintes, ciente de que aquilo era uma conquista minha, eu preparava um enorme sanduíche de creme de amendoim e geleia todas as manhãs e não comia um ovinho sequer.

Conforme crescemos, passamos a falar mais de escolhas de vida, de cor da pele, desigualdade e política. Meus pais não esperavam que fôssemos perfeitos. Também nunca douravam a pílula quanto ao que acreditavam ser as verdades mais duras da vida. Teve um verão em que Craig ganhou uma bicicleta nova e pedalou até o lago Michigan, até a trilha pavimentada à beira da Rainbow Beach, onde dava para sentir a brisa vinda da água. Foi logo parado por um policial que o acusou de roubá-la, incapaz de aceitar que um jovem negro conseguira uma bicicleta nova de um jeito honesto. (O policial, ele mesmo um afro-americano, levou uma bronca homérica da minha mãe, que o obrigou a pedir desculpas a Craig.) Depois de tudo, meus pais nos disseram que aquilo que tinha acontecido era injusto, mas, infelizmente, também era comum. A cor da nossa pele nos tornava vulneráveis. Era algo com que sempre precisaríamos lidar.

O costume que meu pai tinha de nos levar a Pill Hill era meio que um exercício de ambição. Sua chance de nos mostrar aonde a boa educação podia levar. Meus pais tinham morado quase a vida inteira numa área de alguns quilômetros quadrados dentro de Chicago, mas não esperavam que Craig e eu fizéssemos a mesma coisa. Antes de se casarem, ambos tinham frequentado faculdades técnicas por um curto período, mas abandonaram os estudos bem antes de obterem o diploma. Minha mãe estudava para ser professora, mas se deu conta de que preferia trabalhar como secretária. Meu pai simplesmente ficou sem dinheiro para pagar a mensalidade, então se alistou no Exército. Não havia ninguém na família que o convencesse a voltar à faculdade, ele não tinha nenhum exemplo de como era essa vida. Então, por dois anos, serviu em diversas bases militares. Terminar a faculdade e virar artista pode até ter sido um sonho do meu pai, mas ele logo redirecionou suas esperanças e usava o salário para ajudar a pagar a faculdade de arquitetura de seu irmão caçula.

Com quase quarenta anos, meu pai se concentrava em economizar para os filhos. Nossa família jamais gastaria o dinheiro todo para comprar uma casa própria. Meu pai era uma pessoa prática, sentia que os recursos eram limitados e talvez o tempo também fosse. Quando não estava dirigindo, usava uma bengala para andar. Antes de eu terminar a escola primária, a bengala se tornaria uma muleta e, pouco depois, um par de muletas. O que quer que meu pai tivesse, estava debilitando seus músculos e acabando com seus nervos. Ele via a doença como um desafio pessoal, algo que deveria aguentar calado.

Nós nos permitíamos poucos luxos. Quando Craig e eu recebíamos o boletim da escola, nossos pais comemoravam pedindo pizza no Italian Fiesta, nosso restaurante preferido. No calor, comprávamos sorvete — meio litro de chocolate, meio de noz-pecã e meio de cereja — e fazíamos com que durasse dias. Todo ano, quando íamos ao Air and Water Show, preparávamos um piquenique e seguíamos rumo ao norte, margeando o lago Michigan, até a península cercada onde ficava a estação de tratamento de água onde meu pai trabalhava. Era uma das poucas vezes do ano em que as famílias dos funcionários podiam atravessar os portões e ocupar o gramado com vista para o lago, de onde a visão dos aviões de caça em formação acima da água era tão bonita quanto a de qualquer cobertura dos prédios chiques da Lake Shore Drive.

Todo mês de julho, meu pai tirava uma semana de férias das caldeiras da estação de tratamento de água e nos apertávamos no Buick com uma tia e alguns primos. Eram sete pessoas naquele carro de duas portas por horas a fio, saindo de Chicago pela ponte Skyway, margeando o sul do lago Michigan e seguindo até White Cloud, Michigan, em um lugar chamado Dukes Happy Holiday Resort. Tinha uma sala de brinquedos, uma máquina que vendia refrigerantes em garrafas de vidro e, o mais importante para nós, uma enorme piscina ao ar livre. Alugávamos uma cabana com quitinete e passávamos os dias pulando na água.

Meus pais faziam churrasco, fumavam cigarro e jogavam carta com a minha tia, mas meu pai também passava um bom tempo brincando com as crianças na piscina. Meu pai era lindo, tinha um bigode que descia pelos cantos dos lábios. O peito e os braços eram robustos e musculosos, prova do atleta que havia sido. Durante aquelas longas tardes na piscina, ele nadava, ria e atirava nossos corpinhos no ar, suas pernas enfraquecidas de repente se tornavam um problema menor.

A DECADÊNCIA ÀS VEZES é algo difícil de mensurar, principalmente quando está em toda parte. A cada mês de setembro, quando Craig e eu voltávamos à Bryn Mawr para mais um ano letivo, víamos menos crianças brancas no pátio. Algumas tinham sido transferidas para uma escola católica dos arredores, mas muitas tinham ido embora do bairro. No começo, parecia que só as famílias brancas estavam saindo, mas isso também mudou. Em pouco tempo parecia que todos os que tinham recursos para ir embora estavam indo. Na maioria das vezes, ninguém avisava que estava partindo nem explicava a decisão. Apenas víamos uma placa de "Vende-se" na frente da casa da família Yacker ou um caminhão de mudança na frente da casa de Teddy e entendíamos o que estava acontecendo.

Para minha mãe, o momento mais difícil talvez tenha sido quando sua amiga Velma Stewart avisou que ela e o marido tinham dado a entrada numa casa em um bairro chamado Park Forest, no subúrbio. Os Stewart tinham dois filhos e moravam no nosso quarteirão, na Euclid Avenue. Moravam num apartamento, assim como nós. A sra. Stewart tinha um grande senso de humor e uma gargalhada característica, que cativou minha mãe. As duas trocavam receitas e sempre se falavam, mas, ao contrário das outras mães, nunca se metiam nas fofocas do bairro. O filho da sra. Stewart, Donny, tinha a mesma idade que Craig e era tão atlético quanto meu irmão, e os dois criaram um vínculo imediato. A filha, Pamela, já era adolescente e não tinha muito interesse por mim, embora eu achasse todos os adolescentes fascinantes. Não me lembro direito do sr. Stewart, a não ser pelo fato de que dirigia a caminhonete de entregas de uma das maiores panificadoras da cidade e de que ele e a esposa eram os negros de pele mais clara que eu já tinha visto.

Eu não fazia ideia de como tinham conseguido bancar uma casa no subúrbio. Park Forest foi uma das primeiras comunidades totalmente planejadas dos Estados Unidos — um povoado completo, com shoppings, igrejas, escolas, parques e casas produzidas em massa, com quintais padronizados. No lugar havia uma quantidade máxima de famílias negras por quarteirão, mas, quando os Stewart se mudaram para lá, esse limite já havia sido abolido, aparentemente.

Pouco depois de se mudarem, os Stewart nos convidaram para visitá-los num dia de folga do meu pai. Ficamos animados. Para nós, seria um novo tipo de passeio, uma oportunidade de vislumbrar os subúrbios. Nós quatro entramos no Buick e pegamos a via expressa para o sul, seguindo a estrada que deixa Chicago e pegando uma saída cerca de quarenta minutos mais tarde, na altura de um shopping center sem graça. Seguindo as instruções da sra. Stewart, pouco depois já estávamos atravessando uma rede de ruas sossegadas, com casas que pareciam todas iguais.

— Mas como é que alguém tem vontade de morar aqui? — indagou meu pai, observando tudo por cima do painel.

Concordei que não fazia sentido. Pelo que eu estava percebendo, não havia árvores grandes como o imenso carvalho que eu via pela janela do meu quarto. Tudo em Park Forest era novo, amplo e vazio. Não havia loja de bebidas na esquina com caras mal-humorados sentados na frente. Não havia buzinas de carros nem sirenes. Não havia música saindo da cozinha de ninguém. Parecia que todas as janelas estavam fechadas.

Na lembrança de Craig, a visita foi incrível, já que ele passou o dia jogando bola ao ar livre e sob o céu azul com Donny Stewart e seus novos amigos do subúrbio. Meus pais bateram um papo agradável com o sr. e a sra. Stewart, e eu seguia Pamela pela casa, boquiaberta com seu cabelo, sua pele clara e suas bijuterias de adolescente. Almoçamos lá.

Quando nos despedimos, já era fim de tarde. Caminhamos até o Buick. Craig estava suado, exausto de tanto correr. Eu também estava cansada e louca para ir para casa. Algo naquele lugar tinha me dado nos nervos. Eu não era fã do subúrbio, mas não saberia explicar exatamente por quê.

Mais tarde, minha mãe faria um comentário sobre os Stewart e sobre sua nova comunidade. Pensando no fato de que quase todos os vizinhos da rua pareciam ser brancos, ela disse:

— Será que alguém sabia que eles são uma família negra antes da nossa visita?

Ela imaginou que talvez, sem saber, tivéssemos exposto os Stewart, chegando do South Side com um presente para a casa nova e ostentando nossa pele evidentemente negra. Ainda que os Stewart não tentassem esconder sua cor de propósito, era provável que não tocassem no assunto com os vizinhos. Até nossa visita, eles não tinham perturbado o clima daquele quarteirão, qualquer que fosse ele.

Será que alguém estava observando pela janela quando meu pai se aproximou do nosso carro naquela noite? Será que havia alguém atrás de uma cortina, esperando para ver o que aconteceria? Jamais saberei. Só me lembro de como meu pai ficou meio tenso quando foi abrir a porta do motorista e viu o que havia acontecido. Alguém tinha feito um arranhão na lateral de seu amado Buick, deixando uma marca fina e feia que percorria a porta e ia até a parte traseira do carro. Fora feito com uma chave ou uma pedra e certamente não era acidental.

Já falei que meu pai era um homem que nunca reclamava das coisas, fossem elas pequenas ou grandes, que comia fígado com um sorriso no rosto quando era o que lhe serviam, que recebeu de um médico o equivalente a uma pena de morte e seguiu em frente. Com a história do carro não seria diferente. Mesmo que houvesse uma forma de brigar ou alguém com quem pudesse falar, meu pai não teria feito isso.

— Meu Deus do céu — disse ele antes de destrancar a porta.

Naquela noite, voltamos para a cidade sem conversar muito sobre o que havia acontecido. Talvez só pensar naquilo já fosse exaustivo demais. Em todo caso, o subúrbio já era passado para nós. Meu pai provavelmente foi com o carro daquele jeito para o trabalho no dia seguinte, e tenho certeza de que isso não lhe desceu bem. Mas o arranhão na pintura não durou muito. Assim que pôde, levou o carro à oficina e mandou apagarem o risco.

3

EM ALGUM MOMENTO, MEU IRMÃO, GERALMENTE
tranquilo, começou a ficar preocupado. Não sei bem quando isso surgiu ou por que aconteceu, mas o fato era que Craig — o menino que
cumprimentava o bairro inteiro, que cochilava sempre que tinha dez
minutos onde quer que estivesse — foi ficando mais inquieto e alerta
em casa, convicto de que uma catástrofe estava prestes a acontecer. Nos
fins de tarde no nosso apartamento, ele se preparava para qualquer
eventualidade. Preocupado com a possibilidade de ficar cego, ele passou a usar uma venda em casa para aprender a circular pela sala de
estar e pela cozinha usando o tato. Preocupado com a possibilidade de
ficar surdo, começou a aprender sozinho a língua de sinais. Acho que
Craig também temia uma amputação, o que o levou a fazer várias refeições e deveres de casa com o braço direito amarrado às costas. Porque
nunca se sabe.

O maior medo de Craig, porém, provavelmente era também o mais
realista: o de fogo. Incêndios em casas eram algo comum em Chicago,
em parte porque os senhorios deixavam os imóveis caírem aos pedaços
e ficavam mais do que felizes em receber o seguro quando o fogo se
alastrava. Detectores de fumaça eram dispositivos novos e ainda caros

para o bolso da classe trabalhadora. Na estreita malha urbana da nossa cidade, incêndios eram quase uma realidade da vida, um destruidor aleatório, mas persistente, de casas e corações. Meu avô Southside havia se mudado para o nosso bairro depois que um incêndio destruiu sua velha casa no West Side, mas por sorte ninguém se feriu. (Segundo minha mãe, Southside ficou parado no meio-fio diante da casa em chamas, berrando para que os bombeiros mirassem as mangueiras para longe de seus preciosos álbuns de jazz.) Tempos depois, aconteceu uma tragédia quase grande demais para minha cabeça ainda jovem compreender: um dos meus colegas de turma do quinto ano — um menino de rosto meigo e um longo cabelo afro chamado Lester McCullom, que morava perto de nós — havia morrido em um incêndio que também matou seu irmão e sua irmã, os três encurralados pelas chamas nos quartos do segundo andar.

Foi o primeiro velório a que compareci na vida: todas as crianças do bairro chorando numa casa funerária enquanto um álbum do Jackson 5 tocava baixinho ao fundo; os adultos calados, em choque. Havia três caixões fechados na sala, cada um com uma fotografia emoldurada de uma criança sorridente sobre a tampa. A sra. McCullom, que sobreviveu junto com o marido pulando da janela, estava sentada diante deles, tão curvada e abatida que doía só de olhar para ela.

Por dias a fio, o esqueleto da casa queimada dos McCullom continuou chiando e desmoronando. O cheiro de fumaça pairava no bairro.

Conforme o tempo foi passando, Craig foi ficando mais ansioso. Na escola, fazíamos exercícios de evacuação liderados pelos professores, que ensinavam a parar, abaixar e rolar. Como resultado, Craig decidiu que precisávamos deixar a casa mais segura. Ele se elegeu o chefe da brigada de incêndio da família. Eu era sua tenente, abrindo o caminho de fuga durante os exercícios ou dando ordens aos nossos pais quando necessário. Se houvesse um incêndio, queríamos estar preparados. Aquilo era importante. Nossa família não era apenas pontual: chegávamos cedo a todos os compromissos. Isso deixava meu pai menos vulnerável, pois garantia que não teria problemas para encontrar uma vaga que não o fizesse andar muito ou uma cadeira acessível numa das partidas de basquete de Craig. A lição era que, na vida, você controla o que pode.

Pensando nisso, revisávamos nossas possíveis rotas de fuga, tentando imaginar se, em caso de incêndio, podíamos pular da janela e nos agarrar no telhado do vizinho ou no carvalho na frente da casa. Imaginávamos o que aconteceria se alguma panela pegasse fogo e causasse um incêndio na cozinha, se houvesse um incêndio elétrico no porão ou um raio caísse na casa. Craig e eu não nos preocupávamos com nossa mãe em caso de emergência. Ela era pequena e ágil, uma daquelas pessoas que, se preciso, seria capaz de levantar um carro para salvar um bebê. O mais difícil era falar da deficiência do papai — a verdade óbvia mas velada de que ele não poderia saltar de uma janela como nós e de que fazia anos que não o víamos correr.

Percebemos que, se a situação ficasse complicada, nosso resgate não aconteceria de forma organizada, como naqueles filmes que víamos na TV depois da escola. Nosso pai não nos colocaria nos ombros como Hércules e nos carregaria para um lugar seguro. Era mais fácil Craig fazer isso, pois uma hora ou outra ele ficaria mais alto do que meu pai — apesar de, na época, ainda ser um menino de ombros estreitos e pernas finas que parecia entender que qualquer heroísmo de sua parte exigiria prática. Por isso, durante nossas simulações de incêndio em família, ele começou a imaginar as piores situações, mandando meu pai se abaixar, instruindo-o a ficar deitado, deixando o corpo solto e pesado como uma saca, como se tivesse desmaiado ao inalar a fumaça.

— Ai, meu Deus — dizia papai, balançando a cabeça. — Você vai mesmo fazer isso?

Meu pai não estava acostumado a ficar impotente nas situações. Tomava conta de tudo sozinho, cuidando do nosso carro, pagando as contas em dia, jamais discutindo a esclerose múltipla que progredia ou faltando um dia sequer no trabalho. Meu pai adorava ser o amparo dos outros. O que não conseguia fazer fisicamente, compensava com orientação e apoio, e era por isso que curtia tanto seu trabalho como representante distrital do Partido Democrata. Meu pai adorava a função, o que intrigava minha mãe, considerando o tempo que isso consumia. Ele visitava os bairros vizinhos no fim de semana, muitas vezes me arrastando junto. Estacionávamos o carro e íamos de porta em porta. Viúvas corcundas e operários barrigudos com uma lata de cerveja na mão nos espiavam pelas portas de tela. Em geral, ficavam contentes em ver meu pai na varanda, com um sorriso largo no rosto e a bengala na mão.

— *Fraser!* — diziam. — Que surpresa. Entra.

Para mim, isso nunca era uma boa notícia. Significava que teríamos que entrar mesmo. Significava que eu ia passar minha tarde de domingo inteira sentada num sofá bolorento ou na mesa da cozinha tomando um refrigerante enquanto meu pai ouvia reclamações, que depois repassava a um representante eleito. Quando alguém tinha problemas com a coleta de lixo ou a limpeza da neve ou se irritava com um buraco na pista, meu pai estava ali para escutar. Seu objetivo era ajudar as pessoas a se sentirem cuidadas pelos democratas — e votarem neles nas eleições seguintes. Para meu desespero, ele nunca apressava ninguém. Para meu pai, o tempo era um presente que se dava aos outros. Ele ria em tom de aprovação ao ver fotos de netos fofos, aguentava com paciência as fofocas e as longas ladainhas sobre problemas de saúde, e assentia, com conhecimento de causa, ao ouvir histórias de aperto financeiro. Abraçava as senhoras quando finalmente íamos embora, garantindo que faria o melhor para resolver o que fosse possível.

Meu pai tinha fé em sua capacidade de ser útil. Se orgulhava disso. Por isso, em casa, nos treinamentos de incêndio, ele não tinha o menor interesse em ser um simples adereço passivo, mesmo numa simulação de crise. Não tinha a menor intenção, em nenhuma circunstância, de acabar sendo o cara inconsciente no chão. Mas, em certa medida, ele parecia entender que isso tinha importância para nós — principalmente para Craig. Quando pedíamos que se deitasse, ele fazia a nossa vontade, caindo primeiro de joelhos, depois sentado, em seguida se estirando de costas no carpete da sala de estar. Trocava olhares com a minha mãe, que achava aquilo tudo meio engraçado, como se dissesse: *Essas crianças!*

Ele suspirava e fechava os olhos, esperando sentir as mãos de Craig o agarrarem firme por debaixo dos ombros para dar início à operação de resgate. Minha mãe e eu assistíamos enquanto, com grande esforço e muita falta de jeito, meu irmão arrastava nosso pai de oitenta quilos através do fogo imaginário, puxando-o pelo chão, contornando o sofá e por fim chegando à escada.

Craig concluiu que dali provavelmente poderia arrastar o corpo do meu pai escada abaixo e tirá-lo pela porta lateral com segurança. Meu pai nunca deixou meu irmão ensaiar essa parte, dizendo, com delicadeza, "Agora já chega", e se levantando antes que Craig tentasse puxá-lo. Mas pelo menos a ideia estava clara para os dois. Se acontecesse um incêndio, a fuga não seria nada fácil ou tranquila, e, óbvio, não havia nenhuma garantia de que qualquer um de nós sobreviveria. Mas, se o pior acontecesse, pelo menos teríamos um plano.

AOS POUCOS, EU IA ME TORNANDO uma pessoa mais extrovertida e sociável, disposta a me abrir para a desordem do mundo. Minha resistência natural ao caos acabou sendo derrotada por todas as horas que passei acompanhando meu pai nas visitas ao distrito eleitoral, além de todos os passeios de fim de semana para ver dezenas de tias, tios e primos, sentados no meio de grandes nuvens de fumaça de churrasco nos quintais ou correndo com as crianças da vizinhança em bairros que não eram o nosso.

Minha mãe tinha seis irmãos. Meu pai era o mais velho de cinco filhos. Os parentes da minha mãe costumavam se reunir ali no bairro, na casa de Southside, atraídos pelos pratos que meu avô cozinhava, pelo carteado e pela exuberante explosão do jazz. Southside era como um ímã para todos nós. Estava sempre desconfiado do mundo além de seu quintal e preocupado com a segurança e o bem-estar de todos. Por isso se dedicava a criar um ambiente onde estivéssemos sempre bem alimentados e entretidos, provavelmente torcendo para que nunca quiséssemos nos mudar para longe. Ele chegou a me dar um cachorro, um pastor vira-lata castanho que batizamos de Rex. Minha mãe não permitiu que ele morasse na nossa casa, mas eu o visitava o tempo todo na casa de Southside, onde me deitava no chão com o rosto afundado em seus pelos macios, escutando seu rabo sacudir em sinal de felicidade sempre que Southside passava perto. Southside mimou o cachorro do mesmo jeito que me mimava, com comida, amor e tolerância — tudo isso numa súplica silenciosa e sincera de que jamais o abandonasse.

Já a família do meu pai se espalhava pelo vasto South Side de Chicago e contava com um monte de tias-avós e primos de terceiro grau. Orbitávamos em torno de todos eles. Em silêncio, eu calculava aonde íamos pelo número de árvores que via na rua. Em geral, os bairros mais pobres não tinham árvores. Mas, para o meu pai, todo mundo era família. Ele ficava radiante quando via seu tio Calio e adorava a tia Verdelle, que vivia com seus oito filhos em um prédio em mau estado em uma vizinhança onde mesmo Craig e eu entendíamos que as regras de sobrevivência eram muito diferentes.

Nas tardes de domingo, nós quatro íamos de carro a Parkway Gardens para jantar com os pais do meu pai — que chamávamos de Dandy e Vovó — e seus três irmãos mais novos, Andrew, Carleton e Francesca. Eles nasceram mais de uma década depois do meu pai, portanto pareciam mais nossos irmãos do que tios. Eu tinha a impressão de que meu pai parecia mais um pai do que um irmão para os três, oferecendo conselhos e dando dinheiro quando precisavam. Francesca era uma mulher inteligente e linda, que às vezes me deixava pentear seu cabelo longo. Andrew e Carleton tinham vinte e poucos anos e eram supermodernos. Usavam calça boca de sino e gola rulê. Tinham jaqueta de couro, namoradas e falavam de coisas como Malcolm X e "soul power". Craig e eu passávamos horas no quarto com eles, nos fundos do apartamento, tentando absorver o estilo deles.

Meu avô, também chamado Fraser Robinson, sem dúvida era menos divertido — um patriarca que vivia de charuto na boca e se sentava na cadeira reclinável com o jornal aberto no colo e o noticiário da noite em volume máximo na TV. Sua personalidade era totalmente diferente da do meu pai. Para Dandy, tudo era irritante. Ficava indignado com as manchetes do dia, com a situação do mundo exibida na TV e até com os jovens negros — que ele chamava de bestinhas —, pois achava que ficavam circulando pelo bairro como inúteis, dando a todos os negros uma má reputação. Ele gritava com a TV. Gritava com a minha avó, uma mulher doce, de voz suave e cristã devota chamada LaVaughn. (Meus pais me deram o nome de Michelle LaVaughn Robinson em homenagem a ela.) De dia, minha avó gerenciava habilmente uma próspera livraria de bíblias no Far South Side, mas nas horas de folga com Dandy era reduzida a uma pessoa submissa, o que me deixava confusa, mesmo quando jovem. Ela preparava as refeições dele e absorvia seu fluxo constante de reclamações sem dizer nada em defesa própria. Eu ainda era muito nova, mas algo no silêncio e na passividade da minha avó me deixava incomodada.

Segundo minha mãe, eu era a única pessoa da família que respondia Dandy à altura quando ele gritava. Fazia isso regularmente, porque ficava enlouquecida de ver que minha avó não se manifestava e porque todo mundo se calava perto dele. Também o fazia porque amava Dandy, por mais difícil que fosse entendê-lo. Eu reconhecia a teimosia dele em mim mesma. Dandy também podia ser uma pessoa muito suave, mas esses eram momentos que eu apenas vislumbrava. Às vezes, ele massageava meu pescoço com ternura quando eu me sentava aos pés de sua poltrona reclinável. Sorria quando meu pai falava alguma coisa engraçada ou uma das crianças enfiava uma palavra sofisticada no meio da conversa. Mas aí algo o irritava e ele voltava a ser ríspido.

— Para de gritar com todo mundo, Dandy — pedia eu.

Ou:

— Não precisa ser grosso com a vovó.

Volta e meia eu acrescentava:

— Por que o senhor está tão nervoso?

A resposta para essa pergunta era ao mesmo tempo complexa e simples. Dandy a deixava sem resposta, dando de ombros com irritação e voltando a atenção para o jornal. Já em casa, porém, meus pais tentavam me explicar.

Dandy era do Low Country, na costa da Carolina do Sul, e havia crescido no porto marítimo de Georgetown, onde milhares de escravos haviam trabalhado em vastas plantações, colhendo safras de arroz e anileira e enriquecendo seus donos. Nascido em 1912, meu avô era neto de escravos, filho de um operário e o mais velho de dez irmãos. Menino perspicaz e inteligente, ganhou o apelido de "Professor" e logo fixou como objetivo um dia fazer faculdade. Mas não só era negro e de família pobre como também atingiu a maioridade durante a Grande Depressão. Depois de terminar o ensino médio, Dandy foi trabalhar em uma serraria, sabendo que, caso permanecesse em Georgetown, jamais ampliaria seu leque de opções. Quando a serraria fechou, ele, assim como muitos afro-americanos de sua geração, decidiu se arriscar e se mudou para Chicago, fazendo parte do movimento que se tornaria conhecido como Grande Migração para o Norte, em que 6 milhões de negros do Sul se deslocaram para grandes cidades do Norte no decorrer de cinco décadas, fugindo da opressão racial e indo atrás de empregos na indústria.

Se fosse uma história de Sonho Americano, Dandy, que chegou a Chicago no início da década de 1930, encontraria um bom emprego e um caminho para entrar na faculdade. Mas a realidade foi bem diferente. Os empregos eram escassos, limitados em parte pelo fato de que os gerentes de algumas das grandes fábricas de Chicago viviam contratando imigrantes europeus em vez de trabalhadores afro-americanos. Dandy aceitava todo tipo de trabalho, desde arrumar os pinos em uma pista de boliche a qualquer bico como faz-tudo. Aos poucos, deixou de lado as expectativas de fazer faculdade, pensando em estudar para ser eletricista, o que também não foi possível. Se quisesse trabalhar como eletricista (ou como siderúrgico, carpinteiro ou encanador) em canteiros de grandes obras de Chicago, precisaria de uma carteira do sindicato. E, sendo negro, havia uma enorme probabilidade de que não conseguiria tirá-la.

Essa forma de discriminação mudou o destino de gerações de afro--americanos, inclusive o de muitos homens da minha família. Limitava a renda, as oportunidades e, com o tempo, seus sonhos. Como carpinteiro, Southside não podia trabalhar para as grandes empreiteiras que ofereciam salários estáveis, já que não podia ser membro de sindicatos. Meu tio-avô Terry, marido de Robbie, abandonou a carreira de encanador pelo mesmo motivo, tornando-se assistente de vagões. Na família da minha mãe, tio Pete não pôde ser membro do sindicato de taxistas e acabou dirigindo um táxi clandestino, pegando clientes que moravam em partes menos seguras do West Side, aonde táxis normais não gostavam de ir. Eram homens muito inteligentes e fisicamente capacitados a quem foram negados empregos estáveis que pagassem bem, o que por sua vez os impediu de comprar casas, pagar a faculdade dos filhos ou economizar para a aposentadoria. Sei que eles sentiam uma mágoa por serem marginalizados, por ficarem presos em empregos aquém de suas qualificações. Eles viram pessoas brancas ultrapassá-los no trabalho, e às vezes treinavam funcionários novos sabendo que um dia podiam virar seus chefes. E isso fez com que sentissem pelo menos um nível básico de ressentimento e desconfiança: nunca se sabe como os outros nos enxergam.

Quanto a Dandy, sua vida não foi de todo ruim. Ele conheceu minha avó numa igreja do South Side e acabou arranjando um emprego por meio de um programa federal de assistência que existiu na época da Depressão e que contratava trabalhadores não qualificados para projetos de construção pública. A partir daí, passou trinta anos trabalhando como carteiro antes de se aposentar com uma pensão que o ajudava a ter todo o tempo do mundo para gritar com os bestinhas da TV no conforto de sua poltrona reclinável.

No fim das contas, Dandy teve cinco filhos tão inteligentes e disciplinados quanto ele. Nomenee, o segundo filho, se formaria na Escola de Negócios de Harvard. Andrew se tornou condutor de trem e Carleton, engenheiro. Francesca foi diretora de criação em publicidade por um tempo e depois virou professora de escola primária. Mas Dandy era incapaz de ver as conquistas dos filhos como uma extensão das suas. Conforme víamos todo domingo ao chegar em Parkway Gardens para jantar, meu avô convivia com o gosto amargo de seus sonhos destruídos.

MINHAS PERGUNTAS PARA DANDY eram duras e difíceis de responder, mas logo aprendi que muitas perguntas são assim mesmo. Na minha própria vida, eu começava a me deparar com perguntas que não conseguia responder facilmente. Uma foi feita por uma menina cujo nome não me lembro — uma das primas distantes que brincavam conosco no quintal da casa de uma das minhas tias-avós, a oeste da nossa. Enquanto os adultos tomavam café e riam na cozinha, Craig e eu nos juntávamos ao bando de crianças que tinham ido com os adultos. Às vezes era meio constrangedor, aquela amizade forçada, mas em geral dava tudo certo. Craig quase sempre saía para jogar basquete. Eu pulava corda ou tentava entrar na conversa.

Certo dia de verão, quando eu tinha dez anos, me sentei na escadinha da varanda e bati papo com um grupo de meninas da minha idade. Todas usávamos marias-chiquinhas e shorts e estávamos só matando o tempo. E sobre o que conversávamos? Podia ser sobre qualquer coisa — escola, nossos irmãos mais velhos, um formigueiro no chão ali perto.

Em certo momento, uma das meninas me olhou de soslaio e, um pouco veemente demais, perguntou:

— Por que você fala como se fosse branca?

Percebi que ela estava querendo me ofender ou pelo menos provocar, mas que também estava curiosa para saber por que nós duas soávamos tão diferente. Parecíamos ser parentes, mas de dois mundos distintos.

— Eu não faço isso — respondi, envergonhada por ela ter sugerido aquilo e aflita com a maneira como as outras começaram a me encarar.

Mas eu sabia aonde ela queria chegar. Não havia como negar, embora tivesse acabado de fazer isso. Eu falava, sim, diferente de alguns dos meus parentes, e Craig também. Nossos pais tinham nos ensinado a importância do uso da dicção adequada, de não comermos o final das palavras e de usarmos o tempo verbal correto. Nos ensinaram a pronunciar as palavras até o fim. Nos deram um dicionário e a *Enciclopédia britânica* completa, que moravam na prateleira da escada do nosso apartamento, os títulos em dourado. Eles nos aconselhavam a consultar esses livros sempre que tivéssemos uma dúvida sobre uma palavra, um conceito ou uma passagem da história. Dandy também nos influenciava, corrigindo nossa gramática ou nos obrigando a pronunciar as palavras corretamente quando jantávamos em sua casa. Dandy e meus pais queriam que tivéssemos mais oportunidades do que haviam tido. Eles planejavam isso. Incentivavam. Não esperavam apenas que fôssemos inteligentes, mas que assumíssemos nossa inteligência — que a empregássemos com orgulho —, e isso se refletia no nosso jeito de falar.

Mas isso também podia ser um problema. Falar de certo modo — o modo "branco", como diriam alguns — era visto como uma traição, uma arrogância, uma rejeição da nossa cultura. Anos mais tarde, depois de conhecer e me casar com meu marido — um homem de pele clara para algumas pessoas e pele escura para outras, que fala como um havaiano negro formado numa universidade prestigiada e criado por pessoas da classe média branca do Kansas —, eu veria essa confusão se desenrolar em nível nacional tanto entre brancos como entre negros. Eu via a necessidade que as pessoas tinham de definir os outros por sua etnia ou pela cor de sua pele. Os Estados Unidos fariam a Barack Obama as mesmas perguntas que minha prima me fez inconscientemente naquele dia: você é o que parece ser? Posso ou não confiar em você?

Passei o resto daquele dia tentando falar menos com a minha prima, chateada com sua hostilidade, mas também querendo que ela me visse como uma pessoa genuína — não como alguém que estava tentando se exibir. Era difícil saber o que fazer. Enquanto isso, eu entreouvia a conversa dos adultos na cozinha ali do lado, a gargalhada dos meus pais ressoando alto no quintal. Observei meu irmão todo suado, jogando basquete com um grupo de garotos na esquina. Todo mundo parecia se encaixar, menos eu. Hoje relembro o desconforto que senti naquele momento e reconheço o desafio universal de descobrir se quem você é corresponde ao lugar de onde veio e ao lugar aonde deseja chegar. Também percebo que ainda estava bem longe de encontrar minha voz.

4

NA ESCOLA, TÍNHAMOS UMA HORA DE ALMOÇO POR DIA. Quase sempre eu ia para casa com quatro ou cinco meninas, todas falando sem parar, e brincávamos no chão da cozinha e víamos TV enquanto minha mãe distribuía sanduíches. Esse foi o início de um hábito que me deu forças ao longo da vida: manter um grupo animado de amigas íntimas em cuja sabedoria eu poderia confiar. No almoço, falávamos sobre o que havia acontecido na escola, das divergências com os professores e das lições de casa que achávamos inúteis. Amávamos o Jackson 5 e não sabíamos o que pensar dos Osmond. O escândalo do Watergate já tinha acontecido, mas nenhuma de nós o entendia. Parecia que um monte de velhos tinha conversado perto de microfones em Washington, DC, para nós uma cidade distante com muitos prédios brancos e homens brancos.

Minha mãe ficava feliz em nos servir. Isso proporcionava a ela uma janela cômoda para o nosso mundo. Enquanto minhas amigas e eu comíamos e fofocávamos, ela geralmente ficava de pé, calada, fazendo alguma tarefa doméstica, mas sem esconder que estava ouvindo cada palavra. A verdade é que, na minha família, com os quatro apertados em um apartamento pequeno, nunca tínhamos privacidade. Isso só tinha importância de vez em quando. Craig de repente começou a se interessar por garotas e a atender ligações no banheiro.

A Bryn Mawr era uma escola mediana de Chicago — nem boa, nem ruim. A população estudantil vinha se tornando mais negra e mais pobre a cada ano que passava. Por um tempo, houve uma movimentação na cidade inteira para levar as crianças de ônibus para novas escolas, mais afastadas, mas os pais de alunos da Bryn Mawr rechaçaram essa política, argumentando que seria mais proveitoso empregar o dinheiro na melhoria da escola em si. Como criança, eu não sabia se as instalações estavam degradadas ou se era importante o fato de quase não haver mais crianças brancas ali. A escola ia do jardim de infância ao fundamental, portanto, quando eu chegasse às séries mais avançadas, já teria conhecido todos os interruptores, todos os quadros-negros e rachaduras no corredor. Eu conhecia quase todos os professores e a maioria das crianças. Para mim, a Bryn Mawr era praticamente uma segunda casa.

Quando estava entrando no sétimo ano, o *Chicago Defender*, jornal semanal popular entre afro-americanos, publicou um artigo de opinião mal-intencionado alegando que a Bryn Mawr tinha passado de uma das melhores escolas públicas da cidade a um "lugar decadente", conduzido por uma "mentalidade de gueto". O diretor da escola, dr. Lavizzo, defendeu a comunidade de pais e alunos, atacando o texto como "uma mentira ultrajante, que parece se propor a incitar apenas sentimentos de fracasso e evasão".

O dr. Lavizzo era um homem corpulento, jovial, que tinha um afro volumoso de ambos os lados da careca. Ele sabia muito bem contra o que estava lutando. Muito antes de se tornar um resultado verdadeiro, o fracasso começa como um sentimento. É uma sensação de vulnerabilidade misturada com insegurança e fortalecida pelo medo. Esses "sentimentos de fracasso" que ele mencionou já estavam espalhados por todos os cantos do nosso bairro, sob a forma de pais que não conseguiam melhorar de vida financeira, de crianças que começavam a

63

desconfiar que suas vidas não seriam diferentes, de famílias que viam os vizinhos melhor de vida irem embora para o subúrbio ou transferir os filhos para escolas católicas. Os corretores de imóveis só pioravam as coisas ao sugerir para os proprietários que eles deveriam vender seus imóveis antes que fosse tarde demais. Os comentários levavam as pessoas a sentir que o fracasso estava por vir, que na verdade já tinha meio que chegado. A pessoa podia ficar presa nas ruínas ou fugir. Eles usaram a palavra que todo mundo mais temia — "gueto" —, jogando-a na conversa como se fosse um fósforo aceso.

Minha mãe não acreditava em nada disso. Já morava em South Shore havia dez anos e acabaria ficando mais quarenta. Não levou a sério esse jogo de medo nem qualquer tipo de utopia. Era uma realista que só enxergava o que estava à sua frente, controlando o que podia.

Na Bryn Mawr, ela se tornou uma das participantes mais ativas da Associação de Pais e Mestres, ajudando a arrecadar dinheiro para novos equipamentos para as salas de aula e dando jantares para mostrar apreço pelos professores. Ela também ajudou a convencer a escola a criar uma sala especial, para alunos de diferentes anos com alto desempenho. Foi ideia do dr. Lavizzo. Os mais inteligentes eram colocados juntos para aprenderem em um ritmo mais acelerado.

A ideia era controversa, como costumam ser todos os programas para "superdotados". Mas me beneficiei dela nos meus últimos três anos de Bryn Mawr. Entrei no grupo de cerca de vinte alunos de anos diferentes, acomodado em uma sala autossuficiente afastada do resto da escola. Tínhamos nosso próprio horário de recreio, almoço, música e educação física. Também tínhamos oportunidades especiais, inclusive excursões semanais a uma faculdade comunitária, onde cursávamos uma oficina de redação avançada ou dissecávamos ratos no laboratório de biologia. Em sala de aula, fazíamos muitos trabalhos independentes, estabelecendo nós mesmos as nossas metas e avançando no ritmo que nos conviesse.

Tivemos professores dedicados — primeiro o sr. Martinez e depois o sr. Bennett, ambos afro-americanos tranquilos e simpáticos, que se importavam muito com o que os alunos tinham a dizer. Víamos que a escola tinha investido em nós, com isso nos esforçávamos mais e nos sentíamos bem. Poder aprender de maneira independente me tornou ainda mais competitiva. Eu me atirava nas lições, ciente de onde estava em comparação com meus colegas conforme passávamos da divisão à álgebra, da redação de um parágrafo a artigos acadêmicos inteiros. Para mim, era um jogo. E, assim como em qualquer jogo, assim como a maioria das crianças, eu ficava mais feliz quando estava na frente.

EU CONTAVA À MINHA MÃE tudo o que acontecia na escola. Eu a atualizava às pressas ao entrar pela porta de casa à tarde, largando a mochila cheia de livros no chão e procurando alguma coisa para beliscar. Confesso que não sabia exatamente o que minha mãe fazia nas horas que eu passava na escola, sobretudo porque nunca perguntei. Não sei no que pensava, como se sentia por ser uma dona de casa tradicional em vez de trabalhar com outra coisa. Só sei que, quando eu chegava em casa, havia comida na geladeira, não só para mim como para minhas amigas. Sabia que, quando minha turma fazia excursões, minha mãe quase sempre se oferecia para ser acompanhante, usando um vestido bonito e um batom escuro para ir de ônibus com a gente até a faculdade comunitária ou ao zoológico.

Na nossa casa, vivíamos com um orçamento apertado, mas dificilmente discutíamos seus limites. Minha mãe fazia as próprias unhas, pintava o próprio cabelo (uma vez, por acidente, ele ficou verde) e só tinha roupas novas quando as ganhava do meu pai de aniversário. Nunca seria rica, mas era sempre habilidosa. Quando éramos pequenos, ela fez a mágica de transformar meias velhas em fantoches iguaizinhos aos Muppets. Costurava muitas das minhas roupas, pelo menos até o ensino médio, quando insisti que ela parasse.

De vez em quando ela mudava a organização da nossa sala de estar, colocando uma capa nova no sofá, trocando as fotos e gravuras emolduradas que ficavam nas paredes. Todo ano, quando o tempo começava a esquentar, ela fazia uma faxina completa de primavera: aspirava os móveis, lavava as cortinas e tirava todas as vidraças para passar Windex no vidro e limpar os peitoris antes de substituí-las por telas, para que o ar da primavera entrasse no nosso apartamento minúsculo, abafado. Em seguida, descia para limpar o apartamento de Robbie e Terry, sobretudo à medida que os dois envelheciam e ficavam cada vez menos capazes. É por causa da minha mãe que quando sinto o aroma de Pinho Sol me sinto de bem com a vida.

Na época do Natal, ela ficava especialmente criativa. Teve um ano em que aprendeu a cobrir nosso imenso aquecedor com papelão com desenhos que imitavam tijolos vermelhos, para termos nossa própria lareira e chaminé. Em seguida, pediu a meu pai — o artista da família — que pintasse chamas alaranjadas em um papel bem fino. Depois, colocamos uma lâmpada por trás delas, formando uma fogueira quase convincente. No Ano-Novo, tínhamos uma tradição: ela comprava uma cesta especial, do tipo que vinha cheia de queijo, ostras defumadas em lata e salames diversos. Convidava a irmã do meu pai, Francesca, para nos visitar e jogar jogos de tabuleiro. Pedíamos pizza para o jantar e passávamos o resto da noite beliscando com elegância, minha mãe passando bandejas de enroladinhos de linguiça, camarão frito e um queijo especial assado com biscoitos Ritz. Perto da meia-noite, tomávamos uma tacinha de champanhe.

Minha mãe sempre mantinha a calma. As mães de algumas amigas minhas lidavam com os altos e baixos das filhas como se fossem delas próprias, e conheci muitas crianças cujos pais estavam atarefados demais com os próprios desafios para sequer estarem presentes na vida dos filhos. Minha mãe era simplesmente estável. Não julgava nem interferia de imediato. Preferia monitorar nosso estado de espírito e ser uma testemunha bem-intencionada dos problemas ou dos triunfos que o dia pudesse trazer. Quando as coisas estavam ruins, ela nos concedia apenas uma leve pitada de compaixão. Quando fazíamos algo incrível, seus elogios mostravam que ela estava feliz conosco, mas não exagerava a ponto de se tornarem a razão de fazermos qualquer coisa.

Seus conselhos costumavam ser práticos.

— Você não precisa *gostar* da sua professora — me disse um dia, quando cheguei em casa reclamando. — Mas o tipo de matemática que ela tem na cabeça é o que você precisa ter na sua. Concentre-se nisso e ignore todo o resto.

Ela nos amava de forma consistente, Craig e eu, mas não nos controlava de forma exagerada. Sua meta era nos empurrar para o mundo.

— Não estou criando bebês — dizia. — Estou criando adultos.

Ela e meu pai nos davam diretrizes, não regras. Isso quer dizer que, quando adolescentes, não tínhamos uma hora exata para o toque de recolher. Eles preferiam perguntar "Que horas você acha razoável estar de volta em casa?" e confiavam que manteríamos a palavra.

Um dia, quando Craig estava no oitavo ano, uma menina de quem gostava o chamou para ir à casa dela, deixando claro que os pais não estariam lá e que eles ficariam a sós.

Meu irmão ficou sem saber o que fazer — estava empolgado com a oportunidade, mas sabia que era um comportamento ardiloso e desonroso, do tipo que meus pais jamais aprovariam. Mas isso não o impediu de contar à minha mãe uma meia verdade, informando sobre a garota, mas dizendo que se encontrariam numa praça pública.

Dominado pela culpa antes mesmo de levar a história adiante — aliás, por sequer cogitar a hipótese —, Craig acabou confessando o esquema de ficarem sozinhos em casa, esperando ou talvez até torcendo que minha mãe ficasse uma fera e o proibisse de ir.

Mas não foi o que aconteceu. Ela não faria isso. Não era seu modo de agir.

Ela escutou, mas o deixou responsável pela escolha.

— Faça como achar melhor — disse, antes de voltar para a louça na pia e para a pilha de roupas lavadas que precisava dobrar.

Esse foi outro empurrãozinho para o mundo. Tenho certeza de que, no coração dela, minha mãe já sabia que ele tinha tomado a decisão certa. Hoje percebo que todas as medidas que tomava tinham suas raízes na segurança silenciosa de que estava nos criando para sermos adultos. Nossas decisões cabiam a nós. A vida era nossa, não dela, e sempre seria assim.

QUANDO EU TINHA CATORZE ANOS, já me considerava meio adulta — talvez até dois terços adulta. Já tinha menstruado, fato que anunciei imediatamente e com grande empolgação para a casa inteira, pois nossa família era assim mesmo. Tinha ido do sutiã tipo top para outro que parecia um pouco mais feminino, o que também me deixou entusiasmada. Em vez de ir almoçar em casa, passei a comer com as colegas de turma na sala do sr. Bennett, na própria escola. Em vez de ir à casa de Southside no sábado para escutar jazz e brincar com Rex, eu passava lá de bicicleta a caminho da Oglesby Avenue, seis quarteirões depois, onde moravam as irmãs Gore.

As irmãs Gore eram minhas melhores amigas e também um pouco minhas ídolas. Diane estava no mesmo ano que eu e Pam, um abaixo. Ambas eram lindas — Diane tinha pele clara e Pam era mais escura — e tinham uma graciosidade natural. A irmã caçula delas, Gina, era alguns anos mais nova. A presença masculina ali era mínima. O pai não morava com elas e raramente era um assunto. Havia um irmão bem mais velho que não aparecia muito. A sra. Gore era uma mulher alto-astral e atraente que trabalhava em período integral. Tinha uma penteadeira cheia de vidros de perfume e pós compactos que me pareciam exóticos como joias. Eu adorava ficar na casa delas. Pam, Diane e eu tínhamos conversas intermináveis sobre os garotos de que gostávamos. Passávamos brilho labial e provávamos as roupas umas das outras, de uma hora para outra percebendo que certas calças deixavam nossos quadris mais curvilíneos. Nessa época, eu gastava boa parte da energia absorta em meus próprios pensamentos, ouvindo música sozinha, sonhando acordada que dançava uma música lenta com um garoto bonito ou olhando pela janela, esperando um menino de quem eu gostasse passar de bicicleta. Portanto, foi uma bênção ter encontrado irmãs com quem atravessar aqueles anos.

Meninos eram proibidos na casa das Gore, mas ficavam ciscando nos arredores. Passavam de um lado para outro de bicicleta. Sentavam-se na entrada, torcendo para que Diane ou Pam saíssem para flertar. Para onde quer que eu olhasse, corpos estavam mudando. Os meninos da escola de repente estavam com corpo de homem, desajeitados, inquietos e de voz grave. Enquanto isso, algumas das minhas amigas pareciam ter dezoito anos — circulavam de shorts curtíssimos e blusas de alcinha, as expressões serenas e autoconfiantes como se soubessem de um segredo, como se agora vivessem em outro plano, enquanto o resto de nós continuávamos inseguras, aguardando nossa convocação para o mundo adulto.

Assim como muitas meninas, eu me dei conta do meu corpo bem cedo, muito antes de sequer parecer mulher. Andava pelo bairro com mais independência, menos amarrada aos meus pais. No fim da tarde, pegava o ônibus para a Mayfair Academy, onde fazia aulas de jazz e acrobacia. Às vezes, fazia alguma coisa para minha mãe. Só que as novas liberdades chegaram acompanhadas de novos desafios. Aprendi a fixar o olhar à frente sempre que passava por um grupo de homens em uma esquina. Eu sabia que deveria ignorar os assédios na rua. Aprendi quais quarteirões do nosso bairro eram considerados mais perigosos. Sabia que não podia andar sozinha à noite.

Em casa, meus pais admitiram o fato de que eram pais de dois adolescentes em fase de desenvolvimento, transformando a varanda que ficava atrás da cozinha num quarto para Craig, já então no segundo ano do ensino médio. Retiramos a divisória frágil que Southside instalara para nós anos antes. Eu me mudei para o que era o quarto dos meus pais, eles foram para o que tinha sido o quarto das crianças, e pela primeira vez meu irmão e eu tivemos um espaço próprio de verdade. Meu novo quarto era um sonho, com direito a saia de cama florida azul e branca, capa para travesseiros, um tapete azul-marinho novinho em folha e a cama branca em estilo princesa com penteadeira e abajur combinando. Cada um de nós ganhou também uma extensão telefônica — meu aparelho era azul-claro para combinar com a nova decoração, o de Craig era preto.

Foi pelo telefone que combinei meu primeiro beijo. Foi com um garoto chamado Ronnell. Ele não era da minha escola nem morava na vizinhança, mas cantava no Coral Infantil de Chicago com minha colega de classe Chiaka. Com ela de intermediária, de alguma forma concluímos que gostávamos um do outro. Nossos telefonemas eram meio esquisitos, mas eu não me importava. Gostava da sensação de saber que alguém gostava de mim. Não me lembro quem sugeriu nos encontrarmos na frente da minha casa uma tarde para descobrir como era beijar, mas lembro que nós dois estávamos animados.

Nosso beijo não foi de fazer a terra tremer ou especialmente inspirado, mas pelo menos foi divertido. Aos poucos comecei a me dar conta de que ficar perto de meninos era divertido. As horas que passava na arquibancada vendo Craig jogar já não me pareciam tanto uma obrigação fraternal, afinal, o que era um jogo de basquete senão uma vitrine de garotos? Passei a usar shorts jeans mais apertados, colocava algumas pulseiras a mais e às vezes levava uma das irmãs Gore para que fosse mais fácil me notar na arquibancada. Certa noite, quando um garoto da equipe reserva sorriu para mim ao sair de quadra, retribuí o sorriso. Senti que meu futuro estava começando a chegar.

Aos poucos eu me afastava dos meus pais, cada vez menos tentada a expressar todos os meus pensamentos. Ficava calada no banco traseiro do Buick quando voltávamos desses jogos de basquete para casa, meus sentimentos intensos ou confusos demais para compartilhar. Estava muito absorta no encanto solitário de ser adolescente, convicta de que os adultos ao meu redor não tinham vivido aquilo.

De vez em quando, à noite, eu saía do banheiro depois de escovar os dentes e via o apartamento no escuro, as luzes da sala de estar e da cozinha apagadas, todo mundo acomodado no próprio canto. Via um brilho sob a porta de Craig e sabia que ele estava fazendo o dever de casa. Via a luz da TV saindo do quarto dos meus pais e os ouvia conversando baixinho, dando risada. Assim como nunca tinha parado para refletir sobre o que minha mãe achava de ser mãe em tempo integral, uma dona de casa, eu também nunca tinha pensado no que era ser casado. Mas agora compreendo que mesmo um casamento feliz pode ser desafiador, que esse tipo de relacionamento precisa ser renovado repetidamente. Para mim, a união dos meus pais era algo garantido. Era o fato simples e concreto sobre o qual a vida de nós quatro era construída.

Muito tempo depois, minha mãe me contaria que todo ano, quando chegava a primavera e Chicago esquentava, ela cogitava deixar meu pai. Para ela, tratava-se de uma fantasia ativa, algo que lhe parecia saudável e talvez até revigorante — quase um ritual de primavera.

Se você nunca passou um inverno em Chicago, vou descrever como é: você pode viver cem dias ininterruptos sob um céu cor de chumbo, que se aloja como uma tampa sobre a cidade. Ventos gelados e cortantes sopram do lago. A neve cai de todas as formas: como grandes descargas à noite, como rajadas de dia, como pedras de granizo escorregadias e desanimadoras e em redemoinhos de flocos dignos de contos de fadas. Em geral, tem um monte de gelo, que enverniza a calçada e os para-brisas, que precisam ser raspados. Ouve-se o som dessa raspagem de manhã bem cedo — o *rac-rac-rac* —, quando as pessoas limpam o carro para ir trabalhar. Os vizinhos abaixam o rosto para evitar o vento, irreconhecíveis sob as camadas grossas de roupa que usam para se proteger do frio. As máquinas de limpeza de neve municipais ressoam pelas ruas enquanto a neve branca fica empilhada e fuliginosa, até nada mais estar impecável.

No entanto, uma hora algo acontece. Inicia-se uma lenta reversão. Pode ser sutil, um sinal de umidade no ar, um leve clarear do céu. Você sente a possibilidade de que o inverno passou primeiro no coração. Talvez não tenha certeza no começo, mas depois sim. Pois agora o sol apareceu, há pequenos botões de flores nas árvores e seus vizinhos tiraram os casacos pesados. E talvez haja uma nova vivacidade em seus pensamentos na manhã em que você decide tirar os vidros das janelas para limpar e dar uma geral nos peitoris. Isso lhe permite pensar, questionar se desperdiçou possibilidades ao se tornar esposa deste homem nesta casa com estas crianças.

Talvez você passe o dia inteiro cogitando novas formas de viver até finalmente recolocar todos os vidros de volta e esvaziar o balde de Pinho Sol na pia. E talvez agora todas as suas certezas retornem, porque, sim, é primavera e você tomou novamente a decisão de ficar.

5

MINHA MÃE VOLTOU A TRABALHAR QUANDO EU ENTREI no ensino médio, como assistente executiva em um banco no coração denso e cheio de arranha-céus de Chicago. Comprou roupas novas para o trabalho e começou a usar o transporte público de manhã, pegando o ônibus no Jeffery Boulevard, ou indo de carona com meu pai no Buick, quando os horários dos dois coincidiam. O emprego foi uma agradável mudança na rotina, e nossa família precisava do dinheiro. Meus pais pagavam a mensalidade de Craig na escola católica. Ele começava a pensar na faculdade, e logo depois seria minha vez.

A essa altura meu irmão já era totalmente crescido, um gigante gracioso capaz de saltar muito alto e considerado um dos melhores jogadores de basquete da cidade. Em casa, comia muito. Tomava litros de leite, devorava pizzas grandes inteiras de uma só vez e geralmente beliscava entre o jantar e a hora de dormir. Conseguia, como sempre, ser ao mesmo tempo descontraído e muito focado, mantendo muitas amizades e notas boas enquanto chamava a atenção como atleta. Viajara pelo Meio-Oeste jogando num time da liga recreativa de verão que contava com um futuro astro chamado Isiah Thomas, que décadas depois entraria para o Hall da Fama da NBA. Conforme se aproximava do ensino médio, Craig passou a ser procurado por alguns dos treinadores das melhores escolas públicas de Chicago, que queriam preencher as lacunas de suas equipes. Esses times atraíam torcidas grandes e olheiros das faculdades, mas meus pais não queriam que Craig sacrificasse sua educação em troca da glória efêmera de ser um fenômeno do basquete no ensino médio.

No fim, o colégio Mount Carmel, com seu time forte na liga das escolas católicas e um currículo desafiador, parecia a melhor solução — digna dos milhares de dólares que custava aos meus pais. Os professores de Craig eram clérigos de hábito marrom a quem os alunos se dirigiam como "padre". Quase todos os seus colegas eram brancos, muitos deles meninos católicos irlandeses que vinham dos bairros brancos de classe trabalhadora. Ao fim do penúltimo ano, já era cortejado por faculdades com times fortes de várias modalidades, algumas provavelmente prontas para lhe oferecer uma bolsa integral. Ainda assim, meus pais queriam que ele mantivesse todas as opções em aberto e procurasse entrar na melhor faculdade possível. Eles dariam um jeito de cobrir os custos.

Felizmente, minha experiência no ensino médio não nos custava nada além da passagem de ônibus. Tive a sorte de passar na prova da primeira escola-ímã de Chicago, o colégio Whitney M. Young, que atraía alunos com seus cursos especializados. Ficava em uma área decadente a oeste do Loop, o centro financeiro da cidade, e estava em vias de se tornar a melhor escola pública da cidade. O nome era uma homenagem a um ativista pelos direitos civis, e a escola tinha sido aberta alguns anos antes, como uma alternativa para integrar alunos de diferentes raças e classes sociais. Situada bem na divisa entre os lados norte e sul da cidade, a escola foi criada para atrair estudantes de alto desempenho de todas as cores. O corpo estudantil era para ser 40% de negros, 40% de brancos e 20% de hispânicos e outras etnias. Mas, quando estudei lá, cerca de 80% dos alunos não eram brancos.

Só a ida para a escola no primeiro dia do ensino médio já foi uma experiência totalmente nova, com noventa minutos de uma viagem complicada por duas linhas de ônibus, além de uma baldeação no centro da cidade. Levantei da cama às cinco da manhã, vesti roupas novas e um belo par de brincos. Tomei o café da manhã sem ter ideia de onde seria o almoço. Disse tchau para os meus pais sem saber se ainda seria eu mesma no fim do dia. O ensino médio deveria ser uma época de mudanças. E, para mim, era na Whitney Young que tudo ia acontecer.

A escola era incrível e moderna, diferente de qualquer outra que eu já tinha visto. Havia um prédio inteiro dedicado às artes, com salas especiais para o coral e as bandas, outras para fotografia e cerâmica. O espaço todo foi construído como um templo ao aprendizado. Um mar de alunos passou pela entrada, determinados já no primeiro dia.

Havia cerca de 1900 alunos na Whitney Young, e todos pareciam mais velhos e mais seguros do que eu jamais seria. Eu era uma das alunas mais velhas na Bryn Mawr e agora estava entre os mais novos do ensino médio. Ao descer do ônibus, notei que, além da mochila com os livros, muitas meninas também carregavam bolsas de verdade.

Minha maior preocupação com relação à escola era: *Eu sou boa o suficiente?* Essa questão me assolou ao longo do primeiro mês, mesmo me habituando a acordar mais cedo e a circular entre os edifícios para as aulas. A Whitney Young era subdividida em cinco "casas", cada uma delas servindo de base para seus membros, feitas para tornar mais amigável a experiência em uma escola grande. Eu ficava na Casa Dourada, chefiada por um diretor assistente chamado sr. Smith, que morava a algumas casas da minha família na Euclid Avenue. Eu fazia bicos para o sr. Smith e sua família havia anos, desde cuidar e dar aulas de piano às crianças a tentar adestrar seu cachorrinho rebelde. Ver o sr. Smith na escola me dava certo conforto, pois ele era uma ponte entre Whitney Young e meu bairro, mas, no fim das contas, não aplacava minha ansiedade.

Poucas crianças da minha vizinhança estavam na Whitney Young. Meu vizinho e amigo Terri Johnson havia sido aceito, assim como minha colega de classe Chiaka, que eu conhecia desde o jardim de infância e com quem travava uma competição amistosa desde então, além

75

de um ou dois meninos. Alguns de nós pegávamos o ônibus juntos de manhã e na volta, no fim do dia, mas na escola ficávamos basicamente cada um por conta própria. Pela primeira vez eu também estava vivendo sem a proteção do meu irmão mais velho. Na Bryn Mawr, Craig havia amaciado os professores com sua doçura e conquistado respeito como boa-praça no pátio. Ele iluminava tudo a seu redor, e bastava eu entrar nessa luz. Praticamente aonde quer que fosse, eu era conhecida como a irmãzinha de Craig Robinson.

Na Whitney Young, porém, eu era apenas Michelle Robinson. Tive de descobrir quem eu era sozinha. Minha estratégia inicial era ficar calada e tentar observar meus novos colegas de classe. Quem eram eles? Só sabia que eram inteligentes. Ao que constava, os mais inteligentes da cidade. Mas eu não era também? Não tínhamos eu, Terri e Chiaka chegado até ali porque éramos inteligentes como eles?

A verdade é que eu não sabia. Não fazia ideia se éramos inteligentes como eles.

Sabia apenas que éramos os melhores alunos saídos do que era considerada uma escola não muito boa de maioria negra em uma vizinhança não muito boa de maioria negra. Mas e se isso não bastasse? E se fôssemos apenas os melhores entre os piores?

Era essa a dúvida que me assolava durante a orientação estudantil, as primeiras aulas de biologia e inglês, as primeiras conversas desconfortáveis no refeitório com novos amigos. *Será que não sou boa o suficiente?* Era uma dúvida sobre o lugar de onde eu vinha e sobre o que achava de mim mesma até ali. Eu sabia que essa dúvida só ia crescer a não ser que eu achasse um jeito de pará-la.

EU ESTAVA DESCOBRINDO que Chicago era uma cidade muito maior do que havia imaginado. Essa descoberta se deu, em parte, durante as três horas que comecei a passar diariamente no ônibus, muitas vezes obrigada a ficar em pé porque estava cheio.

Pela janela, eu tinha uma visão longa e vagarosa do South Side. A sensação era de que estava vendo todo ele, as lojas de conveniência e churrascarias ainda fechadas à luz cinzenta da manhã, as quadras de basquete e os pátios cimentados vazios. Seguíamos para norte e depois para oeste, em seguida norte outra vez, ziguezagueando e parando a cada dois quarteirões para pegar mais gente. Cruzávamos o bairro de Jackson Park Highlands e o Hyde Park, onde ficava o campus da Universidade de Chicago, escondido atrás de um enorme portão de ferro forjado. Depois do que parecia uma eternidade, enfim acelerávamos até pegar a Lake Shore Drive, seguindo a curva do lago Michigan rumo ao centro da cidade.

Não há como apressar um trajeto de ônibus. Você tem que embarcar e aturar. Todas as manhãs eu fazia baldeação no centro bem na hora do rush. Pela janela, via homens e mulheres usando elegantes ternos, saias e saltos, levando o café para o trabalho com um alvoroço presunçoso. Ainda não sabia que pessoas assim eram chamadas de profissionais. Ainda não fazia ideia dos diplomas universitários que elas provavelmente haviam obtido para entrar nos castelos corporativos do centro. Mas gostava do jeito determinado daquela gente.

Enquanto isso, na escola, eu coletava informações discretamente, tentando entender qual era meu lugar em meio àqueles alunos brilhantes. Até então, minhas experiências com crianças de outros bairros tinham se limitado a visitas a primos e a verões na colônia de férias municipal em Rainbow Beach, onde todos vinham de algum canto do South Side e ninguém era bem de vida. Na Whitney Young, conheci brancos que moravam no North Side — área da cidade que me parecia o lado escuro da lua, um lugar em que nunca pensei nem tive motivo para ir. Também aprendi que existia uma elite afro-americana. Quase todos os meus novos amigos de escola eram negros, mas isso não necessariamente significava que nossa experiência era a mesma. Muitos tinham pais advogados ou médicos e pareciam se conhecer de um clube social afro-americano chamado Jack and Jill. Passavam as férias em estações de esqui e faziam viagens que exigiam passaporte. Falavam de coisas que eu desconhecia, como trabalhos temporários e faculdades historicamente negras. Um dos meus colegas negros, um menino nerd e sempre simpático com todo mundo, era filho dos fundadores de uma grande empresa de cosméticos. Eles moravam em um dos endereços mais grã-finos do centro.

Esse era meu novo mundo. Não quero dizer que todos os alunos da escola eram ricos ou muito sofisticados. Havia um monte de estudantes que vinha de bairros como o meu, que tinha enfrentado muito mais adversidades do que eu jamais enfrentaria. Mas meus primeiros meses na Whitney Young me mostraram algo antes invisível: como relações e privilégios dão vantagens a algumas pessoas sobre outras.

MINHA PRIMEIRA RODADA de notas foi muito boa, e a segunda também. Ao longo do primeiro e do segundo anos, desenvolvi a mesma autoconfiança que tinha na Bryn Mawr. A cada pequena conquista, a cada erro que evitava, minhas dúvidas iam se dissipando. Eu gostava da maioria dos professores. Não tinha medo de levantar a mão em aula. Na Whitney Young, era seguro ser inteligente. A crença era de que todos ali se empenhavam para chegar à faculdade, por isso ninguém escondia a inteligência com medo de dizerem que você falava como um branco.

Eu adorava qualquer matéria que envolvesse escrever e precisava me esforçar muito naquelas que tinham matemática. Até que não me saía mal em francês. Alguns colegas estavam sempre um ou dois passos à minha frente. Eles pareciam conquistar tudo sem fazer o menor esforço, mas eu tentava não me incomodar. Começava a entender que, se dedicasse algumas horas extras aos estudos, muitas vezes conseguia compensar a diferença. Não era uma aluna que só tirava dez, mas sempre tentava, e em certos semestres cheguei perto disso.

Enquanto isso, Craig havia se matriculado na Universidade Princeton, deixando um buraco de quase dois metros e noventa quilos no nosso dia a dia. De repente nossa geladeira passou a ficar menos lotada de leite e carne; a linha telefônica não era mais entupida de meninas ligando para falar com ele. Craig tinha sido sondado por grandes universidades que lhe ofereciam uma bolsa de estudos para jogar basquete, o que o tornaria uma celebridade na faculdade, mas, com o incentivo dos meus pais, escolheu Princeton, que custava mais, porém, aos olhos deles, também traria mais oportunidades.

Meu pai mal se conteve de orgulho quando Craig virou titular do time de basquete de Princeton no segundo ano de faculdade. Mesmo com passos inseguros e usando duas bengalas para andar, ele ainda adorava uma longa viagem de carro. Tinha trocado o velho Buick por um novo Buick, de um marrom-escuro brilhoso. Quando conseguia tirar uma folga, passava doze horas dirigindo para assistir a uma das partidas de Craig, atravessando Indiana, Ohio, Pensilvânia e Nova Jersey.

Por causa da minha longa viagem diária até a Whitney Young, passei a ver menos os meus pais. Hoje, olho para trás e imagino que tenha sido uma época solitária para eles, ou que pelo menos exigiu certos ajustes.

Passei a ficar mais tempo fora do que dentro de casa. Por volta das seis ou sete horas da noite, eu chegava em casa a tempo de um jantar rápido e uma conversa sobre o dia com meus pais. Mas depois que a louça estava lavada, eu desaparecia para fazer o dever de casa, volta e meia carregando os livros para o andar de baixo, onde ficava no cantinho da enciclopédia, ao lado da escada junto ao apartamento de Robbie e Terry. Assim, tinha um pouco de privacidade.

Meus pais nunca falaram do estresse que era ter que pagar a faculdade, mas eu tinha consciência daquilo. Quando minha professora de francês anunciou que organizaria uma viagem opcional a Paris numa de nossas férias, para quem tivesse dinheiro para ir, nem me dei ao trabalho de falar sobre o assunto em casa. Essa era a diferença entre mim e o pessoal do Jack and Jill, muitos dos quais, àquela altura, já eram amigos íntimos. Eu tinha um lar amoroso e organizado, a passagem de ônibus para cruzar a cidade até a escola e um prato quente me esperando em casa. Não ia pedir mais nada aos meus pais.

Certa noite, porém, meus pais pediram que eu me sentasse. Os dois pareciam confusos. Minha mãe soubera da viagem à França pela mãe de Terri Johnson.

— Por que não falou com a gente? — indagou ela.

— Porque é muito caro.

— Não é você quem decide isso, Miche — disse meu pai sutilmente, quase ofendido. — E como é que a gente vai decidir se nem fica sabendo?

Olhei para os dois sem saber o que dizer. Minha mãe me fitou de relance, o olhar carinhoso. Meu pai tinha tirado o uniforme do trabalho e vestido uma camisa branca limpa. Tinham uns quarenta e poucos anos na época e estavam casados fazia quase vinte. Nunca tinham passado férias na Europa. Nunca viajavam para o litoral do país nem saíam para jantar. Não tinham casa própria. Eu e Craig éramos o investimento deles. Tudo ia para nós.

Poucos meses depois, embarquei num voo para Paris com minha professora e mais de dez colegas de turma da Whitney Young. Veríamos o Louvre e a Torre Eiffel. Compraríamos crepes nas barraquinhas de rua. Falaríamos francês como um bando de estudantes de Chicago, mas pelo menos falaríamos francês. Naquele dia, quando o avião se afastou do portão, olhei o aeroporto pela janela, ciente de que minha mãe estava em algum lugar atrás das vidraças foscas, vestida com seu casaco de inverno, acenando para mim.

ASSIM COMO QUALQUER estudante do ensino médio, meus amigos e eu gostávamos de matar o tempo juntos. Nos dias em que as aulas terminavam cedo ou havia pouco dever de casa, íamos ao shopping de oito andares no Water Tower Place, no centro de Chicago. Subíamos e descíamos pelas escadas rolantes, gastávamos dinheiro na pipoca gourmet do Garrett's e ocupávamos mesas no McDonald's por horas. Olhávamos jeans de estilistas e bolsas em lojas de departamentos, às vezes sendo discretamente seguidos pelos seguranças que não gostavam da nossa aparência. Às vezes íamos ao cinema.

Éramos felizes — felizes com a nossa liberdade, felizes uns com os outros, felizes com a maneira como a cidade parecia estar mais cintilante nos dias em que não pensávamos na escola. Éramos garotos urbanos aprendendo a explorar.

Eu passava bastante tempo com uma colega de turma chamada Santita Jackson, que de manhã pegava o ônibus alguns pontos depois de mim. Ela se tornou uma das minhas melhores amigas na escola. Santita tinha lindos olhos escuros, bochechas arredondadas e uma postura de mulher sábia, mesmo com apenas dezesseis anos. Na escola, era uma daquelas alunas que se inscreviam em todas as disciplinas avançadas disponíveis e parecia tirar nota máxima sempre. Usava saia quando todo mundo usava jeans, e cantava com uma voz tão cristalina e potente que anos depois acabaria fazendo turnê como vocal de apoio da Roberta Flack. Também era uma pessoa profunda. E isso era o que eu mais amava em Santita. Assim como eu, às vezes ela era boba quando estávamos no meio de um grupo maior, mas quando estávamos sozinhas éramos profundas e intensas, duas filósofas tentando resolver as questões da vida, grandes ou pequenas. Passávamos horas no chão do quarto de Santita, no segundo andar da casa branca estilo Tudor de sua família, em Jackson Park Highlands, uma área mais próspera de South Shore, conversando sobre o que nos irritava, como seria nosso futuro e o que entendíamos ou não no mundo. Como amiga, ela era uma boa ouvinte e me ajudava, e eu tentava ser assim com ela também.

O pai de Santita era famoso. Esse era um fato incontornável da vida dela. Ela era a filha mais velha do reverendo Jesse Jackson, um pastor batista impetuoso e líder político poderoso. Jackson tinha trabalhado com Martin Luther King Jr. e fundado uma organização política chamada Operação PUSH, que defendia os direitos dos afro-americanos. Quando eu e Santita estávamos no ensino médio, ele já era uma celebridade. Percorria o país convocando os negros a se desvencilhar dos estereótipos negativos e reivindicar o poder político que lhes era negado havia tanto tempo. Fazia crianças assinarem promessas de que desligariam a TV e dedicariam duas horas da noite ao dever de casa. Fazia os pais jurarem que seriam participativos. Rechaçava a sensação de fracasso que crescia em tantas comunidades afro-americanas, instando as pessoas a assumir o controle do próprio destino.

— Ninguém, mas ninguém mesmo, é pobre demais para desligar a TV durante duas horas por dia! — berrava ele.

Ficar na casa de Santita era estimulante. Era um lugar aconchegante e meio caótico, lar dos cinco filhos da família, cheio de móveis vitorianos e antigos objetos de vidro que a mãe de Santita, Jacqueline, gostava de colecionar. A sra. Jackson, como eu a chamava, tinha uma energia e uma risada incríveis. Usava roupas coloridas e esvoaçantes e servia refeições na mesa imensa da sala de jantar, acolhendo quem chegasse, em geral pessoas que faziam parte do que ela chamava de "o movimento". Eram magnatas, políticos e poetas, além de um grupo de famosos, de cantores a atletas.

Ao contrário do meu apartamento na Euclid Avenue — onde a vida corria em um ritmo previsível e onde as preocupações dos meus pais quase nunca iam além de manter a família feliz e a caminho do sucesso —, os Jackson pareciam estar no meio de algo maior, mais confuso e aparentemente mais importante. Santita e os irmãos eram criados para serem politicamente ativos. Sabiam como e o que boicotar. Marchavam pelas causas do pai. Acompanhavam o reverendo Jackson em viagens a trabalho, visitando lugares como Israel e Cuba, Nova York e Atlanta. Subiam em palcos diante de plateias enormes e aprendiam a engolir a ansiedade e a incerteza que surgiam de ter um pai, talvez sobretudo um pai negro, na vida pública. O reverendo Jackson tinha guarda-costas — homens grandes e silenciosos que viajavam com ele. Na época, eu não tinha entendido muito bem que ele havia sofrido ameaças de morte.

Santita adorava o pai e tinha orgulho do trabalho dele, mas ao mesmo tempo tentava viver a própria vida. Ela e eu éramos totalmente a favor de tornar a juventude negra nos Estados Unidos mais confiante, mas também ficávamos loucas para ir ao Water Tower Place antes que uma liquidação de tênis acabasse. Não raro procurávamos carona ou tentávamos pegar um carro emprestado. Às vezes conseguíamos carona com membros da equipe ou com as visitas que estavam sempre chegando ou saindo da casa dos Jackson. Com isso, porém, perdíamos o controle do passeio. Involuntariamente, esta se tornaria uma das minhas primeiras lições sobre a vida na política: agendas e planos pareciam nunca ser seguidos. Muitas vezes Santita e eu ficávamos empacadas, esperando por causa de algum atraso relacionado ao pai dela — uma reunião que se estendia ou um avião que ainda sobrevoava o aeroporto —, ou fazendo desvios em razão de uma série de empecilhos de última hora. Achávamos que íamos de carona da escola para casa ou para o shopping, mas acabávamos num comício político no West Side ou presas por horas a fio na sede da Operação PUSH.

Certo dia, acabamos marchando com uma multidão de apoiadores de Jesse Jackson no Bud Billiken Day Parade. O desfile é uma das maiores tradições do South Side, um espetáculo de bandas marciais e carros alegóricos que percorrem cerca de três quilômetros ao longo da Martin Luther King Jr. Drive. Era sobre o orgulho afro-americano puro. Quem era um líder comunitário ou político tinha — e ainda tem — certa obrigação de dar as caras e percorrer o trajeto.

Eu não sabia na época, mas em alguns anos o pai de Santita concorreria à presidência dos Estados Unidos. Em 1984, Jesse Jackson se tornou o segundo afro-americano a fazer uma campanha séria à presidência, depois da congressista Shirley Chisholm, em 1972. (Ele ficou em terceiro lugar entre os democratas.)

O que eu sabia era que não gostava da sensação de estar no desfile, debaixo de um sol escaldante em meio a balões e megafones, trombones e uma multidão animada à minha volta. A fanfarra era divertida, mas havia algo ali, e na política de forma geral, que me deixava desconfortável. Para começo de conversa, eu gostava das coisas ordenadas e planejadas com antecedência, e, pelo que percebia, não havia nada de ordeiro em uma vida política. Participar do desfile não estava nos meus planos. Mas eu adorava Santita, e além disso eu era uma menina educada que em geral fazia o que os adultos me mandavam fazer, então, quando me pediram para me juntar ao desfile, concordei.

Naquela noite, cheguei em casa e deparei com a minha mãe aos risos.

— Acabei de te ver na TV — anunciou ela.

Ela estava assistindo ao noticiário e me viu marchando ao lado de Santita, acenando e sorrindo. O que a fez rir, imagino, foi ter notado também o meu desconforto — o fato de que talvez tivesse me visto no meio de algo onde preferiria não estar.

QUANDO CHEGOU A HORA de pensar nas faculdades, tanto Santita quanto eu tínhamos interesse em universidades da Costa Leste. Santita chegou a ir a Harvard visitar a faculdade, mas ficou chateada quando alguém do departamento de admissões foi hostil com ela por causa da visão política de seu pai. Tudo o que ela queria era ser vista por si mesma. Passei um fim de semana com Craig, em Princeton, onde ele parecia ter entrado em um ritmo produtivo de jogar basquete, assistir às aulas e passar o tempo no centro para estudantes de minorias. O campus era amplo e lindo — o edifício era coberto de hera — e os amigos de Craig pareciam legais. Ninguém da minha família mais próxima tinha muita experiência direta com faculdades, portanto havia pouco o que discutir ou examinar. Então achei que, se Craig gostava de lá, eu também gostaria, e o que ele conquistasse, eu também seria capaz de conquistar. E assim Princeton se tornou minha primeira opção.

No começo do meu último ano na Whitney Young, fui à primeira entrevista com a orientadora a quem fui atribuída.

Não sei muito o que dizer sobre a orientadora porque quase instantaneamente apaguei essa experiência da minha cabeça. Não me lembro de sua idade, cor ou como ela me olhou no dia em que apareci na porta de seu escritório, orgulhosa de me formar entre os 10% melhores da turma, de que tinha sido eleita a tesoureira da classe, entrado para a organização National Honor Society (que dá reconhecimento aos melhores estudantes do ensino médio dos Estados Unidos) e conseguido superar praticamente todas as inseguranças que tinha ao chegar lá, tensa, no início do ensino médio. Não sei se ela conferiu meu boletim antes ou depois que anunciei o interesse em ir para Princeton no outono seguinte, onde meu irmão já estudava.

Na verdade, é possível que na breve reunião a orientadora tenha me dito coisas positivas e úteis, mas não me recordo de nada. Porque, estando ela certa ou errada, eu me concentrei em apenas uma frase que ouvi.

— Não sei bem se você serve para Princeton — disse ela, me lançando um sorriso falso.

Seu julgamento foi tão ligeiro quanto desdenhoso, provavelmente baseado em uma olhada nas minhas notas na escola e nos exames de admissão. Imagino que ela passava o dia inteiro fazendo aquilo e dizendo a alunos do último ano onde se encaixavam ou não. Tenho certeza de que ela imaginava que estava sendo apenas realista. Duvido que tenha pensado duas vezes na nossa conversa.

Mas, como eu já disse, o fracasso começa como um sentimento bem antes de se tornar realidade. E, para mim, parecia ser exatamente o que ela estava plantando — uma sugestão de fracasso bem antes de eu tentar o sucesso. Ela estava sugerindo que eu baixasse as expectativas, o inverso de tudo o que meus pais já tinham me falado na vida.

Caso eu acreditasse nela, seu julgamento teria derrubado minha autoconfiança de novo, ressuscitando meu velho refrão: *Será que não sou boa o suficiente?*

Mas três anos ao lado dos ambiciosos estudantes da Whitney Young me ensinaram que eu era mais. Não deixaria a opinião de uma pessoa mudar minhas convicções. Eu me candidataria a Princeton e algumas outras universidades, mas sem levar em conta as opiniões da orientadora. Procurei a ajuda de quem realmente me conhecia. O sr. Smith, diretor assistente e meu vizinho, conhecia meus pontos fortes como estudante e, além disso, confiava os próprios filhos a mim. Concordou em me dar uma carta de recomendação.

Ao longo da vida, tive a sorte de conhecer vários tipos de pessoas extraordinárias e talentosas — líderes mundiais, inventores, músicos, astronautas, atletas, professores, empreendedores, artistas e escritores, médicos e pesquisadores pioneiros. Alguns (mas não o suficiente) são mulheres. Alguns (mas não o suficiente) são negros ou de outras etnias marginalizadas. Alguns nasceram pobres ou tiveram que lutar muito na vida, e ainda assim essas pessoas agem como se tivessem todas as vantagens do mundo. Aprendi o seguinte: todos tiveram quem duvidasse deles. Alguns ainda ouvem críticos e céticos dizerem *Eu bem que avisei* a cada errinho. Porém, os mais bem-sucedidos que conheço descobriram uma forma de conviver com as críticas, de se apoiar nas pessoas que acreditam neles e de seguir em frente com seus objetivos.

Naquele dia, ao sair da sala da orientadora, eu estava furiosa, o ego ferido mais do que tudo. Meu único pensamento era: *Você vai ver só.*

Então me acalmei e voltei ao trabalho. Nunca achei que entrar na faculdade seria fácil, mas estava aprendendo a me concentrar e a ter fé na minha própria história. Tentei contá-la inteira na redação de admissão. Escrevi sobre a esclerose múltipla do meu pai e a falta de experiência da minha família com a educação superior. Eu sabia que não me encaixaria de imediato em Princeton. Assumi que estava tentando algo difícil. Dada a minha história, tudo o que me restava fazer era tentar.

E, no fim, mostrei àquela orientadora do que era capaz. Seis ou sete meses depois, uma carta chegou à nossa caixa de correio na Euclid Avenue me oferecendo uma vaga em Princeton. Naquela noite, meus pais e eu comemoramos pedindo uma pizza na Italian Fiesta. Liguei para Craig e contei a novidade aos berros. No dia seguinte, bati à porta do sr. Smith para contar que tinha sido aceita e agradecer por sua ajuda. Nunca fui à orientadora para contar que ela estava errada — que eu servia, sim, para Princeton. Não teria mudado nada para nenhuma de nós duas. E, no fim, eu não precisava provar nada a ela. Estava apenas provando a mim mesma.

6

MEU PAI ME LEVOU DE CARRO A PRINCETON NO VERÃO de 1981, percorrendo as estradas planas que ligavam Illinois a Nova Jersey. Mas aquela foi mais que uma simples viagem de pai e filha. Meu namorado, David, participou da jornada. Eu tinha sido convidada a frequentar um programa especial de orientação de três semanas durante o verão, que daria a certos calouros tempo e auxílio extra para se adaptarem à faculdade. Craig havia cumprido o programa dois anos antes, e além de tudo me pareceu uma oportunidade. Portanto, arrumei minhas coisas, me despedi da minha mãe — nenhuma das duas chorosa ou sentimental — e entrei no carro.

Eu estava doida para ir embora da cidade, em parte por ter passado os últimos meses trabalhando na linha de montagem de uma pequena fábrica de encadernação no centro de Chicago — uma rotina entediante, que se estendia ao longo de oito horas por dia, cinco dias por semana, e talvez tenha servido como um ótimo lembrete de que ir para a faculdade era uma boa ideia. A mãe de David trabalhava na encadernadora de livros e arrumou o emprego para nós dois. Dois anos mais velho que eu, David era um rapaz alto e bonito, inteligente e carinhoso. Tinha feito amizade com Craig na quadra de basquete da vizinhança, anos antes. Depois, começou a passar mais tempo comigo. Durante o ano letivo, David frequentava uma faculdade fora do estado, o que o impedia de ser uma distração dos meus estudos. Nos feriados e nas férias, porém, ele voltava para casa e ficava com a mãe no sudoeste da cidade, e quase todo dia me buscava de carro em casa.

David era tranquilo e também mais maduro do que qualquer outro namorado que eu já havia tido. Sentava-se no sofá e assistia a jogos com meu pai. Jogava papo fora com Craig e tinha conversas educadas com minha mãe. Tínhamos encontros de verdade, jantávamos no Red Lobster e íamos ao cinema. De dia, na encadernadora, usávamos a pistola de cola e fazíamos piadas até não termos mais nada a dizer. Nosso único interesse no trabalho era guardar dinheiro para a faculdade. Eu logo iria embora da cidade. De certa forma, eu já havia ido — minha mente já estava vagando para os lados de Princeton.

Isso significa que, na noite do início de agosto em que o trio pai- -filha-namorado finalmente saiu da estrada e entrou na avenida ampla e frondosa que levava ao campus, eu já estava mais que pronta para dar o pontapé inicial. Estava pronta para levar minhas duas malas ao dormitório do programa de verão, pronta para apertar a mão dos outros alunos que chegariam (basicamente estudantes de minorias e de baixa renda, com alguns atletas no meio). Estava pronta para provar a comida do refeitório, decorar o mapa do campus e dar conta de qualquer tarefa que surgisse à minha frente. Eu estava lá. Tinha conseguido. Tinha dezessete anos e minha vida estava prestes a começar.

Só havia um problema: David. Assim que cruzamos a fronteira da Pensilvânia, ele começou a ficar com uma cara triste. Enquanto lutávamos para tirar a bagagem do porta-malas do meu pai, percebi que ele já estava se sentindo solitário. Já namorávamos fazia mais de um ano. Tínhamos até dito "eu te amo" um ao outro. Enquanto meu pai levava seu tempo habitual para descer do banco do motorista e se equilibrar nas muletas, David e eu ficamos parados, mudos, no lusco-fusco, observando o gramado verde perfeito diante do meu dormitório.

Visitaríamos um ao outro? Escreveríamos cartas de amor? Seria aquele momento uma despedida temporária ou um término? Percebi que não tínhamos discutido essas coisas importantes.

David segurou minha mão com seriedade. Foi confuso. Eu sabia o que queria, mas não conseguia me expressar. Esperava que um dia meus sentimentos por um homem me deixassem desnorteada, como acontecia nas grandes histórias de amor que eu lia. Meus pais tinham se apaixonado quando adolescentes. Meu pai acompanhou minha mãe no baile de formatura dela. Eu sabia que namoros de adolescência às vezes eram genuínos e duradouros. Queria acreditar que um homem ia surgir na minha vida e se tornar tudo para mim.

Simplesmente não era o homem parado na minha frente naquele instante.

Meu pai enfim rompeu o silêncio entre mim e David, dizendo que estava na hora de levarmos minhas coisas para o quarto. Ele tinha reservado um quarto em um hotelzinho na cidade para eles dois. Planejavam voltar para Chicago no dia seguinte.

No estacionamento, dei um abraço apertado no meu pai. Seus braços sempre foram fortes: primeiro pela dedicação ao boxe e à natação quando jovem, e agora pelo esforço necessário para andar de bengala.

— Juízo, Miche — pediu ele, me soltando, seu rosto puro orgulho.

Entrou no carro, fazendo a gentileza de dar a mim e David um pouco de privacidade.

Ficamos na calçada, ambos tímidos e paralisados. Meu coração batia forte quando ele se inclinou para me beijar. Essa parte sempre foi boa.

Eu estava abraçando um homem generoso da minha cidade natal, uma pessoa que gostava de verdade de mim. Mas em questão de minutos estaria habitando um novo mundo. Estava nervosa por morar longe de casa pela primeira vez, por deixar a única vida que eu conhecia. Mas parte de mim entendeu que era melhor um rompimento claro e rápido. Naquela noite, nossa despedida foi de verdade e para sempre.

Provavelmente eu deveria ter sido direta com David e dito que era o fim, mas me acovardei, sabendo que doeria tanto dizer quanto ouvir. Preferi deixar que ele apenas fosse embora.

DESCOBRI QUE EU ainda tinha muita coisa a aprender sobre a vida, ou pelo menos sobre a vida em Princeton no início da década de 1980. Depois de passar algumas semanas empolgantes como aluna de verão, cercada por dezenas de estudantes que me pareciam simpáticos e familiares, o semestre começou oficialmente. Levei minhas coisas para um novo quarto, e, da janela do terceiro andar, fiquei observando milhares de estudantes, a maioria branca, brotarem no campus, carregando aparelhos de som e cabides de roupas. Alguns chegavam em limusines. Uma garota levou duas limusines — daquelas compridas — para transportar todas as suas coisas.

Princeton era extremamente branca e muito masculina. Não havia como evitar os fatos. Havia quase o dobro de homens em relação às mulheres. Alunos negros eram menos de 9% da minha turma de calouros. Se durante o programa de orientação começamos a nos sentir os donos do lugar, naquele momento nos destacávamos como sementes de papoula numa tigela de arroz. Eu nunca tinha feito parte de uma comunidade predominantemente branca. Nunca tinha me destacado em uma multidão ou em uma sala de aula devido à cor da minha pele. No começo foi incômodo.

Com o tempo, aprendi a me adaptar. Parte da adequação foi fácil. Para começar, ninguém parecia se preocupar muito com possíveis crimes. Os alunos deixavam as portas do quarto destrancadas, as bicicletas presas de qualquer jeito diante dos prédios, os brincos de ouro largados na pia do banheiro do dormitório. Pareciam ter uma fé infinita no mundo. Já eu precisaria me acostumar. Tinha passado anos defendendo meus pertences durante o trajeto de ida e volta da Whitney Young. À noite, ao voltar para a casa da Euclid Avenue, segurava a chave da porta entre os dedos, com a ponta para fora, para o caso de ter que me defender.

Em Princeton, eu tinha a impressão de que só precisava me preocupar com os estudos. Todo o resto era projetado para garantir o nosso bem-estar como alunos. Os refeitórios serviam cinco tipos de café da manhã. Ao longo do campus havia enormes carvalhos sob os quais nos sentávamos e gramados onde podíamos jogar frisbee para aliviar o estresse. A biblioteca principal era como uma catedral, com pé-direito alto e mesas de madeira lustrosa onde podíamos espalhar os livros e estudar em silêncio. Éramos protegidos, isolados, servidos. Ali percebi que muitos alunos nunca tinham vivido de outra forma.

Vinculado a tudo isso, havia um novo vocabulário que eu precisaria dominar. O que era preceito? O que era o período de leitura? Ninguém tinha me explicado o que eram os lençóis "extralongos" na lista de artigos que eu devia levar para a faculdade, por isso acabei comprando lençóis curtíssimos e dormindo o primeiro ano inteiro com os pés no plástico do colchão do dormitório. Havia muito a aprender sobre esportes. Fui criada assistindo a futebol americano, basquete e beisebol, mas descobri que os alunos de escolas particulares da Costa Leste iam além. O lacrosse era uma sensação. O hóquei era uma sensação. Até o squash era uma sensação. Para uma menina do South Side, era meio atordoante. "Você faz regatas?" O que as pessoas queriam dizer com isso?

Eu só tinha uma vantagem, a mesma de quando entrei no jardim de infância: ainda era a irmãzinha de Craig Robinson — agora no terceiro ano e um grande jogador do time de basquete universitário. Como sempre, ali Craig também tinha fãs. Até mesmo os seguranças do campus o cumprimentavam pelo nome. Craig tinha vida própria, mas consegui participar dela. Conheci seus colegas de equipe e seus amigos.

Craig trabalhava como zelador e em troca não pagava aluguel num quarto no Third World Center, uma organização de auxílio a alunos de raças e etnias marginalizadas.

O Third World Center — ou TWC, como a maioria o chamava — logo se tornou uma espécie de base para mim. Havia festas, almoços e jantares ali. Monitores voluntários nos ajudavam a fazer os trabalhos e a achar espaços para relaxar. Fiz um bocado de amigos instantâneos durante o programa de verão, e muitos de nós íamos para o centro nas horas vagas. Entre eles estava Suzanne Alele. Suzanne era alta e magra, de sobrancelhas grossas e cabelo preto volumoso que caía como uma cascata reluzente nas costas. Tinha nascido na Nigéria e crescido em Kingston, na Jamaica, mas a família tinha se mudado para Maryland quando ela era adolescente. Talvez por isso parecesse livre de uma única identidade cultural. As pessoas se encantavam com Suzanne. Era difícil não se encantar. Ela se portava com o que considero uma serenidade caribenha, uma leveza de espírito que a fazia se destacar entre os estudantes de Princeton. Ela não tinha medo de ir a festas em que não conhecia ninguém. Embora estivesse estudando para ser médica, fazia questão de ter aulas de cerâmica e dança pelo simples fato de que a alegravam.

Durante o nosso segundo ano de faculdade, Suzanne entrou para um clube de Princeton, o equivalente a uma irmandade ou fraternidade. Eu adorava as histórias que Suzanne trazia dos banquetes e festas realizados no clube, mas não tinha interesse em entrar para nenhum. Estava contente com a comunidade de estudantes negros e latinos que conheci por meio do TWC e em me manter à margem do ambiente social geral de Princeton. Nosso grupo era pequeno, porém unido. Dávamos festas e passávamos metade da noite dançando. Na hora das refeições, costumávamos reunir mais de dez pessoas em torno da mesa, todos relaxados, aos risos. Assim como as refeições que minha família fazia à mesa da casa de Southside, nossos jantares em Princeton duravam horas.

Imagino que os diretores de Princeton não gostavam muito de ver que grande parte dos estudantes de minorias andava junta. Eles esperavam que os alunos de diferentes raças e etnias se entrosassem facilmente e que isso aumentasse o bem-estar de todos. É um objetivo respeitável. Compreendo que, quando o mote é diversidade, o ideal seria ter algo similar aos panfletos das universidades — alunos sorridentes trabalhando e socializando em grupos heterogêneos, com gente de todas as etnias. Mas ainda hoje, com o número de alunos brancos superando o de alunos negros nas universidades, o fardo de se encaixar ainda recai muito nos ombros das minorias. Para mim, é pedir demais.

Em Princeton, eu precisava dos meus amigos negros. Ajudávamos e apoiávamos uns aos outros. Muitos tinham chegado à faculdade sem sequer ter a noção de nossas desvantagens. Aos poucos você vai descobrindo que os outros colegas estudaram com professores particulares antes dos exames, tiveram aulas de nível universitário na escola ou frequentaram colégios internos e, portanto, não estavam tendo que lidar com as dificuldades de estar longe de casa pela primeira vez. Era como pisar no palco para seu primeiro recital de piano e se dar conta de que você nunca tocou nada além de um instrumento com teclas quebradas. Seu mundo muda, mas exigem que você se adapte e supere as adversidades, que toque sua música assim como todo mundo.

Claro que isso é possível — a todo momento estudantes desfavorecidos e que fazem parte das minorias mostram que são capazes de superar desafios —, mas consome energia. Consome energia ser a única pessoa negra em uma sala de aula ou uma das poucas não brancas fazendo teste para uma peça ou para entrar em uma equipe da faculdade. É necessário se empenhar, reunir uma dose extra de autoconfiança — para se pronunciar nesses ambientes — e assumir a própria presença na sala. Por isso, quando meus amigos e eu nos encontrávamos para jantar à noite, era um alívio. É por isso que ficávamos muito tempo juntos e ríamos o máximo possível.

Minhas companheiras de quarto em Pyne Hall eram duas garotas brancas. Eram ótimas pessoas, mas eu não ficava tempo suficiente no dormitório para estabelecermos uma amizade profunda. Na verdade, eu não tinha muitos amigos brancos. Hoje percebo que a culpa foi tanto minha quanto dos outros. Eu era cautelosa. Me apegava ao que já conhecia. É complicado pôr em palavras o que às vezes captamos no ar, as nuances silenciosas e cruéis que fazem você sentir que não pertence a algo — as dicas sutis que lhe dizem para não se arriscar, para achar sua gente e ficar quieta.

Muitos anos depois, Cathy, uma das minhas colegas de quarto, apareceria no noticiário descrevendo constrangida algo que eu não sabia quando moramos juntas: a mãe dela, uma professora de escola de New Orleans, ficara tão chateada com o fato de a filha morar com uma mulher negra que atormentara a universidade exigindo que nos separasse. A mãe também concedeu entrevista confirmando a história e dando mais detalhes. Criada em um lar onde era normal ofender negros e neta de um delegado que se gabava de expulsá-los da cidade, a mãe de Cathy ficou, conforme ela mesma disse, "horrorizada" pela minha proximidade com sua filha.

Na época, eu só soube que, no meio do primeiro ano, Cathy se mudou do nosso apartamento e foi para um conjugado. Fico feliz em dizer que não fazia ideia do motivo.

PARA RECEBER O FINANCIAMENTO em Princeton eu precisava arrumar um emprego de meio período, e acabei conseguindo um ótimo. Fui contratada como assistente do diretor do TWC. Eu trabalhava umas dez horas por semana, quando não estava em aula, sentada à mesa ao lado de Loretta, a secretária em tempo integral. Datilografava memorandos, atendia ao telefone e ajudava alunos que chegavam com perguntas. Eu adorava a sensação de estar ali, de ter trabalho de escritório a fazer. Adorava o sentimento de satisfação que me dava sempre que terminava de organizar alguma coisinha. Mas, acima de tudo, adorava minha chefe, Czerny Brasuell.

Czerny era uma mulher negra animada, inteligente e linda, que usava jeans com barras largas e sandálias plataforma e parecia estar sempre tendo quatro ou cinco ideias ao mesmo tempo. Para os estudantes negros em Princeton, era uma mentora e defensora, que trabalhava para tornar a universidade mais inclusiva para nós. Trabalhar com ela foi uma experiência incrível — o mais próximo que eu já havia chegado de uma mulher independente com um emprego que adorava. Ela também era mãe solo, tinha um menino fofo e inteligente chamado Jonathan, de quem às vezes eu cuidava.

Czerny viu potencial em mim, embora nitidamente me faltasse experiência de vida. Ela me tratava como adulta, pedia minhas opiniões, escutava quando eu descrevia as diversas preocupações e confusões administrativas relatadas pelos estudantes. Ela parecia decidida a me tornar mais audaz. Suas perguntas sempre começavam com "Você alguma vez na vida...?". Alguma vez na vida eu tinha, por exemplo, lido a obra de James Cone? Alguma vez na vida havia questionado os investimentos de Princeton na África do Sul, ou se a universidade poderia fazer mais para recrutar estudantes de minorias? Em geral, a resposta era não, mas bastava ela mencionar algo que eu ficava imediatamente interessada.

— Você já foi a Nova York? — indagou ela certa vez.

A resposta foi não, mas Czerny logo mudou isso. Numa manhã de sábado, nos esprememos no carro dela (eu, o pequeno Jonathan e outra amiga que também trabalhava no TWC) e viajamos, Czerny pisando fundo no acelerador rumo a Manhattan, falando o tempo todo. Nova York era a terra de Czerny, assim como Chicago era minha terra. Você só sabe o quanto é apegado quando se muda.

Quando me dei conta, estávamos no coração de Nova York, presas numa correnteza de táxis amarelos e buzinas ruidosas enquanto Czerny acelerava entre um sinal e outro, sempre pisando no freio no último segundo antes que um sinal vermelho a pegasse desprevenida. Não lembro exatamente o que fizemos naquele dia: sei que comemos pizza. Vimos o Rockefeller Center, passamos de carro perto do Central Park e vislumbramos a Estátua da Liberdade, com sua tocha esperançosa.

Czerny tinha coisas para buscar, coisas para entregar. Parava em fila dupla em ruas movimentadas, entrava e saía correndo de prédios. O resto de nós ficava no carro enquanto os motoristas em volta buzinavam, furiosos. Nova York me deixou aturdida. Era um lugar movimentado e barulhento, menos paciente do que Chicago. Mas ali Czerny ficava cheia de vida.

Em certo momento, ela estava prestes a parar em fila dupla novamente quando observou o tráfego pelo retrovisor e de repente pensou melhor. Acenou para mim no banco de passageiro, indicando que eu deveria ir para o banco de motorista e tomar o lugar dela.

— Você tem carteira, não tem? — perguntou ela. Fiz que sim, e ela disse: — Ótimo. Assume o volante. É só dar uma volta devagar no quarteirão. Talvez duas. Depois retorna para cá. Não vou demorar nem cinco minutos, prometo.

Olhei para Czerny como se ela fosse louca. E para mim era mesmo, por achar que eu poderia dirigir em Manhattan — eu, apenas uma adolescente, uma estrangeira naquela cidade maluca. Eu me sentia inexperiente e totalmente incapaz de levar não só o carro como o filho pequeno de Czerny para dar uma volta incerta no quarteirão, para matar o tempo no trânsito do fim de tarde. Mas minha relutância serviu apenas para desencadear em Czerny algo que sempre associarei aos nova-iorquinos — uma resistência imediata contra o pensamento pequeno. Ela saiu do carro e não me deu alternativa a não ser dirigir. *Deixa disso e trata de viver um pouco* foi seu recado.

EU ESTAVA APRENDENDO A CADA INSTANTE. Conquistava meu espaço em sala de aula, em geral estudando numa sala silenciosa do Third World Center ou na biblioteca. Aprendia a escrever com eficiência, a ter pensamento crítico. Quando sem saber me matriculei numa matéria para alunos mais avançados no curso, tive que correr atrás, mas acabei dando conta. Isso me encorajou — era uma prova de que, com esforço, poderia sair de qualquer buraco. Parecia que eu conseguia compensar quaisquer deficiências na minha formação — tendo vindo de uma escola de um bairro menos abastado — dedicando mais do meu tempo, pedindo ajuda quando necessário e aprendendo a me organizar e não enrolar.

No entanto, era impossível ser uma estudante negra de uma faculdade de maioria branca e não sentir que certos estudantes e até certos professores me observavam de perto, se perguntando se eu só havia sido aceita em Princeton por ser negra. Esses momentos me chateavam, embora eu tenha certeza de que parte deles era apenas fruto da minha imaginação. Eles plantavam em mim uma semente de insegurança. Será que eu estava ali apenas como parte de um experimento social?

Aos poucos, no entanto, comecei a entender que havia diversos tipos de pessoas que recebiam uma forcinha quando se candidatavam a uma universidade. Como minorias, éramos os mais visíveis, mas ficou claro que auxílios especiais eram concedidos a todo tipo de aluno cujas notas e conquistas talvez não fossem as melhores, mas que tivesse outras qualidades que a universidade valorizava. Havia os atletas, por exemplo. Havia os filhos cujos pais e avós tinham feito parte de equipes esportivas ou cujas famílias tinham financiado o prédio de um dormitório ou uma biblioteca. Lá também aprendi que ser rico não protegia ninguém do fracasso. Ao meu redor, vi estudantes com dificuldades — brancos ou negros, privilegiados ou não. Alguns iam a festas demais, outros não aguentavam o estresse, e outros tantos eram só preguiçosos ou se sentiam tão sobrecarregados que precisavam de uma fuga. A meu ver, meu trabalho era aguentar firme, tirar as melhores notas possíveis e sobreviver.

No segundo ano, quando passei a dividir um apartamento com Suzanne, eu já sabia me virar. Estava mais acostumada a ser uma das poucas estudantes negras em uma sala de aula cheia. Tentava não me intimidar quando alunos homens falavam tanto na aula que ficava difícil para qualquer mulher participar. Ao escutá-los, me dei conta de que não eram mais inteligentes do que nós. Só eram mais confiantes, navegando na maré ancestral da superioridade e estimulados pelo fato de que a história nunca lhes dissera o contrário.

Alguns dos meus colegas se sentiam mais deslocados do que eu. Meu amigo Derrick se lembra de vezes em que estudantes brancos se recusavam a passar na mesma calçada que ele. Uma garota que conhecíamos ficou surpresa ao descobrir que sua colega de quarto branca havia aberto uma queixa na administração depois que alguns amigos negros haviam ido ao dormitório das duas comemorar seu aniversário. Acho que nós, minorias, éramos tão poucos em Princeton que nossa presença era sempre evidente. Minha resposta a isso era fazer todo o possível para acompanhar ou até superar os mais privilegiados ao meu redor. Assim como tinha sido na Whitney Young, minha intensidade era pelo menos em parte inspirada em um sentimento de *Você vai ver só*. Se no ensino médio eu tinha a impressão de estar representando meu bairro, em Princeton estava representando minha cor. Sempre que encontrava minha voz em aula ou gabaritava uma prova, esperava secretamente ter ajudado a defender uma ideia maior.

Com o tempo eu descobriria que Suzanne não era de pensar muito nas coisas. Ela tomava a maioria das decisões — com quem namoraria, quais matérias cursaria — com base acima de tudo na diversão que provavelmente lhe proporcionaria. E quando as coisas não estavam divertidas, ela mudava logo de rumo. Enquanto eu participava da Organization for Black Unity e geralmente ficava perto do Third World Center, Suzanne treinava atletismo na pista de corrida e administrava o time de futebol americano da modalidade Sprint, curtindo a proximidade com homens bonitos e atléticos. No clube da universidade tinha amigos brancos e ricos, inclusive um astro de cinema adolescente e uma aluna europeia que, segundo boatos, era uma princesa de fato. Os pais de Suzanne a pressionavam a fazer medicina, mas ela acabou desistindo da ideia porque isso tirava sua alegria. A certa altura, a universidade determinou que ela deveria melhorar as notas, mas nem isso pareceu incomodá-la muito. Nosso quarto parecia um campo de batalha ideológico, com o lado de Suzanne lembrando uma terra arrasada, cheio de roupas largadas e papéis espalhados, enquanto eu me mantinha empertigada na minha cama, com todas as minhas posses cuidadosamente organizadas.

— Você precisa mesmo fazer isso? — perguntava eu, vendo Suzanne voltar do treino de corrida e ir para o chuveiro, atirando as roupas suadas no chão, onde ficariam, misturadas às roupas limpas e às tarefas por terminar, durante uma semana.

— Isso o quê? — retrucava ela, abrindo um sorriso.

Às vezes eu precisava bloquear o caos de Suzanne para conseguir pensar direito. Outras vezes tinha vontade de gritar com ela, mas nunca o fiz. Suzanne era quem era, não ia mudar. Quando ela ultrapassava meus limites, eu catava suas tralhas e as jogava na cama dela.

Hoje vejo que ela me desafiava no bom sentido, me mostrava que nem todo mundo precisa ter suas pastas etiquetadas e organizadas em ordem alfabética — aliás, ninguém precisa sequer ter pastas. Anos depois, eu me apaixonaria por um homem que, assim como Suzanne, guarda suas coisas de qualquer jeito e não sente a menor necessidade de dobrar as roupas. Graças a Suzanne consegui conviver com isso. Convivo com esse homem até hoje. Acho que, acima de tudo, é isto que uma pessoa controladora aprende na universidade: existem outras formas de ser.

— VOCÊ ALGUMA VEZ já pensou em criar um programa de atividades extraescolares para crianças? — me perguntou Czerny certo dia.

Na hora imaginei que ela estivesse perguntando para ser simpática. Com o tempo, passei a me dedicar tanto a seu filho, Jonathan, então no ensino fundamental, que passava boa parte das tardes perambulando por Princeton com ele, ou no Third World Center, nós dois fazendo duetos no piano desafinado ou lendo no sofá molenga. Czerny pagava pelo tempo que eu passava com ele, mas parecia achar que não era o bastante.

— É sério — declarou ela. — Conheço um monte de docentes que vivem procurando um programa extraescolar que cuide dos filhos. Você poderia fazer isso aqui no centro. Tenta, só para ver no que dá.

Com o boca a boca promovido por Czerny, em pouco tempo eu já tinha um grupo de três ou quatro crianças para cuidar. Eram filhos de funcionários e professores negros de Princeton, que também eram minoria e, assim como nós, eram atraídos para o TWC. Algumas tardes por semana, depois que a escola de ensino fundamental pública terminava, eu oferecia às crianças lanches saudáveis e corria com elas pelo gramado. Se tinham dever de casa, eu as ajudava a fazer.

Para mim, as horas voavam. Estar com crianças tinha um efeito maravilhoso em mim. Eu eliminava o estresse da faculdade, me forçava a parar de pensar e vivia o momento. Quando criança, passava dias inteiros brincando de "mamãe" das minhas bonecas, fingindo que sabia vesti-las e alimentá-las, penteava seus cabelos e botava band-aids delicadamente em seus joelhos de plástico. Agora era para valer, e achei a tarefa bem mais complicada do que imaginava, mas não menos gratificante. Depois de passar algumas horas com as crianças, eu voltava para o dormitório exausta, mas feliz.

Mais ou menos uma vez por semana, quando tinha um momento de paz, eu pegava o telefone e ligava para nosso apartamento na Euclid Avenue. Se meu pai estivesse trabalhando no turno da manhã, eu o encontrava no fim da tarde, sentado — imaginava eu — de pernas para cima na cadeira reclinável da nossa sala, vendo TV, esperando minha mãe chegar do trabalho. De noite, geralmente era minha mãe quem atendia. Quem quer que atendesse, porém, ouvia em detalhes minhas histórias da faculdade — da minha antipatia pelo professor de francês às estripulias das crianças no programa extraescolar, passando pelo fato de que Suzanne e eu tínhamos uma queda pelo mesmo cara, um estudante de engenharia afro-americano com lindos olhos verdes que, apesar de seguirmos seus passos cuidadosamente, parecia mal saber que existíamos.

Meu pai ria das minhas histórias. "É mesmo?", dizia. "Como é que foi?" "Vai ver o tal do engenheiro não merece nenhuma das duas."

Quando eu acabava de falar, ele resumia as notícias de casa. Dandy e Vovó tinham voltado para a terra de Dandy, Georgetown, na Carolina do Sul, e, segundo ele relatava, a Vovó estava se sentindo meio só. Ele contava como minha mãe se desdobrava para tentar cuidar de Robbie, que na época tinha uns setenta e poucos anos, havia ficado viúva e enfrentava problemas de saúde. Meu pai nunca mencionava as próprias lutas, mas eu sabia que elas existiam. Certa vez, quando Craig teve uma partida de basquete no sábado, meus pais foram de carro até Princeton para assistir, e foi a primeira vez que vi a mudança na realidade dos dois — do que nunca era dito ao telefone. Depois de parar o carro no imenso estacionamento, meu pai deslizou relutante para uma cadeira de rodas e deixou minha mãe empurrá-lo ginásio adentro.

Eu tinha muita dificuldade em ver o que estava acontecendo com o meu pai. Não aguentava. Tinha pesquisado um pouco sobre esclerose múltipla na biblioteca de Princeton, tirando cópias de artigos de periódicos de medicina para enviar aos meus pais. Insisti que procurassem um especialista ou matriculassem meu pai na fisioterapia, mas ele não queria nem saber. Ao longo de todas as horas que passamos conversando ao telefone enquanto eu fazia faculdade, ele nunca comentou sobre a própria saúde.

Se eu perguntava como ele estava se sentindo, a resposta era sempre: "Estou bem". E só.

Eu deixava a voz dele me confortar. Ela não dava nenhum sinal de dor ou autopiedade, apenas bom humor, leveza e um toquezinho de jazz. Eu vivia dela como se fosse oxigênio. Era cheia de amor e sempre me bastava. Antes de desligar, ele sempre perguntava se eu precisava de alguma coisa — dinheiro, por exemplo —, mas nunca respondi que sim.

7

MINHA CASA COMEÇOU A PARECER UM LUGAR MAIS distante, quase imaginário. No período em que estive na faculdade, mantive contato com alguns poucos amigos do ensino médio, especialmente Santita, que tinha conseguido uma vaga na Universidade Howard, em Washington, DC. Eu a visitei durante um feriado prolongado. Demos gargalhadas e tivemos conversas profundas, as mesmas que sempre costumávamos ter. O campus da Howard era urbano.

— Amiga, você ainda está na *perifa*! — provoquei, depois de ver uma ratazana gigantesca passar por nós na porta do dormitório dela e de saber que a população estudantil era quase toda negra. Invejei Santita pelo fato de ela não estar isolada por sua etnia — ela não sentia aquela pressão diária de ser uma das poucas alunas não brancas —, mas ainda assim fiquei contente em voltar para os gramados verde-esmeralda e as arcadas de pedra de Princeton, mesmo que poucas pessoas lá compreendessem meu passado e minha história.

Eu estava tirando boas notas e me graduando em sociologia. Comecei a namorar um jogador de futebol americano inteligente que gostava de se divertir. Suzanne e eu agora passamos a dividir um quarto com outra amiga, Angela Kennedy, que era de Washington, DC, e falava muito rápido. Ela tinha um senso de humor meio maluco e se divertia fazendo a gente morrer de rir. Apesar de ser uma garota negra urbana, ela se vestia como o perfeito estereótipo da patricinha, usando sapatos oxford e suéteres cor-de-rosa. Apesar dos pesares, de alguma forma arrasava no visual sem parecer ridícula.

Eu era de um mundo, mas agora vivia em outro completamente diferente, em que as pessoas se preocupavam com as notas no exame de admissão para faculdades de direito e partidas de squash. Era uma tensão que nunca desaparecia. Na faculdade, quando alguém perguntava de onde eu era, eu respondia: "Chicago". Para deixar claro que não era uma das crianças vindas de subúrbios abastados, eu acrescentava, com um toque de orgulho: "Do South Side". Eu sabia que, para alguns, essas palavras invocavam o estereótipo do gueto negro, tendo em vista que o que mais rendia manchetes nos noticiários eram os conflitos entre gangues e a violência nos conjuntos habitacionais. Uma vez mais, porém, eu estava tentando representar o oposto. Pertencia a Princeton, tanto quanto qualquer um. E vinha do South Side. Parecia importante dizer isso em voz alta.

Para mim, o South Side era diferente do que aparecia na TV. Era meu lar. E meu lar era o apartamento na Euclid Avenue, com seu carpete desbotado e teto baixo, meu pai refestelado em sua poltrona. Era nosso quintal minúsculo com as flores da Robbie desabrochando e o banco de pedra onde eu tinha beijado aquele garoto, Ronnell. Meu lar era meu passado, ligado por fios invisíveis ao lugar onde eu estava agora.

Tínhamos um parente em Princeton, a irmã mais nova de Dandy, que conhecíamos como tia Sis, uma mulher simples e animada que vivia numa casa simples e animada na periferia da cidade. Não sei o que havia levado tia Sis a Princeton, mas ela morava lá fazia um bom tempo, fazendo faxina para famílias locais sem jamais perder seu sotaque sulista. Assim como Dandy, tia Sis tinha sido criada em Georgetown, Carolina do Sul, e eu me lembrava disso porque, quando eu era criança, nós a visitamos algumas vezes durante o verão. Lembrava-me do calor denso do lugar, dos carvalhos cobertos de barba-de-velho, dos ciprestes se erguendo dos pântanos e velhos pescando nos riachos lamacentos. Também havia insetos em número alarmante, zumbindo e zunindo no ar noturno feito pequenos helicópteros.

Durante nossas visitas ficávamos com meu tio-avô Thomas, outro irmão de Dandy. Ele era um amável diretor de colégio que me levava para o trabalho e me deixava sentar à sua mesa. Generoso, comprava para mim um pote de manteiga de amendoim quando eu torcia o nariz para o café da manhã colossal que tia Dot servia todas as manhãs, com direito a bacon, biscoitos e canjica. Eu amava e odiava estar no Sul do país pela simples razão de ser um lugar muito diferente do que eu conhecia. Nas estradas dos arredores da cidade, passávamos de carro diante de portões do que outrora haviam sido fazendas com mão de obra de escravizados, embora a presença delas ali fosse algo tão natural que ninguém se dava ao trabalho de fazer um comentário sobre elas. Descendo uma solitária estradinha de terra nas profundezas da floresta, comíamos carne de veado em uma choupana caindo aos pedaços de alguns primos mais distantes. Um primo distante levou Craig para fora e o ensinou a atirar. Tarde da noite, nós dois tínhamos dificuldade para dormir por causa do silêncio profundo, interrompido apenas pelo canto das cigarras nas árvores.

O zumbido dos insetos e os galhos retorcidos dos carvalhos permaneciam conosco por muito tempo depois que voltávamos para o Norte, pulsando em nós quase como um segundo coração. Mesmo quando criança, eu entendia que o Sul era parte de mim e minha herança. Era algo importante o suficiente para fazer meu pai retornar lá e visitar seu povo. Era poderoso o bastante para Dandy querer se mudar de volta para Georgetown, embora tivesse precisado escapar de lá durante a juventude. Quando ele voltou, não foi morar em um pequeno e idílico chalé à beira do rio, com uma cerca branca e um quintal arrumado, mas sim (conforme vi quando Craig e eu fomos visitá-lo) numa casa padronizada e sem graça perto de um shopping apinhado de gente.

O Sul não era o paraíso, mas significava algo para nós. Era parte da nossa história, ainda que essa história envolvesse um terrível legado de racismo. Muitas das pessoas que eu conhecia em Chicago — as crianças com quem tinha estudado na Bryn Mawr e muitas das minhas amigas na Whitney Young — tinham uma história familiar parecida. As crianças simplesmente "desciam para o Sul" todo verão, onde corriam com seus primos de segundo grau na Geórgia, na Louisiana ou no Mississippi. Provavelmente seus avós ou outros parentes haviam participado da Grande Migração, quando famílias negras se mudaram do Sul para o Norte para encontrar trabalho e fugir do racismo. Dandy tinha ido da Carolina do Sul para Chicago, e a mãe de Southside era do Alabama. Como a maior parte das pessoas que fizeram a Grande Migração, provavelmente eram descendentes de escravos.

Isso significava que eu também era, assim como muitos dos meus amigos em Princeton. Mas eu também estava começando a entender que havia outras formas de ser negro nos Estados Unidos. Estava conhecendo jovens de cidades da Costa Leste de raízes porto-riquenhas, cubanas e dominicanas. Os parentes da Czerny tinham vindo do Haiti. Um dos meus bons amigos, David Maynard, nascera em uma abastada família das Bahamas. E havia Suzanne, com sua certidão de nascimento nigeriana e sua coleção de tias queridas na Jamaica. Éramos todos diferentes. Não falávamos sobre nossos ancestrais. E por que faríamos isso? Éramos jovens, concentrados apenas no futuro — embora, claro, não soubéssemos nada do que estava por vir.

Uma ou duas vezes por ano, tia Sis convidava a mim e a Craig para jantar em sua casa, do outro lado de Princeton. Empilhava costelas suculentas e uma fumegante couve refogada nos nossos pratos e fazia circular na mesa uma cesta com pão de milho perfeitamente cortado em quadrados, nos quais espalhávamos generosas porções de manteiga. Ela reabastecia nossos copos com um chá incrivelmente doce e insistia que repetíssemos o prato uma ou até duas vezes. Pelo que me lembro, nunca discutimos nada importante com tia Sis. Batíamos papo por cerca de uma hora, uma conversa fiada agradável acompanhada de uma apimentada e substanciosa refeição da Carolina do Sul. Eu enxergava tia Sis simplesmente como uma velhinha fofa, mas ela estava nos dando um presente que ainda éramos jovens demais para reconhecer, nos enchendo de passado — nosso, dela, do nosso pai e do nosso avô — sem precisar fazer um comentário a respeito dele. Nós simplesmente comíamos, ajudávamos a lavar a louça e, em seguida, de barriga cheia, caminhávamos de volta para o campus.

TENHO UMA LEMBRANÇA — que, como a maioria das lembranças, é imperfeita e pessoal. É do segundo ano da faculdade e envolve Kevin, na época meu namorado e jogador de futebol americano.

Kevin é de Ohio e tem uma combinação improvável de altura, doçura e robustez. Joga futebol americano, na defesa do Princeton Tigers, e é rápido e destemido na hora de derrubar os adversários, ao mesmo tempo que estuda para ser médico. Está dois anos à minha frente na faculdade — entrou no mesmo ano que meu irmão — e em breve vai se formar. Tem um espaço fofo entre os dentes da frente e faz com que eu me sinta especial. Somos atarefados e temos diferentes grupos de amigos, mas gostamos de estar juntos. Comemos pizza e saímos juntos nos fins de semana. Ele é muito agitado e tem dificuldade de ficar parado.

— Vamos passear de carro — diz Kevin certo dia.

Logo depois, estamos em seu carro, atravessando o campus e descendo uma estrada de terra quase escondida. É primavera em Nova Jersey, um dia quente e claro de céu aberto.

Estamos conversando? De mãos dadas? Não lembro, mas a sensação é leve e agradável. Em dado momento, Kevin freia. Paramos ao lado de um campo amplo, com a grama alta esmirrada e parecida com palha depois do inverno, mas salpicada por pequeninas flores silvestres que desabrocharam cedo. Ele está saindo do carro.

— Vamos lá — chama, pedindo que eu o siga.

— O que vamos fazer?

Ele olha para mim como se eu devesse saber.

— Vamos atravessar este campo.

Disparamos de uma ponta a outra do campo, agitando os braços como criancinhas, rompendo o silêncio com gritos de alegria. Abrimos caminho pela grama seca saltitando sobre as flores. *Nós devemos atravessar este campo! Claro que devemos!*

Voltamos ao carro e nos esparramamos no banco, ofegantes e tontos.

É um momento pequeno, que não parece importante. Ainda o guardo comigo pela tolice, pela forma como me tirou por um instante da minha seriedade diária. Porque, embora fosse uma estudante que socializava nas refeições em grupo e arrasava na pista de dança nas festas do Third World Center, eu estava sempre concentrada no meu futuro. Por trás do meu sossegado e descontraído estilo de universitária, eu vivia focada nas minhas conquistas, de forma discreta mas inabalável, determinada a preencher todos os requisitos e expectativas. Minha lista de tarefas vivia na minha cabeça e me acompanhava por toda parte. Eu mantinha em mente meus objetivos e minhas vitórias. Se houvesse um obstáculo a superar, eu o superava. Assim é a vida de uma garota que não consegue parar de se perguntar *Eu sou boa o suficiente?* e continua tentando provar a si mesma que sim.

Kevin, por sua vez, era uma pessoa que dava guinadas na vida. Ele aproveitava as oportunidades e fazia o inesperado. Gostava disso. Ele e Craig formaram-se em Princeton no fim do meu segundo ano. Craig se mudou para Manchester, na Inglaterra, para jogar basquete profissionalmente. Kevin, pensei, ia se especializar em medicina, mas resolveu tomar outro rumo: deixou os estudos de lado e tentou se tornar mascote esportivo.

Sim, é isso mesmo. Seu objetivo era fazer um teste nos Cleveland Browns não para se tornar jogador de futebol americano, mas o cachorro Chomps, mascote da equipe. Era o que ele queria. Era um sonho — mais um campo para ele atravessar —, então, por que não? Naquele verão, Kevin chegou a sair da casa da família nos arredores de Cleveland e ir até Chicago, supostamente para me visitar, mas também para encontrar o tipo certo de fantasia de animal peludo para o teste. Passamos uma tarde inteira procurando o traje perfeito para ele. Não sei se Kevin conseguiu o emprego de mascote no fim das contas, mas acabou se tornando médico — e um muito bom.

Na época, eu o julguei injustamente por essa mudança brusca. Não conseguia entender por que alguém não usava logo seu diploma em uma universidade tão cara como Princeton para ter uma vantagem no mundo. Por que um estudante de medicina preferia ser um cachorro gigante que dava saltos-mortais?

Mas esse era o meu ponto de vista. Eu era uma pessoa sistemática, marchando ao ritmo da batida esforço/resultado, esforço/resultado. Era uma dedicada seguidora do caminho estabelecido, até porque ninguém na minha família (além de Craig) jamais tinha colocado os pés no caminho. Eu não tinha uma imaginação fértil ao pensar sobre o futuro. Já estava pensando na faculdade de direito.

A vida na Euclid Avenue tinha me ensinado a ser cuidadosa e prática com relação a tempo e a dinheiro. A maior guinada que eu já fizera tinha sido passar a primeira parte das férias de verão depois do segundo ano de faculdade trabalhando como supervisora de acampamento no vale do Hudson, em Nova York. Cuidava de crianças da cidade que estavam tendo a primeira experiência no campo. Adorei o trabalho, mas não pagava bem. Saí dele no vermelho, mais dependente financeiramente dos meus pais do que gostaria. Embora eles nunca tenham reclamado, durante muitos anos vivi com essa sensação de culpa.

Foi nesse verão que as pessoas que eu amava começaram a morrer. Minha tia-avó e professora de piano, Robbie, faleceu em junho. Ela deixou sua casa na Euclid Avenue de herança para os meus pais. Com isso, pela primeira vez na vida eles se tornaram proprietários de um imóvel. Southside morreu um mês depois, em consequência de um câncer de pulmão. Sua crença de que os médicos não eram confiáveis o impediu de receber auxílio médico até que fosse tarde demais. Depois do funeral de Southside, a enorme família da minha mãe se amontoou em sua aconchegante casinha junto com amigos e vizinhos. Senti uma nostalgia e uma tristeza cálidas. Eu tinha me acostumado com a vida universitária, cercada por jovens e distante de casa. O que eu sentia agora era algo mais profundo, o modo como minha família passava por uma mudança de geração. Meus primos estavam crescidos; minhas tias envelheceram. Havia novos bebês, novos maridos e esposas. Um álbum de jazz tocava alto na vitrola sobre o aparador de madeira na sala de jantar, e jantamos os pratos simples levados por entes queridos — presunto assado, gelatina e guisados. Mas Southside se fora. Era doloroso, mas o tempo impelia todos para a frente.

Toda primavera, empresas iam ao campus de Princeton atrás de alunos que estavam se formando para contratar. Uma pessoa que normalmente vestia jeans e camisa para fora da calça passava a cruzar o campus num terno risca de giz e você sabia que ela estava destinada a um arranha-céu de Manhattan. Acontecia depressa — os banqueiros, advogados, médicos e executivos de amanhã se dirigiam ao próximo degrau, fosse ele a pós-graduação ou um emprego bem remunerado. Tenho certeza de que alguns seguiram seu coração e ingressaram em carreiras na educação, nas artes e no trabalho sem fins lucrativos, ou partiram em missões do Corpo da Paz ou serviram nas Forças Armadas, mas eu conhecia muito poucos deles. Estava ocupada subindo minha escada rumo ao sucesso.

Se eu parasse para pensar, talvez tivesse percebido que a faculdade tinha me exaurido. Provavelmente teria sido bom fazer algo diferente. Em vez disso, prestei o exame de admissão em direito e busquei o degrau seguinte, inscrevendo-me como candidata às melhores faculdades de direito do país. Eu me via como uma pessoa inteligente, analítica e ambiciosa. Tinha sido criada em meio aos acalorados debates à mesa de jantar com meus pais. Era capaz de argumentar bem e me orgulhava de nunca me dar por vencida num conflito. Não era disso que eram feitos os advogados? Eu achava que sim.

Hoje vejo que quis ser advogada em parte por um desejo de obter a aprovação alheia. Quando criança, toda vez que anunciava que queria ser pediatra para um professor, um vizinho ou um amigo do coro da igreja de Robbie, sua expressão me dizia: *Minha nossa, que impressionante!*, uma reação que sempre fazia com que eu me sentisse bem. Anos depois, a verdade é que nada havia mudado. Quando professores, parentes e conhecidos me perguntavam o que eu faria em seguida e eu respondia que ia para a Escola de Direito de Harvard, a aprovação que eu recebia era esmagadora. Por fim, fui aplaudida logo que fui aceita em Harvard, mesmo que, verdade seja dita, tenha entrado por um triz, depois de ter ficado na lista de espera. Mas entrei. As pessoas olhavam para mim como se eu já tivesse deixado minha marca no mundo.

Talvez este seja o maior problema de se importar demais com o que os outros pensam: essa preocupação pode colocar você no caminho estabelecido — o caminho *Minha nossa, que impressionante!* — e mantê-lo lá por muito tempo. Talvez isso impeça você de dar guinadas na vida, de aproveitar oportunidades, porque você se arrisca a perder a boa opinião das pessoas a seu respeito, o que pode parecer um preço alto demais. Acabei passando três anos em Massachusetts, estudando direito constitucional e questões legais complicadas. Para alguns isso pode ser realmente interessante, mas para mim não foi. Durante esses três anos, fiz amigos que vou amar e respeitar para sempre, pessoas que amam verdadeiramente estudar a lei. Mas não é o meu caso. Ainda que não tivesse paixão por aquilo, não queria fracassar. Não queria dar nenhuma guinada. Tinha que continuar me saindo bem para finalmente responder àquela importante pergunta: *Eu sou boa o suficiente? Sim, eu sou.*

Foi então que as recompensas pareceram se tornar reais. Consegui um emprego remunerado no sofisticado escritório em Chicago de uma renomada firma de advocacia chamada Sidley & Austin. Voltei ao lugar onde tinha começado, à cidade em que nasci, para trabalhar no 47º andar de um prédio no centro. Eu costumava passar por ele quando era uma criança do South Side indo de ônibus para a escola, espiando em silêncio pela janela as pessoas que caminhavam a passos largos para o trabalho. Agora eu era uma delas. Aos 25 anos, tinha uma assistente. Ganhava mais do que meus pais já tinham ganhado. Meus colegas de trabalho eram educados e quase todos brancos. Eu usava terninhos de marca. Pagava mensalmente o financiamento estudantil que me permitira cursar direito e ia para a aula de aeróbica depois do trabalho. Porque podia, comprei um carro caro.

Algo a questionar? Acho que não. Agora você é uma advogada. Tudo o que já lhe foi dado — o amor dos pais, a fé dos professores, a música de Southside e Robbie, as refeições da tia Sis, as palavras do vocabulário que Dandy incutiu em você —, tudo leva a esse lugar. Você subiu a montanha. A maior parte do trabalho é bem chata, mas tem uma que você gosta: ajudar a empresa a contratar jovens advogados. Um dos sócios majoritários da firma pergunta se você pode orientar alguém que viria no programa de associados de verão, e a resposta é fácil: claro que sim. Você ainda não sabe como um simples "sim" poderia mudar sua vida para sempre. Ao lado do seu nome em uma lista há outro, o de um talentoso estudante de direito que está ocupado subindo a própria escada. Assim como você, ele é negro e de Harvard. Fora isso, você não sabe nada — apenas o nome, que é bem esquisito.

8

BARACK OBAMA CHEGOU ATRASADO NO PRIMEIRO DIA. Sentei-me na minha sala no 47º andar, esperando que ele chegasse. Como a maioria dos advogados de primeiro ano, eu era ocupadíssima. Cumpria um expediente de muitas e longas horas na Sidley & Austin, muitas vezes comendo à mesa de trabalho enquanto lidava com o fluxo contínuo de documentos, todos escritos em meticuloso jargão jurídico. A essa altura, eu me considerava basicamente trilíngue. Dominava a maneira relaxada de falar do South Side de Chicago, o discurso formal das universidades prestigiadas do país e agora falava juridiquês também. Fora contratada para atuar no grupo de práticas de marketing e propriedade intelectual do escritório, que era considerado mais criativo que outros, porque lidávamos boa parte do tempo com publicidade. Parte do meu trabalho envolvia ler cuidadosamente os roteiros dos anúncios de TV e rádio de nossos clientes para garantir que não violassem os padrões governamentais. Tempos depois, eu passaria a cuidar das questões legais relativas a *Barney e seus amigos* (sim, em um escritório de advocacia isso é o que chamamos de criativo).

O problema era que, como advogada júnior, meu trabalho não envolvia muita interação direta com as pessoas. Além de tudo, eu era uma

Robinson, criada no tumultuado mundo social da minha numerosa família, moldada pelo amor natural do meu pai pela multidão. Para compensar a solidão, fazia graça com Lorraine, minha assistente, uma afro-americana muito organizada e bem-humorada, muitos anos mais velha do que eu, que ficava sentada junto à minha sala e atendia ao meu telefone. Eu tinha relações profissionais amigáveis com colegas, mas, em geral, todos estavam sobrecarregados de trabalho e tomavam cuidado para não desperdiçar tempo. O que me devolvia à minha mesa, sozinha com meus documentos.

Se eu tinha que passar setenta horas por semana em um lugar, minha sala no escritório até que era um local bastante agradável. Tinha uma janela para a cidade e o lago Michigan, que no verão ficava salpicado de veleiros cintilantes. De certo ângulo, podia vislumbrar uma faixa estreita do South Side. De onde eu me sentava, os bairros pareciam lugares imóveis, quase de brinquedo, mas em muitos casos a realidade era bem diferente. Áreas do South Side haviam se tornado sem vida à medida que lojas e indústrias fechavam e famílias continuavam se mudando de lá. A epidemia de drogas, que destruíra comunidades afro-americanas em lugares como Detroit e Nova York, estava apenas começando a chegar a Chicago, trazendo problemas não menos destrutivos. As gangues guerreavam por território e recrutavam meninos para gerenciar seus negócios, os quais se davam conta de que traficar dava mais dinheiro do que ir à escola. A taxa de homicídios da cidade começava a subir — sinal de que mais problemas estavam por vir.

Desde que terminei a faculdade de direito, estava morando no meu antigo bairro de South Shore, na época ainda relativamente intocado por gangues e drogas. Meus pais tinham descido as escadas para ocupar o antigo espaço de Robbie e Terry. Eles sugeriram que eu ficasse com o apartamento no andar de cima, onde tínhamos morado quando eu era criança. Decorei o lugar com um sofá e gravuras emolduradas nas paredes. Vez ou outra entregava a meus pais um cheque cujo valor cobria parte da minha cota nas contas. Estava longe de valer como aluguel, mas eles insistiam em dizer que era suficiente. Embora meu apartamento tivesse uma entrada particular, quando saía e voltava do trabalho eu costumava passar pela cozinha do andar de baixo — em parte porque a porta dos meus pais dava direto para a garagem e em parte porque ainda era e sempre seria uma Robinson. Mesmo que agora eu me visse como a jovem profissional que sempre sonhara ser, não gostava muito de ficar sozinha. Ainda gostava dos encontros diários com meus pais. Naquela manhã, eu os tinha abraçado antes de correr porta afora e enfrentar uma tempestade para chegar ao trabalho. Chegar *na hora*, devo acrescentar.

Olhei para o meu relógio.

— Algum sinal do cara? — perguntei bem alto para Lorraine.

— Não, mulher — berrou ela de volta. Dava para perceber que Lorraine estava se divertindo. Ela sabia como atrasos me deixavam louca.

Barack Obama já havia criado um rebuliço na empresa. Em primeiro lugar, acabara de terminar o primeiro ano da faculdade de direito, e normalmente eram contratados apenas alunos segundanistas como associados temporários. Mas havia rumores de que Barack era excepcional. Corria a notícia de que um de seus professores em Harvard tinha afirmado que ele era o mais talentoso estudante de direito que já havia tido. Algumas das secretárias que o viram no dia da entrevista disseram que, além da reputação de ser brilhante, Barack também era um gato.

Eu estava cética. Na minha experiência, é só colocar um terno em qualquer homem negro mais ou menos inteligente e as pessoas brancas ficam doidas. Eu duvidava que ele merecesse tamanho alvoroço. Tinha conferido a fotografia de Barack na edição de verão do nosso diretório de funcionários e não ficara impressionada. Ele exibia um sorriso amplo e parecia meio nerd. A biografia informava que ele havia nascido no Havaí, o que pelo menos o tornava um nerd exótico. De resto, nada mais chamava atenção. A única surpresa tinha ocorrido semanas antes, quando dei um telefonema rápido para me apresentar a ele. Fiquei agradavelmente espantada com a voz do outro lado da linha

— um barítono encorpado, que não parecia combinar nem um pouco com o cara da foto.

Somente depois de mais de dez minutos ele chegou à recepção do nosso andar. Saí e encontrei o tal Barack Obama sentado em um sofá, vestindo um terno escuro ainda um pouco úmido pela chuva. Ele sorriu timidamente e pediu desculpas pelo atraso quando apertou minha mão. Tinha um sorriso largo e era mais alto e magro do que eu imaginava. Parecia não comer muito e não estar acostumado a usar terno. Se ele sabia que estava chegando com uma reputação de menino-prodígio genial, não demonstrou. Enquanto eu o conduzia pelos corredores até minha sala, mostrando-lhe onde tudo ficava, ele se manteve em silêncio respeitoso, ouvindo atentamente. Cerca de vinte minutos depois, deixei-o com o sócio majoritário que seria seu supervisor efetivo durante o verão e voltei para a minha mesa.

Mais tarde naquele mesmo dia, levei Barack para almoçar no refinado restaurante do primeiro andar de nosso prédio comercial. Essa era a vantagem de ser a mentora de um associado temporário: era um pretexto para comer fora, com a empresa pagando. Como mentora de Barack, minha função era assegurar que se sentisse feliz no trabalho, mostrar que ele podia me procurar caso precisasse de orientação e fazê--lo se sentir integrado à equipe. A ideia era que, assim como ocorria com todos os temporários, o escritório talvez viesse a contratá-lo para um emprego em tempo integral tão logo ele se formasse.

Rapidamente percebi que Barack não precisaria de muitos conselhos. Ele era três anos mais velho do que eu — estava prestes a completar 28. Ao contrário de mim, havia trabalhado por vários anos depois de terminar sua graduação na Columbia e antes de iniciar a faculdade de direito. O que me impressionou foi o quanto ele parecia seguro em relação ao caminho que sua vida estava seguindo. Estranhamente, ele não tinha dúvidas, embora à primeira vista fosse difícil entender por quê. Comparado com minha marcha rumo ao sucesso, o caminho de Barack era um zigue-zague improvisado através de mundos diferentes.

Durante o almoço, descobri que ele era filho de um pai queniano negro e uma mãe branca do Kansas cujo casamento fora ao mesmo tempo juvenil e efêmero. Ele nasceu e cresceu em Honolulu, Havaí, mas viveu quatro anos da infância empinando pipas e pegando grilos na Indonésia. Depois do ensino médio, passou dois anos como aluno do Occidental College, em Los Angeles, antes de se transferir para a Universidade Columbia, em Nova York. Lá, como ele contou, não se comportava como um típico universitário à solta em uma cidade grande, e sim como um eremita das montanhas, lendo importantes obras de literatura e filosofia, escrevendo poemas ruins e jejuando aos domingos.

Demos risadas de tudo isso, trocamos histórias sobre nossas origens familiares e o que nos levou ao direito. Barack era sério sem se levar muito a sério. Tinha um jeito animado e jovial, mas sua mente era poderosa. Uma combinação estranha e interessante. Também fiquei surpresa com seu grande conhecimento de Chicago.

Barack foi a primeira pessoa que conheci na Sidley que passara algum tempo nas barbearias, churrascarias e nas ruidosas paróquias negras do Far South Side. Antes de ingressar na faculdade de direito, trabalhou em Chicago por três anos como organizador comunitário, ganhando muito pouco em uma ONG que ajudava igrejas locais. Seu trabalho era ajudar a reconstruir bairros e trazer empregos de volta. Tinha sido recompensador, mas também frustrante. Seus esforços eram ridicularizados por líderes sindicais e criticados por negros e brancos em igual medida. Com o tempo, porém, Barack foi alcançando algumas vitórias, e isso pareceu encorajá-lo. Ele me explicou que estava cursando direito porque a organização comunitária lhe mostrara que mudanças sociais significativas exigiam não apenas o trabalho das pessoas no local, mas também políticas e ações governamentais mais sólidas.

Apesar da minha resistência à badalação a seu respeito, me vi admirando Barack por sua autoconfiança e seu comportamento sério. Ele era revigorante, nada convencional e estranhamente elegante. Nem por um momento, contudo, pensei nele como alguém que gostaria de namorar. Para começar, eu era sua mentora no escritório. Além disso, pouco antes havia prometido a mim mesma que desistiria de namorar, porque andava ocupada demais com o trabalho para investir naquele tipo de coisa. Finalmente, para meu horror, depois do almoço Barack acendeu um cigarro, o que teria sido suficiente para acabar com qualquer interesse — isso se eu tivesse algum.

Ele seria um bom associado temporário, pensei comigo mesma.

NO DECORRER DAS DUAS SEMANAS SEGUINTES, entramos numa rotina informal. No finzinho da tarde, Barack serpenteava pelo corredor e desabava em uma das cadeiras da minha sala como se me conhecesse havia anos. E às vezes a sensação era de que conhecia mesmo. Nossa conversa era fácil e bem-humorada, nossa mentalidade era parecida. Nós nos entreolhávamos de soslaio toda vez que pessoas ao nosso redor ficavam tão estressadas que beiravam a loucura, quando colegas faziam comentários que pareciam desdenhosos, arrogantes ou fora da realidade. O que não se dizia com todas as letras mas era óbvio: Barack era negro, e, em nosso escritório, que empregava mais de quatrocentos advogados, apenas uns profissionais de tempo integral eram afro-americanos. Nosso interesse mútuo era fácil de entender.

Barack não era o típico associado temporário (como eu mesma havia sido dois anos antes), que estabelecia sua rede de contatos furiosa e avidamente, sempre se perguntando, ansioso, se um dia ganharia o bilhete premiado — uma oferta de emprego. Ele caminhava pelos corredores sempre calmo e tranquilo, o que apenas aumentava o encanto que exercia. Dentro da firma, sua reputação continuava a crescer. Ele já estava sendo convidado a dar opiniões sobre questões legais complicadas. Em algum momento no início do verão, Barack escreveu um memorando de trinta páginas sobre governança corporativa que era tão completo, profundo e convincente que se tornou imediatamente lendário. Quem era aquele cara? Todos pareciam intrigados.

— Trouxe uma cópia para você — disse Barack certo dia, com um sorriso, deslizando o memorando pela minha mesa.

— Obrigada — respondi, pegando o maço de folhas. — Estou ansiosa para ler.

Assim que ele saiu, enfiei o memorando numa gaveta.

Ele sabia que eu nunca leria? Provavelmente, sim. Tinha me dado o material como uma brincadeira. Nossas especialidades eram diferentes, portanto nossos trabalhos não coincidiam. Eu tinha uma batelada dos meus próprios documentos para enfrentar. E não precisava ficar impressionada. Éramos amigos agora, Barack e eu. Almoçávamos juntos pelo menos uma vez por semana e às vezes mais que isso. Aos poucos, descobrimos mais um sobre o outro. Ele sabia que eu morava com meus pais, que minhas lembranças mais felizes da Escola de Direito de Harvard envolviam o trabalho que fiz no Departamento de Assistência Jurídica. Eu sabia que ele devorava calhamaços de filosofia política como se fossem leitura de praia, que gastava todo o dinheiro que sobrava em livros. Sabia que o pai de Barack havia morrido num acidente de carro no Quênia e que ele viajou até lá para tentar entender mais sobre aquele homem. Sabia que ele amava basquete, fazia longas corridas nos fins de semana e falava com saudade dos amigos e familiares em Oahu. Sabia que ele tivera uma porção de namoradas, mas que não tinha nenhuma agora.

Esta última parte era algo que me julgava capaz de corrigir. Minha vida em Chicago era povoada por mulheres negras bem-sucedidas e solteiras. Ainda que eu trabalhasse muito, gostava de sair e socializar. Tinha amigos do trabalho, amigos do colégio, amigos que fiz por meio de contatos profissionais e amigos que conheci por intermédio de Craig, que havia acabado de se casar e estava ganhando a vida como banqueiro de investimentos na cidade. Éramos uma turma divertida, nos reuníamos quando podíamos para colocar o papo em dia durante longas e fartas refeições nos fins de semana. Eu tinha saído com uns caras na faculdade de direito, mas não conheci ninguém especial quando retornei a Chicago e também tinha pouco interesse. Anunciara a todos que a carreira era minha prioridade. Apesar disso, tinha uma porção de amigas que estavam à procura de namorado.

Certa noite, no início do verão, levei Barack comigo para um lugar no centro da cidade que servia como ponto de encontro mensal e não oficial de profissionais negros, onde eu costumava me encontrar com amigos.

Não havia como negar que Barack era um partidão. Era bonito, equilibrado, seguro de si e bem-sucedido. Era atlético, interessante e gentil. O que mais alguém poderia querer? Entrei no restaurante, certa de que estaria fazendo um favor a ele e a todas as mulheres. Quase imediatamente Barack foi abordado por uma conhecida minha, uma mulher bonita, talentosa e poderosa que trabalhava com finanças. Percebi que ela estava toda animada conversando com ele. Satisfeita, segui em direção a outros conhecidos no meio da multidão.

Vinte minutos depois, avistei Barack do outro lado do salão, envolto em uma conversa interminável com a mesma conhecida, ela própria a responsável pela maior parte da conversa. Ele me dirigiu um olhar. Parecia querer ser resgatado dali. Mas Barack era um homem-feito. Deixei que se virasse.

— Sabe o que ela me perguntou? — disse-me ele no dia seguinte, quando apareceu na minha sala, ainda um pouco surpreso. — Ela perguntou se eu gostava de *cavalgar*. Estava falando de *montar a cavalo*.

Barack contou que os dois haviam debatido sobre seus filmes favoritos, o que também não tinha dado muito certo.

Barack era um pensador, provavelmente cerebral demais para a maioria das pessoas, e talvez eu devesse ter percebido isso antes. Estava rodeada de pessoas esperançosas e trabalhadoras que tinham carro novo, estavam comprando o primeiro apartamento e gostavam de falar sobre isso. Barack preferia passar a noite sozinho, lendo sobre políticas de habitação urbana. Como organizador comunitário, passava semanas e meses ouvindo pessoas pobres descreverem suas atribulações. Sua crença na esperança e na possibilidade de melhorar a vida das pessoas era o que o diferenciava.

Barack me disse que houve um tempo em que ele fora menos sério e mais impulsivo. Até os vinte anos, seu apelido era Barry. Em algum ponto do caminho, no entanto, ele assumiu seu nome de batismo completo — Barack Hussein Obama — e sua complexa identidade. Ele era branco e negro, africano e americano. Era humilde e vivia modestamente, mas conhecia a riqueza da própria mente e o mundo de privilégios que se abriria para ele como resultado. Ele levava tudo a sério, e isso era perceptível. Podia ser despreocupado e brincalhão, mas nunca se afastava de um senso maior de dever. Estava numa espécie de missão, embora ainda não soubesse aonde isso o levaria. Tudo o que eu sabia era que não se tratava de algo que se poderia explicar em uma conversa casual. Da próxima vez que fui encontrar meus amigos, eu o deixei no escritório.

QUANDO EU ERA CRIANÇA, meus pais fumavam. Sentavam-se na cozinha, acendiam cigarros e conversavam em detalhes sobre o dia de trabalho. Mais tarde, fumavam enquanto lavavam a louça do jantar, às vezes abrindo a janela para deixar entrar um pouco do ar fresco da noite. Não eram inveterados, mas fumavam todos os dias e não tinham intenção de parar. Fumaram até muito depois que as pesquisas deixaram claro que fazia mal.

Aquilo me levava à loucura, a mim e a Craig. Tão logo eles acendiam o cigarro, encenávamos uma elaborada crise de tosse. Quando Craig e eu éramos muito pequenos, surrupiamos de uma prateleira um maço novinho de cigarros Newport e começamos a destruí-los, quebrando-os como lápis dentro da pia da cozinha. Em outra ocasião, mergulhamos as pontas dos cigarros em molho picante e os devolvemos ao maço. Instruíamos nossos pais sobre o câncer de pulmão, explicando os horrores que víamos na aula de saúde na escola — imagens de pulmões de fumantes, pretos feito carvão, a morte dentro do próprio peito. Para contrastar, mostrávamos fotos de pulmões rosados saudáveis, não contaminados pela fumaça. A mensagem sobre os perigos de fumar era simples e clara, por isso ficávamos frustrados com o comportamento deles. Você escolhe seu próprio futuro. Era tudo o que nossos pais nos ensinavam. Ainda assim, levaria anos até eles finalmente largarem o cigarro.

Barack fumava como meus pais — depois das refeições, andando pelo quarteirão, ou quando estava ansioso e precisava ocupar as mãos. Em 1989, fumar era um hábito mais comum do que é agora. Pesquisas sobre os efeitos do fumo passivo eram relativamente recentes. As pessoas fumavam em restaurantes, escritórios e aeroportos. Mas, ainda assim, eu tinha visto a pesquisa. Para mim e para todas as pessoas sensatas que eu conhecia, fumar era uma autodestruição.

Barack sabia exatamente como eu me sentia. Nossa amizade foi construída com base em uma honestidade da qual, acho eu, nós dois gostávamos.

— Por que alguém tão inteligente como você faz algo tão idiota? — deixei escapar no dia em que nos conhecemos, vendo-o encerrar o almoço com um cigarro. Foi uma pergunta sincera.

Pelo que me lembro, ele apenas deu de ombros, reconhecendo que eu tinha razão. O tabagismo era o único tópico em que a lógica de Barack parecia abandoná-lo por completo.

Quer eu estivesse disposta a admitir ou não, porém, alguma coisa entre nós começou a mudar. Nos dias em que estávamos ocupados demais para nossas reuniões cara a cara, eu me pegava imaginando o que ele estaria fazendo. Tentava não ficar desapontada quando ele não entrava pela minha porta. E me policiava para não ficar empolgada demais quando ele aparecia. Eu tinha sentimentos por ele, mas estavam enterrados bem fundo sob minha decisão de manter o foco da minha vida e da minha carreira no futuro, sem qualquer drama. Eu estava no caminho certo para me tornar sócia na Sidley & Austin. Era tudo o que eu queria — ou pelo menos estava tentando me convencer disso.

Eu até podia estar ignorando o que vinha crescendo entre nós, fosse lá o que fosse, mas Barack não estava.

— Acho que a gente devia sair — anunciou Barack certa tarde, no fim de um almoço.

— O quê? Você e eu? — Fingi estar chocada com o fato de ele ter cogitado a possibilidade. — Eu já disse que não namoro. Além do mais, sou sua mentora.

Ele riu.

— Como se isso fizesse diferença. Você não é minha chefe — disse ele. — E é bem bonita.

Barack tinha um sorriso que parecia se estender por todo o rosto. Ele era tranquilo e sensato. Mais de uma vez, Barack expôs os motivos por que deveríamos sair. Nos dávamos bem. Ríamos juntos. Estávamos solteiros e confessávamos quase imediatamente nosso desinteresse por qualquer outra pessoa que conhecíamos. Ninguém no escritório se importaria se namorássemos, argumentou ele. Na verdade, talvez isso fosse visto como algo positivo. Barack imaginava que os sócios queriam que um dia ele fosse contratado. Se estivéssemos juntos, isso aumentaria as chances de que se comprometesse com o cargo.

— Quer dizer que eu sou uma espécie de isca? — perguntei, rindo.

— Você se acha, hein?

No decorrer do verão, o escritório organizou uma série de eventos e passeios para seus associados, enviando formulários de adesão para quem quisesse participar. Um dos programas era a apresentação de um musical em um teatro não muito longe do escritório, em uma noite de semana. Coloquei meu nome e o de Barack na lista solicitando dois ingressos.

Nós nos sentamos lado a lado, ambos exaustos depois de um longo dia de trabalho. A cortina subiu e a cantoria começou.

Quando as luzes se acenderam para o intervalo, dei uma olhada furtiva em Barack. Ele estava encurvado, o cotovelo direito pousado no braço da cadeira e o indicador na testa, com uma expressão indecifrável.

— O que achou? — perguntei.

— Horrível, né? — respondeu ele, me olhando de soslaio.

Eu ri, feliz por ele se sentir como eu.

Barack se endireitou na cadeira.

— E se a gente der o fora daqui? — propôs ele. — A gente pode simplesmente sair.

Em circunstâncias normais, eu não iria embora. Não era esse tipo de pessoa. Eu me importava muito com o que os outros advogados pensavam de mim — o que pensariam se vissem nossos assentos vazios. Em geral, fazia questão de terminar o que tinha começado, de cuidar de cada detalhe até o derradeiro fim. Essa, infelizmente, era a pessoa certinha, aplicada e centrada que existia em mim. Eu suportava o sofrimento em prol de manter as aparências. Mas, pelo jeito, parecia ter me aproximado de alguém que não fazia isso.

Evitando todas as pessoas que conhecíamos do trabalho, saímos de fininho do teatro. A última luz do dia escoava de um céu violeta. Exalei o ar, meu alívio tão óbvio que Barack riu.

— Aonde vamos agora? — eu quis saber.

— Que tal comer alguma coisa?

Fomos a pé até um local próximo, caminhando do mesmo jeito de sempre: eu um passo adiante e ele um pouco atrás. Barack se movia com uma informalidade havaiana, sem nunca se apressar, mesmo — e especialmente — quando instruído a fazê-lo. Eu, por outro lado, tinha dificuldade em diminuir o ritmo. Mas me lembro de como naquela noite disse a mim mesma para ir mais devagar, só um pouquinho — só o suficiente para ouvir o que ele estava dizendo, porque começava a perceber que me importava em ouvir tudo o que ele dizia.

Até então, eu tinha construído minha vida com todo cuidado, como se estivesse fazendo um origami perfeito. Eu me orgulhava do resultado até então. Mas esse era um trabalho delicado. Se um cantinho sequer afrouxasse, eu poderia descobrir que me sentia inquieta. Se outro se soltasse, talvez revelasse minha incerteza sobre o caminho profissional que eu seguira, sobre todas as coisas que dizia a mim mesma que queria. Hoje em dia acho que é por isso que me resguardei com tanta cautela, por isso ainda não estava pronta para deixar Barack se aproximar mais. Ele era como um vento que ameaçava fazer tudo balançar.

Um ou dois dias depois, Barack me pediu carona para um churrasco que seria oferecido aos associados temporários, evento marcado para aquele fim de semana na casa de um dos sócios majoritários em uma região rica à beira do lago ao norte da cidade. O tempo estava límpido naquele dia, o lago cintilando na borda de um gramado bem cuidado. A festa era um lembrete das recompensas que receberíamos se continuássemos trabalhando no escritório. Eu sabia que Barack vivia às voltas pensando sobre o que queria fazer da vida, que direção sua carreira tomaria. Assim como eu, nunca tinha sido rico, tampouco aspirava a essa condição. Barack queria muito mais ser competente e atuante do que rico, mas ainda estava tentando descobrir como fazer isso.

Zanzamos pela festa não como um casal, mas ainda assim juntos na maior parte do tempo, passeando entre grupos de colegas, bebendo limonada, comendo hambúrgueres e salada de batata em pratos de plástico. Nós nos separávamos e nos reencontrávamos. Tudo parecia natural. Ele estava flertando discretamente comigo e eu retribuía o flerte. Alguns homens começaram a jogar basquete, e vi quando Barack, de sandálias, foi até a quadra para se juntar ao grupo. Ele se dava bem com todos no escritório, dos advogados mais velhos, pomposos e arrogantes aos secretários e jovens ambiciosos que agora estavam em quadra. *Ele é uma boa pessoa*, pensei, vendo-o passar a bola para outro advogado.

Como tinha assistido a dezenas de jogos no ensino médio e na faculdade, sabia reconhecer um bom jogador. Barack passou rapidamente no teste. Era atlético e se movia com rapidez e graça, mostrando uma força que eu não tinha notado até então. Eu não conseguia parar de olhar para ele.

Voltando de carro para a cidade no comecinho da noite, senti uma nova angústia. Era julho. Em agosto Barack partiria, desaparecendo na faculdade de direito e em qualquer outra coisa que a vida lhe reservasse. Brincávamos um com o outro, como sempre fazíamos, fofocando sobre quem tinha dito o que no churrasco, mas havia um anseio ali. Enquanto contornávamos a curva para o sul da Lake Shore Drive, eu discutia comigo mesma em silêncio. Dava para sair com ele sem que fosse sério? O quanto prejudicaria meu trabalho? Faria diferença se as pessoas descobrissem? Eu não tinha clareza de nada, mas de repente me ocorreu que estava cansada de esperar por clareza.

Ele morava em Hyde Park, num apartamento sublocado de um amigo. No momento em que chegamos ao bairro, havia uma tensão entre nós no ar. Parecia que algo finalmente estava prestes a acontecer. Ou era a minha imaginação? Talvez eu já tivesse rejeitado Barack muitas vezes. Talvez ele já tivesse desistido e agora só me visse como uma boa amiga — uma garota que dirigia um carro com ar-condicionado e que lhe daria carona quando ele precisasse.

Parei o carro na frente do prédio dele. Houve um momento constrangedor, cada um esperando que o outro começasse a se despedir. Barack inclinou a cabeça para mim.

— Vamos tomar um sorvete? — perguntou ele.

Foi quando eu soube que algo estava acontecendo entre nós. Uma vez na vida, decidi parar de pensar e apenas viver. Era uma noite quente de verão na cidade que eu amava. Fomos a uma sorveteria perto do apartamento de Barack. Pegamos duas casquinhas, saímos e nos sentamos no meio-fio. E ali ficamos, juntos, com os joelhos para cima, cansados mas felizes depois de passar um dia ao ar livre, tomando sorvete depressa e em silêncio, antes que derretesse. Talvez Barack tenha lido no meu rosto ou percebido que eu estava começando a me entregar.

Ele estava olhando para mim de um jeito curioso, com um leve sorriso.

— Posso te beijar? — perguntou.

E, com isso, eu me inclinei e tudo se tornou claro.

A nossa história

← Esta é minha família, vestida para uma festa: meu pai, Fraser; minha mãe, Marian; e meu irmão mais velho, Craig, meu protetor.

→ Eu bebê no colo de Robbie, minha tia-avó e professora de piano.

← Meu pai, Fraser Robinson, trabalhou por mais de vinte anos na prefeitura de Chicago, cuidando das caldeiras numa estação de tratamento de água à margem do lago. Ele nunca faltou ao trabalho, mesmo que a esclerose múltipla tornasse andar cada vez mais difícil.

Eu e meus pais.
→

Sempre fui mais cautelosa que meu irmão, Craig, que aqui pode ser visto pendurado de cabeça para baixo na trave do balanço.
←

O Buick Electra 225 que meu pai tanto amava e que nós chamávamos de "Dois e Vinte e Cinco".

Todo verão íamos para o Dukes Happy Holiday Resort, em Michigan, onde essa foto minha com Craig foi tirada.

↑
Minha turma do jardim de infância. Sou a segunda da direita para a esquerda na terceira fileira de baixo para cima.

Minha turma do quinto ano. Estou no meio da terceira fileira de baixo para cima. Dá para ver que a turma mudou muito em cinco anos, pois muitas das famílias mais abastadas trocaram o South Side pelos subúrbios, enquanto as famílias negras continuaram ali. É um fenômeno conhecido como "fuga dos brancos".

Meus pais fizeram essa decoração especial de fim de ano usando papelão e papel, transformando um simples aquecedor em uma lareira festiva para o Natal. →

Esta sou eu em Princeton. ←

Eu estava nervosa em ir para a faculdade, mas fiz muitos bons amigos por lá, entre eles Suzanne Alele, que me ensinou muito sobre a alegria de viver. ↓

Barack e eu no apartamento no segundo andar da casa na Euclid Avenue, onde fui criada e onde vivemos quando éramos jovens advogados.

Barack tirou esta foto minha em Lamu, Quênia, em nossa primeira viagem juntos para lá.

Nosso casamento foi um dos dias mais felizes da minha vida. Craig me conduziu até o altar, no lugar do meu pai.

Barack sempre adorou crianças, e eu sabia que seria um ótimo pai. Nossa vida mudou quando nasceu Malia, que aparece com ele nesta foto.

Sasha nasceu três anos depois de Malia, completando nossa família. Aqui estamos os quatro, em um de nossos natais no Havaí, onde Barack nasceu.

Malia e Sasha sempre foram muito próximas. Até hoje me derreto com a fofura delas.

9

ASSIM QUE ME PERMITI TER SENTIMENTOS POR BARACK, eles vieram em uma torrente. Era uma mistura de gratidão e admiração. Todas as preocupações que eu tinha quanto a vida, carreira e até o próprio Barack pareceram se dissipar com o primeiro beijo. Eu queria conhecê-lo melhor, explorar e vivenciar tudo o mais rápido possível.

Talvez porque ele tivesse que voltar para Harvard dali a um mês, não perdemos tempo saindo só de vez em quando. Comecei a passar o tempo no acanhado apartamento de Barack, no segundo andar de um prédio sem elevador, em cima de uma loja, num quarteirão barulhento. Havia uma mesinha, um par de cadeiras bambas e um colchão *queen size* no chão. Pilhas dos livros e jornais de Barack cobriam as superfícies livres e boa parte do chão. Ele pendurava os paletós no espaldar das cadeiras da cozinha e mantinha pouca coisa na geladeira. Não era um lugar aconchegante, mas agora que estávamos juntos eu me sentia em casa.

Barack não era parecido com ninguém que eu tinha namorado. Era muito seguro de si. Demonstrava carinho em público. Me dizia que eu era linda. Me fazia sentir bem. Barack era meio como um unicórnio — tão extraordinário que não parecia real. Ele nunca falava sobre comprar casa, carro ou mesmo sapatos. Lia noite adentro, muitas vezes até bem depois de eu pegar no sono, esmiuçando obras de história, biografias e Toni Morrison também. Lia vários jornais todos os dias. Ficava de olho nas resenhas de livros, acompanhava a tabela de classificação da Liga Americana de Beisebol e se informava sobre o que os conselheiros municipais do South Side estavam fazendo. Era capaz de discorrer com a mesma paixão sobre as eleições da Polônia e sobre as últimas estreias no cinema.

Sem ar-condicionado, não tínhamos opção senão deixar as janelas abertas à noite, na tentativa de refrescar o apartamento abafado e sufocante. A rua era movimentada e barulhenta. Quase de hora em hora uma sirene da polícia passava fazendo um escândalo ou alguém começava a berrar, me fazendo acordar assustada. Eu achava perturbador, mas Barack não se abalava. Percebi que ele estava mais à vontade com a turbulência do mundo do que eu. Certa noite, despertei e topei com ele fitando o teto, seu perfil iluminado pelo clarão da luz que vinha de fora. Parecia um pouco incomodado, como se estivesse refletindo sobre algo profundamente pessoal. Era o nosso relacionamento? A perda do pai?

— Ei, no que você está pensando aí? — sussurrei.

Ele se virou para olhar para mim, seu sorriso um pouco encabulado.

— Ah — disse ele. — Só estava pensando na desigualdade de renda.

Aos poucos eu descobria que era assim que a mente de Barack funcionava. Ele ficava obcecado por questões grandiosas e abstratas. Tinha uma ideia maluca de que poderia fazer alguma coisa a respeito delas. Isso era novidade para mim. Até então, eu tinha convivido com pessoas boas que se preocupavam com coisas bastante importantes, mas cujo foco era construir a própria carreira e sustentar a família. Barack era diferente. Estava em sintonia com as exigências do dia a dia de sua vida, mas, ao mesmo tempo, especialmente à noite, seus pensamentos pareciam vagar para questões maiores.

Ainda dedicávamos a maior parte do nosso tempo ao trabalho, no escritório. Toda manhã eu me desvencilhava de qualquer devaneio e retomava com energia minhas atividades de associada júnior, voltando à minha pilha de documentos. Barack trabalhava em seus próprios documentos numa sala compartilhada no fim do corredor e continuava a impressionar os sócios.

Ainda preocupada com o que os outros iam pensar, insisti em manter nosso relacionamento longe dos olhos dos nossos colegas, o que não deu certo. Toda vez que Barack aparecia na minha sala, Lorraine, minha assistente, sorria para ele com uma cara de quem sabia o que estava acontecendo.

Nessa época, o trabalho parecia o que tínhamos que fazer antes de poder voltar a passar o tempo juntos. Fora do escritório, conversávamos sem parar, em tranquilas caminhadas ou durante refeições que nos pareciam curtas mas na realidade duravam horas. Falávamos de músicos que adorávamos, como Stevie Wonder e Marvin Gaye. Eu estava apaixonada. Adorava a cadência lenta da voz de Barack e a maneira como seus olhos se suavizavam quando eu contava uma história engraçada. Passei a apreciar o modo como ele andava sem pressa, sem nunca se preocupar com o tempo.

Cada dia trazia pequenas descobertas: no beisebol, eu torcia para os Cubs, ao passo que ele gostava do White Sox. Eu amava macarrão com queijo gratinado, prato que ele não suportava. Ele gostava de filmes sombrios e dramáticos, enquanto eu era fã de carteirinha de comédias românticas. Ele era canhoto e tinha uma caligrafia perfeita; já eu era destra e tinha um garrancho. No mês que antecedeu o retorno de Barack a Harvard, a sensação foi de que compartilhamos cada lembrança e pensamento, percorrendo as histórias de infância, as bobeiras da adolescência e os romances do passado. Barack mostrou-se especialmente interessado na minha criação — a mesmice da vida ano após ano e década após década na Euclid Avenue, eu, Craig, meu pai e minha mãe formando os quatro cantos de um robusto quadrado. Durante o período em que trabalhou como organizador comunitário, Barack passou um bom tempo em igrejas, o que o fizera ter um apreço por instituições religiosas. Ainda assim, permaneceu menos tradicional. O casamento, disse-me ele desde o início, lhe parecia desnecessário.

Não me lembro de ter apresentado Barack à minha família no meio daquele ano, embora Craig me diga que isso aconteceu. Segundo meu irmão, nós dois fomos à casa na Euclid Avenue certa noite. Craig tinha ido fazer uma visita e estava sentado na varanda da frente com meus pais. Barack foi simpático e seguro de si e passou alguns minutos batendo papo antes de corrermos escada acima para pegar alguma coisa no meu apartamento.

Meu pai gostou de Barack de cara, mas não apostou as fichas nele. Tinha me visto terminar com meu namorado do ensino médio, David, nos portões de Princeton, e me viu dispensar Kevin, o jogador de futebol da faculdade, assim que topei com ele metido numa fantasia de mascote peludo. Meus pais tinham em mente que não deveriam se apegar demais a meus namorados. Eles me criaram para eu ter minha própria vida, e basicamente era isso que eu fazia. Era muito centrada e ocupada para abrir espaço para qualquer homem, e vivia repetindo isso aos meus pais.

A julgar pelo relato de Craig, naquele dia meu pai balançou a cabeça e riu enquanto nos via ir embora.

— Cara legal — disse. — Pena que não vai durar.

SE A MINHA FAMÍLIA era um quadrado, a de Barack era uma figura geométrica mais elaborada, que se estendia oceanos afora. Ele havia passado anos a fio tentando entendê-la. Sua mãe, Ann Dunham, era uma universitária de dezessete anos no Havaí quando se apaixonou por um estudante queniano chamado Barack Obama. O casamento deles foi breve e confuso. O marido, descobriu-se, já tinha uma esposa em Nairóbi. Depois do divórcio, Ann se casou com um geólogo javanês chamado Lolo Soetoro. Eles se mudaram para Jacarta, Indonésia, levando o jovem Barack Obama — *meu* Barack Obama —, então com seis anos.

Segundo Barack me descreveu, ele tinha sido feliz na Indonésia e se dava bem com seu novo padrasto, mas sua mãe se preocupava com a qualidade de sua educação. Ela enviou o filho de volta a Oahu, no Havaí, para frequentar uma escola particular e morar com os avós. Ann era um espírito livre que passaria anos revezando entre o Havaí e a Indonésia. Exceto por uma longa viagem de volta ao Havaí quando Barack tinha dez anos, seu pai — um homem que tinha uma mente poderosa e um problema grave com bebida — permaneceu ausente.

Ainda assim, Barack foi profundamente amado. Tanto ele quanto sua meia-irmã mais nova, Maya, eram mimados pelos avós em Oahu. Mesmo morando em Jacarta, a mãe de Barack era carinhosa e o apoiava à distância. Barack também falava com afeto de uma outra meia-irmã em Nairóbi chamada Auma. Ele cresceu com muito menos estabilidade do que eu, mas não se queixava. Sua história era sua história. Sua vida familiar o deixara autoconfiante e otimista. O fato de ter percorrido com tanto êxito uma criação incomum parecia apenas reforçar a ideia de que ele estava pronto para enfrentar mais desafios.

Numa noite chuvosa, acompanhei Barack quando ele foi fazer um favor a um velho amigo. Um de seus ex-colegas organizadores comunitários havia lhe pedido que coordenasse um treinamento numa paróquia negra em Roseland, no Far South Side — área que havia sido prejudicada pelo fechamento das siderúrgicas. Para Barack, era um bem-vindo retorno de uma única noite ao seu antigo emprego e à região de Chicago onde ele havia trabalhado. Assim que entramos na igreja, me dei conta de que ainda estávamos vestidos com a roupa do escritório e que eu nunca havia refletido sobre o real trabalho de um organizador comunitário. Descemos uma escada até um porão de teto baixo com lâmpadas fluorescentes, onde uns quinze paroquianos — em sua maioria mulheres — estavam sentados em cadeiras dobráveis, abanando-se no calor. Sentei-me numa cadeira no fundo enquanto Barack andou até a frente da sala e cumprimentou os presentes.

A plateia deve ter enxergado Barack como um jovem com cara de advogado. Vi que todos o olhavam de cima a baixo, tentando descobrir se ele era apenas um forasteiro ou se tinha algo de valor a oferecer. Era uma atmosfera bastante familiar para mim. Cresci frequentando a oficina de música semanal da minha tia-avó Robbie numa igreja não muito diferente daquela. As mulheres ali reunidas não eram diferentes das senhoras que cantavam no coro de Robbie ou que apareceram com caçarolas de comida depois do enterro de Southside. Eram mulheres bem-intencionadas, com pensamento coletivo, em geral mães ou avós solo, o tipo de pessoa que se voluntariava para ajudar quando ninguém mais se oferecia.

Depois de se apresentar, Barack começou uma conversa que durou cerca de uma hora. Ele pediu às pessoas que compartilhassem suas histórias e descrevessem suas preocupações sobre a vida na vizinhança. Barack contou sua própria história, ligando-a às ideias da organização comunitária. Ele estava lá para convencê-los de que nossas histórias nos conectavam uns aos outros e que nossas histórias poderiam ajudar a promover uma mudança significativa. Mesmo eles, disse Barack — um pequeno grupo dentro de uma pequena igreja, no que parecia ser um bairro esquecido —, eram capazes de construir um verdadeiro poder político. Isso exigia esforço, advertiu ele. Era preciso ouvir com atenção os vizinhos e construir uma relação de confiança em comunidades onde a confiança era muitas vezes inexistente. Significava pedir a pessoas que você não conhecia que lhe dessem um pouco do tempo delas ou uma pequena fração do salário que recebiam. Envolvia ouvir "não" de dez ou cem maneiras diferentes antes de ouvir o "sim" que faria toda a diferença. Mas Barack assegurou que eles poderiam ter influência. Eles poderiam promover as mudanças. Ele tinha visto o processo funcionar, ainda que nem sempre de forma fluida, no projeto de moradias públicas local, em que um grupo exatamente como aquele reunido ali na igreja conseguiu registrar novos eleitores, fazer com que moradores se reunissem com autoridades municipais, falar sobre a contaminação do amianto e persuadir o prefeito a financiar um centro de treinamento e qualificação profissional no bairro.

A mulher corpulenta sentada ao meu lado colocou no joelho a criança que estava segurando no colo e não escondeu sua dificuldade em acreditar nele. Com o queixo erguido e fazendo beiço, ela inspecionou Barack como se dissesse: *Quem é você para nos dizer o que fazer?*

Mas a descrença dela não incomodou Barack. Afinal, ele era um unicórnio, com seu nome, sua ascendência e sua etnia incomuns. Estava acostumado a se afirmar em praticamente todos os lugares aonde ia.

A ideia que ele estava apresentando não era fácil de aceitar. Roseland havia recebido uma pancada atrás da outra, da partida de famílias brancas e do colapso da indústria siderúrgica à deterioração das escolas e o crescimento do tráfico de drogas. Barack me dissera que, atuando como organizador junto a comunidades urbanas, na maioria das vezes tinha de lutar contra o profundo cansaço das pessoas — especialmente os negros —, um ceticismo gerado por mil pequenas decepções ao longo do tempo. Eu compreendia essa exaustão. Tinha visto aquilo no meu próprio bairro, na minha própria família. Uma amargura, uma perda da fé. Esse sentimento vivia nos meus avós, por causa de todas as metas que abandonaram e concessões que tiveram que fazer. Estava entranhado na professora de segundo ano que desistiu de tentar nos ensinar na Bryn Mawr. Estava no vizinho que parou de cortar a grama ou de querer saber para onde seus filhos iam depois da aula. Vivia em cada lixo que os descuidados jogavam na grama do nosso parque local. Vivia em tudo que considerávamos impossível de consertar, incluindo nós mesmos.

Barack não foi complacente com as pessoas de Roseland, tampouco tentou conquistá-las escondendo seu privilégio e agindo de forma mais "negra". Em meio aos medos, às frustrações dos paroquianos, à privação de direitos e à sensação de desamparo, Barack estava, de forma um tanto impetuosa, apontando uma flecha na direção oposta.

Nunca fui de ficar presa aos aspectos mais negativos de ser afro-americana. Fui criada para pensar positivo. Absorvi o amor da minha família e o empenho dos meus pais em nos ver bem-sucedidos. Estava com Santita Jackson nos comícios, ouvindo o pai dela pedir aos negros que se lembrassem do orgulho deles. Meu objetivo sempre foi ver além do meu bairro — olhar para a frente e superar. E eu tinha vencido. Conquistei dois diplomas de universidades prestigiadas. Tinha um lugar à mesa em um escritório de advocacia importante. Enchi meus pais e avós de orgulho. Mas, ouvindo Barack, comecei a entender que sua versão de esperança era bem mais ampla: eu me dei conta de que uma coisa era sair de um lugar empacado; outra, totalmente diferente, era tentar desempacar o lugar.

Mais uma vez me vi dominada pela constatação de como Barack era especial. À minha volta, as senhoras da igreja começaram a menear a cabeça em sinal de aprovação, pontuando as frases dele com "Mmm-hmm" e gritos de "É isso aí!".

A voz de Barack subiu em intensidade. Ele não era um pregador, mas sem dúvida estava pregando algo — um ideal. As opções, a seu ver, eram estas: ou você desiste ou trabalha em prol da mudança.

— O que é melhor para nós? — perguntou Barack. — Nos contentarmos com o mundo do jeito que ele é ou trabalharmos por um mundo como deveria ser?

Essa era uma frase emprestada de um livro que ele tinha lido quando começou a trabalhar como organizador e que ficaria comigo durante anos. Foi o mais perto que cheguei de entender o que o motivava. *O mundo como deveria ser.*

Ao meu lado, a mulher com o bebê no colo quase explodiu.

— É isso aí! — urrou, finalmente convencida. — Amém!

Amém, pensei comigo mesma. Porque eu também estava convencida.

ANTES DE VOLTAR para a faculdade, em meados de agosto, Barack disse que me amava. O sentimento pegou nós dois de surpresa. Mesmo nos conhecendo havia alguns meses, mesmo sendo meio que impraticável, estávamos apaixonados.

Mas agora, com Barack voltando ao curso de direito, estaríamos a mais de 1400 quilômetros de distância. Ainda faltavam dois anos para Barack terminar Harvard, e ele disse que esperava fixar residência em Chicago depois. Não havia expectativa de eu deixar minha vida na cidade nesse meio-tempo. Como associada júnior relativamente nova no escritório, eu entendia que a fase seguinte da minha carreira era muito importante. Minhas realizações determinariam se eu seria promovida ou não. Como tinha passado pela faculdade de direito, eu sabia o quanto Barack estaria ocupado. Ele foi escolhido como editor da *Harvard Law Review*, periódico mensal dirigido por estudantes e considerado uma das principais publicações jurídicas do país. Era uma honra ser designado para a equipe editorial, mas também era como encarar um emprego de tempo integral concomitante à já pesada carga de um aluno de direito.

Em que pé isso nos deixava? Só nos restava o telefone. E isso foi em 1989, quando os telefones não estavam no nosso bolso. Mensagens de texto não eram possíveis; nenhum emoji poderia substituir um beijo. O telefone exigia tempo e disponibilidade. Os telefonemas aconteciam em geral em casa, à noite, quando as pessoas já estavam muito cansadas e precisando dormir.

Antes de partir, Barack me disse que preferia escrever cartas.

— Não sou um cara muito chegado a telefone — foi a definição dele. Como se isso resolvesse a questão.

Mas isso não resolvia nada. Tínhamos acabado de passar o meio do ano inteiro conversando. Eu não queria ficar esperando que as cartas chegassem pelo correio. Essa era outra pequena diferença entre nós: Barack era capaz de derramar seu coração na ponta de uma caneta. Tinha sido criado à base de cartas de sua mãe, que chegavam na forma de envelopes finos via correio aéreo da Indonésia. Já eu era uma pessoa do tipo cara a cara — criada nos jantares de domingo na casa de Southside, onde às vezes era preciso gritar para ser ouvido.

Na minha família, falávamos. Meu pai, que recentemente havia trocado o carro por uma perua adaptada para acomodar sua deficiência, ainda fazia questão de aparecer na casa dos primos sempre que possível para visitá-los. Amigos, vizinhos e primos de primos também apareciam com frequência na Euclid Avenue e ficavam plantados na sala de estar ao lado do meu pai, sentado em sua poltrona, para contar histórias e pedir conselhos. Meu pai também não tinha problema algum com o telefone. Durante anos eu o vi ligar para minha avó na Carolina do Sul, quase diariamente, pedindo notícias dela.

Informei a Barack que, para que nosso relacionamento desse certo, seria melhor ele se sentir à vontade falando ao telefone.

— Se eu não puder falar com você — anunciei —, talvez tenha que encontrar outro cara que me dê ouvidos.

Eu estava brincando, mas só um pouco.

E foi assim que Barack passou a ser chegado a falar no telefone. Ao longo daquele outono, nos falamos sempre que possível, ambos trancados em nossos mundos e cronogramas distintos, mas ainda compartilhando os detalhes de nossos dias. Com o passar dos meses, nossos sentimentos permaneceram estáveis e confiáveis.

Eu era parte da equipe de recrutamento do escritório em que trabalhava. Um dos meus objetivos era atrair estudantes de direito que não fossem apenas inteligentes, determinados e ambiciosos, mas também com um perfil diferente de homem e branco. Havia outra mulher afro-americana na equipe de recrutamento, uma associada sênior chamada Mercedes Laing. Mercedes era mais ou menos dez anos mais velha do que eu e se tornou uma querida amiga e mentora. Assim como eu, tinha dois diplomas de universidades prestigiadas e costumava se sentar a mesas onde ninguém se parecia com ela. A luta, concordávamos, não era se acostumar com isso ou aceitar essa situação. Em reuniões sobre recrutamento, eu argumentava insistentemente para que o escritório lançasse uma rede mais ampla na hora de encontrar jovens talentos. A prática de longa data era contratar os alunos egressos de um seleto grupo de faculdades de direito — Harvard, Stanford, Yale, Northwestern, a Universidade de Chicago e a Universidade de Illinois, acima de tudo —, lugares onde a maioria dos advogados da firma havia obtido seus diplomas. O recrutamento era um processo circular: uma geração de advogados que contratava novos advogados com experiência de vida e formação semelhante à deles, deixando pouco espaço para qualquer tipo de diversidade.

Para ajudar a resolver essa questão no escritório, fiz pressão para considerarmos a possibilidade de prestar atenção em estudantes de direito vindos de faculdades estaduais e de instituições de ensino superior historicamente negras, a exemplo da Universidade Howard. Quando a equipe de recrutamento se reunia para analisar currículos de universitários, eu me opunha toda vez que um estudante era automaticamente desclassificado por ter uma nota B no histórico ou por ter cursado uma faculdade de menor prestígio. Se éramos sérios quanto a trazer advogados de minorias, teríamos que analisar como tinham usado as oportunidades proporcionadas pela vida, em vez de medi-los simplesmente por desempenho acadêmico em uma universidade de elite. A questão não era rebaixar os altos padrões do escritório: era perceber que, se nos aferrássemos à maneira mais rígida e antiquada de avaliar o potencial de um novo advogado, ignoraríamos pessoas de todos os tipos, gente que seria capaz de contribuir para o sucesso da firma. Precisávamos entrevistar mais alunos antes de descartá-los.

Eu adorava fazer viagens de recrutamento a Harvard, porque assim podia conhecer um grupo diverso de alunos. Também era uma desculpa para ver Barack. Na primeira vez que o visitei, ele me buscou no carro usado que havia comprado com o orçamento apertado do financiamento estudantil, um veículo amarelo-banana. Quando girou a chave, o motor acelerou e o carro deu um solavanco violento antes de se assentar em uma vibração barulhenta e constante. Olhei incrédula para Barack.

— Você dirige esta coisa? — perguntei, erguendo a voz para me fazer ouvir em meio à barulheira.

Ele me exibiu um sorriso travesso do tipo *tenho tudo sob controle*.

— É só esperar um ou dois minutos — disse, engatando a marcha. — Já, já passa. — Depois de mais alguns minutos, ao entrar numa rua movimentada, ele acrescentou: — Além disso, talvez seja melhor não olhar para baixo.

Eu já tinha visto o que ele queria evitar que eu visse: um rombo enferrujado de dez centímetros no assoalho, através do qual eu via o asfalto correndo. A vida com Barack nunca seria maçante. Eu já sabia disso na época. Seria como o carro: colorida e de me deixar de cabelo em pé. Também me ocorreu que muito possivelmente ele jamais ganharia dinheiro.

Perto do Natal daquele ano, embarcamos para Honolulu. Eu nunca tinha ido ao Havaí, mas estava certa de que gostaria de lá. Afinal, eu era de Chicago, onde o inverno se estendia até meados de abril. Para mim, fugir do inverno sempre parecera ótimo.

Durante a faculdade, Suzanne tinha me levado a praias de areia branca e fina como pó em Kingston, na Jamaica, onde pulávamos as ondas de uma água que parecia cor de jade. Ela me conduzira habilmente por um caótico mercado ao ar livre, tagarelando com vendedores ambulantes.

— Experimenta isto! — berrava ela, enquanto me entregava postas de peixe grelhado para saborear, inhame frito, talos de cana-de-açúcar e pedaços cortados de manga. Ela exigia que eu provasse de tudo, determinada a me fazer ver quanta coisa havia para amar.

Não era diferente de visitar Oahu com Barack. Ele já havia passado mais de uma década no continente, mas o Havaí ainda era profundamente importante para ele. Barack queria que eu absorvesse tudo, das palmeiras que margeavam as ruas de Honolulu e a faixa de areia em forma de meia-lua na praia de Waikiki até as colinas verdes ao redor da cidade. Ficamos num apartamento emprestado por amigos da família dele, e todo dia íamos à praia nadar e ficar à toa ao sol. Conheci a meia-irmã de Barack, Maya, uma garota de dezenove anos gentil e inteligente que estava estudando no Barnard College, em Nova York. Ela tinha bochechas redondas, grandes olhos castanhos e cabelos pretos que se enrolavam em um volumoso emaranhado ao redor dos ombros. Conheci os avós de Barack, Madelyn e Stanley Dunham, ou Toot e Gramps, como ele os chamava. Viviam no mesmo prédio alto onde tinham criado Barack, num pequeno apartamento decorado com tecidos indonésios que Ann lhes enviara ao longo dos anos.

E conheci a própria Ann, uma mulher gorducha e animada, de cabelos escuros e cacheados e o mesmo queixo anguloso de Barack. Usava espalhafatosas joias de prata, um vestido de batique cintilante e sandálias robustas. Foi simpática comigo e se mostrou curiosa sobre a minha família e a minha carreira. Era evidente que adorava o filho. Estava sempre ansiosa para se sentar e conversar com ele, descrever seu trabalho como antropóloga e a dissertação que vinha escrevendo e trocar recomendações de livros como se estivesse colocando a prosa em dia com um velho amigo.

Todos na família de Barack ainda o chamavam de Barry. Embora tivessem deixado o Kansas, seu estado natal, muito tempo antes, seus avós me pareceram os deslocados nativos do Meio-Oeste que Barack sempre descrevera. Gramps era grandalhão — parecia um urso — e contava piadas bobas. Toot, uma mulher parruda e grisalha que trabalhara duro até ascender a vice-presidente de um banco local, preparava sanduíches de salada de atum para o nosso almoço. À noite, servia biscoitos Ritz com sardinhas como aperitivo e colocava o jantar em bandejas dobráveis para todos poderem assistir ao noticiário ou jogar uma acirrada partida de palavras cruzadas. Era uma família modesta de classe média, em muitos aspectos não tão diferente da minha.

Havia algo reconfortante nisso, tanto para mim quanto para Barack. Por mais diferentes que fôssemos, combinávamos de uma maneira interessante. Era como se a razão para a facilidade do nosso encaixe e a atração mútua entre nós estivessem sendo explicadas agora, através das semelhanças entre nossas famílias.

No Havaí, Barack relaxava. Estava em casa. E, para ele, casa era onde não sentia a necessidade de provar nada a ninguém. Chegávamos atrasados para tudo, mas isso não importava — nem para mim. Bobby, companheiro de Barack dos tempos do ensino médio, era pescador comercial e um dia nos levou em seu barco para mergulhar de snorkel e fazer um cruzeiro sem rumo. Foi então que conheci um Barack que jamais havia visto, relaxado, descansando sob um céu azul com um velho amigo, não mais obcecado com o noticiário, com as leituras da faculdade ou com o que fazer para resolver a desigualdade de renda. O sossego desbotado pelo sol da ilha abriu espaço para nós dois, em parte porque nos deu o tempo que nunca havíamos tido.

Muitos dos meus amigos julgavam parceiros em potencial avaliando-os de fora para dentro, primeiro se concentrando na aparência e na perspectiva financeira, em vez de no caráter. Se ficasse evidente que a pessoa não se comunicava bem ou não se sentia à vontade em mostrar as próprias vulnerabilidades, pareciam pensar que o tempo ou os votos de casamento resolveriam o problema. Mas, desde a nossa primeira conversa, Barack me mostrou que não tinha problema em demonstrar medo ou fraqueza. Ele valorizava a sinceridade. No trabalho, eu havia testemunhado sua disposição para sacrificar de bom grado seus desejos e necessidades em nome do propósito maior.

E ali no Havaí pude ver a personalidade de Barack refletida de outras pequenas maneiras. Suas longevas amizades com colegas do ensino médio mostraram sua consistência nos relacionamentos duradouros. Na devoção pela sua resoluta mãe, vi um profundo respeito pelas mulheres e pela independência delas. Eu sabia que ele seria capaz de lidar com uma parceira como eu, que tinha suas próprias paixões e voz. Esse tipo de coisa ninguém consegue ensinar em um relacionamento, são coisas que nem o amor pode realmente construir ou mudar. Ao abrir seu mundo para mim, Barack estava me mostrando tudo o que eu precisava saber sobre o tipo de parceiro que ele seria para a vida inteira.

Certa tarde, nos sentamos em uma faixa de areia macia e observamos os surfistas rasgarem ondas enormes. Permanecemos lá por horas a fio, apenas conversando, enquanto o sol caía em direção ao horizonte e os banhistas se preparavam para ir embora. Se eu tinha ido ao Havaí para conhecer algo do passado de Barack, agora estávamos sentados à beira de um gigantesco oceano, imaginando nosso futuro juntos, discutindo em que tipo de casa gostaríamos de morar um dia, que tipo de pais queríamos ser. Parecia ousadia demais falar assim, mas também foi reconfortante, porque a sensação era a de que talvez aquela conversa poderia continuar por toda a vida.

EM CHICAGO, de novo longe de Barack, eu raramente ia a festas ou ficava fora até tarde. Comecei a ficar feliz em passar o sábado à noite lendo um bom romance no sofá.

Quando eu me entediava, ligava para velhos amigos. Mesmo namorando sério, eram minhas amigas que me mantinham firme e estável. Santita Jackson estava viajando pelo país como cantora, mas conversávamos sempre que podíamos. Cerca de um ano antes eu estava sentada com meus pais na sala da casa deles, explodindo de orgulho enquanto assistíamos a Santita e seus irmãos apresentarem o pai na Convenção Nacional do Partido Democrata de 1988. O reverendo Jackson tivera um desempenho respeitável na disputa pela presidência, vencendo mais de dez primárias, as votações prévias que decidem os candidatos de cada partido (Democrata e Republicano) que concorrerão à presidência. Ao longo do caminho, encheu lares como o nosso com uma nova e profunda dose de esperança e entusiasmo, mesmo que, no fundo do coração, entendêssemos que a vitória dele era bastante improvável.

Eu falava com frequência com Verna Williams, uma amiga íntima da faculdade de direito. Ela estivera com Barack algumas vezes e gostava muito dele, mas me provocava dizendo que eu tinha rebaixado meus padrões insanamente altos, para permitir um fumante na minha vida. Angela Kennedy e eu ainda dávamos muitas risadas juntas, apesar de ela estar trabalhando como professora em Nova Jersey ao mesmo tempo que cuidava de um filho pequeno e tentava segurar as pontas enquanto seu casamento se desfazia lentamente. Nos conhecemos quando éramos universitárias bobas e meio imaturas, e agora éramos adultas, com vidas adultas e preocupações adultas. Essa ideia por si só às vezes nos parecia hilária.

Suzanne era o mesmo espírito livre dos tempos em que fomos colegas de quarto em Princeton — entrando e saindo da minha vida e medindo o valor de seus dias apenas pelo prazer que sentia. Passávamos longos períodos sem trocar uma palavra, mas retomávamos a amizade sem dificuldade alguma. Nossos mundos continuavam tão diferentes quanto na faculdade. Mesmo assim, Suzanne era como uma irmã cuja vida eu só podia acompanhar de longe, do outro lado do abismo de nossas óbvias diferenças. Ela era enlouquecedora, encantadora e sempre importante para mim. Pedia meus conselhos e depois fazia questão de ignorá-los. Seria ruim namorar um popstar quase famoso e mulherengo? Ora, sim, seria, mas ela faria isso de qualquer maneira, afinal, *por que não*? O mais irritante foi quando, depois de formada, ela recusou a oportunidade de ir para uma faculdade de administração prestigiada por concluir que seria muito trabalhoso, portanto pouco divertido. Em vez disso, obteve um MBA em um programa de pós-graduação não tão estressante numa faculdade estadual, o que, para mim, era uma atitude preguiçosa.

As escolhas de Suzanne às vezes pareciam o oposto do meu jeito de fazer as coisas, um voto a favor da facilidade e da lei do menor esforço. Hoje posso dizer que a julguei de forma injusta por suas decisões, mas na época eu simplesmente achava que tinha razão.

Pouco depois de começar a namorar Barack, liguei para Suzanne e jorrei meus sentimentos por ele. Ela ficou muito empolgada ao me ouvir falar tão esfuziante e feliz. Ela também tinha novidades: estava abandonando o emprego como especialista em computação para viajar

— não por semanas, mas por meses. Suzanne e a mãe estavam prestes a embarcar numa aventura estilo volta ao mundo. Afinal, *por que não?*

Eu não seria capaz de imaginar se Suzanne sabia inconscientemente que algo estranho estava acontecendo nas células de seu corpo, que um sequestro silencioso estava em andamento. O que eu sabia era que, durante o outono de 1989, enquanto eu passava o dia sentada usando sapatos de salto de couro e participava de longas e enfadonhas reuniões no escritório, Suzanne e sua mãe estavam tentando não respingar curry em seus vestidos de alcinha no Camboja e dançavam madrugada adentro nas majestosas passarelas do Taj Mahal. Enquanto eu fazia as contas do talão de cheques, pegava a roupa na lavanderia e observava as folhas murcharem e caírem das árvores ao longo da Euclid Avenue, imaginava Suzanne passeando pelas ruas quentes e úmidas de Bangcoc, muito feliz. Porém, não fazia ideia de como estava sua viagem ou que lugares ela realmente visitou, porque não manteve contato. Estava ocupada demais vivendo, empanturrando-se do que o mundo tinha a lhe oferecer.

Quando voltou para casa, em Maryland, e encontrou um momento para entrar em contato comigo, as notícias eram diferentes — tão chocantes que mal consegui entender.

— Estou com câncer — disse-me Suzanne, a voz rouca de emoção. — Um dos grandes.

Os médicos haviam acabado de dar o diagnóstico. Ela descreveu um plano de tratamento, mas eu estava tão atordoada que não prestei atenção nos detalhes. Antes de desligar, ela me contou que, numa cruel ironia do destino, sua mãe também adoecera gravemente.

Não sei se um dia já acreditei que a vida era justa, mas sempre achei que, com esforço, seria possível escapar de praticamente qualquer problema. O câncer de Suzanne foi a primeira vez que esse meu modo de ver o mundo foi realmente posto em xeque. Porque, mesmo que ainda não soubesse de todos os detalhes, eu tinha ideias sobre meu futuro. Vinha seguindo um plano desde o primeiro ano de faculdade, uma lista de itens que deveria cumprir.

Para mim e para Suzanne, deveria ser assim: seríamos madrinhas de casamento uma da outra. Nossos maridos seriam totalmente diferentes entre si, é claro, mas gostariam muito um do outro. Teríamos filhos ao mesmo tempo, viajaríamos em família para as praias da Jamaica e seríamos as tias divertidas e favoritas das crianças. Eu daria livros infantis de presente de aniversário para os filhos dela; ela presentearia os meus com pula-pulas. Daríamos risadas, compartilharíamos segredos e reviraríamos os olhos para os hábitos ridículos uma da outra, até que um dia perceberíamos que éramos duas idosas que tinham sido eternas melhores amigas, de repente surpresas ao perceber como o tempo tinha voado.

Para mim, era assim que o mundo deveria ser.

QUANDO OLHO PARA TRÁS, acho extraordinário como simplesmente continuei fazendo meu trabalho. Eu era advogada, e advogados trabalhavam. Trabalhávamos o tempo todo. Não há escolha, dizia a mim mesma. O trabalho é importante, dizia a mim mesma. E assim continuei, chegando na hora no escritório todas as manhãs.

Em Maryland, Suzanne estava vivendo com sua doença. Lidava com consultas médicas e cirurgias e, ao mesmo tempo, tentava cuidar da mãe, que também lutava contra um câncer que não tinha relação alguma com o de Suzanne. Era azar, infortúnio, bizarro a ponto de ser assustador demais para imaginar. O restante da família de Suzanne não era muito unido, exceto por duas de suas primas favoritas que a ajudavam o máximo que podiam. Às vezes nossa amiga Angela ia de carro de Nova Jersey para visitá-la, mas fazia malabarismos para dar conta do emprego e de uma criança pequena. Recrutei Verna, minha amiga da faculdade de direito, para passar por lá quando pudesse, já que eu não podia fazer aquilo, por causa do trabalho. Verna havia conhecido Suzanne quando estudávamos em Harvard e, por coincidência, morava num prédio próximo.

Era pedir demais a Verna. Ela tinha perdido o pai recentemente e estava lidando com seu próprio luto. Mas ela era uma amiga verdadeira, uma pessoa compassiva. Certo dia, no mês de maio, ela telefonou para meu escritório e me informou os detalhes de uma visita.

— Eu penteei o cabelo dela — contou Verna.

O fato de Suzanne precisar que alguém a penteasse era suficiente para eu entender tudo, mas eu havia erguido um muro para me distanciar da verdade. Parte de mim insistia em achar que aquilo não estava acontecendo. Agarrava-me à ideia de que Suzanne ia melhorar.

Por fim, foi Angela quem me ligou em junho. Foi direto ao ponto:

— Se você vai vir, Miche, é melhor vir logo.

A essa altura, Suzanne havia sido transferida para um hospital. Estava fraca demais para falar, e percebi que o fim estava próximo. Desliguei o telefone e comprei uma passagem de avião. Quando cheguei ao hospital, encontrei Suzanne ali, deitada na cama, Angela e a prima de vigília a seu lado, todas em silêncio. A mãe de Suzanne morrera poucos dias antes, e Suzanne estava em coma. Angela abriu espaço para eu me sentar junto à cama.

Olhei fixo para Suzanne, para seu rosto perfeito em formato de coração e sua pele morena-avermelhada. Ela parecia estranhamente intocada pela doença. Seu cabelo escuro ainda era lustroso e comprido; alguém havia feito duas tranças que chegavam quase até a cintura. Suas pernas de corredora estavam escondidas sob os cobertores. Seu semblante era jovem, ela parecia uma doce e bela mulher de 26 anos que talvez estivesse no meio de um cochilo.

Eu me arrependi de não ter ido antes. Lamentei as muitas vezes, no decorrer dos anos de nossa longa amizade, em que tinha insistido em pensar que ela estava tomando a decisão errada, quando possivelmente estava fazendo a coisa certa. De repente, fiquei feliz por todas as vezes que ela ignorou meus conselhos. Fiquei contente por ela não ter se sobrecarregado para obter um diploma de administração numa faculdade prestigiada. Por ter resolvido passar um fim de semana com um popstar quase famoso, só por diversão. Fiquei feliz por ela ter ido ao Taj Mahal com a mãe para ver o nascer do sol. Suzanne havia vivido de maneiras que eu não tinha vivido.

Naquele dia, segurei sua mão mole e observei sua respiração ficando entrecortada e intermitente. Com um meneio, a enfermeira nos deu a entender que sabia o que estava acontecendo. Suzanne estava indo embora. Minha mente obscureceu. Não tive nenhum pensamento profundo. Não tive revelações sobre a vida ou a perda. Se havia algo dentro de mim, era raiva.

Dizer que era injusto Suzanne adoecer e morrer aos 26 anos parece muito simplista. Mas era um fato, mais frio e feio impossível. O que eu pensei quando por fim deixei seu corpo naquele quarto de hospital foi: *Ela se foi e eu ainda estou aqui.* Lá fora, pessoas zanzavam pelo corredor de camisola hospitalar, muito mais velhas e mais doentes do que Suzanne, porém ainda estavam ali. Eu embarcaria em um avião lotado de volta a Chicago, dirigiria por uma estrada movimentada, entraria em um elevador até meu escritório. Veria todas aquelas pessoas aparentemente felizes em seus carros, andando pela calçada com suas roupas leves de verão, relaxando nas cafeterias e trabalhando em suas mesas, todas alheias ao que havia acontecido com Suzanne — provavelmente sem saber que elas também podiam morrer a qualquer momento. Não parecia certo, mas o mundo simplesmente seguia em frente. Todo mundo continuava ali, exceto minha Suzanne.

10

NO MEIO DAQUELE ANO, COMECEI A ESCREVER UM DIÁRIO. Comprei um caderno preto encapado por um tecido estampado de flores e o mantinha ao lado da cama. Eu o carregava nas viagens a negócios. Não escrevia todos os dias, nem mesmo toda semana: só pegava na caneta quando tinha tempo e energia para revirar meus sentimentos confusos. Preenchia algumas páginas numa única semana e depois deixava o diário de lado por um mês, às vezes mais. O exercício de registrar os pensamentos era novo para mim — um hábito que eu tinha aprendido, em parte, com Barack, que vinha mantendo diários de forma intermitente ao longo dos anos.

Ele havia voltado para Chicago durante as férias de meio de ano em Harvard e se instalado no meu apartamento na Euclid Avenue. Isso significava que Barack agora conhecia minha família. Enquanto meu pai se aprontava para mais um turno de trabalho na estação de tratamento de água, eles conversavam sobre esportes. Às vezes, Barack ajudava minha mãe a carregar as compras da garagem para dentro de casa. Era uma sensação boa. Craig já havia testado a personalidade de Barack colocando-o para jogar uma partida de basquete no fim de semana com uma turma de amigos. Na verdade, ele fez isso a meu pedido. A opinião de Craig sobre Barack era importante para mim. Meu irmão sabia ler as pessoas, especialmente a partir de como jogavam. Barack havia passado no teste. Era tranquilo em quadra, disse meu irmão, e sabia a hora de fazer os passes certos, mas também não tinha medo de arremessar quando livre.

— Ele não é um fominha exibido — sentenciou Craig. — Mas tem coragem.

Barack tinha aceitado um emprego temporário numa firma de advocacia no centro de Chicago. O escritório ficava perto do meu, mas sua temporada na cidade foi curta. Ele fora eleito presidente da *Harvard Law Review* para o ano letivo seguinte e precisaria voltar a Harvard mais cedo para começar os trabalhos. Todo ano a competição para comandar o periódico era feroz. Ser escolhido para a posição era uma conquista enorme para qualquer um. Barack foi o primeiro afro-americano a ser selecionado nos 103 anos de história da publicação — um marco tão significativo que apareceu no *New York Times*, acompanhado pela foto de um sorridente Barack usando um casaco de inverno e cachecol.

Meu namorado era realmente incrível. Poderia ter escolhido qualquer emprego com salário alto em várias firmas de advocacia, mas em vez disso estava pensando em atuar na área de direitos civis assim que conseguisse o diploma, ainda que isso demandasse o dobro do tempo para pagar seus empréstimos estudantis. Todo mundo que ele conhecia o instigava a seguir o exemplo de editores anteriores da *Harvard Law Review* e se candidatar a um cargo de escrevente na Suprema Corte. Mas Barack não estava interessado. Ele queria morar em Chicago. Tinha ideias para escrever um livro sobre a questão racial nos Estados Unidos e planejava encontrar um emprego ligado a seus valores. Provavelmente não terminaria no direito corporativo. Ele se norteava por uma convicção que eu achava surpreendente.

Toda essa confiança era admirável, mas, honestamente, tente viver com ela. O forte senso de propósito de Barack era algo a que eu tinha que me ajustar. Diante de sua certeza de que seria capaz de fazer a diferença no mundo, eu não podia deixar de me sentir um pouco perdida. O senso de propósito de Barack parecia desafiar o meu.

Foi sobre isso que comecei a escrever no diário. Já na primeira página, com uma caligrafia meticulosa, expliquei minhas razões para iniciá-lo:

Um, eu me sinto muito confusa sobre o destino que eu quero para a minha vida. Que tipo de pessoa eu quero ser? Como quero contribuir para o mundo?

Dois, meu relacionamento com Barack está ficando sério e sinto que preciso me controlar melhor.

Esse caderninho de capa florida sobreviveu a algumas décadas e mudanças de endereço. Durante oito anos ficou numa prateleira no meu quarto de vestir na Casa Branca, até que bem recentemente eu o tirei de uma caixa na minha nova casa para tentar me lembrar de quem eu tinha sido quando era uma jovem advogada. Hoje leio essas linhas e sei exatamente o que estava tentando dizer a mim mesma — o que poderia ter ouvido de uma mentora firme e sem papas na língua. Para falar a verdade, era simples: a primeira coisa era que eu odiava ser advogada. Eu não condizia com o trabalho. Sentia-me vazia fazendo aquilo, mesmo que fosse muito boa. Isso era angustiante de admitir, dado o afinco com que eu havia trabalhado e o quanto estava endividada. Em meio à minha necessidade de alcançar a excelência e fazer as coisas com perfeição, não prestei atenção nas placas de sinalização e segui pelo caminho errado.

A segunda era que eu estava profundamente apaixonada por um homem dono de uma inteligência e de uma ambição tão poderosas que poderiam acabar engolindo as minhas. Eu já podia antever, como se fosse uma onda pronta para me derrubar. Eu não ia sair do caminho — estava muito envolvida com Barack, apaixonada demais —, mas precisava rapidamente me ancorar firme, fincar os pés no chão.

Isso significava encontrar uma nova profissão, e o que mais me abalava era não ter ideias específicas do que queria fazer. De alguma forma, durante todos os meus anos de estudo eu não havia conseguido refletir mais a fundo sobre minhas próprias paixões e como elas poderiam ser compatíveis com um trabalho que eu considerasse significativo. Na juventude, eu não tinha experimentado absolutamente nada. Barack, por outro lado, havia experimentado empregos diferentes e conhecido todo tipo de gente, e fora descobrindo suas prioridades ao longo do caminho. Tais experiências o fizeram amadurecer. Eu, por outro lado, tinha tanto medo de me perder, buscava com tanta avidez ser respeitada e conseguir uma maneira de pagar as contas, que marchei irrefletidamente para a carreira do direito.

Em um ano, eu tinha ganhado Barack e perdido Suzanne, e o impacto dessas duas mudanças juntas me deixou desnorteada. A morte repentina de Suzanne me fez acordar para a ideia de que eu queria mais alegria e sentido na minha vida. Ao mesmo tempo, dava crédito e atribuía culpa a Barack pela minha confusão. "Será que, se não houvesse um homem na minha vida constantemente me questionando sobre o que me impulsiona e o que me aflige, eu estaria fazendo isso por conta própria?", escrevi em meu diário.

Pensei no que poderia fazer, nos meus talentos e minhas habilidades. Eu tinha condições de ser professora? Uma administradora da faculdade? Quem sabe coordenar um programa de reforço escolar e atividades extracurriculares para crianças? Eu estava interessada em trabalhar para uma fundação ou uma organização sem fins lucrativos. Meu interesse era ajudar crianças desfavorecidas. Eu me perguntava se poderia encontrar um emprego que me satisfizesse e me proporcionasse tempo suficiente para fazer trabalho voluntário, apreciar obras de arte ou ter filhos. Queria me sentir inteira. Fiz uma lista de temas que me interessavam: educação, gravidez na adolescência, autoestima negra. Eu sabia que um trabalho mais significativo envolveria uma redução salarial. A lista que fiz em seguida foi mais séria: a das despesas essenciais — o que restava depois de eu abrir mão dos luxos a que me permitia com o salário de advogada, como frequentar uma academia de ginástica. Todo mês eu pagava uma parcela cara do financiamento estudantil e a prestação do carro, além de gastar com comida, gasolina e seguro. Se saísse da casa dos meus pais um dia, também precisaria do dinheiro do aluguel.

Nada era impossível, mas nada parecia simples. Comecei a perguntar a todo mundo sobre oportunidades no ramo do direito do entretenimento, pensando, talvez, que isso pudesse ser interessante e que também me pouparia da perda de um bom salário. Mas, no meu coração, sentia uma certeza cada vez maior: eu não era talhada para a prática do direito. Certo dia, tomei nota de um artigo de jornal sobre quantos advogados se sentiam cansados, estressados e infelizes — principalmente as mulheres. "Que deprimente", escrevi em meu diário.

PASSEI BOA PARTE daquele mês de agosto trabalhando em uma sala de conferências alugada em um hotel em Washington, DC, despachada para a capital americana a fim de ajudar na preparação de um caso. Muito embora eu estivesse tão cansada que não consegui ver muito da cidade, a mudança de ambiente e de rotina me distraiu das questões maiores que começavam a fervilhar na minha mente.

Sabendo que estava prestes a retornar para a minha rotina e para a névoa da minha confusão, na noite em que peguei o voo de volta para Chicago senti um pesado pavor se assentar sobre mim.

Minha mãe fez a gentileza de me esperar no aeroporto O'Hare. Só de vê-la me senti reconfortada. Ela estava com cinquenta e poucos anos, trabalhava em tempo integral como assistente executiva em um banco do centro da cidade, cheio de homens que haviam entrado no ramo porque seus pais tinham sido banqueiros. Minha mãe era uma força da natureza. Tinha pouca tolerância para os tolos. Usava o cabelo curto e roupas práticas, sem frescura. Era competente e calma. Assim como tinha feito com Craig e comigo quando éramos crianças, ela não se envolvia em nossa vida particular de adultos. Demonstrava seu amor estando sempre presente quando precisávamos. Ela era de buscar a gente no aeroporto. De levar a gente para casa e oferecer comida se a gente estivesse com fome. Seu temperamento sereno era como um abrigo para mim, um lugar onde me sentia segura.

No carro, dirigindo rumo ao sul em direção à cidade, deixei escapar um longo suspiro.

— Você está bem? — perguntou minha mãe.

Olhei para ela.

— Não sei — comecei. — É que...

Desabafei. Contei que não estava feliz com meu trabalho nem com a profissão que tinha escolhido — que estava extremamente *infeliz*. Contei que estava desesperada para fazer uma grande mudança, mas com medo de não ganhar dinheiro suficiente se a levasse adiante. Minhas emoções estavam à flor da pele. Soltei outro suspiro.

— Simplesmente não estou satisfeita — concluí.

Agora compreendo como isso deve ter soado aos ouvidos da minha mãe, que estava no nono ano de um emprego que tinha assumido fundamentalmente para poder ajudar a pagar minha educação universitária. Isso depois de anos *sem ter* um emprego para ter tempo de costurar minhas roupas de escola, cozinhar minhas refeições e lavar as roupas do meu pai — que, pela família, passava oito horas por dia inspecionando medidores em uma caldeira na estação de tratamento de água. Minha mãe — que tinha acabado de dirigir por uma hora para me buscar no aeroporto, me deixava morar de graça no andar de cima de sua casa e no dia seguinte teria que se levantar de madrugada para ajudar meu pai deficiente a se preparar para o trabalho — não estava nem um pouco disposta a sentir pena porque eu precisava dar um significado à minha vida.

Tenho certeza de que, para ela, satisfação era coisa de gente rica. Duvido que meus pais, em seus trinta anos juntos, tenham discutido isso uma única vez.

Minha mãe não me julgou. Não era de dar sermão ou chamar a atenção para seus próprios sacrifícios. Sem fazer alarde, ela havia apoiado todas as minhas escolhas e decisões. Dessa vez, porém, olhou torto para mim, ligou a seta para sair da rodovia e entrar no nosso bairro e deu uma risadinha.

— Se quer saber minha opinião, primeiro ganhe dinheiro e depois se preocupe com a sua felicidade — disse ela.

PASSEI OS SEIS MESES SEGUINTES tentando me sentir melhor quanto ao trabalho sem fazer qualquer tipo de mudança repentina. Eu me reuni com o sócio do escritório encarregado do meu setor e pedi tarefas mais desafiadoras. Tentei me concentrar nos projetos que considerava mais importantes, incluindo meus esforços para recrutar um grupo mais diversificado de novos temporários. Ao mesmo tempo, ficava de olho nos anúncios de emprego e fazia o melhor possível para conhecer mais pessoas que não fossem advogadas. De um jeito ou de outro, imaginei que com meu empenho eu conseguiria me sentir inteira.

Em casa, na Euclid Avenue, me senti impotente diante de uma nova realidade. Os pés do meu pai começaram a inchar sem motivo aparente. Sua pele parecia estranha, mas, sempre que eu perguntava como estava se sentindo, ele me dava a mesma resposta que vinha me dando havia anos.

— Estou bem — respondia, como se eu sempre perguntasse à toa. E depois mudava de assunto.

Era inverno novamente em Chicago. Eu acordava todas as manhãs ao som dos vizinhos tirando gelo dos para-brisas dos carros na rua. O vento soprava e a neve se amontoava. O sol era fraco. Pela janela do meu escritório, no 47º andar, avistava uma imensidão de gelo no lago Michigan sob um céu cinza. Usava roupas de lã e ficava à espera do degelo. No Meio-Oeste, o inverno é um exercício de espera — por alívio, pelo canto de um pássaro, pelas primeiras flores rompendo a neve. Nesse meio-tempo, ninguém tem outra escolha a não ser se animar para enfrentar o frio.

Meu pai não perdia o bom humor. Vez ou outra Craig aparecia para jantares em família, e nos sentávamos ao redor da mesa e ríamos como sempre, mas agora tínhamos a companhia de Janis, esposa de Craig. Janis era uma mulher feliz e muito trabalhadora, uma esforçada analista de telecomunicações numa empresa no centro da cidade que, como todo mundo, adorava meu pai. Craig, por sua vez, era o exemplo perfeito do sucesso profissional. Estava fazendo MBA e ocupava o cargo de vice--presidente em um banco; ele e Janis haviam comprado uma bela casa em Hyde Park. Ele usava ternos sob medida e chegara para o jantar dirigindo seu carro esportivo vermelho. À época eu não sabia, mas nada disso o fazia feliz. Assim como eu, ele vinha passando pelo início de uma crise, e ao longo dos anos seguintes se questionaria se seu trabalho era significativo e recompensador de verdade. Sabendo o quanto nosso pai se empolgava com o que os filhos tinham conseguido conquistar, nenhum de nós mencionou sua infelicidade durante o jantar.

Na hora de ir embora, Craig sempre dava a meu pai um último olhar preocupado e fazia a habitual pergunta sobre sua saúde, mas sempre recebia a alegre e evasiva resposta de sempre:

— Estou bem.

Aceitávamos isso porque era estabilizante, e gostávamos de estabilidade. Meu pai convivia com a esclerose múltipla havia anos e sempre ficou bem. Queríamos acreditar nele, embora víssemos que estava piorando. Ele estava bem, dizíamos um para o outro, porque ainda se levantava e ia trabalhar todos os dias. Estava bem porque o vimos comer um segundo pedaço de bolo de carne naquela noite. Estava bem, especialmente se você não prestasse muita atenção nos pés dele.

Tive várias conversas tensas com minha mãe, querendo saber por que meu pai não procurava um médico. Mas, assim como eu, ela havia praticamente desistido depois de insistir tantas vezes e ter sido rechaçada. Para meu pai, médicos nunca traziam boas notícias, portanto deveriam ser evitados. Por mais que adorasse falar, ele não queria falar sobre seus problemas. Queria sobreviver à sua própria maneira. Sua solução para os pés inchados era pedir à minha mãe que comprasse um par de botas de trabalho maiores.

O impasse sobre a visita a um médico atravessou janeiro e entrou em fevereiro daquele ano. Meu pai caminhava com uma lentidão dolorosa, usando um andador de alumínio para se locomover pela casa, fazendo inúmeras pausas para recobrar o fôlego. De manhã, agora levava mais tempo para ir da cama até o banheiro, do banheiro para a cozinha e, finalmente, sair pelos fundos e descer os três lances de escada da garagem para entrar no carro e dirigir ao trabalho. Apesar do que vinha acontecendo em casa, ele insistia em dizer que tudo estava bem na usina de filtragem. Meu pai pilotava uma scooter motorizada para ir de caldeira em caldeira e se orgulhava de ser necessário no emprego. Em 26 anos, jamais perdera um único turno de trabalho. Dizia que, se uma das caldeiras superaquecesse, ele seria um dos poucos funcionários com experiência para evitar um desastre rapidamente. Ele era otimista e pouco tempo antes se candidatara para uma promoção.

Embora meu pai nos dissesse que estava bem, minha mãe e eu víamos que não estava. Em casa à noite, ele passava a maior parte do tempo sentado na poltrona assistindo a jogos de basquete e hóquei na TV. Parecia fraco e exausto. Além dos pés, notamos que agora um inchaço parecia se formar em seu pescoço, o que deu à sua voz um tom estranhamente metálico.

Por fim, decidimos fazer alguma coisa. Craig nunca foi de bancar o durão, e minha mãe manteve sua decisão de não discutir a saúde do meu pai. Nesse tipo de conversa, o papel de falar as coisas duras e difíceis quase sempre cabia a mim. Eu disse ao meu pai que ele devia procurar ajuda e que eu ia ligar para o médico dele na manhã seguinte. Ele devia isso a nós. Ele prometeu que iria se eu marcasse a consulta. Pedi que dormisse até mais tarde na manhã seguinte, para dar um descanso ao corpo.

Naquela noite, minha mãe e eu fomos dormir com uma sensação de alívio, por finalmente termos ganhado algum controle.

* * *

MEU PAI, NO ENTANTO, achava que descansar era uma forma de entregar os pontos. De manhã, quando desci, ele estava sentado à mesa da cozinha com seu andador estacionado ao lado. Estava vestido com seu uniforme azul-marinho da prefeitura. Esforçava-se para calçar os sapatos. Estava indo para o trabalho.

— Pai, achei que o senhor fosse descansar. Vamos marcar aquela consulta com o médico...

Ele deu de ombros.

— Eu sei, querida — disse, a voz rouca e grave por causa daquela coisa nova e estranha no pescoço. — Mas agora estou bem.

Sua teimosia estava soterrada sob tantas camadas de orgulho que eu não conseguia ficar com raiva. Era impossível dissuadi-lo. Meus pais haviam nos criado para cuidarmos da própria vida, o que significava que eu tinha que confiar que meu pai cuidaria da dele, mesmo que mal conseguisse calçar os sapatos. Então o deixei lidar com a situação. Engoli minhas preocupações, dei um beijo no meu pai e subi de volta para me preparar para o meu dia de trabalho. Pensei em ligar para minha mãe mais tarde, no escritório dela, e avisar que precisaríamos bolar um plano para forçar o homem a tirar uma folga.

Ouvi a porta dos fundos se fechar. Minutos depois, voltei para a cozinha e a encontrei vazia. O andador do meu pai estava encostado junto à porta dos fundos. Fui até lá e espiei pelo pequeno olho mágico da porta, só para confirmar que a perua já não estava mais lá.

Mas estava, e meu pai também. De boné e casaco de inverno, ele estava de costas para mim. Tinha conseguido descer apenas metade dos degraus antes de precisar se sentar. Pude ver sua exaustão, o abatimento na cabeça caída de lado e no peso que fazia, quase desmoronando, para descansar encostado no corrimão de madeira. Ele não estava tendo uma crise, apenas parecia cansado demais para continuar. Ficou claro que estava tentando reunir forças para voltar para dentro de casa.

Percebi que estava vendo meu pai em um momento de pura derrota.

Como deve ter sido solitário viver vinte e poucos anos com uma doença como aquela, seguir em frente sem se queixar enquanto seu corpo é consumido em ritmo lento. Penalizada vendo meu pai curvado na varanda, sofri com uma compaixão dolorosa que nunca havia sentido. Meu instinto era correr lá fora e ajudá-lo a voltar para a casa aquecida, mas resisti, sabendo que seria apenas mais um golpe em sua dignidade. Respirei e me afastei da porta.

Eu o veria quando ele voltasse para dentro, pensei. Eu o ajudaria a tirar as botas de trabalho, pegaria um pouco de água para ele e o levaria até sua poltrona, com o silencioso reconhecimento entre nós de que agora, sem dúvida, ele precisaria aceitar ajuda.

Sentei-me com ouvidos atentos ao som da porta dos fundos. Esperei por cinco minutos, depois mais cinco minutos, até que finalmente voltei ao olho mágico para ter certeza de que ele tinha conseguido ficar de pé. Mas a varanda estava vazia. De alguma forma, meu pai, desafiando todos os inchaços e as coisas erradas em seu corpo, tinha usado sua força de vontade e dado um jeito de descer as escadas e atravessar a gelada passagem até a perua, que a essa altura já devia estar a meio caminho da usina de filtragem. Ele não ia entregar os pontos.

NESSE MEIO-TEMPO, já fazia meses que Barack e eu vínhamos falando em casamento. Estávamos juntos havia um ano e meio e, ao que tudo indicava, continuávamos totalmente apaixonados. Ele estava no último semestre em Harvard, ocupado com seu trabalho na *Harvard Law Review*, mas logo voltaria a Chicago para prestar o exame da Ordem dos Advogados de Illinois e procurar emprego. O plano era que ele se instalaria de novo na Euclid Avenue, dessa vez de maneira mais permanente. Para mim, era outra razão para desejar o fim do inverno o quanto antes.

Conversávamos sobre como enxergávamos o casamento, e às vezes me preocupava o quanto esses pontos de vista pareciam divergir. Para mim, casar era um fato consolidado, algo que cresci esperando fazer um dia — da mesma forma que ter filhos sempre foi um fato consolidado para mim, remontando à atenção desmedida que dava às minhas bonecas quando menina. Barack não se opunha a se casar, mas não tinha pressa. Para ele, nosso amor já significava tudo. Era um alicerce forte o suficiente para uma vida plena e feliz juntos — com ou sem alianças.

Ambos éramos produtos da nossa criação. A mãe de Barack se casara e se divorciara duas vezes, mas conseguira manter sua vida, sua carreira e seus filhos pequenos intactos. Meus pais tinham continuado juntos, tomando cada decisão e fazendo cada esforço de maneira conjunta. Em trinta anos, raramente tinham passado uma noite separados.

Barack via o casamento como duas pessoas unidas pelo amor, mas com sonhos, ambições e uma vida independentes. Eu via o casamento como a união completa de duas pessoas, em que o bem-estar da família estava acima de qualquer interesse ou objetivo individual. Eu não queria exatamente uma vida como a dos meus pais. Não queria morar na mesma casa para sempre ou trabalhar no mesmo emprego. Mas queria a estabilidade que eles tinham.

Pensei que chegaríamos a um consenso sobre nossos sentimentos quando Barack voltasse para Chicago, quando o tempo esquentasse. Eu precisaria apenas esperar, embora a espera fosse difícil. Eu ansiava por permanência. Do meu apartamento, ouvia meus pais conversando no andar de baixo, minha mãe rindo de alguma história que meu pai contava. Eu os ouvia desligar a TV e se preparar para dormir. Eu tinha 27 anos, e havia dias em que tudo o que eu queria era me sentir completa. Queria agarrar todas as coisas que amava e, impiedosamente, fincá-las com estacas no chão. Àquela altura, eu já sabia o suficiente sobre perda para perceber que havia mais por vir.

EU TINHA MARCADO a consulta para o meu pai, mas foi minha mãe quem o levou ao médico — de ambulância, no fim das contas. Os pés dele tinham inchado tanto e estavam tão sensíveis que ele finalmente admitiu que andar era como pisar em agulhas. Quando chegou a hora de ir, meu pai mal conseguia ficar de pé. Eu estava no trabalho naquele dia, mas minha mãe me descreveu depois — meu pai sendo carregado para fora de casa por socorristas, tentando fazer piada com eles no caminho.

Meu pai foi levado para o hospital da Universidade de Chicago. Conforme os dias passavam, ele continuou a inchar. O rosto inchou, o pescoço ficou mais grosso, a voz enfraqueceu. O diagnóstico oficial foi síndrome de Cushing, talvez relacionada à esclerose múltipla. De qualquer forma, seu estado não era bom. O sistema endócrino do meu pai estava totalmente descontrolado. Um exame detalhado mostrou que o inchaço na garganta era de um tumor que havia crescido tanto que praticamente o sufocava.

— Não sei como não percebi — disse meu pai ao médico, e parecia genuinamente surpreso, como se não tivesse sentido um único sintoma que pudesse descambar àquele ponto, como se não tivesse passado semanas, meses ou até anos ignorando a dor.

Nós nos revezávamos no hospital para ficar com meu pai — minha mãe, Craig, Janis e eu. Entrávamos e saíamos do quarto à medida que os médicos o fustigavam com remédios, enquanto tubos eram conectados e máquinas eram ligadas. Tentávamos entender o que os especialistas nos diziam, mas nada fazia muito sentido. Rearrumávamos os travesseiros do meu pai e conversávamos à toa sobre basquete universitário e sobre o tempo lá fora, sabendo que ele estava ouvindo, embora falar o deixasse exausto. Éramos uma família de planejadores, mas agora tudo parecia imprevisto. Lentamente, meu pai estava afundando para longe de nós. Nós o chamávamos de volta com antigas lembranças e víamos como elas colocavam um pouco de brilho em seus olhos. Lembra do "Dois e Vinte e Cinco" e de como a gente se sentava naquele banco traseiro gigantesco no verão e ia até o cinema drive-in? Lembra das luvas de boxe que o senhor deu para a gente e da piscina do Dukes Happy Holiday Resort? E de como o senhor construía os adereços para a oficina de música da Robbie? E dos jantares na casa do Dandy? Lembra de quando a mamãe fez camarão frito na véspera de Ano-Novo?

Certa noite, passei no hospital e encontrei meu pai sozinho. Minha mãe tinha ido dormir em casa. O quarto estava em silêncio. O andar inteiro do hospital estava em silêncio. Era a primeira semana de março, a neve do inverno acabara de derreter, deixando a cidade úmida. Meu pai já estava no hospital havia cerca de dez dias. Tinha 55 anos, mas parecia mais velho, com olhos amarelados e braços tão pesados que não conseguia mexê-los. Estava acordado, mas não conseguia falar — nunca vou saber se devido ao inchaço ou à emoção.

Sentei-me em uma cadeira ao lado de sua cama e o observei lutando para respirar. Quando segurei sua mão, ele deu um aperto reconfortante. Nós nos entreolhamos silenciosamente. Havia muito a dizer e, ao mesmo tempo, parecia que tínhamos dito tudo. Restava apenas uma verdade. Estávamos chegando ao fim. Ele não se recuperaria. Deixaria de estar presente por todo o resto da minha vida. Eu estava perdendo sua firmeza, seu conforto, sua alegria cotidiana. Senti as lágrimas escorrendo pelo rosto.

Mantendo o olhar fixo em mim, meu pai levou aos lábios as costas da minha mão e a beijou várias vezes. Era sua maneira de dizer: *Fique tranquila, não chore.* Ele estava expressando tristeza, mas também algo mais calmo e profundo, uma mensagem que ele queria deixar clara. Com aqueles beijos, estava dizendo que me amava de todo o coração, que estava orgulhoso da mulher que eu havia me tornado. Estava dizendo que sabia que deveria ter ido ao médico muito mais cedo. Estava pedindo perdão. Estava dizendo adeus.

Naquela noite, fiquei com meu pai até ele adormecer, deixei o hospital na escuridão gelada e dirigi de volta para a Euclid Avenue, onde minha mãe já havia apagado as luzes. Estávamos sozinhas na casa agora, só eu, minha mãe e qualquer futuro a que estivéssemos destinadas. Porque, quando o sol nascesse, ele teria ido embora. Meu pai — Fraser Robinson III — teve um ataque cardíaco e faleceu naquela noite, tendo nos dado absolutamente tudo.

11

É DOLOROSO VIVER DEPOIS DA MORTE DE ALGUÉM.
Às vezes, você sofre só de andar por um corredor ou abrir a geladeira,
calçar um par de meias ou escovar os dentes. A comida não tem gosto.
As cores ficam sem graça. A música machuca e as lembranças também.
Você olha para algo que, em outra situação, acharia bonito — um céu
púrpura ao pôr do sol ou um parquinho cheio de crianças —, e isso
de alguma forma só aprofunda a perda. O luto é solitário a esse ponto.

No dia seguinte à morte do meu pai, fomos a uma funerária do
South Side — eu, minha mãe e Craig — para escolher um caixão e
planejar a cerimônia fúnebre. *Fazer os arranjos*, como dizem nas fune-
rárias. Não me lembro de muita coisa da nossa visita, exceto do quanto
estávamos atordoados, cada um de nós tentando lidar com seu luto
individual. Ainda assim, enquanto passávamos pelo ritual de comprar
a caixa certa para enterrar nosso pai, Craig e eu conseguimos ter nossa
primeira e única briga como irmãos adultos.

Eu queria comprar o caixão mais caro e mais luxuoso, com cada alça
extra e almofada que um caixão pudesse ter. Não tinha nenhuma razão
específica para querer isso. Era apenas algo a se fazer quando não havia
mais nada a se fazer. A parte prática de nossa criação não me permitiria

dar crédito às palavras de conforto bem-intencionadas que as pessoas jogariam em cima de nós dias depois no funeral. Não seria fácil me consolar sugerindo que meu pai tinha ido para um lugar melhor ou estava na companhia dos anjos. A meu ver, ele simplesmente merecia um belo caixão.

Craig insistiu que meu pai ia querer algo básico — modesto, prático e nada mais. Isso combinava com a personalidade do nosso pai, disse ele. Qualquer outra coisa seria vistosa e chamativa demais.

Começamos a discutir sem alarde, mas logo explodimos, enquanto o gentil diretor da funerária fingia não escutar e nossa mãe apenas olhava para nós em silêncio, através da névoa de sua própria dor.

Estávamos berrando por motivos que não tinham nada a ver com o caixão. Estávamos tendo uma discussão absurda e inapropriada porque, em consequência da morte, tudo na terra parece absurdo e inapropriado. No fim, enterramos nosso pai em um caixão que não era nem simples nem refinado demais e nunca voltamos a discutir o assunto.

Levamos nossa mãe de carro para casa. Nós três nos sentamos à mesa da cozinha, tristes de novo com a visão da quarta cadeira vazia. Pouco depois, estávamos chorando. Permanecemos sentados pelo que pareceu um longo tempo, soluçando até estarmos esgotados e sem lágrimas. Minha mãe, que pouco havia falado durante todo o dia, por fim fez um comentário.

— Olha só para nós — disse ela, triste.

E, no entanto, havia um toque de leveza em seu jeito de falar. Ela estava chamando a atenção para o fato de que nós, os Robinson, havíamos sido reduzidos a uma verdadeira e ridícula bagunça — as pálpebras inchadas e o nariz escorrendo, a dor e o estranho sentimento de desamparo ali em nossa própria cozinha. Quem éramos nós? Será que não sabíamos? Ele não nos tinha mostrado? Nossa mãe estava nos chamando de volta de nossa solidão com quatro palavras contundentes, como só ela era capaz de fazer.

Mamãe olhou para mim e eu olhei para Craig, e de repente o momento pareceu um pouco engraçado. Sabíamos que a primeira risadinha normalmente teria vindo daquela cadeira vazia. Aos poucos, começamos a rir, até finalmente descambar em um desenfreado ataque de gargalhadas. Sei que parece estranho, mas éramos muito melhores em rir do que em chorar. A questão era que meu pai teria gostado que fosse desse jeito, por isso nos entregamos às risadas.

PERDER MEU PAI fez com que eu sentisse que não havia tempo para ficar sentada à toa, me perguntando que rumo a minha vida deveria tomar. Meu pai tinha apenas 55 anos quando morreu. Suzanne tinha 26. A lição era simples: a vida é curta e não deve ser desperdiçada. Se eu morresse, não queria que as pessoas se lembrassem de mim pelas pilhas de pareceres jurídicos e petições que escrevi ou as marcas registradas e propriedades corporativas que ajudei a defender. Eu estava convicta de que tinha algo mais para oferecer ao mundo. Era hora de tomar uma decisão e agir.

Ainda sem saber direito para onde esperava ir, digitei cartas de apresentação e as enviei para pessoas de toda a cidade de Chicago. Felizmente, algumas pessoas responderam, convidando-me para almoçar ou para uma reunião, mesmo não tendo trabalho a oferecer. Fiquei frente a frente com qualquer pessoa que julgasse capaz de me aconselhar. A questão era menos encontrar um novo emprego e mais ampliar minha compreensão do que era possível fazer e de como outros haviam feito. Eu estava percebendo que a fase seguinte da minha jornada não despontaria magicamente por si só, que meus sofisticados diplomas acadêmicos não me levariam automaticamente a um trabalho gratificante e recompensador. Encontrar uma carreira, em oposição a um emprego, não decorre apenas da leitura minuciosa das páginas de contato de um diretório de ex-alunos, exige reflexão e esforço mais profundos. Eu precisaria me mexer, dar o máximo e aprender. E assim, um sem-número de vezes, expus meu dilema profissional para as pessoas que conheci, interrogando-as sobre o que faziam e quem conheciam.

Perguntei a todo mundo em que consegui pensar que tipo de trabalho poderia estar disponível para uma advogada que, na verdade, não queria exercer a advocacia.

Muitas pessoas se ofereceram para conversar comigo. Certa tarde, visitei o escritório de um homem simpático e atencioso chamado Art Sussman, advogado da Universidade de Chicago. Descobri que minha mãe havia passado um ano trabalhando como secretária dele, quando eu estava no segundo ano do ensino médio, antes de ter aceitado o emprego no banco. Art ficou surpreso ao saber que eu nunca tinha visitado a minha mãe no trabalho — que até então eu jamais havia colocado os pés no campus da universidade, apesar de ter passado a infância e a adolescência a poucos quilômetros dali.

Para ser sincera, não havia razão para eu visitar o campus. A escola do meu bairro não organizava excursões para lá. Se havia eventos culturais abertos para a comunidade quando eu era criança, minha família não sabia. Não tínhamos amigos — nem mesmo conhecidos — que fossem alunos ou ex-alunos. A Universidade de Chicago era uma instituição de elite, e para a maioria das pessoas que eu conhecia quando criança, elite significava *não é para nós*. Seus edifícios de pedra cinza tinham quase literalmente as costas voltadas para as ruas ao redor do campus. Passando de carro, meu pai costumava revirar os olhos para os rebanhos de estudantes que infelizmente atravessavam a Ellis Avenue fora da faixa de pedestres, perguntando-se como pessoas tão inteligentes nunca tinham aprendido a respeitar os sinais de trânsito ao cruzar uma rua.

Como muitos moradores do South Side, minha família tinha uma visão limitada da universidade, embora minha mãe tivesse passado um ano feliz trabalhando lá. Quando chegou a hora de eu e Craig corrermos atrás de faculdade, sequer pensamos em nos inscrever na Universidade de Chicago. Princeton, por alguma razão, nos pareceu mais acessível.

Ouvindo tudo isso, Art ficou incrédulo.

— Você realmente nunca esteve aqui? — perguntou-me ele. — Nunca?

— Não, nem uma única vez.

Era estranhamente poderoso dizer isso em voz alta. Nunca tinha pensado muito nessa ideia antes, mas me ocorreu que eu teria sido uma ótima aluna da Universidade de Chicago, se tivesse sabido da universidade e se a universidade soubesse de mim. Eu me dei conta de que havia algo com que poderia contribuir. Ser negra e do South Side me ajudava a reconhecer problemas que um homem como Art Sussman sequer sabia que existiam.

Muitos anos depois, eu teria a minha chance de trabalhar para a universidade e lidar diretamente com alguns desses problemas de relações com a comunidade, mas naquele momento Art estava gentilmente se oferecendo para espalhar meu currículo.

Art não tinha um trabalho para mim, mas me apresentou a alguns amigos, dando início a uma cadeia de eventos decisiva que me levou a alguém que foi muito importante na minha vida: Valerie Jarrett. Ela era do South Side, como eu, e acabou mudando minha vida não apenas uma vez, mas várias.

Valerie Jarrett era a recém-nomeada chefe adjunta do gabinete do prefeito de Chicago e tinha relações profundas em toda a comunidade afro-americana da cidade. Ela era inteligente o bastante para conseguir um emprego numa empresa renomada depois de terminar a faculdade de direito e, em seguida, teve autoconsciência suficiente para perceber que não gostava daquilo. Foi para a prefeitura em grande parte porque se inspirou em Harold Washington, que havia sido eleito prefeito em 1983, quando eu me mudei para cursar a faculdade. Ele foi o primeiro afro-americano a ocupar o cargo. Meus pais o amavam pela maneira como conseguia se comunicar com pessoas comuns, por sua capacidade de citar Shakespeare em seus discursos e pelo famoso entusiasmo com que se enchia de frango frito em eventos comunitários no South Side. O mais importante, porém, era que ele não gostava dos líderes democratas que havia muito governavam Chicago. Eles concediam os maiores contratos urbanos a doadores de campanha e, via de regra, mantinham negros a serviço do partido, mas raramente permitiam que eles avançassem a ponto de assumir cargos oficiais eletivos.

Organizando sua campanha em torno da reforma do sistema político da cidade e de um melhor atendimento aos bairros negligenciados, Washington ganhou a eleição por um triz. Washington era um super-herói negro e inteligente. Frequentemente entrava de peito aberto em embates com os membros da prefeitura, em sua maioria brancos, e era visto como uma espécie de lenda ambulante, especialmente entre os cidadãos negros. Seus ideais visionários haviam sido uma inspiração inicial para Barack, que chegou a Chicago para trabalhar como organizador comunitário pouco depois de Washington ter sido eleito.

Valerie também foi atraída por Washington. Ela se juntou à equipe dele no início do segundo mandato. Mãe de uma menina pequena, logo depois se divorciaria. Apesar das dificuldades, Valerie aceitou a redução salarial ao trocar um escritório de advocacia renomado pela prefeitura. E meses depois de ela começar em sua nova função, aconteceu uma tragédia: Harold Washington teve um abrupto ataque cardíaco e morreu. O conselho municipal nomeou um conselheiro negro para o lugar de Washington, mas seu mandato foi relativamente curto. Na eleição seguinte, foi escolhido Richard M. Daley, filho de um ex-prefeito tido por muitos como patrono do famoso sistema de compadrio de Chicago. Para os afro-americanos, foi um triste retorno à antiga política branca local.

Embora tivesse preocupações com o novo governo, Valerie decidiu permanecer na prefeitura, transferindo-se do departamento jurídico diretamente para o gabinete do prefeito Daley. Sentia-se feliz por estar lá. Ela descreveu para mim como foi um alívio passar do direito corporativo para o governo e como se sentia energizada trabalhando com o que lhe parecia ser o mundo real.

O prédio da prefeitura de Chicago e da sede do condado é um monólito de granito cinza com teto plano e onze andares que ocupa um quarteirão inteiro. Conforme descobri no quente dia de verão em que fui até lá conhecer Valerie para uma entrevista de emprego, a prefeitura vivia lotada de gente.

Havia casais formalizando o casamento civil e gente tirando licença para carros. Havia pessoas apresentando reclamações sobre buracos, registrando queixas sobre seus senhorios, as redes de esgoto e tudo o mais que, para elas, a cidade poderia melhorar. Havia bebês em carrinhos e velhinhas em cadeiras de rodas. Havia jornalistas e lobistas, e também sem-teto que queriam apenas escapar do calor. Na calçada em frente ao prédio, um grupo de ativistas empunhava cartazes e bradava bordões, embora eu não consiga lembrar qual era o motivo da zanga. O que sei é que me senti surpreendida e fascinada pelo caos desajeitado e controlado. A prefeitura pertencia ao povo. Era barulhenta e agitada, muito diferente do escritório em que eu trabalhava.

Naquele dia, Valerie havia reservado vinte minutos para conversar comigo, mas o papo acabou se estendendo por uma hora e meia. Uma afro-americana magra de pele clara, vestida em um terninho muito bem cortado, de voz suave e calma, com olhos castanhos de olhar firme e uma impressionante compreensão dos mecanismos de funcionamento da cidade. Ela gostava do trabalho, mas não escondia como trabalhar com o governo podia ser difícil. Algo nela causou em mim uma instantânea sensação de relaxamento. Anos mais tarde, Valerie me disse que, para sua surpresa, naquele dia eu tinha conseguido reverter o processo-padrão de entrevistas — fornecera a ela algumas informações básicas e úteis a meu respeito, mas, de resto, eu é que a interrogara, ávida por compreender absolutamente tudo o que ela sentia com relação ao trabalho que fazia e até que ponto o prefeito era receptivo às ideias de seus funcionários. Eu queria descobrir se aquele trabalho era adequado para mim, da mesma forma como ela estava testando se eu era adequada para o trabalho.

Fiz muitas perguntas a Valerie, aproveitando o que parecia ser uma rara oportunidade de falar com uma mulher cuja história espelhava a minha, mas que estava alguns anos à minha frente em termos profissionais. Valerie era calma, ousada e sábia de formas que poucas pessoas que eu conhecia eram. Era alguém com quem você aprende, alguém de quem é bom ficar perto. Notei isso imediatamente.

Antes de eu ir embora, Valerie me ofereceu um emprego: me convidou para integrar sua equipe como assistente do prefeito Daley, a começar assim que eu estivesse pronta. Eu deixaria de exercer a advocacia. Meu salário seria mais ou menos metade do que eu ganhava. Ela me instruiu a tirar um tempo e pensar se eu realmente estava preparada para esse tipo de mudança. Eu precisava refletir e decidir se queria dar esse salto.

Nunca fui de ter a prefeitura na mais alta estima. Sendo negra e tendo crescido no South Side, não botava muita fé na política. Tradicionalmente a política havia sido usada contra os negros, como meio de nos manter isolados e excluídos, subalimentados, desempregados e mal remunerados. Meus avós tinham vivido em meio ao horror das leis segregacionistas e à humilhação da discriminação habitacional, por isso desconfiavam basicamente de qualquer tipo de autoridade (Southside, como você deve lembrar, achava que até o dentista tinha alguma coisa contra ele e estava a fim de pegá-lo). Meu pai, que durante a maior parte da vida foi funcionário público municipal, tinha exercido a função de representante distrital do Partido Democrata para poder pelo menos ser cogitado para promoções no trabalho. Ele gostava do aspecto social de suas atividades como representante distrital, mas sempre se incomodara com a política de favoritismo executada pela prefeitura.

Mas ali estava eu, de repente pensando na possibilidade de assumir um cargo na prefeitura. Tremia de medo só de pensar na redução salarial, mas a oportunidade que Valerie me oferecera me atraía. Era um futuro totalmente diferente do que eu tinha planejado. Eu estava quase pronta para dar o salto, mas faltava uma coisa. Já não se tratava mais de mim. Quando Valerie me ligou dias depois para reiterar a oferta, eu lhe disse que ainda estava pensando na proposta. Então fiz uma última pergunta, que provavelmente soou estranha na hora:

— Eu poderia também, por favor, apresentar você ao meu noivo?

* * *

ACHO QUE AQUI DEVO VOLTAR UM POUCO. Barack tinha ido para Chicago para ficar comigo o máximo que podia por ocasião do enterro do meu pai antes de retornar a Harvard para terminar a faculdade. Depois da formatura, no fim de maio, ele encaixotou suas coisas, vendeu o carro amarelo-banana e voltou para Chicago, instalando-se na Euclid Avenue comigo. Eu o amava. Me sentia amada por ele. Passamos quase dois anos como um casal de longa distância e agora, finalmente, poderíamos ser um casal de curta distância. Poderíamos jantar nas noites de segunda e terça, e nas noites de quarta e quinta também. Poderíamos comprar mantimentos e dobrar a roupa lavada vendo TV. Nas muitas noites em que eu ainda ficasse chorosa pela perda do meu pai, agora Barack estava lá para me reconfortar.

Barack estava aliviado por ter terminado a faculdade e ansioso para começar a trabalhar. Também tinha vendido sua ideia de um livro de não ficção sobre etnia e identidade para uma editora nova-iorquina, o que, para alguém que adorava livros como ele, parecia uma enorme conquista. Ele recebeu um adiantamento e tinha cerca de um ano para escrever o livro.

Barack tinha muitas opções. Sua reputação — os relatos elogiosos de seus professores de Harvard, a matéria do *New York Times* sobre sua escolha como presidente da *Harvard Law Review* — parecia abrir uma profusão de portas e oportunidades. Ofereceram-lhe trabalhos como professor, advogado corporativo e advogado de direitos civis.

Há algo de muito encorajador numa pessoa que vê suas oportunidades como intermináveis. Barack tinha se esforçado muito por tudo o que estava recebendo agora, mas não media seu progresso se comparando com os outros, como faziam muitas pessoas que eu conhecia — como eu mesma fazia em certos momentos. Ele parecia alheio ao gigantesco corre-corre da vida e todas as coisas materiais que um advogado jovem supostamente deveria perseguir, como carros e casas luxuosos. Eu já havia notado essa qualidade nele, mas, agora que estávamos juntos e pensei em dar a primeira guinada da minha vida, passei a valorizá-la ainda mais.

Barack acreditava e confiava, quando outros não faziam isso. Tinha a fé simples e inspiradora de que, se você se mantivesse irredutivelmente fiel a seus princípios, tudo daria certo. Àquela altura eu já havia tido várias conversas cautelosas e sensatas com muitas pessoas sobre como mudar de carreira. Sempre via a expressão de alerta e preocupação quando eu falava que ainda tinha empréstimos a pagar, que ainda não havia conseguido comprar uma casa. Era inevitável pensar em como meu pai evitava todos os riscos para nos dar estabilidade em casa. O conselho da minha mãe ainda reverberava no meu ouvido: *Primeiro ganhe dinheiro e depois se preocupe com a sua felicidade.* Um desejo profundo, maior que qualquer outro, me deixava ainda mais ansiosa: eu sabia que queria ter filhos, mais cedo ou mais tarde. E como isso funcionaria se eu começasse em um trabalho novo?

Tão logo desembarcou em Chicago, Barack absorveu minhas preocupações, escutou sobre minhas obrigações financeiras e me disse que também estava empolgado com a ideia de ter filhos. Barack comentou que não havia como prever exatamente como administraríamos as coisas, já que nenhum de nós queria ficar preso à previsibilidade da vida de um advogado. Mas estávamos longe de ser pobres e nosso futuro era promissor, talvez até mais promissor já que não poderia ser facilmente planejado.

Barack era o único me dizendo para ir em frente, deixar de lado as preocupações e rumar em direção ao que eu pensava que me faria feliz. Não havia problema em dar meu salto para o desconhecido, porque o desconhecido não iria me matar. Seria uma notícia surpreendente para a maioria dos membros da minha família estendida, remontando até Dandy e Southside.

Não se preocupe, Barack estava dizendo. *Você consegue. Nós vamos dar um jeito.*

UMA PALAVRINHA SOBRE o exame da Ordem dos Advogados: é algo necessário para qualquer recém-formado que pretenda exercer a advocacia e consiste em uma avaliação muito difícil, que se estende por dois dias e doze horas e que coloca à prova seu conhecimento acerca de tudo que envolve o exercício da lei. Barack pretendia fazer, e eu tinha prestado o exame em Illinois três anos antes, no verão depois de terminar meu curso em Harvard.

Embora minha intenção fosse passar dois meses dedicada a grossos livros de testes, Craig se casou com Janis naquele verão. Ela me pedira para ser uma das madrinhas, e me dediquei ao papel com toda avidez. Dei opinião sobre os vestidos da noiva e ajudei a planejar a despedida de solteira. Eu estava muito mais empolgada com o casamento do meu irmão do que com estudar para a prova.

Naquele outono, já depois da prova e do casamento, certo dia liguei do trabalho para meu pai e pedi que ele verificasse se a correspondência havia chegado. Perguntei se havia um envelope lá para mim. Havia. Era uma carta da Ordem dos Advogados do Estado de Illinois? Ora, sim, era o que se lia no envelope. Em seguida, pedi que abrisse para mim, e foi quando ouvi um farfalhar e depois uma pausa longa no outro lado da linha.

Eu tinha sido reprovada.

Nunca, em toda a minha vida, eu havia fracassado em uma prova, a menos que eu conte a vez que, no jardim de infância, não consegui ler a palavra "branco" no cartão que a professora segurava. Mas estraguei tudo no exame da Ordem. Fiquei envergonhada, com a certeza de que tinha decepcionado todas as pessoas que já me haviam ensinado, incentivado ou me empregado. Eu não estava acostumada a cometer erros. Na verdade, em geral exagerava as coisas, sobretudo na preparação para um grande momento ou um teste, mas nesse caso eu tinha vacilado e fracassei. Hoje acho que isso foi fruto do meu desinteresse durante toda a faculdade de direito. Eu era uma estudante sobrecarregada, esgotada e entediada com temas que me pareciam distantes da realidade. Queria estar perto de pessoas, não de livros, e é por isso que a melhor parte da faculdade de direito para mim foi ter feito trabalho voluntário no Departamento de Assistência Jurídica da universidade, onde eu podia ajudar alguém a obter um cheque do Seguro Social ou a resistir a uma ação de despejo descabida.

Mas, ainda assim, não gostei de fracassar. O desconforto permaneceria comigo durante meses, mesmo quando muitos colegas do escritório me confessaram que também não haviam passado no exame da Ordem de primeira. Mais tarde naquele outono, me empenhei e estudei para refazer a prova, e dessa vez passei com facilidade. No fim das contas, além do orgulho ferido, meu fiasco não faria diferença alguma.

Anos depois, a lembrança do meu primeiro fracasso me levou a encarar Barack com curiosidade extra. Ele estava fazendo um cursinho preparatório para o exame e carregava seus livros de revisão de um lado para outro, mas parecia não abri-los com a frequência que eu achava necessária. Mas eu não faria o papel de importuná-lo nem de me oferecer como exemplo do que poderia dar errado. A cabeça de Barack era uma mala abarrotada de informações. Eu o chamava de "o cara dos fatos", por causa de sua capacidade de apresentar uma estatística para cada tópico de uma conversa. Sua memória parecia quase fotográfica. A verdade é que eu não estava preocupada se ele passaria no exame da Ordem e, de modo um tanto irritante, ele também não.

Assim, comemoramos a conquista com antecedência, no mesmo dia em que ele terminou o exame, reservando uma mesa num restaurante do centro. Era um dos nossos lugares favoritos, para ocasiões especiais. Era o auge do verão e estávamos felizes.

Quando o jantar estava chegando ao fim, Barack sorriu para mim e trouxe à tona o assunto do casamento. Pegou minha mão e disse que, por mais que me amasse de todo o coração, ainda não entendia realmente qual era o sentido de se casar. Senti o sangue subir nas maçãs do rosto. Foi como se ele tivesse apertado um botão em mim — um botão vermelho grande e iluminado que você encontra numa instalação nuclear, rodeado de sinais de alerta e mapas de evacuação. Sério? Íamos fazer isso agora?

Íamos, sim. Já tínhamos conversado sobre o casamento inúmeras vezes, e nada havia mudado. Eu era tradicional e Barack não era. Parecia claro que nenhum de nós seria influenciado ou mudaria de opinião. Ainda assim, isso não nos impediu — dois advogados, afinal de contas — de discutir a questão com prazer. Cercados de homens em paletós esporte fino e mulheres em belos vestidos, todos desfrutando suas requintadas refeições, fiz o que pude para manter a voz calma.

— Se estamos comprometidos, por que não formalizamos esse compromisso? — perguntei, da maneira mais equilibrada que pude. — Que parte da sua dignidade seria sacrificada por isso?

Voltamos ao antigo debate. O casamento era importante? Por que era importante? O que havia de errado com Barack? O que havia de errado comigo? Que tipo de futuro teríamos se não conseguíssemos resolver a questão? Íamos e voltávamos, como advogados. A mais exaltada era eu, e a que mais falava.

Por fim, nosso garçom apareceu com um prato de sobremesa coberto com uma tampa de prata. Ele colocou o prato na minha frente e levantou a tampa. Eu estava irritada demais para sequer olhar para baixo, mas, quando o fiz, vi uma caixa de veludo preto onde deveria haver um bolo de chocolate. Dentro, havia um anel de diamante.

Barack olhou para mim com um sorriso brincalhão. Ele havia me enganado. Tudo tinha sido uma armação. Levei um segundo para esquecer a raiva e me entregar a uma alegre perplexidade. Barack tinha me provocado e irritado porque era a última vez que ele argumentaria contra o casamento — nunca mais faria isso, pelo resto da nossa vida. O caso estava encerrado. Ele se ajoelhou e então, com a voz embargada de emoção, perguntou sinceramente se eu lhe daria a honra de me casar com ele. Mais tarde, descobri que ele já havia falado com minha mãe e meu irmão, pedindo a aprovação deles. Quando eu disse "sim", tive a impressão de que todas as pessoas no restaurante começaram a bater palmas.

Por um ou dois minutos fitei, embasbacada, o anel no meu dedo.

Olhei para Barack querendo confirmar que tudo aquilo era real. Ele estava sorrindo.

Havia me surpreendido completamente. De certa forma, nós dois tínhamos ganhado.

— Bem — disse ele, alegre —, isso deve calar sua boca.

EU DISSE "SIM" para Barack, e logo depois disse "sim" para Valerie Jarrett, aceitando a oferta para trabalhar na prefeitura. Antes de assumir, fiz questão de levar adiante meu pedido de apresentar Barack a Valerie, marcando um jantar para os três podermos conversar.

Fiz isso por duas razões. Em primeiro lugar, eu gostava de Valerie. Fiquei impressionada com ela, e, aceitando ou não o emprego, a ideia de conhecê-la melhor me empolgava. Sabia que Barack também ficaria impressionado. Em segundo lugar, e mais importante, porém, eu queria que ele ouvisse a história de Valerie. Assim como Barack, ela havia passado parte da infância num país diferente — no caso dela, o Irã, onde seu pai trabalhava como médico em um hospital — e retornou aos Estados Unidos para estudar, o que lhe deu o mesmo tipo de visão de mundo perspicaz que eu via em Barack. Ele tinha certas preocupações com relação ao meu trabalho na prefeitura. Tal como Valerie, tinha sido inspirado pela liderança de Harold Washington quando ele era o prefeito, mas parecia muito menos entusiasmado com os políticos da velha guarda representados por Richard M. Daley. Este era o organizador comunitário dentro de Barack: mesmo quando Washington estava no cargo, Barack teve que travar batalhas contra a prefeitura a fim de obter o mínimo de apoio para projetos de base. Embora tenha manifestado apoio irrestrito sobre minhas perspectivas de emprego, acho que no fundo ele estava apreensivo com a possibilidade de eu acabar infeliz.

Valerie era a pessoa certa para quem expressar quaisquer preocupações. Ela havia reorganizado toda a sua vida a fim de trabalhar para Washington e depois o perdeu quase imediatamente. O vazio que se seguiu à morte de Washington propiciou uma espécie de clara advertência para o futuro. Em Chicago, tínhamos cometido o erro de colocar todas as nossas esperanças nos ombros de uma pessoa, mas não havíamos construído a rede política para dar respaldo a seus ideais. Os eleitores, especialmente os liberais e negros, viam Washington como uma espécie de salvador, um símbolo, o homem que seria capaz de mudar tudo. Ele carregou o fardo, inspirando pessoas como Barack e Valerie a saírem do setor privado para atuar no trabalho comunitário e no serviço público. Mas quando Harold Washington morreu, a maior parte da energia que ele havia gerado também se extinguiu.

A decisão de Valerie de permanecer no gabinete do prefeito exigiu alguma reflexão, mas ela nos explicou por que julgava ser a escolha certa. Ela nos contou que recebia apoio de Daley e sentia que estava sendo útil para a cidade. Sua lealdade, disse Valerie, era mais aos princípios de Harold Washington do que ao homem propriamente dito. A inspiração por si só era superficial; era necessário corroborá-la com muito trabalho duro. Essa ideia inspirou tanto a mim quanto a Barack. No jantar, senti que alguma coisa havia sido consolidada: Valerie Jarrett agora fazia parte da nossa vida. De forma tácita, parecia quase como se nós três tivéssemos concordado em nos apoiar sempre, e por muito tempo.

HAVIA UMA ÚLTIMA COISA A FAZER, agora que estávamos noivos, que eu assumira um novo emprego e que Barack havia firmado um compromisso com um escritório de advocacia de interesse público. Tiramos férias. Mais precisamente, fizemos uma peregrinação. Saímos de Chicago numa quarta-feira no fim de agosto, encaramos uma longa espera no aeroporto de Frankfurt, na Alemanha, e depois voamos mais oito horas para chegar a Nairóbi, Quênia, pouco antes do amanhecer, sob o luar queniano, e adentramos o que parecia ser um mundo completamente diferente.

Eu conhecia a Jamaica e as Bahamas, e já havia ido à Europa algumas vezes, mas nunca tinha estado tão longe de casa. Senti a estranheidade de Nairóbi — ou melhor, minha própria condição de estrangeira em relação à cidade — de imediato, já mesmo nas primeiras luzes da manhã. Foi uma sensação que passei a amar à medida que viajei com mais frequência, essa maneira como um novo lugar se revela instantaneamente. O ar tem um peso diferente do que de costume; carrega odores que não conseguimos identificar, um leve aroma de fumaça de lenha ou diesel talvez, ou a doçura de algo que floresce nas árvores. O mesmo sol nasce, mas parece um pouco diferente do que conhecemos.

A meia-irmã de Barack, Auma, nos buscou no aeroporto e nos recebeu calorosamente. Os dois haviam se encontrado poucas vezes ao longo da vida — a primeira vez tinha sido seis anos antes, quando Auma visitou Chicago —, mas tinham um vínculo estreito. Auma é um ano mais velha que Barack. A mãe dela, Grace Kezia, estava grávida de Auma quando Barack Obama pai deixou Nairóbi para estudar no Havaí, onde conheceu a mãe de Barack.

Auma tinha pele de ébano, dentes brancos e brilhantes e um forte sotaque britânico. Seu sorriso era enorme e reconfortante. Eu estava tão cansada que mal conseguia conversar, mas notei como a rapidez do sorriso de Auma era igual à do de Barack. Ela também claramente herdara a inteligência da família: fora criada no Quênia e voltava para lá com frequência, mas cursara uma faculdade na Alemanha e ainda morava lá, onde estudava para um ph.D. Era fluente em inglês, alemão, suaíli e luo, a língua local de sua família. Assim como nós, ela estava apenas de visita.

Auma tomou providências para que eu e Barack ficássemos no apartamento vazio de um amigo, um espaço espartano de quarto único em um indistinguível prédio de blocos de concreto que fora pintado de rosa vivo. Nos primeiros dois dias, estávamos tão grogues devido ao jet lag que a sensação era a de que nos movíamos na metade da velocidade normal. Ou talvez fosse apenas o ritmo de Nairóbi, que seguia uma lógica inteiramente diferente da de Chicago. Suas ruas viviam entupidas de uma mistura de pedestres, ciclistas, carros e *matatus* — os informais e cambaleantes micro-ônibus que podiam ser vistos por toda parte, pintados de cores vivas com murais e homenagens a Deus, os tetos repletos de bagagens amarradas, tão superlotados que os passageiros às vezes eram arrastados, agarrando-se perigosamente do lado de fora.

Eu estava na África. Era inebriante, extenuante e novo para mim. O carro azul-celeste de Auma era tão velho que muitas vezes precisava ser empurrado para o motor pegar. Eu tinha comprado um par de tênis brancos para usar na viagem, e, em menos de um dia, depois de tanto empurrar o calhambeque, eles ficaram marrom-avermelhados, manchados com a poeira de Nairóbi.

Como já havia estado em Nairóbi uma vez antes, Barack se sentia mais em casa do que eu. Eu me movia sem jeito como uma turista, ciente de que não pertencíamos àquele lugar mesmo tendo a pele negra. Pessoas nos encaravam na rua às vezes. Eu não esperava me adequar completamente, mas acho que cheguei lá acreditando que sentiria uma conexão imediata com o continente que cresci imaginando ser minha pátria. Mas a África, claro, não nos devia nada. É curioso constatar a sensação de não estar nem lá nem cá, sendo uma pessoa afro-americana na África. Isso gerou em mim uma tristeza difícil de explicar, uma sensação de não pertencer a nenhum dos dois lugares.

Dias depois, eu ainda estava me sentindo deslocada, e ambos sofríamos com dor de garganta. Barack e eu brigamos — não lembro exatamente a razão. A despeito de cada pequeno deslumbramento que sentíamos no Quênia, também estávamos cansados, o que nos levava a criar caso sobre coisinhas insignificantes, discussões que, por um motivo qualquer, resultavam em um ataque de fúria. "Estou tão irritada com Barack", escrevi no meu diário. "Acho que não temos nada em comum." Meus pensamentos pararam por aí. Para expressar minha frustração, fiz um longo e enfático rasgo no resto da página.

Como qualquer casal mais ou menos recente, estávamos aprendendo a brigar. Não brigávamos com frequência, e, quando acontecia, normalmente era por besteira. Mas brigávamos. E, para o bem ou para o mal, às vezes começo a gritar quando estou com raiva. Barack, por sua vez, tende a permanecer calmo e racional, o que às vezes só me irrita ainda mais. Levamos anos para entender que somos apenas diferentes, mas com o tempo descobrimos como expressar e superar nossas irritações. Ainda discutimos às vezes, mas sempre tendo em vista o nosso amor um pelo outro, não importa o quanto ainda estejamos tensos.

Acordamos na manhã seguinte em Nairóbi com o céu azul e a energia renovada, com a sensação de que tínhamos voltado a ser as versões felizes e habituais de nós mesmos. Encontramos Auma numa estação ferroviária no centro da cidade e embarcamos em um trem rumo ao oeste, saindo da cidade em direção ao lar ancestral da família Obama. Sentada junto a uma janela numa cabine lotada de quenianos (alguns dos quais viajando com galinhas vivas dentro de cestos, outros com móveis que haviam comprado na cidade), fiquei novamente perplexa ao perceber o quanto a minha vida de repente se transformara — como aquele homem sentado ao meu lado aparecera em meu escritório um dia com seu nome esquisito e seu sorriso rápido e mudara tudo. Sentei-me colada à janela enquanto a comunidade de Kibera, a maior favela urbana da África, passava zunindo, mostrando seus barracos baixos com telhados de zinco, suas ruas lamacentas e esgotos a céu aberto, e uma espécie de pobreza que eu nunca tinha visto nem seria capaz de imaginar.

A viagem de trem durou várias horas. Barack por fim abriu um livro, mas eu continuei olhando pela janela enquanto as favelas de Nairóbi davam lugar a campos verdes feito joias. O trem tremulou para o norte até a cidade de Kisumu, onde Auma, Barack e eu descemos no exorbitante calor equatorial, então fizemos uma última e sacolejante jornada em meio aos milharais até a aldeia da avó deles, Kogelo.

Nunca vou me esquecer do barro vermelho vivo naquela parte do Quênia. A poeira cobria a pele e o cabelo escuros das crianças que nos saudavam aos gritos da margem da estrada. Eu me lembro de estar suada e com sede enquanto percorríamos a pé o último trecho até a casa de concreto bem conservada onde a avó de Barack morava fazia anos. Ela cultivava uma horta adjacente e cuidava de várias vacas. Vovó Sarah, eles a chamavam. Era uma senhora baixinha e de corpo largo com olhos sábios e um sorriso encarquilhado. Não falava inglês, apenas luo, e expressou sua alegria por termos viajado de tão longe para vê-la. A seu lado, me senti muito alta. Ela me observou com curiosidade, como se estivesse tentando identificar de onde eu vinha e como tinha ido parar diante de sua porta. Uma de suas primeiras perguntas para mim foi:

— Qual dos dois é branco, seu pai ou sua mãe?

Eu ri e expliquei, com a ajuda de Auma, que era completamente negra, basicamente o mais negra possível nos Estados Unidos.

Vovó Sarah achou engraçado. Parecia achar tudo engraçado, provocando Barack por ele não ser capaz de falar sua língua. Adorei seu sorriso fácil. Quando a noite caiu, ela matou uma galinha e preparou um ensopado, que serviu com um mingau de fubá chamado *ugali*. O tempo todo, vizinhos e parentes apareciam para cumprimentar os Obama mais jovens e nos parabenizar pelo noivado. Devorei com gratidão a comida enquanto o sol baixava e a noite caía sobre a aldeia, que não tinha eletricidade. As estrelas brilhavam no céu. Estar naquele lugar parecia um pequeno milagre. Ouvi o cricrilar dos grilos nos milharais ao nosso redor, o farfalhar de animais que não conseguíamos ver. Lembro-me de me sentir deslumbrada com a amplidão da terra e do céu ao meu redor e, ao mesmo tempo, aconchegada e protegida dentro daquele minúsculo lar. Eu tinha um novo emprego e um noivo, minha família havia sido ampliada — agora contava até com uma avó queniana que me aprovava. Era verdade: eu tinha escapado do meu mundo e, por enquanto, tudo estava bem.

12

BARACK E EU NOS CASAMOS NUM SÁBADO DE SOL DE
outubro, diante de centenas de parentes e amigos, na Igreja da Trindade
Unida em Cristo no South Side. Foi um casamento grande, e tinha de
ser grande mesmo. Com o casamento em Chicago, não havia como diminuir a lista de convidados. Minhas raízes eram muito longas. Além
dos primos, havia os primos dos primos, e esses primos dos primos
também tinham filhos; eu nunca deixaria nenhum deles de fora. Todos
tornaram o dia mais alegre e significativo.

Os irmãos mais novos do meu pai estavam presentes, assim como
toda a família da minha mãe. Compareceram antigos vizinhos e amigos da escola, gente de Princeton, gente da Whitney Young. A sra.
Smith, esposa do vice-diretor da escola onde fiz o ensino médio, que
ainda morava perto da nossa casa na Euclid Avenue, ajudou a organizar o casamento, enquanto nossos vizinhos, o sr. e a sra. Thompson,
tocaram com sua banda de jazz na festa depois da cerimônia. Santita
Jackson foi minha madrinha. Convidei antigos colegas do escritório e
novos colegas da prefeitura. Os sócios do escritório de advocacia de Barack foram, e seus velhos amigos da época de organizador comunitário
também. A turma animada da época do ensino médio no Havaí logo se

juntou a alguns parentes quenianos dele, usando os barretes de cores vivas típicos da África Oriental. Infelizmente, Gramps — avô de Barack — tinha morrido no inverno anterior, mas a mãe e a avó tinham vindo a Chicago, bem como Auma e Maya, suas meias-irmãs de continentes diferentes. Era a primeira vez que nossas famílias se encontravam, e foi uma alegria enorme.

Estávamos cercados de amor — uma mistura do amor multicultural dos Obama e o amor apoiador dos "Robinson do South Side". Estava entrelaçado dentro da igreja. Segurei o cotovelo de Craig com força enquanto ele me conduzia pela nave. Quando chegamos à frente do altar, vi o olhar da minha mãe. Ela estava sentada na primeira fila, majestosa com um longo preto e branco enfeitado de lantejoulas que tínhamos escolhido juntas. Mantinha a cabeça erguida e seus olhos brilhavam de orgulho. A morte do meu pai ainda doía muito, mas estávamos seguindo em frente, como ele próprio gostaria.

Naquele dia Barack tinha acordado com um resfriado forte, que sumiu como um milagre na hora em que chegou à igreja. Ali no altar, ele sorria para mim, os olhos brilhando, com um fraque alugado e um par de sapatos novos reluzentes. Para ele, o casamento era um mistério ainda maior do que para mim, mas, durante nossos catorze meses de noivado, ele se manteve totalmente envolvido. Tínhamos escolhido tudo, cuidadosamente, para este dia. De início, Barack declarou que não estava interessado nos detalhes do casamento, mas, de maneira carinhosa — e previsível —, acabou opinando em tudo, desde os arranjos de flores à comida da festa. Escolhemos a música do casamento, que Santita cantaria com a sua voz maravilhosa.

Era uma música de Stevie Wonder chamada "You and I (We Can Conquer the World)". Eu a conhecera quando menina, no terceiro ou quarto ano do ensino fundamental, quando Southside me deu de presente *Talking Book* — meu primeiro disco, uma preciosidade para mim. Eu o deixava guardado na casa dele e podia pôr para tocar a hora que quisesse quando ia visitá-lo. Ele tinha me ensinado a cuidar do disco, a tirar o pó das ranhuras, a erguer o braço da vitrola e a colocar delicadamente a agulha no lugar certo. Em geral me deixava sozinha ouvindo o disco, sem ficar muito por perto, para que eu absorvesse à vontade tudo o que o disco tinha a ensinar, o que consistia basicamente em repetir várias vezes a letra, cantando a plenos pulmões com a minha vozinha de menina: *Well, in my mind, we can conquer the world/ In love you and I, you and I, you and I...*

Eu tinha nove anos na época. Não sabia nada sobre amor e compromisso, nem sobre conquistar o mundo. O máximo que conseguia era ter algumas vagas noções sobre o que seria o amor e sobre quem um dia apareceria para me fazer sentir aquela força. Seria Michael Jackson? Alguém como o meu pai? Na época eu não fazia ideia de quem seria o "você" para o meu "eu".

Mas ali estávamos nós.

A Igreja da Trindade era famosa por ser dinâmica e emotiva. O pastor, reverendo Jeremiah Wright, era conhecido como um pregador fantástico, ardoroso defensor da justiça social, e foi ele quem oficiou o casamento. Saudou nossos amigos e parentes e depois ergueu nossas alianças para todos verem. Falou com vigor sobre o significado da união e a importância de ser presenciada por uma comunidade afetuosa, com pessoas que conheciam Barack e eu tão bem.

Senti o poder do que fazíamos. Estávamos ali com nosso futuro ainda em aberto, segurando a mão um do outro enquanto fazíamos nossos votos.

O que quer que o mundo nos reservasse, estaríamos juntos para descobrir. Eu tinha dado tudo de mim planejando esse dia, mas ali, no altar, entendi que o que realmente importava, o que eu lembraria para sempre, era a sensação da mão de Barack na minha. Aquilo me apaziguou como nada me apaziguara antes. Eu tinha fé na união, fé no homem. Declarar isso em voz alta foi a coisa mais fácil do mundo. Encarando Barack, tive certeza de que ele sentia a mesma coisa. Não derramamos nenhuma lágrima naquele dia. No máximo, nos sentimos um pouco zonzos. Dali reunimos as centenas de testemunhas e fomos para a festa. Comemos, bebemos e dançamos até nos esgotarmos de tanta alegria.

PASSARÍAMOS A LUA de mel viajando de carro pelo norte da Califórnia. No dia seguinte ao casamento, pegamos um voo até San Francisco, passamos vários dias em vinícolas e depois fomos pela costa até Big Sur, onde ficamos lendo, admirando a extensão azul do oceano e esvaziando a mente. Foi maravilhoso, apesar do resfriado de Barack, que voltou com força total, e também apesar dos banhos de lama, que não achamos nada relaxantes e meio nojentos.

Depois de um ano agitado, estávamos loucos para dar uma espairecida. Originalmente, Barack tinha planejado passar os meses antes do casamento terminando o livro e trabalhando no seu novo escritório de advocacia, mas acabou interrompendo bruscamente grande parte da programação. Ele fora consultado pelos dirigentes de uma organização nacional apartidária, chamada Projeto VOTE!, que registrava novos eleitores em estados onde o comparecimento das minorias às urnas era tradicionalmente baixo. Perguntaram se Barack aceitaria abrir um escritório em Chicago para registrar eleitores negros antes das eleições de novembro. Calculava-se que havia no estado cerca de 400 mil afro--americanos aptos a votar, mas que ainda não tinham registro.

A remuneração era baixa, mas Barack acreditava no trabalho. Naquele ano, outra candidata afro-americana, Carol Moseley Braun, causara surpresa geral ao vencer por margem estreita a disputa pela indicação dos democratas para as eleições do Senado. Bill Clinton disputaria a presidência contra George H. W. Bush. Não era hora para os eleitores das minorias ficarem de fora.

Dizer que Barack se jogou de cabeça na tarefa é pouco. A meta do Projeto VOTE! era registrar novos eleitores de Illinois a um ritmo alucinante de 10 mil por semana. O trabalho era parecido com o que ele fazia como organizador das comunidades de base: de março a setembro, ele e sua equipe tinham visitado salões paroquiais e ido de casa em casa conversar com os eleitores sem registro. Ele encontrava líderes comunitários e repetia incansavelmente o discurso para doadores abastados, que ajudavam a financiar a produção de anúncios no rádio e folhetos informativos que podiam ser distribuídos nos bairros e em conjuntos residenciais de negros. A mensagem da entidade era inabalável: o voto tinha poder. Se você quisesse ver mudanças, não podia ficar em casa no dia das eleições.

À noite, Barack voltava para casa na Euclid Avenue e muitas vezes se afundava no sofá, cheirando aos cigarros que ainda fumava longe da minha vista. Tinha um ar cansado, mas nunca esgotado. Mantinha um controle cuidadoso da contagem de registros: estavam numa média impressionante de 7 mil registros por semana, mas ainda aquém da meta. Bolava estratégias para difundir a mensagem de forma mais eficiente, conseguir mais voluntários e alcançar bolsos que ainda não alcançara. Era como se os problemas fossem uma espécie de cubo mágico, que só seriam resolvidos se ele girasse os blocos certos na ordem certa. Ele me dizia que os mais difíceis de convencer eram os mais jovens, o pessoal entre dezoito e trinta anos, que pareciam totalmente descrentes do governo.

Fazia um ano que eu trabalhava com Valerie no gabinete do prefeito. Era um trabalho abrangente que envolvia lidar com pessoas, de modo que me interessava. Se antes eu passava os dias redigindo sumários de processos num escritório silencioso com tapete de veludo e vista para o lago, agora trabalhava numa sala sem janela num dos últimos andares do prédio da prefeitura, com o fluxo barulhento de cidadãos percorrendo o prédio o dia inteiro.

Eu vivia em reuniões com vários chefes de secretaria, trabalhava com as equipes de comissários municipais, às vezes era enviada a vários bairros de Chicago. Ia inspecionar árvores caídas que precisavam ser removidas, conversava com pastores de bairro que estavam irritados com o trânsito ou a coleta de lixo, muitas vezes representava a prefeitura nas cerimônias comunitárias. Certa vez tive de apartar uma briga entre dois idosos que se empurravam num piquenique no North Side. Não eram coisas que um advogado corporativo fazia, e até por isso me pareciam uma bela mudança. Eu estava conhecendo Chicago de uma forma que nunca conhecera antes.

Também estava aprendendo outra coisa valiosa ao passar boa parte do tempo com Valerie Jarrett e Susan Sher, a advogada da prefeitura que me apresentara a Valerie. Eram duas mulheres que — eu estava vendo — tinham ao mesmo tempo uma enorme segurança e um enorme senso humanitário.

Eu tinha mais contato com Valerie do que com Susan, mas observava atentamente tudo o que faziam, tal como havia observado Czerny, minha mentora na faculdade. Eram mulheres com consciência da própria voz e não tinham medo de usá-la. Sabiam ter humor e humildade na hora certa, mas acreditavam em seus pontos de vista e não tinham medo de dizer o que pensavam em salas de reuniões cheias de homens com opiniões fortes. Outra coisa importante: eram mães que trabalhavam. Eu as observava de perto, sabendo que um dia ia querer ter filhos e continuar trabalhando. Valerie nunca hesitava em sair de uma reunião importante se recebesse um telefonema da escola da filha. Susan saía em disparada no meio do expediente se um filho ficasse com febre ou fosse participar de uma apresentação musical na pré-escola. Nunca se desculpavam por colocar as necessidades das crianças em primeiro lugar, mesmo que isso às vezes significasse interromper o andamento do trabalho. Não tentavam separar trabalho e casa, como os sócios do sexo masculino no escritório de advocacia pareciam fazer. Não tenho certeza se essa era uma opção para Valerie e Susan. Elas faziam malabarismos para cumprir o que se esperava de uma mãe. Eram ambas divorciadas, o que trazia seus próprios desafios emocionais e financeiros. Não tentavam ser perfeitas, mas de certa forma sempre conseguiam ser excelentes, as duas unidas numa amizade profunda e parceira. Isso me causava uma ótima impressão. As duas eram simplesmente elas mesmas, de uma maneira maravilhosa, poderosa e muito instrutiva.

QUANDO VOLTAMOS DA LUA DE MEL, duas notícias nos aguardavam, uma boa e uma ruim. A boa notícia veio sob a forma da eleição de novembro, trazendo o que parecia ser uma maré de mudanças promissoras. Bill Clinton obteve uma vitória esmagadora em Illinois e por todo o país, removendo o presidente Bush do cargo depois de apenas um mandato. Carol Moseley Braun também vencera, tornando-se a primeira afro-americana a ocupar um assento no Senado. Ainda mais empolgante para Barack foi saber que o comparecimento no dia da eleição fora simplesmente épico: o Projeto VOTE! havia registrado diretamente 110 mil novos eleitores, e a campanha mais ampla provavelmente também alavancou muito o comparecimento geral às urnas.

Pela primeira vez em dez anos, mais de meio milhão de eleitores negros em Chicago foram votar, provando que eles tinham o poder de determinar os resultados. Isso foi uma mensagem clara para os congressistas e futuros políticos: o voto afro-americano era importante. Seria politicamente prejudicial ignorar ou descartar as necessidades e os interesses dos negros. Dentro dessa mensagem, havia outra, dirigida à própria comunidade negra: o lembrete de que era possível progredir e de que nosso valor era mensurável. Tudo isso era muito alentador para Barack. Por mais cansativo que fosse, ele havia trabalhado com líderes comunitários, cidadãos comuns e representantes eleitos, o que rendera resultados. Vários veículos da mídia comentaram o impacto marcante do Projeto VOTE!. Um articulista da revista *Chicago* se referiu a Barack como "um workaholic alto e afável", sugerindo que um dia deveria disputar um cargo, ideia à qual ele simplesmente deu de ombros.

Já a notícia ruim foi a seguinte: aquele workaholic alto e afável com quem eu acabara de me casar andava tão ocupado em registrar eleitores que não tinha terminado de escrever seu livro e só conseguira entregar uma parte do manuscrito. Chegamos da Califórnia e soubemos que a editora cancelara o contrato e que Barack deveria devolver o dinheiro que havia recebido adiantado.

Se ele entrou em pânico, não foi na minha frente. Eu tinha assumido uma nova função ao voltar da lua de mel. Continuava na prefeitura, mas agora trabalhava para Valerie Jarrett na comissão de planejamento e desenvolvimento econômico. O trabalho me mantinha ocupada, e o agito da prefeitura durante o dia me deixava cansada à noite, pronta para desligar a cabeça e ver TV no sofá. Se eu tinha aprendido alguma coisa com o envolvimento obsessivo de Barack com o Projeto VOTE!, era que não adiantava nada me preocupar com as preocupações dele. Elas me pareciam mais assoberbantes do que ele próprio achava. Barack era como um artista de circo que gostava de girar pratos: se a situação ficava calma demais, ele entendia como sinal de que havia mais coisas a fazer. Eu começava a entender que Barack era alguém que assumia novos projetos sem pensar muito em suas limitações de tempo e energia. Ele aceitava integrar o conselho de direção de duas ou três organizações sem fins lucrativos e simultaneamente dar aulas em meio período na Universidade de Chicago ao mesmo tempo que se programava para trabalhar em tempo integral no escritório de advocacia.

E além de tudo havia o livro. A agente tinha certeza de que conseguiria revender a ideia a outra editora, mas ele teria de terminar logo um rascunho inicial. Com a aprovação do escritório de advocacia, que esperava Barack começar em tempo integral já fazia um ano, ele se saiu com uma solução que lhe pareceu perfeita: escreveria o livro em isolamento, alugaria uma cabana num lugar qualquer, afastando as distrações do cotidiano, e finalizaria aquele assunto. Ele me contou seu plano cerca de um mês e meio depois de nos casarmos. A mãe dele até já encontrara o lugar ideal e o alugara. Era uma cabana barata, silenciosa e ficava na praia. Em Sanur. Que ficava na ilha indonésia de Bali, a uns 15 mil quilômetros de Chicago.

* * *

PARECE UMA PIADA de mau gosto, não? O que acontece quando um individualista que gosta de solidão se casa com uma mulher sociável e extrovertida que detesta solidão?

A resposta é provavelmente a melhor para qualquer pergunta que surge num casamento, para qualquer pessoa e qualquer questão: você dá um jeito de se adaptar. Se o casamento é para sempre, não tem escolha.

Barack pegou um avião para Bali e passou cerca de cinco semanas vivendo só com os seus pensamentos e trabalhando no livro *A origem dos meus sonhos*, enchendo blocos de papel pautado amarelo com sua caligrafia meticulosa, remoendo ideias em caminhadas diárias entre ondas e coqueiros. Fiquei na casa da minha mãe na Euclid Avenue, no andar de cima, enquanto outro inverno tomava conta de Chicago. Eu me mantinha ocupada, à noite ia para a academia e encontrava os amigos. Nos contatos regulares que tinha no trabalho ou na cidade, volta e meia me pegava usando uma expressão nova e estranha: "meu marido". *Meu marido e eu queremos comprar uma casa. Meu marido é escritor e está terminando um livro.* Eu morria de saudade de Barack, mas me convencia de que, mesmo recém-casados, o tempo separados provavelmente seria muito positivo.

Barack havia se isolado para terminar o livro. Talvez fosse um gesto de consideração por mim. Eu devia lembrar a mim mesma que estava casada com um homem de pensamento pouco convencional. Ele estava lidando com o assunto da maneira que considerava a mais sensata e eficiente, mesmo que parecesse uma temporada de férias na praia logo depois da lua de mel comigo.

Você e eu, você e eu, você e eu. Estávamos aprendendo a nos adaptar, a nos unir numa forma sólida e permanente de *nós*. Mesmo sendo as mesmas pessoas que sempre tínhamos sido, agora tínhamos novos rótulos, um segundo jogo de identidades. Ele era meu marido. Eu era a esposa dele. Era realmente como se devêssemos coisas novas um ao outro.

Para muitas mulheres, inclusive eu mesma, a palavra "esposa" pode soar um tanto pesada. O termo vem carregado de história. Para quem cresceu nos anos 1960 e 1970, como eu, a palavra "esposa" parecia se referir a certo tipo de mulher branca, muito disposta e bem cuidada, que vivia num seriado de TV. Elas ficavam em casa, cuidavam das crianças e mantinham o jantar pronto no forno. Não importava que eu costumasse assistir a esses programas na sala de estar na Euclid Avenue, enquanto minha própria mãe dona de casa preparava o jantar e meu pai, com seu ar muito respeitável, descansava do dia de trabalho. O sistema dos meus pais era tão tradicional quanto tudo o que víamos na TV. Às vezes, Barack brinca comigo dizendo que minha criação parecia uma versão negra de um seriado americano, com os Robinson de South Side tão serenos e de ar saudável quanto as famílias brancas retratadas na TV, embora, claro, fôssemos uma versão mais pobre, com o uniforme azul de funcionário municipal do meu pai no lugar do terno e gravata do chefe de família. Barack faz essa comparação com uma ponta de inveja, não só porque teve uma infância muito diferente, mas também como forma de refutar a ideia de que famílias afro-americanas são, de certa maneira, incapazes de concretizar o mesmo sonho da vida estável de classe média alimentado pelos nossos vizinhos brancos.

Quando criança, eu adorava *The Mary Tyler Moore Show*. Mary tinha emprego, roupas da moda e um cabelo realmente lindo. Era independente e engraçada e, ao contrário das outras mulheres na TV, seus problemas eram interessantes. Suas conversas não giravam em torno dos filhos nem das atividades domésticas. Não deixava o chefe mandar nela e não estava apenas preocupada em arrumar um marido. Era jovem e, ao mesmo tempo, madura. Naquela paisagem pré-pré-pré-internet, quando o mundo chegava a nós quase exclusivamente por três canais de TV, isso era importante. Se você era uma menina com algum miolo na cabeça e começava a sentir que, quando crescesse, queria ser mais do que uma esposa, Mary Tyler Moore era sua ídola.

E ali estava eu, sentada no mesmíssimo apartamento onde assistira a todos aqueles programas de TV e comera todas aquelas refeições preparadas por minha mãe paciente e abnegada, Marian Robinson. Eu tinha inúmeras coisas — instrução, um saudável senso de identidade, um grande arsenal de ambições — e sensatez suficiente para reconhecer que foi principalmente a minha mãe quem me incutiu tudo isso. Ela me ensinou a ler antes de eu ir para o jardim de infância, ajudando-me a pronunciar as palavras, enquanto eu me encolhia como uma gatinha em seu colo, estudando um livro infantil da biblioteca. Cozinhava para nós com carinho e atenção, pondo brócolis e couve-de-bruxelas nos pratos e mandando comermos. Ela costurou à mão meu vestido de formatura. Ou seja, ela nos deu tudo. Deixou nossa família definir quem ela era. Agora eu tinha idade suficiente para entender que todas as horas que ela dedicou a mim e a Craig foram horas que tirou de si mesma.

As muitas dádivas que recebi na vida agora me deixavam em crise. Eu fora criada para ser confiante, desimpedida, certa de que podia buscar e conseguir tudo o que quisesse. E eu queria tudo. Afinal, como dizia Suzanne, *por que não?* Queria ter uma carreira e ser independente, como Mary Tyler Moore, e ao mesmo tempo era atraída pela ideia de ser esposa e mãe, apesar dos sacrifícios que incluía. Queria ter uma vida profissional e uma vida doméstica, mas com a garantia de que uma nunca prejudicasse a outra. Esperava ser exatamente como a minha mãe e, ao mesmo tempo, o inverso dela. Era uma coisa estranha, confusa, a se pensar. Eu podia ter tudo? Queria ter tudo? Não fazia ideia.

Barack voltou de Bali bronzeado e com uma mala cheia de blocos amarelos preenchidos. O livro estava praticamente pronto. Em questão de poucos meses, a agente revendera os direitos a uma nova editora, saldando sua dívida e se certificando de que seria publicado. Para mim, o mais importante era que, em questão de horas, tínhamos retomado o ritmo gostoso da nossa vida de recém-casados. Barack estava de volta ao meu mundo. *Meu marido.* Ele sorria com as minhas brincadeiras, queria saber como tinha sido o meu dia, feliz em me ver à noite.

Conforme os meses se passavam, cozinhávamos, trabalhávamos, ríamos e fazíamos planos. Ainda naquela primavera, deixamos a Euclid Avenue e nos mudamos para um apartamento bonito com um grande corredor central. O lugar era uma nova sede para a nossa vida. Incentivada por Barack, resolvi me arriscar e troquei outra vez de emprego. Eu me despedi de Valerie e Susan na prefeitura para conhecer, depois de tanto tempo, o tipo de trabalho em empresas sem fins lucrativos que sempre me despertara a curiosidade. Encontrei um cargo de liderança que me daria oportunidade de crescer. Eu ainda não havia resolvido muitas coisas na minha vida — ainda não estava certa de como seria Mary e Marian ao mesmo tempo, tanto uma profissional quanto esposa e mãe dedicada. Qualquer preocupação podia esperar, pensei, pois agora éramos um *nós*, e éramos felizes. E sermos felizes parecia um bom ponto de partida.

13

MEU NOVO EMPREGO ME DEIXOU NERVOSA. EU TINHA sido contratada como diretora executiva da nova divisão de Chicago de uma organização chamada Public Allies. Era uma espécie de start-up dentro de uma start-up, e numa área em que eu não tinha nenhuma experiência profissional.

A Public Allies recrutava jovens talentosos e lhes fornecia treinamento e mentoria. Eles eram então encaminhados para estágios remunerados de dez meses em organizações comunitárias e agências públicas. Com isso, a organização tinha a esperança de fazer com que se saíssem bem e oferecessem uma contribuição significativa, e de que essas oportunidades lhes dessem experiência e motivação para continuar trabalhando em entidades sem fins lucrativos ou no setor público nos anos seguintes. Estávamos tentando formar uma nova geração de líderes comunitários.

Para mim, a ideia parecia ótima. Em Princeton, a maior parte dos meus amigos e eu mesma nunca tínhamos parado para pensar na possibilidade de uma carreira no setor público. A Public Allies pretendia mudar aquilo.

O compromisso da Public Allies era encontrar talentos, investir neles e colocá-los em uso. Não era necessário ter diploma universitário para ser um membro. Bastava um diploma de ensino médio ou equivalente, ter mais de dezessete anos e menos de trinta e mostrar certa capacidade de liderança, mesmo que até então ela ainda não tivesse se revelado. A organização tinha como objetivo procurar jovens cujas melhores qualidades poderiam passar despercebidas e lhes dar uma chance de fazerem algo significativo. Para mim, parecia que finalmente tinha recebido a oportunidade de usar o que sabia. Eu percebia quanto talento jamais era descoberto em bairros como o meu, e tinha certeza de que saberia encontrá-lo.

Considerando meu novo emprego, muitas vezes eu voltava à infância, em especial no mês — ou pouco mais de um mês — que passei naquele caos da turma do segundo ano, com lápis voando de um lado para outro, até que minha mãe me tirou de lá. Na hora, a única coisa que senti foi alegria pela sorte que tive e que parecera evoluir em uma bola de neve desde então. Agora eu pensava mais e mais nas vinte e poucas crianças que tinham sido deixadas para trás, com uma professora displicente. Eu sabia que não era mais inteligente do que ninguém da turma. Tinha apenas a vantagem de contar com uma mãe que me defendia. Já adulta, eu pensava nisso com mais frequência, sobretudo quando as pessoas me cumprimentavam pelas minhas realizações. Eu tinha sorte. Aquelas crianças do segundo ano haviam perdido um ano inteiro de aprendizado, e não por culpa delas. A essa altura, eu já tinha visto o suficiente para entender a rapidez com que pequenas desvantagens também podem virar uma bola de neve.

Em Washington, DC, as fundadoras da Public Allies haviam recrutado uma turma de novatos, com quinze membros trabalhando em várias entidades da cidade. Tinham arrecadado fundos para criar uma divisão em Chicago. Foi nesse contexto que comecei, entusiasmada e nervosa na mesma medida.

Tive a dura constatação de que, por mais que quisesse fazer o bem, precisava pensar primeiro nas minhas obrigações. De início me ofereceram um salário tão baixo que eu simplesmente não podia aceitar, de tão diferente do que eu recebia na prefeitura de Chicago — que já era metade do que ganhava antes como advogada. Eu nunca esqueci o que minha mãe me disse: *Primeiro ganhe dinheiro e depois se preocupe com a sua felicidade.* Tinha consciência de que havia pessoas que não precisavam pagar empréstimos ou que tinham outra fonte de renda, fosse por virem de uma família mais privilegiada ou por terem um cônjuge empregado. Essas pessoas podiam trabalhar em organizações sem fins lucrativos, enquanto outras como eu, igualmente bem-intencionadas e apaixonadas, capazes de realizar o trabalho com a mesma eficiência, precisavam considerar o salário e tomar uma difícil decisão.

Ficou claro que, se eu quisesse entrar para o mundo sem fins lucrativos, teria de pedir o salário de que precisava. E o que eu precisava era bem mais do que a Public Allies pensava em pagar. A minha realidade era essa, só isso. Não podia me sentir envergonhada ou constrangida pelas necessidades que tinha. Além dos meus gastos fixos, eu tinha parcelas mensais do empréstimo estudantil para pagar e era casada com um homem que tinha sua própria dívida a quitar. Mas as lideranças da organização foram à luta e obtiveram um novo subsídio que me permitiu ingressar na entidade.

E, com isso, eu me dediquei completamente, ansiosa para aproveitar a oportunidade recebida. Era minha primeira chance de construir algo do zero: o sucesso ou o fracasso dependia quase exclusivamente do meu trabalho, não do meu chefe ou de outra pessoa. Passei a primavera trabalhando feito louca para montar um escritório e contratar uma pequena equipe para que tudo estivesse pronto quando chegasse o outono.

Enquanto isso, recorri a todas as conexões que Barack e eu tínhamos em Chicago atrás de doadores que pudessem apoiar financeiramente a Public Allies, e qualquer pessoa no serviço público disposta a receber um membro da organização nos seus setores. Valerie Jarrett me ajudou a encontrar colocações no gabinete do prefeito e na Secretaria Municipal de Saúde. A rede de organizadores comunitários de Barack abriu oportunidades de assistência jurídica, defesa de direitos e ensino para membros. Associados do escritório em que eu havia trabalhado doaram dinheiro e ajudaram me apresentando a doadores.

Encontrar talentos era minha parte preferida do trabalho. Minha equipe e eu fomos visitar faculdades comunitárias e algumas das grandes escolas de ensino médio em Chicago. Batemos de porta em porta em conjuntos habitacionais, fomos a reuniões comunitárias, examinamos programas que trabalhavam com mães solo. Abordávamos todos os que encontrávamos, de pastores e professores ao gerente do McDonald's do bairro, pedindo que indicassem os jovens mais interessantes que conheciam. Quem eram os líderes? Quem estava preparado para algo maior do que já tinha? Essas eram as pessoas que queríamos incentivar a se inscreverem, insistindo que esquecessem por um minuto todos os obstáculos que normalmente enfrentavam e prometendo que faríamos o possível — fosse fornecer a passagem de ônibus ou o dinheiro para pagar alguém que ficasse com as crianças — para ajudar a cobrir suas necessidades.

No outono, tínhamos 27 membros trabalhando em toda a Chicago, fazendo estágios por toda parte, da prefeitura a uma agência de assistência comunitária no South Side e ao colégio Latino Youth. Os membros formavam um grupo animado, cheio de idealismo e sonhos. Tinham uma ampla variedade de históricos pessoais. Entre eles tínhamos um ex-integrante de quadrilha, uma latina que crescera na zona sudoeste de Chicago e fora para Harvard, uma jovem que morava em um conjunto habitacional, criava um filho e ao mesmo tempo tentava economizar para a faculdade, e um rapaz de 26 anos que largara o ensino médio, mas continuara estudando sozinho com livros da biblioteca e depois voltara para tirar o diploma.

Toda sexta-feira, o grupo inteiro da Public Allies se reunia para uma série de oficinas de desenvolvimento profissional. Eu adorava esses dias, mais do que qualquer outra coisa. Adorava o barulho dos membros chegando, largando as mochilas no canto e tirando camadas e camadas de roupas de frio enquanto se sentavam em círculo. Adorava ajudá-los, fosse a lidar com Excel, saber como se vestir para um emprego de escritório ou encontrar coragem para expor suas ideias numa sala cheia de gente mais instruída e confiante. Se ficasse sabendo que um deles chegava atrasado para trabalhar ou não estava levando as obrigações a sério, deixava bem claro que esperávamos mais. Quando um membro da Public Allies se frustrava, eu recomendava que não perdesse a perspectiva, lembrando-o de que, comparativamente, ele era um sortudo.

Festejávamos cada novo aprendizado ou avanço. E eram muitos. Nem todos os membros continuavam trabalhando no setor público ou sem fins lucrativos, e nem todos venciam os obstáculos de quem parte de um meio menos privilegiado, mas com o tempo fiquei surpresa ao ver quantos recrutas nossos se deram bem e se dedicaram a servir no longo prazo a um bem público maior. Vinte e cinco anos depois de sua criação, a Public Allies continua forte. Tem divisões em Chicago e mais de vinte outras cidades, com milhares de ex-participantes por todo o país. Saber que desempenhei um pequeno papel nisso, ajudando a criar algo que permanece firme até hoje, é uma das sensações mais gratificantes da minha vida profissional.

Penso nesse emprego como o melhor que já tive, por me sentir maravilhosamente envolvida enquanto trabalhava e ver como cada pequena vitória — fosse encontrar uma boa colocação para um falante nativo de espanhol ou afastar os receios de alguém em trabalhar num bairro desconhecido — precisava ser conquistada a duras penas.

Foi a primeira vez na vida que me senti fazendo algo significativo, exercendo uma influência direta na vida de outras pessoas. A sensação de me manter ligada à minha cidade e à minha cultura era boa. Isso também me permitiu entender melhor como Barack se sentia ao trabalhar como organizador comunitário ou no Projeto VOTE!. Esse tipo de trabalho pode drenar suas energias, mas também oferece tudo que é preciso na vida.

ENQUANTO EU ME DEDICAVA À PUBLIC ALLIES, Barack se estabelecera num período de relativa calma e previsibilidade, pelo menos para seus critérios. Estava dando aulas sobre racismo e legislação na Faculdade de Direito da Universidade de Chicago e trabalhando de dia no escritório de advocacia. A maior parte de seus casos envolvia direito ao voto e discriminação no emprego. Às vezes ainda coordenava oficinas de organização comunitária. Parecia a vida ideal para um homem inteligente e de espírito cívico, que abrira mão de várias opções mais lucrativas em nome de seus princípios. Barack encontrara um ótimo equilíbrio. Era advogado, professor e organizador. E logo também seria um autor publicado.

Depois de voltar de Bali, Barack passou mais de um ano escrevendo uma segunda versão do livro nas horas em que não estava em um dos empregos. Trabalhava até tarde da noite num quartinho que havíamos transformado numa saleta de estudos abarrotada de livros, à qual dei o apelido carinhoso de Toca. Às vezes eu entrava lá e passava por cima das pilhas de papel enquanto ele trabalhava, tentando chamar sua atenção com uma brincadeira e um sorriso. Ele aceitava bem as minhas interrupções, desde que eu não demorasse muito.

Com o tempo, entendi que Barack é o tipo de pessoa que precisa de uma toca, de um lugar fechado onde possa ler e escrever sem ser incomodado. O tempo que passa ali parece renovar suas energias. Reconhecendo isso, criamos uma toca em todas as casas em que moramos. Até hoje, quando alugamos uma casa no Havaí ou em Martha's Vineyard, a primeira coisa que ele faz quando chegamos é procurar um cômodo vazio que sirva como toca de férias. Lá pode ficar mudando de um livro para outro, entre os seis ou sete que lê ao mesmo tempo, e largar os jornais no chão. Para ele, a Toca é um lugar sagrado, onde nascem seus pensamentos mais profundos. Para mim, é uma bagunça e uma desordem só. Sempre exigi que a Toca, onde quer que fique, tenha uma porta para que eu possa deixá-la fechada.

A origem dos meus sonhos foi finalmente publicado. Teve boas resenhas, mas não vendeu muito, o que não era um problema. O importante era que Barack tinha conseguido dar sentido à sua história de vida. Ele juntara as peças de sua identidade afro-kansas-indonésio-havaiano-chicagoana, utilizando a escrita para alcançar uma espécie de totalidade. Fiquei orgulhosa. Ao longo do processo de escrita, ele fizera as pazes com o pai, que passara a maior parte de sua vida ausente. Sozinho, Barack tinha tentado preencher todas as lacunas e entender todos os mistérios que Obama pai criara. Essa era sua maneira de fazer as coisas. Desde menino, pelo que entendi, ele sempre procurou fazer tudo por conta própria.

TERMINADO O LIVRO, havia um novo espaço vazio na vida dele. Como sempre, Barack sentiu necessidade de preenchê-lo imediatamente. Ele vinha lidando com uma notícia penosa: a mãe, Ann, fora diagnosticada com câncer e viajara de Jacarta para Honolulu para se tratar. Maya e Toot estavam ajudando a cuidar dela no Havaí, e Barack ia visitá-la com frequência. Mas o diagnóstico tinha chegado tarde, com o câncer já avançado, e era difícil saber o que aconteceria. Eu sabia que isso era um enorme peso na mente de Barack.

Em Chicago, a política pegava fogo. A senadora estadual que representava a região do South Side estava concorrendo ao Congresso nacional, deixando seu posto vago. O que significava que Barack poderia concorrer.

Ele estaria interessado? Ia concorrer?

Na época, eu não tinha como saber, mas essas perguntas dominariam os dez anos seguintes da nossa vida. *Teria interesse? Seria capaz? Ia concorrer? Deveria?* Mas, antes dessas perguntas, sempre vinha outra, quanto a concorrer a qualquer cargo, levantada pelo próprio Barack:

— O que você acha, Miche?

Para mim, nunca foi muito difícil responder. Eu não achava uma boa ideia concorrer às eleições. Meus motivos podiam variar ligeiramente a cada vez que a pergunta ressurgia, mas minha opinião geral nunca mudava.

Eu não gostava muito de políticos, portanto não me agradava a ideia de meu marido se tornar um. Grande parte do que eu sabia sobre a política estadual vinha do que lia nos jornais, e nada daquilo me parecia especialmente positivo. Minha amizade com Santita Jackson me criara a impressão de que os políticos tinham de passar muito tempo longe de casa. Os legisladores me pareciam, em geral, praticamente tartarugas, lentas e de casco duro. Barack era sincero e tinha projetos ousados demais para se tornar um daqueles políticos que só se interessam por si mesmos.

No fundo, eu simplesmente achava que uma boa pessoa tinha maneiras melhores de exercer algum impacto. Achava que os políticos iam comê-lo vivo.

No entanto, se Barack se julgava capaz de fazer algo na política, quem era eu para atrapalhar? Quem era eu para frear a ideia antes mesmo de ele sequer tentar? Afinal, ele foi o único que me incentivou quando eu quis deixar a carreira jurídica. Ele me apoiou quando fui para a prefeitura — mesmo se preocupando. Agora tinha vários trabalhos, para ajudar a compensar a redução salarial que tive ao fazer o bem em tempo integral na Public Allies. Nos nossos seis anos juntos, ele nunca duvidou de mim, nem uma única vez. Sempre dizia: *Não se preocupe. Você é capaz. A gente dá um jeito.*

E assim dei minha aprovação à sua primeira candidatura a um cargo eletivo, acrescentando um pouco de cautela de esposa.

— Acho que você vai se frustrar — alertei. — Se for eleito, você vai até Springfield e não vai conseguir realizar nada, por mais que se esforce. Você vai enlouquecer.

— Pode ser — respondeu ele, dando de ombros. — Mas pode ser que eu consiga fazer algo de bom. Quem sabe?

— Verdade — falei. Foi minha vez de dar de ombros. Não cabia a mim acabar com seu otimismo. — Quem sabe?

COMO A MAIOR PARTE DAS PESSOAS agora sabe, meu marido de fato virou político. Era uma pessoa boa que queria fazer a diferença no mundo e, apesar de minhas dúvidas, decidiu que essa era a melhor maneira.

Barack foi eleito para o Senado de Illinois em novembro de 1996 e prestou o juramento do cargo dois meses depois, no começo do ano seguinte. Para minha surpresa, gostei de acompanhar o desenrolar da campanha. Eu tinha ajudado a coletar assinaturas para a candidatura dele, passando os sábados batendo à porta dos meus antigos vizinhos, ouvindo o que os moradores tinham a dizer sobre o que achavam que precisava ser corrigido. Isso me fazia lembrar os fins de semana da minha infância, acompanhando meu pai enquanto ele subia os degraus de todas aquelas varandas e cumpria suas obrigações de representante distrital do Partido Democrata. Afora isso, eu não era muito necessária, o que vinha a calhar. Podia tratar a campanha como um passatempo, participando quando conveniente, entretendo-me um pouco e então voltando ao meu trabalho.

A mãe de Barack faleceu em Honolulu logo depois que ele anunciou a candidatura. Ela definhou tão depressa que ele nem conseguiu ir se despedir. Ficou arrasado. Tinha sido Ann Dunham quem o apresentara às maravilhas da literatura e ao poder de um argumento bem fundamentado. Sem ela, Barack talvez nunca tivesse aprendido a gostar da facilidade e da emoção de ir rapidamente de um continente para outro ou a aceitar o desconhecido. Ann era uma exploradora, uma destemida seguidora do que ditava seu coração. Eu via esse espírito em Barack, tanto nas pequenas quanto nas grandes coisas. A dor da perda de Ann se juntou à dor que acompanhava minha família desde a perda do meu pai.

Agora que era inverno e o ano legislativo se iniciara, passávamos boa parte da semana separados. Nas segundas-feiras à noite, Barack dirigia por quatro horas até Springfield e ficava num hotel barato onde também se hospedavam muitos outros legisladores. Geralmente voltava às quintas-feiras, tarde da noite. Dispunha de uma saleta no edifício do Senado e de um assistente em meio período em Chicago.

Barack voltou a reduzir o expediente no escritório de advocacia, mas, por conta de nossas dívidas, tinha aumentado a carga horária na faculdade de direito. Quando estava fora, conversávamos todas as noites pelo telefone, trocando impressões e contando como tinha sido nosso dia. Nas sextas, com ele de volta a Chicago, tínhamos um encontro fixo marcado à noite, geralmente num restaurante no centro, depois do expediente.

Relembro essas noites com enorme ternura. Eu era a primeira a chegar, nunca deixando de lado a pontualidade. Esperava Barack e, como era o último dia útil da semana, não me incomodava se ele se atrasasse, até porque a essa altura já tinha me acostumado. Sabia que alguma hora ele chegaria e que o meu coração, como sempre, ia disparar ao vê-lo entrar, entregar o sobretudo à recepcionista e caminhar entre as mesas, abrindo um grande sorriso ao finalmente me ver. *Meu marido.* Eu gostava da rotina. Quase todas as sextas, pedíamos a mesma coisa — carne ensopada, couve-de-bruxelas e purê de batatas; quando chegava, limpávamos o prato.

Foi uma época de ouro para nós, com nosso casamento equilibrado enquanto Barack trabalhava para cumprir seu propósito enquanto eu trabalhava para cumprir o meu. Numa única semana, no começo do mandato em Springfield, Barack apresentara dezessete projetos de lei — provavelmente um recorde e uma amostra de sua vontade de realizar. Alguns foram aprovados, mas a maioria logo ficou parada na Câmara, que era controlada pelos republicanos. Naqueles primeiros meses, vi, tal como havia previsto, que a política seria uma briga exaustiva, envolvendo concessões e traições, maracutaias e conchavos penosos. Mas, da mesma forma, vi que a previsão de Barack também estava correta. Ele era estranhamente talhado para as disputas do legislativo, mantendo a calma, acostumado a ser alguém de fora, encarando as derrotas com sua serenidade havaiana. Continuava esperançoso, convicto de que um dia sua visão prevaleceria. Ele já estava ficando exaurido, mas não se incomodava. Parecia realmente nascido para aquele trabalho.

Eu também estava em plena transição. Aceitara um novo emprego, me surpreendendo com a decisão de deixar a organização que com tanto zelo ajudara a crescer. Durante três anos, eu me dedicara totalmente a ela, assumindo a responsabilidade por todas as tarefas, da maior à menor, até mesmo reabastecendo o papel da impressora. Como a Public Allies prosperava, senti que podia me afastar. Uma nova oportunidade surgiu quase do nada. A Universidade de Chicago estava procurando um sub-reitor que se concentrasse nas relações comunitárias, ajudando a melhorar a integração entre instituição e município. Tal pessoa estaria em contato com as comunidades locais, sobretudo com as áreas do South Side ao redor do campus, e criaria um programa de atendimento comunitário para encaminhar os estudantes a oportunidades de trabalho voluntário nos bairros. Assim como o cargo na Public Allies, nesse novo trabalho eu lidaria com uma realidade que conhecia pessoalmente. A Universidade de Chicago sempre me parecera menos interessada em mim do que as sofisticadas faculdades da Costa Leste que acabei frequentando. A chance de tentar mudar aquilo — de ter mais estudantes envolvidos com o município e mais moradores envolvidos com a universidade — me parecia inspiradora.

Também havia razões práticas para aceitar o emprego. O salário era melhor, a jornada de trabalho mais razoável, e outras pessoas manteriam a impressora abastecida de papel. Eu estava começando a refletir mais sobre que tipo de vida queria ter. Em nossos jantares, muitas vezes Barack e eu retomávamos a conversa que mantínhamos por anos — como e onde cada um de nós poderia fazer a diferença.

Algumas velhas questões — quem eu era, o que queria ser na vida — voltavam à minha mente. Eu aceitara o novo emprego em parte para criar mais espaço na nossa vida e também porque o plano de saúde era melhor do que qualquer um que eu já havia tido. E isso viria a ser fundamental. Enquanto Barack e eu estávamos sentados frente a frente, de mãos dadas sobre a mesa à luz de velas em mais um encontro de sexta à noite, havia uma peça importante faltando na nossa busca por felicidade. Queríamos começar uma família, mas estávamos tendo dificuldade em engravidar.

SE EU FIZESSE UMA LISTA com as coisas que só nos contam quando estamos passando por elas, começaria com as dificuldades em ter um bebê. Barack e eu ficamos muito felizes quando finalmente engravidei. Mas, infelizmente, a gravidez não foi para a frente. Um aborto espontâneo, que é o termo para isso, é uma experiência muito solitária e dolorosa. Quando acontece, é muito provável que a gente sinta como se tivesse sido uma falha pessoal, mas não é. Ou como uma tragédia, o que tampouco é, por mais devastador que seja no momento. O que ninguém nos conta quando estamos tentando começar uma família é que os abortos espontâneos acontecem com muitas mulheres. Eu só soube disso depois que contei a algumas amigas, que responderam me enchendo de amor e apoio, além de me contar sobre os abortos espontâneos que elas mesmas tinham sofrido. Minha dor não cessou, mas, ao revelarem os seus dramas pessoais, elas me acalmaram durante o meu. Essas amigas me ajudaram a entender que aquilo pelo que eu tinha passado não era incomum.

Barack e eu acabamos procurando ajuda. Exploramos como lidar com nossas questões por meio da tecnologia médica. Eu queria muito ter filhos. Era uma necessidade que sempre existira em mim. Quando criança, depois de cansar de tanto beijar minhas bonecas de plástico, implorei à minha mãe que tivesse outro bebê, um de verdade, só para mim. Prometi que eu mesma cuidaria de tudo.

Agora, parecia que eu estava mesmo cuidando de tudo sozinha. O Senado estadual retomara os trabalhos no outono, de modo que Barack passava a maior parte do tempo longe de casa, a trabalho, e eu precisava ir sozinha a muitas consultas médicas e exames. Às vezes, me parecia injusto que eu precisasse passar por tudo aquilo por ser a mulher, e Barack, não. Fazia muito tempo que eu esperava um bebê.

Ambos queríamos uma família. Mas era eu que tinha que passar pelo tratamento, sozinha, torcendo para que nosso sonho de ter uma família se tornasse realidade.

Acho que foi aí que senti o primeiro lampejo de ressentimento em relação à política e ao inabalável compromisso de Barack com o trabalho, que o mantinha longe com tanta frequência. Barack estava dedicado e queria muito ter um bebê, mas podia seguir com suas atividades normais, enquanto eu precisava interromper minha rotina para ir ao médico todo dia. Ele não precisava tirar sangue para exames como eu precisava. Não precisava cancelar reuniões para ir a consultas. Não era culpa dele, claro, mas tampouco era algo igualitário. Para qualquer mulher que acredita que igualdade é importante, isso pode ser um pouco confuso. Era eu quem tinha que deixar de lado minhas paixões e sonhos profissionais para realizar essa parte compartilhada do nosso sonho. Eu queria isso? Queria, sim, e muito.

FINALMENTE OUVI ALGO que apagou qualquer traço de ressentimento: o ultrassom captou um coração batendo. Finalmente íamos ter um bebê. Era para valer. De repente, a responsabilidade e os desafios do tratamento médico pareceram valer a pena e o mundo ganhou novas cores. Agora eu andava por aí com um segredo dentro de mim. Era um privilégio meu, a dádiva de ser mulher. Eu me sentia radiante com a promessa do que carregava dentro de mim.

Tínhamos nossa vida exterior, mas agora havia algo interior acontecendo, uma bebê crescendo, uma menininha. Nós não a víamos, mas ela estava ali, ganhando força e tamanho à medida que o outono dava lugar ao inverno, e o inverno, à primavera. Ainda que antes tivesse ficado chateada por ser mais afetada pelo tratamento do que Barack, agora sentia que tinha muita sorte de ser eu quem ficava com a bebê o tempo todo. Eu nunca estava sozinha, nunca me sentia solitária. Ela estava ali, sempre, enquanto eu pegava o carro e ia para o trabalho, enquanto picava verduras para a salada ou me deitava na cama à noite. Que sensação incrível, depois da solidão esmagadora do aborto espontâneo e do isolamento que sentira durante o tratamento. Mas agora tudo tinha ficado para trás.

O verão em Chicago é uma estação especial para mim. Adoro o céu claro até o anoitecer, o lago Michigan cheio de barcos a vela, o calor tão intenso que fica quase impossível lembrar as agruras do inverno: adoro ver quando, no verão, a política se acalma aos poucos e a vida fica mais inclinada à diversão.

Embora no fundo não tivéssemos nenhum controle sobre nada, de certa forma, no fim, foi como se houvéssemos programado tudo com perfeição. Em 4 de julho de 1998, de manhã bem cedinho, senti as primeiras pontadas. Barack e eu demos entrada no hospital da Universidade de Chicago, na companhia da minha mãe e de Maya, a irmã de Barack que viera do Havaí para estar conosco na semana prevista para o parto. Ainda faltavam algumas horas para o carvão das churrasqueiras começar a arder por toda a cidade e as pessoas estenderem as toalhas na grama à beira do lago, agitando bandeiras e esperando os fogos de artifício que brilhavam e estouravam por sobre a água em comemoração ao Dia da Independência. De todo modo, não acompanharíamos nada naquele ano, estaríamos envolvidos em um espetáculo totalmente novo. Estávamos pensando na família, e não no país, quando entrou no nosso mundo Malia Ann Obama, um dos dois bebês mais lindos e perfeitos que já nasceram em todos os tempos.

14

A MATERNIDADE SE TORNOU MINHA MOTIVAÇÃO. O NOVO papel de mãe não demorou para me absorver totalmente. Barack e eu estudávamos a pequena Malia, absorvíamos o mistério dos seus lábios arredondados, a cabeça coberta por uma penugem escura, o olhar vago, os membros minúsculos se mexendo de forma agitada. Dávamos banho nela, colocávamos a fralda e mantínhamos Malia junto ao nosso peito. Nós a observávamos se alimentar, dormir, fazer qualquer barulhinho.

Era uma pessoinha minúscula, uma pessoa confiada aos nossos cuidados. Eu podia passar uma hora inteira apenas observando sua respiração. Quando há um bebê em casa, as regras comuns não se aplicam. Barack e eu ríamos com as mudanças que a paternidade e a maternidade haviam causado em nós. Se antes passávamos o jantar discutindo ideias grandiosas, agora debatíamos se Malia estava muito dependente da chupeta e comparávamos nossos métodos para fazê-la dormir. Nada nos deixava mais felizes. Nos jantares de sexta à noite, levávamos Malia no carrinho conosco.

Meses depois do nascimento de Malia, retornei ao trabalho na Universidade de Chicago. Decidi voltar apenas em meio período, imaginando que seria bom para os dois lados — e que eu poderia ser a mulher com uma carreira e a mãe perfeita. Encontramos uma babá, Glorina Casabal, muito afetuosa e experiente. Nascida nas Filipinas, era enfermeira formada e tinha criado dois filhos. Glorina — ou "Glo", como a chamávamos — era uma mulher baixa, dinâmica, de cabelo curto de corte bem prático e óculos de armação dourada, que trocava uma fralda em exatos doze segundos. Era uma profissional supercompetente, com energia para fazer de tudo, e se tornou uma estimada e essencial integrante da nossa família pelos anos seguintes. Sua qualidade mais importante, porém, era o fato de adorar a minha bebê.

O que não percebi foi que um emprego de meio período pode ser uma armadilha, sobretudo quando é para ser uma versão reduzida do emprego que antes era em tempo integral. Continuei a comparecer a todas as reuniões e ainda assumia quase todas as responsabilidades de antes. A única diferença era que agora eu recebia metade do salário e tentava fazer tudo numa jornada de vinte horas semanais. Era difícil me manter sã. Eu me sentia culpada quando tinha que atender uma ligação do trabalho em casa e me distraía pensando em Malia quando estava no trabalho. Em tese, o trabalho em meio período me daria mais liberdade, mas na prática me fez sentir como se fizesse tudo pela metade.

Enquanto isso, Barack parecia não enfrentar nada disso. Poucos meses depois do nascimento de Malia, foi reeleito para mais quatro anos no Senado estadual, vencendo com 89% dos votos. Tinha sucesso e popularidade. Também começava a pensar em coisas maiores, como concorrer ao Congresso nacional. Pretendia desbancar um democrata chamado Bobby Rush, que estava no quarto mandato. O que eu achava? Era uma boa ideia concorrer ao Congresso? Não, eu achava que não. Parecia improvável que Barack ganhasse, porque, para muita gente, ele ainda era um desconhecido. Mas agora ele estava na política e alguns de seus assessores insistiam que tentasse. E uma coisa eu sei sobre meu marido: se alguém acena com uma oportunidade na frente dele, algo que vai ajudá-lo a fazer a diferença de maneira mais significativa, não espere que ele ignore. Porque ele não faz isso. Nunca.

QUANDO MALIA tinha quase um ano e meio, fomos ao Havaí visitar a bisavó Toot, que estava com 77 anos. Toot morava no mesmo pequeno apartamento fazia décadas. A intenção era fazer uma visita de família — a única época do ano em que Toot poderia ver o neto e a bisneta. Tínhamos reservado um modesto quarto de hotel em Waikiki e começamos a contar os dias. Mas aí veio a política atrapalhar.

O Senado de Illinois debatia um importante projeto de lei de combate ao crime. Barack me ligou de Springfield dizendo que teríamos de adiar a viagem por uns dias, enquanto o projeto de lei era debatido. A notícia não era muito boa, mas eu entendia que não dependia dele. Minha única preocupação era não cancelar a viagem. Não queria que Toot passasse o Natal sozinha, e Barack e eu precisávamos de uns dias de folga.

Barack agora era candidato oficial ao Congresso, o que significava que raramente desligava. E passava pouquíssimo tempo comigo e com Malia, em casa. Essa era a dura realidade da campanha. Além de suas outras responsabilidades, Barack sofria pressão para investir todo o seu tempo na campanha, aumentando assim suas chances de ganhar. Aprendi que, aos olhos dos organizadores, qualquer hora ou minuto que Barack passasse com a família era visto como um desperdício de seu tempo valioso.

A essa altura, eu tinha experiência suficiente para não me envolver demais com os altos e baixos da disputa eleitoral. Tinha aprovado a decisão de Barack em concorrer no melhor estilo "vamos resolver isso de uma vez então", mas queria que toda a campanha acabasse. Pensei que, se tentasse entrar na política nacional e não conseguisse, ele se motivaria a buscar algo totalmente diferente. No meu mundo ideal, Barack aceitaria um trabalho que lhe possibilitaria tanto fazer a diferença em questões importantes quanto voltar para casa a tempo do jantar.

Para meu alívio, fomos para o Havaí no dia 23 de dezembro, depois que o Senado estadual finalmente entrou em recesso para as festas de fim de ano, embora ainda não tivesse votado o projeto de lei. A praia de Waikiki foi uma revelação para a pequena Malia. Ela andava à beira-mar chutando as ondas e se esbaldando de alegria. Passamos um Natal feliz e tranquilo com Toot, no apartamento dela, abrindo presentes e admirando sua dedicação ao quebra-cabeça de 5 mil peças que estava montando. Como sempre, as águas verdes e o povo animado de Oahu nos ajudaram a esquecer as preocupações do cotidiano e nos deixaram felizes, entregues ao tempo quente e ao prazer em ver a nossa filha se deliciar com absolutamente tudo.

As coisas iam bem até Barack receber um telefonema de Illinois com a notícia de que o Senado ia retomar as sessões para terminar os trabalhos do projeto de lei de combate ao crime. Se ele quisesse votar, precisava retornar a Springfield depressa. Com o coração apertado, observei Barack entrar em ação e remarcar nossas passagens para o dia seguinte. Tínhamos de ir. Não havia escolha. A ideia de ir embora não me animava nem um pouco, porém eu entendia, mais uma vez, que política era assim. Tratava-se de uma votação importante — o projeto de lei incluía novas medidas para o controle de armas, que Barack defendera ardorosamente — que havia causado uma grande divisão, a ponto de a ausência de um único senador talvez ser capaz de impedir a aprovação do projeto. Estava decidido: voltaríamos para casa.

Mas então ocorreu algo inesperado. Da noite para o dia, Malia ficou com febre alta. Tinha ido dormir feliz, mas agora gemia de dor. Ela ainda era pequena demais para nos dizer algo mais específico sobre o que sentia. Demos Tylenol, mas não adiantou muito. Ela mexia na orelha, o que me fez imaginar que talvez fosse uma infecção no ouvido. Faltavam poucas horas para nosso voo de volta. Vi a preocupação tomar conta do rosto de Barack. Ele estava dividido entre suas responsabilidades em relação ao trabalho e à família.

— Ela não pode viajar — falei. — Isso está claro.

— Eu sei.

— Vamos ter de trocar as passagens outra vez.

— Eu sei.

O que não comentamos foi que ele poderia sair pela porta, pegar um táxi até o aeroporto e chegar a Springfield ainda a tempo para votar. Podia deixar a filha doente e a esposa aflita no meio do Pacífico e se juntar aos seus colegas. Era uma possibilidade, mas que eu não ia sugerir, porque estava preocupada com Malia. E se a febre piorasse? E se ela precisasse ir para o hospital? Ele realmente estava pensando em ir?

Não. Não estava. Jamais pensaria.

Barack ligou para seu assistente legislativo naquele dia, explicando que não estaria presente na votação do projeto de lei. Não me importava. Eu só me concentrava na nossa menina. E, depois de desligar o telefone, ele também. Era o nosso pequeno ser humano. Devíamos tudo a ela, em primeiro lugar.

Depois de alguns dias de descanso e alguns antibióticos, a infecção no ouvido de Malia passou e ela voltou ao seu entusiasmo de sempre. A vida continuava. Sempre continuava. Em outro dia perfeito de céu azul em Honolulu, embarcamos num avião e voltamos para Chicago, para o inverno gelado e o desastre político que se formava para Barack.

NO FIM DAS CONTAS, por apenas cinco votos o projeto de lei não foi aprovado. A conta era simples: mesmo que Barack tivesse voltado do Havaí a tempo, seu voto quase certamente não teria mudado o resultado. Mesmo assim, ele pagou o preço pela ausência. Seus adversários na corrida pelo Congresso agarraram a oportunidade para pintar Barack como alguém que preferia seguir em férias no Havaí, sem se dar ao trabalho de retornar para votar algo tão importante como o controle de armas.

Ninguém parecia saber que ele era do Havaí e que fora visitar a avó viúva. Ninguém se importava que sua filha tivesse adoecido. A única coisa que interessava era a votação. A imprensa ficou no pé dele por semanas, e um de seus oponentes também desferiu seus ataques, dizendo a um repórter que "usar a própria filha como desculpa para não ir trabalhar também depõe contra o caráter do indivíduo".

Eu não estava habituada a nada disso. Não estava acostumada a sequer ter adversários, quanto mais a ver minha vida familiar examinada nos noticiários. Nunca antes eu ouvira questionarem o caráter do meu marido daquela maneira. Doía pensar que uma boa decisão — a decisão correta, a meu ver — parecia sair tão cara. Barack defendeu calmamente sua decisão de ficar comigo e com Malia no Havaí. "Sempre ouvimos os políticos falarem sobre a importância dos valores familiares", escreveu ele, numa publicação semanal do nosso bairro. "Espero que vocês entendam quando seu senador estadual procura viver à altura desses valores da melhor maneira que lhe é possível."

Parecia que os três anos de trabalho de Barack no Senado estadual haviam praticamente desaparecido. Ganhara a confiança de senadores de todo o estado, tanto democratas quanto republicanos. Mas agora nada disso parecia importar. A disputa eleitoral se transformara numa série de golpes baixos.

Desde o começo da campanha, os oponentes de Barack, com os seus respectivos apoiadores, vinham fazendo ataques contra ele para criar medo e desconfiança entre os eleitores afro-americanos, sugerindo que Barack fazia parte de um esquema criado por brancos ricos para alavancar o candidato preferido deles no North Side. Bobby Rush, adversário de Barack na corrida para o Congresso, afirmou: "Ele estudou em Harvard e se tornou um tolo instruído. Não nos impressionamos com esses caras com diplomas de elite da Costa Leste". Em outras palavras, ele não é um dos nossos. Barack não era um negro de verdade, como eles — alguém que falava daquela maneira, que tinha aquela aparência, que lia todos aqueles livros jamais poderia ser negro de verdade.

O que mais me incomodava era que Barack encarnava tudo o que os pais do South Side diziam querer para os próprios filhos. Ele era tudo o que muitos líderes negros vinham falando ao longo dos anos: estudara e, em vez de abandonar a comunidade afro-americana, agora procurava servir a ela. Barack estava sendo atacado apenas pelos motivos errados. Eu ficava assombrada ao ver como nossos líderes o tratavam somente como uma ameaça ao poder deles, espalhando a desconfiança ao explorar ideias atrasadas sobre etnias e classes.

Aquilo me deixava doente.

Barack levava mais na esportiva do que eu, pois já tinha visto em Springfield como a política podia ser sórdida. Ferido, mas sem desistir, ele continuou a campanha durante o inverno, tentando bravamente fazer progresso, mesmo enquanto o apoio ia cada vez mais para Bobby Rush. Com a aproximação das primárias, Malia e eu mal o víamos, embora ele nos telefonasse todos os dias para desejar boa-noite.

Eu me sentia mais grata do que nunca por aqueles poucos dias na praia. Sabia que, no fundo, Barack também. Em quase todos os telefonemas, eu percebia uma ponta de dor em sua voz ao desligar, para passar mais uma noite distante de nós. Era quase como se todos os dias ele fosse obrigado a fazer sua escolha entre família e política, política e família.

Em março, Barack perdeu as primárias dos democratas para Bobby Rush, e não foi nem uma disputa acirrada.

Enquanto isso, simplesmente continuei abraçando a nossa menina.

E ENTÃO VEIO a nossa segunda menina. Natasha Marian Obama nasceu em 10 de junho de 2001. Malia, agora com quase três anos, aguardava em casa com a minha mãe. Nossa nova bebê era linda, parecia uma carneirinha com a cabeça coberta de cabelo escuro e olhos castanhos alertas — a quarta ponta do nosso quadrado. Barack e eu nos sentíamos nas nuvens.

Nossa ideia era chamá-la de Sasha. Tinha escolhido o nome porque achava que tinha um quê de ousado. Uma garota chamada Sasha não

levaria desaforo para casa. Como toda mãe, eu tinha grandes aspirações para nossas filhas e rezava para que nunca acontecesse nada de
ruim com elas. Esperava que crescessem inteligentes e cheias de energia, otimistas como o pai e determinadas como a mãe. Mais que tudo,
queria que fossem fortes e seguissem em frente ante qualquer circunstância. Eu não fazia ideia de como a vida da nossa família ia se desdo-
brar — se tudo correria bem ou mal, ou se, como para a maioria das
pessoas, seria uma mistura das duas coisas. Minha tarefa era garantir
que elas estivessem preparadas.

O trabalho na universidade me deixava esgotada, e pesava em nossas finanças o fato de que precisávamos pagar a alguém para cuidar das
meninas. Depois que Sasha nasceu, fiquei em dúvida se queria sequer
voltar ao trabalho, pensando que talvez fosse melhor para a família se
eu ficasse em casa em tempo integral. Nossa babá amava as meninas
como se fossem suas filhas, mas não pôde recusar uma oferta que recebeu para trabalhar como enfermeira, ganhando mais. Eu não podia
culpá-la, mas chorei sem parar na noite em que me contou, sabendo
como seria difícil administrar as coisas sem ela. Eu sabia que já era uma
sorte termos dinheiro para contratá-la. Mas, quando ela saiu, foi como
perder um braço.

Eu adorava ficar com as minhas filhinhas. Reconhecia o valor de
cada minuto e cada hora em casa, principalmente com a agenda in-
constante de Barack. Pensei mais uma vez na decisão da minha mãe,
de ficar em casa com Craig e comigo. Claro que a escolha dela também
tinha envolvido aspectos negativos, mas, em comparação à vida que eu
vinha levando, parecia viável. Valia a pena tentar. Eu gostava da ideia
de cuidar de uma coisa só, em vez de duas, de não ficar me dividindo
mentalmente entre a casa e o trabalho o tempo todo.

Mas então recebi um telefonema de Susan Sher, minha ex-mentora
e colega de trabalho na prefeitura que agora tinha um bom emprego
no Centro Médico da Universidade de Chicago. Uma das prioridades do centro era aumentar seu alcance na comunidade. Eles queriam

contratar um diretor executivo para assuntos comunitários, função que parecia feita quase sob medida para mim. Será que eu estaria interessada em fazer uma entrevista?

A princípio, não estava segura. Viver com um bebê pequeno é cansativo e estressante. Eu me levantava várias vezes à noite para dar de mamar a Sasha, o que deixava meu sono atrasado e, consequentemente, prejudicava minha sanidade mental. Eu ainda tinha mania de organização, mas estava perdendo a batalha. O apartamento vivia com brinquedos, livros infantis e pacotes de fraldas espalhados por todo canto. Qualquer saída exigia um carrinho de bebê gigante, além de uma sacola nada elegante de fraldas e outros itens essenciais: uma porção de cereal, brinquedos e uma muda extra de roupas — para todas.

Mas a maternidade também me trouxe um maravilhoso grupo de amigas. Trabalhávamos em áreas variadas, e muitas de nós tinham crianças da mesma idade. Quanto mais filhos tínhamos, mais próximas ficávamos. Nós nos víamos quase todos os fins de semana. Cuidávamos umas dos filhos das outras, íamos em grupo ao zoológico, víamos apresentações do Disney on Ice juntas. Às vezes, num sábado à tarde, deixávamos o bando de crianças na sala de brinquedos da casa de uma de nós e ficávamos comendo e conversando.

Todas essas mulheres eram instruídas, ambiciosas, devotadas aos filhos e tão desnorteadas quanto eu sobre equilibrar as exigências de carreira e maternidade. As formas de trabalhar e cuidar dos filhos ao mesmo tempo eram as mais variadas. Algumas trabalhavam em tempo integral, outras em meio período, outras não trabalhavam fora. Algumas deixavam as crianças comerem cachorro-quente e salgadinho; outras só usavam cereais integrais em tudo. Algumas tinham um marido muito envolvido na criação; outras tinham um marido como o meu, sobrecarregado e muitas vezes ausente. Algumas das minhas amigas eram incrivelmente felizes; outras estavam tentando mudar certas coisas em nome de um equilíbrio maior. A maioria vivia em estado de calibragem constante, ajustando uma coisa aqui para ter mais estabilidade ali.

As tardes que passamos juntas me ensinaram que não existia uma receita para ser uma boa mãe. Não havia fórmula certa ou errada. Todas as crianças pequenas naquela sala de brinquedos eram amadas e cresciam bem. Sempre que nos reuníamos, eu sentia a força coletiva de todas aquelas mulheres que procuravam fazer o certo para seus filhos. Sabia que, em qualquer circunstância, uma ajudaria a outra e tudo daria certo.

E foi assim que, depois de conversar longamente com Barack e com minhas amigas, resolvi fazer a entrevista para a vaga no hospital universitário. Minha impressão era de que eu era perfeita para o trabalho. Sabia que era qualificada e sentia grande paixão pela área. Mas eu sabia que também teria que fazer aquilo funcionar para minha família.

Eu não queria mais um trabalho em meio período. Queria um emprego integral, com um salário condizente que nos permitisse cobrir as despesas com babá para as crianças e alguém para ajudar em casa. Não tentaria esconder a bagunça que era meu dia a dia, desde a bebê que eu ainda amamentava e a garotinha de três anos na pré-escola ao fato de que, com a agenda política totalmente atropelada do meu marido, eu estava no comando de quase todos os aspectos da vida doméstica.

Expus tudo isso na entrevista com o novo presidente do hospital. Inclusive levei Sasha, então com três meses. Ela era pequena demais e ainda precisava muito de mim. Ela fazia parte da minha vida. O que eu estava dizendo era: *Aqui estou eu, e aqui está também minha bebê*.

Pareceu um milagre meu possível chefe se mostrar compreensivo. Saí da entrevista satisfeita e bastante segura de que me ofereceriam o emprego. Mas, o que quer que acontecesse, eu sabia que pelo menos tinha feito algo de bom por mim mesma ao expor minhas necessidades. O mero fato de expô-las em voz alta era empoderador. Voltei para casa com o espírito leve e uma bebê que estava começando a ficar agitada.

A NOVA MATEMÁTICA da família era a seguinte: tínhamos duas filhas, três empregos, dois carros, um apartamento e zero tempo livre.

Aceitei a nova colocação no hospital; Barack continuou lecionando e legislando. E, por mais que lhe afligisse a derrota nas primárias para o Congresso, ainda pensava em concorrer a um cargo mais elevado. O presidente, na época, era George W. Bush. O país sofrera o choque e a tragédia dos ataques terroristas do Onze de Setembro. Havia uma guerra em curso no Afeganistão, e Osama bin Laden, ao que parecia, estava escondido numa caverna. Barack se inteirava cuidadosamente de todas as notícias, prosseguindo com suas atividades normais enquanto refletia em silêncio sobre tudo aquilo.

Não me lembro exatamente da primeira vez que ele levantou a possibilidade de concorrer ao Senado federal. O que lembro é da minha reação, que foi olhar descrente para ele, como se dissesse: *Você não acha que já estamos ocupados demais?*

Minha aversão à política só aumentava, principalmente porque a agenda sobrecarregada de Barack estava começando a me incomodar bastante. Conforme Sasha e Malia cresciam, eu via que o ritmo só acelerava e as listas de tarefas só aumentavam. Barack e eu fazíamos o possível para manter a vida das meninas numa rotina calma e administrável. Tínhamos uma babá nova. Malia estava feliz na pré-escola, fazendo amizades e preenchendo sua própria agenda com festas de aniversário e aulas de natação no fim de semana. Sasha estava com cerca de um ano de idade e começava a se equilibrar nos pezinhos, a falar algumas palavras e a nos maravilhar com seus sorrisos radiantes. Era extremamente curiosa e estava decidida a acompanhar Malia e os amiguinhos de quatro anos da irmã mais velha. Meu emprego no hospital ia bem, embora eu tivesse que acordar às cinco da manhã para trabalhar algumas horas no computador antes que os outros se levantassem.

Isso me deixava um pouco cansada à noite e às vezes eu entrava em conflito com meu marido e seus horários de coruja. Nas quintas à noite, ele chegava de Springfield querendo mergulhar de cabeça na vida de família para compensar o tempo perdido. A falta de pontualidade de Barack, com a qual eu antes implicava só um pouco, agora era motivo de pura e simples frustração. Eu sabia que ele ficava feliz com as quintas-feiras. Percebia o entusiasmo quando ele ligava para avisar que havia terminado o trabalho e finalmente estava voltando para casa. Ele dizia "Estou indo!" ou "Quase chegando!". Por algum tempo acreditei nisso. Eu dava banho nas meninas, mas adiava a hora de colocá-las na cama, para poderem dar um abraço no pai. Ou então dava o jantar e as colocava na cama, mas não comia. Acendia velas e ficava na expectativa de jantar com Barack.

E esperava. Esperava tanto que Sasha e Malia começavam a fechar os olhos e eu tinha de carregá-las para a cama. Ou esperava sozinha, com fome, cada vez mais irritada, sentindo as pálpebras pesadas, vendo a cera da vela pingar e formar uma poça na mesa. Estava aprendendo que dizer "Estou indo" ou "Quase chegando" era fruto do eterno otimismo de Barack, e de sua vontade de estar em casa, mas que não significava que realmente chegaria tão cedo. Às vezes ele de fato estava vindo, mas precisava parar para uma última conversa com um colega antes de entrar no carro. Outras vezes, estava quase chegando, mas se esquecia de mencionar que antes ia dar uma passada rápida na academia.

Como mãe que trabalhava em tempo integral, levantava antes do amanhecer e tinha um marido em meio período, eu sentia minha paciência se esgotando. Quando Barack finalmente chegava em casa, ou eu já estava furiosa ou já tinha dormido, depois de ter apagado todas as luzes da casa e ido para a cama.

TODOS NÓS VIVEMOS de acordo com os modelos que conhecemos. Durante a infância de Barack, o pai sumiu e a mãe ia e vinha. Para Barack, não havia nada de errado nisso. Suas companhias eram os morros, as praias e ele mesmo. A independência era importante no mundo dele. Já eu fora criada num tecido de relações muito estreitas dentro da minha família, no nosso bairro, com avós, tias, tios por todos os lados, todos espremidos à mesma mesa aos domingos para os nossos jantares habituais. Depois de treze anos de amor, Barack e eu precisávamos entender o que tudo isso significava no funcionamento da nossa família.

Eu me sentia vulnerável quando ele estava longe. Não que Barack não fosse devotado ao casamento, mas porque, tendo crescido numa família em que todos estavam por perto, eu podia ficar deprimida quando alguém estava ausente. Me sentia só e queria bravamente atender às necessidades das meninas. Queríamos Barack junto de nós. Sentíamos saudade quando ele estava longe. Eu tinha medo de ele não entender como aquilo nos afetava. Temia que o caminho que ele escolhera acabasse passando por cima de todas as nossas necessidades. Na primeira vez que ele me consultara, anos antes, sobre a candidatura ao Senado estadual, éramos apenas nós dois a considerar. Mas agora tínhamos duas filhas, e eu havia aprendido que a política nunca é muito bondosa com as famílias. Já tinha visto no ensino médio, por meio da minha amizade com Santita Jackson, e vi novamente quando os adversários políticos de Barack usaram contra ele sua decisão de ficar no Havaí quando Malia adoeceu.

Assistindo ao noticiário ou lendo os jornais, às vezes eu me pegava fitando imagens das pessoas que haviam se comprometido com a vida política — os Clinton, os Gore, os Bush, fotos antigas dos Kennedy — e me perguntava sobre a história por trás daquilo. Eram todos normais? Felizes? Aqueles sorrisos eram reais?

Barack e eu nos amávamos muito, mas agora tínhamos desavenças por causa do estresse e de nossos horários radicalmente diferentes.

A princípio, Barack não quis recorrer à terapia de casal. Estava acostumado a resolver problemas complicados sozinho e se sentia desconfortável com a ideia de resolvê-los com um desconhecido. Mas eu queria falar e ouvir de verdade. Nossos poucos conhecidos que haviam recorrido à terapia de casal e que eram abertos o suficiente para comentarem a respeito diziam que havia ajudado. Assim, marquei uma hora com um psicólogo recomendado por um amigo, e Barack e eu fomos vê-lo algumas vezes.

Nosso terapeuta era um homem branco de fala mansa. Fui até lá imaginando que ele ouviria o que Barack e eu tínhamos a dizer e imediatamente concordaria com todas as minhas reclamações. Suspeito que Barack talvez achasse o mesmo em relação às dele.

Esta veio a ser para mim a grande surpresa do processo: o terapeuta não tomou partido. Diante das nossas divergências, ele nunca seria o voto decisório. Pelo contrário, era um ouvinte paciente. Devagar, nos ajudou a falar juntos sobre nossos sentimentos e questões. Depois de horas falando, o nó entre Barack e eu começou a se desfazer. A cada vez que Barack e eu deixávamos o consultório, nos sentíamos um pouco mais conectados.

Comecei a enxergar que havia outras maneiras de ser mais feliz que não exigiam que Barack deixasse a política. Nossas sessões de terapia me mostraram que essa expectativa não era realista. Comecei a ver que eu estava presa à ideia de que tudo era injusto e que, como advogada formada em Harvard, reunia provas que sustentassem a hipótese. Agora eu via que era possível ter mais controle sobre a minha felicidade do que eu estava me permitindo ter. Andava tão ocupada me ressentindo com Barack por conseguir, por exemplo, encaixar uma academia na sua agenda que nem me dispunha a refletir sobre como eu mesma poderia passar a ir regularmente. Gastava tanta energia me preocupando se ele chegaria ou não em casa para jantar que os jantares, com ou sem ele, não tinham mais graça.

Foi um ponto de virada para mim. Isso não significa que Barack não tenha feito seus próprios ajustes — a terapia o ajudou a ver as falhas na nossa comunicação e ele se esforçou em melhorar nisso —, mas eu fiz os meus, eles me ajudaram e, como consequência, ajudaram a nós. Para começar, eu vinha contando com um personal trainer por alguns anos, mas a maternidade mudara minha rotina. Sentia falta de me exercitar e cuidar da saúde. Para resolver isso, tive que fazer ajustes, que nesse caso vieram sob a forma da minha sempre generosa mãe. Ela ainda trabalhava em tempo integral, mas se prontificou a nos ajudar vários dias por semana, chegando às quinze para as cinco da manhã para que eu fosse correndo me exercitar e voltasse às seis e meia para acordar as meninas e prepará-las para o dia. Esse novo esquema mudou tudo: a calma e a força, duas coisas que eu tinha medo de estar perdendo, voltaram.

Quanto ao dilema do jantar, estabeleci novos limites, que funcionavam melhor para mim e para as meninas. Fizemos nosso horário e nos prendemos a ele. O jantar era às seis e meia. O banho, às sete, depois vinham os livros, os carinhos e o apagar das luzes às oito em ponto. A rotina colocava o peso da responsabilidade de chegar na hora sobre Barack. Para mim, fazia muito mais sentido do que atrasar o jantar e fazer as meninas esperarem acordadas, às vezes morrendo de sono, para um abraço. E assim retomei meu desejo de que elas crescessem fortes e centradas: não queria que acreditassem por um instante sequer que a vida só começava quando o homem da casa chegava. Não esperávamos o papai. Agora cabia a ele vir até nós.

15

NA CLYBOURN AVENUE, EM CHICAGO, LOGO AO NORTE do centro da cidade, havia um estranho paraíso, aparentemente construído para mães que trabalhavam e que eu podia jurar ter sido feito sobretudo para mim: era um shopping convencional, bem americano, que tinha lojas de tudo — roupas infantis, eletrônicos, uma boa farmácia, além de várias outras redes, pequenas e grandes, capazes de atender a qualquer urgência dos clientes, fosse um desentupidor de privada, um abacate maduro ou uma touquinha de banho infantil. Perto dele havia uma loja de itens de organização e uma lanchonete mexicana, o que melhorava ainda mais as coisas. Eu era fã do lugar. Podia estacionar o carro, passar rapidinho por duas ou três lojas conforme a necessidade, pegar um burrito e voltar à minha mesa em sessenta minutos. Eu preferia as idas-relâmpago na hora do almoço — comprava meias novas, presentes para alguma criança que estivesse fazendo aniversário, e repunha o estoque de suco de caixinha e papinha de maçã.

Sasha e Malia agora estavam com três e seis anos, respectivamente, muito ativas e espertas, crescendo rápido. A energia delas me tirava o fôlego. Às vezes, eu me sentava no carro dentro do estacionamento, depois de cuidar dos meus afazeres, e comia meu fast-food sozinha, com o rádio ligado, aliviada, impressionada com minha eficiência. Essa era a vida com crianças pequenas. Eu tinha conseguido comprar a papinha de maçã. Estava fazendo uma refeição. Todos ainda estavam vivos.

Olhem como estou dando conta, era o que eu queria dizer nesses momentos para o meu público inexistente. *Perceberam como estou me virando bem?*

Essa era eu aos quarenta anos, no papel de mãe que trabalhava fora. Nos meus melhores dias, eu me dava o crédito por ter conseguido — havia pelo menos algo parecido com equilíbrio. O emprego no hospital era bom, desafiador, gratificante e em sintonia com as minhas convicções. Eu me espantava de ver como tantos funcionários do centro médico universitário pareciam considerar a vizinhança tão assustadora que sequer atravessavam uma rua fora do campus. Para mim, aquele medo era uma motivação.

Eu passara a maior parte da minha existência convivendo com esse tipo de divisão — notando o nervosismo dos brancos no meu bairro e todas as formas com que as pessoas influentes pareciam se afastar da minha comunidade. Meu trabalho era um convite para acabar com parte disso, para derrubar barreiras onde fosse possível — sobretudo incentivando as pessoas a se conhecerem e criando uma relação mais sólida entre o hospital e a comunidade. Comecei com apenas uma pessoa trabalhando para mim, mas acabei comandando uma equipe de 22 pessoas. Levávamos membros da administração e da equipe hospitalar às cercanias do South Side, fazendo-os visitar escolas e centros comunitários, inscrevendo-os como mentores, orientadores e juízes em feiras de ciências, levando-os para conhecer as churrascarias locais. Trazíamos jovens locais para aprender sobre o trabalho que os funcionários do hospital faziam, montamos um programa para aumentar o número de voluntários dos bairros vizinhos para ajudar no hospital, e incentivávamos os estudantes da comunidade a pensar em seguir a carreira médica. Ao ver que o sistema hospitalar poderia fazer melhor no que dizia respeito a contratar mais

↑ Quando trabalhava no Centro Médico da Universidade de Chicago, me esforcei muito para aproximar os hospitais locais das comunidades do South Side e para que os moradores da região tivessem assistência médica acessível.

Apesar de difícil, para mim era importante equilibrar as necessidades da família com as exigências do trabalho. ←

De tempos em tempos, as meninas visitavam Barack durante a campanha. Esta é Malia, assistindo a um discurso do pai através da janela do ônibus de campanha.

Barack anunciou sua candidatura à presidência em Springfield, Illinois, em um dia congelante. Eu tinha comprado para Sasha um gorro cor-de-rosa grande demais, especialmente para a ocasião, e estava com medo de que não parasse na cabeça dela. Por sorte, ela conseguiu mantê-lo no lugar.

Eu gostava de fazer campanha, mas o ritmo era exaustivo. Aproveitava para descansar um pouco sempre que podia.

Malia e Sasha descontraídas nos bastidores antes de fazer uma aparição durante a campanha.
←

Compartilhei minha história com o grande público pela primeira vez na Convenção Nacional Democrata em Denver. Depois, Sasha e Malia se juntaram a mim no palco para dar um oi para Barack via vídeo.
→

Na noite da eleição, 4 de novembro de 2008, minha mãe, Marian, ficou sentada ao lado de Barack enquanto ambos assistiam em silêncio à divulgação dos resultados.
←

↑
Malia tinha dez anos e Sasha acabara de completar sete em janeiro de 2009, quando o pai delas tomou posse como presidente. Sasha era tão pequena que precisou subir em uma plataforma para que a vissem durante a cerimônia.

Meu marido e meu maravilhoso vestido do estilista Jason Wu me inspiraram e mantiveram minha energia para que eu conseguisse sobreviver a dez bailes de posse depois de um dia já cheio de festividades.

A primeira-dama Laura Bush e suas filhas, Jenna e Barbara, nos mostraram as partes mais divertidas de morar na Casa Branca, inclusive como transformar esse corredor em escorregador. →

Barack e eu adorávamos conhecer jovens do mundo todo, como este grupo de meninas de El Salvador. ←

Ver o rostinho de Sasha espiando pela janela do carro blindado a caminho de seu primeiro dia de aula me deixou preocupada em relação a como a experiência afetaria nossas filhas. →

Eu queria que a Casa Branca fosse um lugar onde as crianças se sentissem em casa e fossem elas mesmas, e talvez tivessem até a chance de pular corda com a primeira-dama.

Nossa iniciativa Let's Move! encorajava as crianças a serem mais ativas. Eu adorava participar e me exercitar com elas sempre que possível.

Prometemos a Malia e Sasha que teríamos um cachorro se Barack fosse eleito presidente. Nosso primeiro cão, Bo, exigia que estivéssemos sempre alertas.

Barack e eu temos um carinho especial pela rainha Elizabeth, que lhe lembrava sua avó, uma mulher muito direta e prática. Ao longo de muitas visitas, ela me mostrou que humanidade é mais importante que protocolo ou formalidade.

Conhecer Nelson Mandela, ex-presidente da África do Sul e ícone dos direitos civis, me lembrou que a verdadeira mudança ocorre devagar, ao longo de uma vida inteira, não de meses ou anos.

empresas de mulheres e minorias, ajudei a montar o Setor de Diversidade Empresarial.

Por fim, havia a questão das pessoas em extrema necessidade de atendimento médico. O South Side tinha uma população com elevada incidência dos tipos de doenças crônicas que costumam afligir os pobres — asma, diabetes, hipertensão, problemas cardíacos —, sem unidades de prestação de serviços de saúde em número suficiente para dar assistência a todos. Como muitas pessoas não tinham plano de saúde ou dependiam do Medicaid (parceria dos governos estadual e federal que auxilia pessoas de baixa renda com os custos médicos), muitos evitavam ir ao médico e acabavam só aparecendo no pronto-socorro quando já estavam gravemente doentes. O problema era patente, dispendioso, ineficiente e desgastante para todos os envolvidos. As visitas ao pronto-socorro pouco ajudavam a melhorar as condições de saúde do paciente no longo prazo. Criei a meta de tentar sanar esse problema. Começamos, entre outras coisas, a contratar e treinar acompanhantes — em geral, pessoas do bairro amigáveis e prestativas —, que se sentavam junto com os pacientes no pronto-socorro e os ajudavam a marcar consultas de acompanhamento nos postos de saúde da comunidade e os orientavam sobre os locais onde podiam receber atendimento regular decente e acessível.

Meu trabalho era interessante e recompensador, mas eu precisava ficar atenta para não me sobrecarregar. Devia isso às minhas meninas. Nossa decisão de deixar a carreira de Barack avançar — de dar a ele a liberdade de moldar e perseguir os próprios sonhos — me levou a refrear minha dedicação ao trabalho. De forma quase proposital, me anestesiei diante das minhas ambições, recuando em momentos em que teria avançado. Não sei se alguém à minha volta diria que eu não estava me dedicando o suficiente, mas sempre tive consciência de tudo o que podia ter feito e não fiz. Deixei de assumir alguns projetos e não acompanhei tão de perto alguns jovens funcionários que eu queria orientar. As pessoas falam o tempo todo sobre as coisas de que uma mãe que trabalha fora precisa abrir mão. As minhas eram essas. Se antes eu me dedicava completamente a cada tarefa, agora era mais cautelosa, ciosa do meu tempo, pois sabia que precisava reservar energias para a vida no lar.

NO GERAL, MINHAS METAS DE VIDA consistiam na preservação da normalidade e da estabilidade, mas essas jamais seriam as metas de Barack. Agora reconhecíamos e aceitávamos melhor esse fato. Yin, yang. Eu ansiava por ordem e rotina, ele não. Ele podia viver no meio do mar; eu precisava do barco. Quando Barack estava em casa, sua presença era no mínimo marcante — brincava no chão com as meninas, lia *Harry Potter* em voz alta com Malia à noite, ria das minhas piadas e me abraçava, nos relembrando de seu amor e de sua confiabilidade antes de sumir outra vez por pelo menos meia semana. Aproveitávamos ao máximo as brechas da sua agenda, preparando jantares e visitando amigos. Ele cedia à minha vontade (às vezes) e assistia comigo aos meus programas de TV favoritos. Eu cedia à vontade dele (às vezes) e assistia aos seus. Aceitara a ideia de que estar longe fazia parte do trabalho dele. Não gostava, mas de modo geral parei de lutar contra isso. Barack podia encerrar seu dia satisfeito num hotel distante com as mais variadas lutas políticas em andamento e pontas soltas pairando no ar. Enquanto isso, eu vivia para sentir o abrigo do lar — para a sensação de completude que tinha a cada noite, com Sasha e Malia confortáveis em suas camas e a lavadora de pratos zumbindo na cozinha.

De todo modo, não havia outra opção a não ser me adaptar às ausências de Barack. Elas não iam acabar. Além do trabalho normal, ele estava mais uma vez em campanha, agora para uma vaga no Senado federal.

Ele estava começando a se impacientar em Springfield, frustrado com a lentidão do governo estadual. Estava convencido de que conseguiria fazer mais e melhor em Washington. Sabendo que eu tinha inúmeras razões para me opor à ideia de uma disputa para o Senado e que ele tinha muitos argumentos a apresentar em defesa de sua candidatura, reunimos alguns amigos para ver o que eles achavam. Organizamos um brunch na casa de Valerie Jarrett, que era igualmente amiga minha e de Barack. Ela era afetuosa e sábia, como uma irmãzona para nós dois. Ela nos compreendia, compreendia nossas metas e protegia a ambos.

Em caráter pessoal, antes da reunião ela havia me dito que tinha suas dúvidas se Barack deveria concorrer ao Senado. Assim, quando cheguei para o brunch naquela manhã, imaginava que estava com o meu argumento pronto.

Engano meu.

Barack explicou que aquela disputa para o Senado era uma oportunidade única. Ele achava que tinha chances reais de vencer. Quando perguntei como pagaríamos as despesas se tivéssemos uma casa em Washington e outra em Chicago, ele respondeu:

— Bom, eu escrevo outro livro, e vai ser um livro e tanto, que vai render dinheiro.

Dei risada. Barack era a única pessoa que eu conhecia que imaginava que escrever um livro seria capaz de resolver qualquer problema. Brinquei que ele parecia o menino de "João e o pé de feijão", que troca a subsistência da família por um punhado de feijões mágicos, acreditando que vão render alguma coisa, mesmo que ninguém mais acredite.

A lógica de Barack era sólida em todos os outros aspectos. Observei a expressão de Valerie enquanto ele falava e percebi que rapidamente a estava convencendo de que deveria concorrer. Ele tinha uma resposta na ponta da língua toda vez que perguntávamos: "Mas e tal coisa?". Eu sabia que Barack tinha razão no que falava, mesmo evitando contar todas as horas a mais que ele iria passar longe de nós se vencesse a eleição.

Embora já discutíssemos havia anos o impacto de sua carreira política em nossa família, eu amava e confiava em Barack. Ele já dividia sua atenção entre mim e as meninas, de um lado, e seus 200 mil eleitores do South Side, de outro. Será que dividi-lo com o estado de Illinois seria algo tão diferente? Eu não tinha como saber, mas também não podia atrapalhar seu sonho, aquilo que sempre o impelia a tentar mais e mais.

Assim, com o apoio de nossos amigos, fizemos um trato. Valerie Jarrett concordou em ser a diretora financeira da campanha de Barack para o Senado federal. Vários amigos nossos concordaram em doar tempo e dinheiro à iniciativa. Dei meu aval a tudo, com uma condição, que disse em voz alta para todos ouvirem: se ele perdesse, abandonaria totalmente a política e encontraria outro tipo de trabalho. Se não desse certo no dia da eleição, era ponto-final.

Na real e pra valer, era ponto-final.

O que aconteceu, porém, foi que para Barack houve uma sucessão de golpes de sorte. O senador no cargo decidiu não disputar a reeleição, e, depois, os dois outros candidatos favoritos abandonaram a disputa devido a escândalos pessoais. Faltando poucos meses para a eleição, Barack sequer tinha um adversário republicano.

Sem dúvida, ele fez uma excelente campanha, tendo aprendido muito com sua derrota anterior. Derrotou sete oponentes democratas e obteve mais da metade dos votos para ganhar a indicação. Enquanto percorria o estado e entrava em contato com os eleitores, era o mesmo homem que eu conhecia em casa — charmoso e divertido, inteligente e preparado, reforçando a impressão de que o lugar dele era o Senado federal. Ainda assim, o caminho de Barack parecia forrado de trevos de quatro folhas.

Tudo isso foi antes de John Kerry convidar Barack para fazer o discurso de abertura da Convenção Nacional dos democratas em 2004. Kerry, então senador por Massachusetts, estava numa disputa acirrada com George W. Bush pela presidência.

Meu marido ainda era um completo desconhecido. Era um modesto legislador estadual que nunca estivera diante de uma multidão como a que se reuniria na Convenção Nacional Democrata, de pelo menos 15 mil pessoas. Ele nunca estivera ao vivo no horário nobre da TV. Era um negro numa atividade que historicamente pertencia aos brancos, com um nome esquisito e um histórico estranho, que esperava encontrar eco junto ao democrata comum.

No entanto, ele parecia destinado exatamente àquele momento. Eu sabia porque vira de perto como a mente dele trabalhava sem parar. Ao longo dos anos, tinha visto Barack respirar livros, jornais e ideias, e entusiasmar-se sempre que, no meio de uma conversa, alguém compartilhava algum conhecimento ou experiência novos. Desde que o conheci, ele estava trabalhando para construir sua visão, sem fazer alarde. Mesmo que de forma relutante, criei espaço para essa visão na nossa vida. E agora, talvez, o tamanho do público finalmente estaria à altura do que ele acreditava ser possível. Ele estava pronto para aquela ocasião. Bastava apenas falar.

A PARTIR DAÍ, meu refrão passou a ser "Deve ter sido um bom discurso". Era uma piada interna nossa, que repeti inúmeras vezes desde aquela noite de 27 de junho de 2004.

Eu havia deixado as meninas em casa com a minha mãe e pegado um voo para estar com Barack na convenção. Barack entrou no palco sob as luzes intensas e à vista de milhões de pessoas. Ele estava um pouco nervoso, e eu também, mas ambos decididos a não deixar transparecer. De todo modo, era assim que Barack funcionava. Quanto maior a pressão, mais calmo parecia ficar. Tinha levado umas duas semanas escrevendo o discurso. Decorou o texto e o ensaiou com dedicação. Barack fitou o público e as câmeras de TV e, como se desse a partida a algum motor dentro dele, simplesmente sorriu e arrancou.

Naquela noite, ele falou durante dezessete minutos, expondo quem era e de onde vinha — o avô, que havia lutado na Segunda Guerra; a avó, que trabalhara numa linha de montagem durante o conflito; o pai, que crescera como pastor de cabras no Quênia; o amor entre seus pais e a confiança no que uma boa educação poderia fazer por um filho que não nascera rico nem bem relacionado. Ele se apresentou não como um forasteiro, mas como um exemplo vivo da história americana. Relembrou ao público que não bastava o país estar pintado de azul e vermelho — as cores dos democratas e dos republicanos —, que éramos unidos por uma mesma humanidade, com obrigação de cuidar uns dos outros. Invocou a esperança para vencer o ceticismo. Falou com esperança, projetou esperança, quase cantou com esperança.

Foram dezessete minutos da facilidade de Barack com as palavras, dezessete minutos em que seu profundo e fascinante otimismo ficou à mostra. Ao terminar, a plateia inteira estava de pé, gritando e aplaudindo freneticamente. Entrei no palco sob as luzes ofuscantes, de vestido branco e sapatos de salto alto, e lhe dei um abraço, depois me virei para o público empolgadíssimo e acenei junto com ele.

A energia era eletrizante, o barulho, absolutamente ensurdecedor. Já não era mais nenhum segredo que Barack era uma pessoa boa, de grande inteligência e firme na crença na democracia. Eu me orgulhava do que ele havia feito, mas não fiquei surpresa. Era esse o homem com quem havia me casado. Sempre soube das suas habilidades. Olhando em retrospecto, creio que foi nesse momento que, silenciosamente, comecei a abandonar a ideia de que um dia mudaria o caminho de Barack, de que um dia ele pertenceria apenas a mim e às meninas. Eu praticamente ouvia isso na vibração dos aplausos. *Mais, mais, mais.*

A reação da mídia ao discurso de Barack foi explosiva. "Acabo de ver o primeiro presidente negro", declarou um comentarista político na TV. A manchete de primeira página no *Chicago Tribune*, no dia seguinte, trazia apenas "O fenômeno". O celular de Barack começou a tocar sem parar. A mídia o estava chamando de "rockstar" e de "sucesso instantâneo", como se ele não tivesse passado anos trabalhando até chegar àquele momento no palco, como se tivesse sido criado pelo discurso, e não o inverso. Mesmo assim, o discurso foi o começo de algo novo, não só para ele, mas para toda a nossa família. Fomos tragados para uma vida mais exposta ao público, em que as expectativas das outras pessoas poderiam rapidamente acabar nos definindo.

Tudo aquilo era surreal. Só me restava brincar.

"Deve ter sido um bom discurso", dizia eu, dando de ombros quando as pessoas começaram a parar Barack na rua para pedir um autógrafo ou dizer que tinham adorado sua fala. "Deve ter sido um bom discurso", dizia eu quando saíamos de um restaurante em Chicago e encontrávamos uma multidão reunida na calçada para esperá-lo. Eu dizia a mesma coisa quando os jornalistas começaram a perguntar a Barack qual era sua opinião sobre temas nacionais importantes, e quando, nove anos depois de sua publicação, *A origem dos meus sonhos,* livro de Barack, entrou na lista dos mais vendidos do *New York Times.*

— Deve ter sido um bom discurso — disse eu quando Oprah Winfrey entrou alvoroçada e radiante na nossa casa para passar o dia nos entrevistando para sua revista.

O que estava acontecendo conosco? Eu mal conseguia acompanhar. Em novembro, Barack foi eleito para o Senado federal com 70% dos votos, a maior margem na história de Illinois e a votação mais esmagadora daquele ano em todas as disputas do Senado no país. Ele venceu entre negros, brancos e latinos, entre homens e mulheres, entre ricos e pobres, entre urbanos, suburbanos e rurais. Em dado momento, fizemos uma rápida viagem ao Arizona, e lá ele foi cercado por inúmeras pessoas lhe desejando boa sorte. Para mim aquilo foi uma verdadeira e estranha medida da sua fama: agora, até os brancos o reconheciam.

EU ME AGARREI com força ao que sobrou da minha normalidade. Quando estávamos em casa com nossas filhas, as coisas continuavam como sempre. Quando estávamos com amigos e parentes, tudo continuava como sempre. Mas lá fora as coisas tinham mudado. Agora Barack vivia entre Chicago e Washington. Tinha um escritório no Senado e, em Capitol Hill, um apartamento de um quarto num prédio velho que já estava abarrotado de livros e papéis, sua Toca longe de casa.

Mantive a minha rotina em Chicago. Academia, trabalho, casa, academia, trabalho, casa. Pratos na lava-louça. Aulas de natação, futebol, balé. Continuava no meu ritmo de sempre. Barack agora tinha uma vida em Washington, comportando-se com a seriedade que convinha ao cargo de senador, mas eu continuava a mesma, levando uma vida normal. Certo dia, eu estava sentada no carro, no estacionamento do shopping da Glybourn Avenue, comendo alguma coisa do Chipotle e dando um tempinho para mim mesma depois de uma ida apressada à loja de roupas infantis, quando minha secretária me ligou. Uma mulher em Washington — alguém que eu não conhecia, esposa de um senador — queria falar comigo.

— Claro, pode passar — falei.

E então, com uma voz agradável e calorosa, a esposa do senador disse:

— Ai, oi! Que bom finalmente falar com você!

Respondi que também estava contente em falar com ela.

— Estou ligando para lhe dar as boas-vindas e dizer que gostaríamos de convidá-la para algo muito especial.

O convite era para participar de uma espécie de clube particular, formado principalmente pelas esposas de gente importante em Washington. Elas se reuniam periodicamente para almoçar e conversar sobre assuntos do momento.

— É uma boa maneira de conhecer as pessoas, e sei que isso nem sempre é fácil quando somos novas na cidade — comentou ela.

Na minha vida toda, eu nunca tinha sido convidada para entrar num clube. No ensino médio, via os colegas indo esquiar. Em Princeton, às vezes esperava acordada Suzanne chegar de volta das festas do clube da faculdade. Metade dos advogados do meu antigo escritório de advocacia pertencia a algum country clube. Eu tinha visitado inúmeros clubes desses ao longo dos anos, arrecadando fundos para a Public Allies e para as campanhas de Barack. Logo se via que, no geral, esses clubes eram lugares caros e cheios de gente rica. Ser sócio de um deles era mais do que ser mero sócio de um clube.

O convite dela era gentil, genuíno, mas fiquei contente em recusar.

— Obrigada — respondi. — Muito gentil da sua parte pensar em mim. Mas, na verdade, decidimos que não vou me mudar para Washington.

Expliquei que tínhamos duas meninas na escola em Chicago e que eu era muito envolvida no meu trabalho. Falei que Barack estava se adaptando à vida em Washington e vinha para casa sempre que podia.

— Isso pode ser muito difícil num casamento, sabe? — disse ela amavelmente. — As famílias se desfazem.

Senti seu tom de crítica. O comentário dela deixava implícito que, ao optar por permanecer em Chicago, eu estava tomando uma decisão arriscada, que só havia uma maneira certa de ser esposa de um senador e que eu estava fazendo a escolha errada.

Agradeci outra vez, desliguei e soltei um suspiro. Nada daquilo tinha sido escolha minha, para começo de conversa. Nada daquilo era escolha minha, de maneira alguma. Agora eu era, como ela, a esposa de um senador federal — a sra. Obama, como ela me tratara durante toda a conversa —, mas isso não significava que precisaria abrir mão de tudo para apoiá-lo. Na verdade, não queria abrir mão de nada.

Eu sabia que havia outros senadores casados que preferiam morar na cidade de origem em vez de Washington. Sabia que o Senado federal, com catorze mulheres entre os cem membros, não era tão antiquado quanto já tinha sido. Mas, ainda assim, achei uma presunção outra mulher vir me dizer que eu estava errada em manter minhas filhas na escola e continuar no meu emprego. Semanas depois da eleição, eu fora com Barack a Washington para participar de um dia de orientações aos senadores recém-eleitos e às esposas. Naquele ano, éramos poucos e, depois de uma rápida apresentação, os políticos foram para um lado e as esposas, levadas para outra sala. Eu tinha preparado várias perguntas, sabendo que se esperava que os políticos e as famílias aderissem a padrões rigorosos que ditavam de tudo, desde quem podia nos dar presentes a como as viagens de e para Washington eram pagas. Pensei que talvez fôssemos discutir como nos portar em ocasiões sociais com lobistas ou os aspectos legais de arrecadação de fundos para uma futura campanha.

Mas o que tivemos foi uma palestra sobre a história e a arquitetura do edifício do Capitólio — onde se reúne o Congresso nacional — e um vislumbre da porcelana decorada feita oficialmente para o Senado federal, ao que se seguiu um almoço refinado e conversa fiada. A coisa toda se arrastou por horas. Poderia até ter sido divertido, se eu não tivesse tirado um dia de licença do trabalho e deixado nossas meninas com minha mãe para estar lá. Se eu ia ser esposa de político, queria levar o assunto a sério. Não me interessava pela política, mas também não queria cometer erros.

O fato foi que Washington me deixou confusa, com suas tradições antiquadas e sua presunção, com o domínio do homem branco, as senhoras tendo de almoçar separadas dos maridos. Meu medo era que, mesmo escolhendo não me envolver, estava sendo sugada. Fazia doze anos que eu era a sra. Obama, mas isso começava a significar algo diferente. Agora eu era a sra. Obama de uma maneira que podia ser redutora, uma mulher definida por seu homem. Eu era a esposa de Barack Obama, o rockstar da política, o único negro no Senado — o homem que falara de esperança e tolerância com tanta potência que agora havia um enxame de expectativas zumbindo atrás dele.

Meu marido era um senador recém-eleito, mas todo mundo já estava curioso para saber se ele concorreria à presidência em 2008. Não havia como escapar da questão. Todos os repórteres perguntavam a mesma coisa. Quase todos que o abordavam na rua perguntavam. Meus colegas no hospital me perguntavam. Até Malia, que tinha seis anos e meio quando pôs um vestido de veludo cor-de-rosa e ficou ao lado do pai no dia em que ele fez seu juramento de posse no Senado, queria saber. Ao contrário de muitos outros, porém, nossa menina, então em seu primeiro ano do ensino fundamental, tinha sensatez suficiente para perceber como tudo aquilo parecia prematuro.

— Papai, você vai tentar ser presidente? Não é melhor antes ser vice-presidente ou coisa assim?

Eu concordava com Malia. A vida inteira fui uma pessoa pragmática, e sempre recomendava uma abordagem lenta, uma checagem metódica. Era fã inata da espera longa e ponderada pela recompensa merecida. Nesse aspecto, eu sempre me sentia melhor quando ouvia Barack reagindo às indagações das pessoas com uma espécie de modéstia tímida e encabulada, descartando perguntas sobre a presidência, dizendo que seu único plano era se concentrar e se dedicar ao trabalho no Senado. E às vezes ele ainda acrescentava que tinha duas filhas para criar.

Mas os tambores já estavam soando. Era difícil pará-los. Barack estava escrevendo seu segundo livro, *A audácia da esperança* — pondo em palavras, em blocos de papel amarelo às altas horas da noite, suas convicções e sua visão para o país. Ele me contou que se sentia plenamente satisfeito em ficar onde estava, consolidando sua influência no Senado ao longo do tempo, mas então veio uma tempestade.

O furacão Katrina devastou a Costa do Golfo no fim de agosto de 2005, inundando New Orleans, ilhando moradores — em sua maioria, negros — nos telhados dos lares destruídos. As consequências foram devastadoras. Hospitais sem gerador, famílias que tinham perdido tudo sendo evacuadas para o estádio Superdome. Faltavam equipamentos para os socorristas. Cerca de 1800 pessoas morreram e mais de meio milhão ficaram desabrigadas. A tragédia foi intensificada pela lentidão da intervenção do governo federal, o que teve efeitos especialmente devastadores nas áreas pobres. O Katrina é um tenebroso exemplo de como os afro-americanos e os pobres de todas as etnias em nosso país são os mais vulneráveis quando as coisas ficam tensas.

E agora, onde estava a esperança?

Acompanhei a cobertura do Katrina com uma dor no peito, sabendo que, se a catástrofe atingisse Chicago, muitos dos meus tios e tias, primos e vizinhos teriam destino semelhante. A reação de Barack foi igualmente emotiva. Uma semana depois do furacão, somando-se ao ex-presidente George H. W. Bush, ele foi a Houston junto com Bill e Hillary Clinton para visitarem as dezenas de milhares de evacuados de New Orleans que haviam se abrigado no estádio Astrodome. A experiência despertou algo dentro dele, aquela sensação incômoda de que o que fazia ainda não era suficiente.

FOI A ESSE PENSAMENTO que retornei cerca de um ano depois, quando o som dos tambores ficou realmente alto, quando a pressão sobre nós dois ficou enorme. Continuávamos com as nossas atividades regulares, mas a pergunta se Barack disputaria a presidência fazia vibrar o ar ao nosso redor. *Poderia? Gostaria? Deveria?* No outono, graças, em parte, à publicação de *A audácia da esperança* e de um monte de aparições nos meios de comunicação devido à turnê de divulgação do livro, resultados de pesquisas mostraram que os eleitores o consideravam um forte candidato à presidência. Isso era uma prova concreta do seu potencial. Eu sabia que ele vinha conversando com amigos e consultores, dando a entender que andava alimentando a ideia. Mas havia uma pessoa com quem ele evitava conversar, e essa pessoa era eu.

Claro que ele sabia como eu me sentia. Havíamos comentado a questão indiretamente, ao falar de outros assuntos. Fazia tanto tempo que convivíamos com as expectativas dos outros em relação ao potencial de Barack que elas praticamente já faziam parte de todas as nossas conversas. O potencial de Barack se sentava conosco à mesa do jantar. Estava ali mesmo quando não queríamos que estivesse, acrescentando a tudo uma energia estranha. Eu achava que o meu marido já fazia demais. Se ele estava mesmo cogitando concorrer à presidência, torci para que fosse cauteloso, que se preparasse aos poucos e esperasse as meninas crescerem mais.

Desde que conheci Barack, tinha a impressão de que ele estava sempre com os olhos postos em algum horizonte distante, na sua ideia do mundo como devia ser. Só dessa vez, queria que ele se contentasse com a vida como era. Não entendia como Barack era capaz de olhar para Sasha e Malia, agora com cinco e oito anos, respectivamente, com seus rabos de cavalo e suas risadas alegres, e pensar em qualquer outra coisa. Às vezes isso me magoava.

Estávamos numa gangorra, ele num lado e eu no outro. Agora morávamos numa boa casa, numa rua tranquila, com uma varanda ampla e árvores altas no quintal — exatamente o tipo de lugar que Craig e eu admirávamos nos passeios de domingo no Buick do meu pai. Eu pensava muito no meu pai e em tudo o que ele investira em nós. Queria muito que ele estivesse vivo para ver como as coisas tinham se desenrolado. Craig estava muito feliz agora: por fim dera uma guinada na vida, deixando a carreira em bancos de investimento e voltando à sua primeira paixão, o basquete. Depois de alguns anos como assistente na Northwestern, agora era o treinador principal na Universidade Brown, em Rhode Island. Ele ia se casar outra vez, com Kelly McCrum, uma reitora de admissões universitárias muito bonita e pragmática da Costa Leste. Os dois filhos de Craig tinham crescido, eram altos e confiantes, exemplos vivos e vibrantes do que a nova geração era capaz de fazer.

Eu era esposa de um senador, mas, acima de tudo, tinha uma carreira à qual dava importância. Tinha sido promovida no trabalho e passara os dois últimos anos desenvolvendo um programa chamado Assistência Colaborativa à Saúde do South Side, que já encaminhara mais de 1500 pacientes que haviam aparecido na nossa emergência a médicos que podiam consultar periodicamente, quer tivessem condições de pagar ou não. Eu mantinha uma relação muito pessoal com meu trabalho. Via gente negra chegando em peso ao pronto-socorro com problemas de saúde que tinham passado muito tempo sem atendimento. Era inevitável lembrar todas as consultas médicas que o meu pai não marcara, todos os sintomas de sua esclerose múltipla que ele disfarçara, pois não queria criar alarde, dar despesa, ou simplesmente queria evitar a sensação de ser tratado com desdém por um médico branco abastado.

Eu gostava do meu trabalho e também gostava da minha vida, mesmo não sendo a ideal. Com Sasha prestes a entrar no primeiro ano do ensino fundamental, era como se eu estivesse à beira de poder reavivar minhas ambições e pensar num novo leque de objetivos. Eu sabia que uma campanha presidencial interferiria nesses planos. Barack e eu já tínhamos passado por cinco campanhas em onze anos, e uma a uma elas me exigiram esforços cada vez mais para me ater às minhas prioridades pessoais. Todas haviam deixado uma pequena marca na minha alma e também no nosso casamento. Eu temia que uma disputa presidencial mudasse tudo. Barack ficaria distante por períodos de tempo maiores do que nunca, meses inteiros. O que isso causaria à nossa família? O que a mídia faria com nossas meninas?

Eu me empenhei ao máximo para ignorar o turbilhão em volta de Barack, mesmo que a tempestade não desse sinal algum de perder força. Agora, ele era reconhecido praticamente em todos os lugares, mas eu ainda tinha a bênção da invisibilidade. Certo dia de outubro, na fila de uma loja de conveniência, vi a capa da revista *Time* e precisei desviar os olhos: era um enorme close do rosto do meu marido com a manchete "Por que Barack Obama pode ser o próximo presidente".

Minha esperança era de que o próprio Barack pusesse um fim a toda especulação e declarasse que não concorreria à presidência. Mas ele não fez isso. Queria concorrer. Ele queria, e eu não.

Toda vez que um repórter perguntava a Barack se iria disputar, ele respondia apenas:

— Ainda estou pensando. É uma decisão de família.

Era um código para: "Só se a Michelle disser que posso".

Nas noites que Barack passava em Washington, eu me deitava sozinha na cama com a sensação de que era eu contra o mundo. Queria Barack para nossa família. Todos os outros pareciam querê-lo para nosso país. Ele tinha o apoio de seu grupo de consultores, de seu chefe de equipe e de Valerie. Eles também já tinham deixado claro que não existia meia campanha presidencial e que Barack e eu precisaríamos nos engajar totalmente. As demandas sobre ele seriam inimagináveis. Sem deixar por um instante as obrigações no Senado, ele precisaria construir e manter uma campanha de costa a costa, desenvolver suas ideias para o país e arrecadar um volume gigantesco de fundos. A mim caberia não só dar apoio discreto, mas participar ativamente da campanha. Teria de apresentar a mim e às meninas ao público, sorrir com ar de aprovação e apertar uma enorme quantidade de mãos. Percebi que agora tudo giraria em torno dele, em defesa dessa causa maior.

Mesmo Craig, que sempre me protegeu desde o dia em que nasci, fora arrebatado pelo entusiasmo de uma possível disputa presidencial. Certa noite ele me telefonou e frisou:

— Ouça, Michelle — disse ele, usando expressões do basquete, como costumava fazer. — Eu sei que você está preocupada, mas, se passarem a bola para o Barack, ele tem de pegar. Você entende, não é?

Dependia de mim. Dependia só de mim. Eu estava com medo ou era só cansaço?

Bem ou mal, eu me apaixonara por um homem dotado de visão, um otimista que não era irrealista, não tinha medo de conflitos e se interessava pela complexidade do mundo. Estranhamente, Barack não se deixava intimidar pela quantidade de trabalho que haveria pela frente. O que o apavorava era a ideia de deixar a mim e às meninas por longos períodos, mas ao mesmo tempo ele me relembrava constantemente da solidez do nosso amor.

— Vamos conseguir lidar com isso, não vamos? — disse ele uma noite, segurando a minha mão no seu escritório no segundo andar. Enfim tínhamos começado a realmente falar sobre o assunto. — Somos fortes e somos inteligentes, e as nossas filhas também. A gente vai ficar bem. A gente pode se permitir isso.

O que ele queria dizer era que, sim, uma campanha exerceria forte impacto sobre nossa família. Teríamos de abrir mão de certas coisas — de tempo, convívio, privacidade. Era cedo demais para prever exatamente o quanto seria necessário, mas seria muito. Para mim, era como gastar dinheiro sem saber o saldo no banco. Até que ponto conseguiríamos nos recuperar das demandas que uma campanha imporia a todos nós? A incerteza parecia uma ameaça, algo capaz de nos afogar. Tendo crescido numa comunidade trabalhadora e com um pai incapacitado, eu aprendera que a vigilância e o planejamento eram fundamentais. Podiam significar a diferença entre estabilidade e pobreza. Um salário que faltasse podia acarretar o corte de energia; um trabalho de faculdade que faltasse podia deixar você para trás ou talvez acarretar a reprovação.

Tendo perdido uma colega do quinto ano num incêndio em casa e tendo visto Suzanne morrer ainda na juventude, eu aprendera que o mundo podia ser aleatório e brutal, e que a dedicação ao trabalho nem sempre tinha resultados positivos. Sentada na nossa casa tranquila, na nossa rua tranquila, eu só queria proteger o que tínhamos — cuidar das meninas e esquecer o resto, pelo menos até crescerem um pouco mais.

No entanto, havia o outro lado disso, e Barack e eu o conhecíamos muito bem. Do nosso lugar privilegiado, a uma distância segura do perigo, tínhamos visto a devastação causada pelo Katrina. Vimos pais erguendo bebês acima das águas da enchente e famílias afro-americanas tentando se manter unidas em meio a condições horrendas. Meus diversos empregos — na prefeitura, na Public Allies, na universidade — haviam me ajudado a ver que muita gente não tinha fácil acesso a coisas fundamentais como moradia e cuidados básicos de saúde. Eu tinha visto a linha tênue entre conseguir sobreviver e viver abaixo da linha da pobreza. Barack passara um longo tempo ouvindo operários demitidos, jovens veteranos das Forças Armadas que têm de lidar com a deficiência permanente, mães cansadas de mandarem os filhos para escolas que funcionavam precariamente. Entendíamos que éramos extremamente afortunados e sentíamos a necessidade de fazer algo por outras pessoas.

Sabendo que não tinha escolha, finalmente me permiti levar em consideração a possibilidade de Barack concorrer à presidência. Barack e eu conversamos exaustivamente sobre a ideia, não uma, mas muitas vezes, até a data da nossa viagem de Natal, e durante toda ela, quando fomos visitar sua avó Toot no Havaí. Em algumas das conversas havia lágrimas e raiva, em outras otimismo. Estávamos dando continuidade a um diálogo que vínhamos tendo já fazia anos. *Quem éramos? O que era importante para nós? O que podíamos fazer?*

No final, concordei porque acreditava que Barack poderia ser um grande presidente. Ele tinha uma segurança que poucos têm. Tinha a inteligência e a disciplina necessárias para a tarefa, a personalidade para suportar tudo o que pudesse dificultá-la, o raro grau de empatia que o manteria em sintonia com as necessidades do país. Ele estava cercado de pessoas boas e inteligentes, dispostas a ajudar. Quem era eu para detê-lo? Como iria colocar minhas necessidades pessoais e mesmo as das nossas meninas na frente da possibilidade de Barack ser o tipo de presidente que ajudaria a melhorar a vida de milhões de pessoas?

Concordei porque o amava e tinha fé no que poderia fazer.

Concordei, embora ao mesmo tempo escondesse um pensamento perturbador, que não estava pronta para expressar: eu o apoiaria na campanha, mas tinha certeza de que ele não venceria. Ele falava muito e com grande empolgação em acabar com as divisões do nosso país, acreditando que a maioria das pessoas tinha ideais elevados. Mas o que eu tinha visto dessas divisões era suficiente para me impedir de, em meu íntimo, criar esperanças demais. Barack, afinal, era um negro nos Estados Unidos. Eu realmente não acreditava que ele pudesse vencer.

16

ASSIM QUE CONCORDAMOS COM A PRÉ-CANDIDATURA de Barack, ele virou uma espécie de borrão humano, um homem que de repente tinha que estar em todos os lugares ao mesmo tempo. Tínhamos menos de um ano até as disputas primárias, quando os eleitores em cada estado, começando por Iowa, decidiriam quem queriam que fosse o candidato democrata à presidência. Barack tinha de contratar uma equipe, cortejar financiadores capazes de preencher cheques polpudos e delinear a maneira mais vigorosa possível de apresentar sua candidatura. O objetivo era entrar no campo de visão das pessoas e ali ficar até o dia da eleição.

O plano era que Barack fizesse o anúncio formal de sua candidatura em Springfield, Illinois. Todos concordaram que seria um bom pano de fundo para a nova espécie de campanha que se pretendia — uma campanha conduzida de baixo para cima, em larga medida por pessoas novas no cenário político. Esse era o alicerce da esperança de Barack. Em seus anos como organizador comunitário, ele aprendera que muita gente se sentia sem voz e impotente na nossa democracia, e o Projeto VOTE! o ajudara a ver o que era possível quando se permitia que essas pessoas participassem. Sua candidatura à presidência serviria como um teste de dimensões ainda mais amplas para essa ideia. Será que sua mensagem funcionaria em escala maior? Haveria gente suficiente disposta a ajudar? Barack sabia que não era um candidato usual. E queria uma campanha não usual.

Barack anunciaria sua candidatura nos degraus do antigo capitólio estadual, em pleno mês de fevereiro, quando a temperatura muitas vezes cai abaixo de zero. Achei a ideia pouco prática, e ela não contribuiu muito para eu sentir confiança na equipe da campanha, que agora praticamente regia nossas vidas. Fiquei aborrecida, imaginando as meninas e eu tentando sorrir no meio dos flocos de neve caindo ou do vento gelado, Barack tentando transmitir uma imagem vigorosa em vez de tiritante. Pensei em quanta gente não decidiria ficar em casa naquele dia, em vez de passar horas de pé no frio. Sou do Centro-Oeste, sabia que o clima é capaz de estragar tudo. Sabia também que Barack não podia se permitir um fiasco logo de cara.

Cerca de um mês antes, Hillary Clinton anunciara a própria candidatura, transbordando confiança. John Edwards lançara sua campanha um mês antes dela, em New Orleans, discursando na frente de uma casa destruída pelo furacão Katrina. Eram nove democratas disputando a indicação do partido. A concorrência seria feroz.

A aposta da equipe de Barack em um anúncio ao ar livre era arriscada, mas não me cabia questionar, então fiquei de boca fechada. Meu controle não ia muito além disso. Planejavam-se comícios, estudavam-se estratégias, recrutavam-se voluntários. A campanha estava em andamento, e agora não tinha como parar.

Voltei minha atenção para algo que eu podia controlar: encontrar gorros aceitáveis para Malia e Sasha usarem na ocasião. Eu já havia providenciado casacos de inverno para elas, mas tinha esquecido totalmente os gorros.

Aproximando-se o dia do anúncio, comecei a fazer aflitas incursões pós-expediente em lojas de departamento, revirando inutilmente as prateleiras de roupas de frio em liquidação. Dali a pouco, minha preocupação de fazer Malia e Sasha parecerem filhas de um futuro presidente deu lugar à de fazer com que ao menos parecessem ter uma mãe. Finalmente encontrei: dois gorros de tricô, um branco para Malia e um rosa para Sasha, ambos no tamanho P adulto. O de Malia serviu direitinho, mas o de Sasha, então com cinco anos, sobrava em volta do seu rostinho. Não eram a última moda nem nada, mas eram bem simpáticos e, acima de tudo, protegeriam as meninas do frio. Uma pequena vitória, e era uma vitória minha.

O DIA DO ANÚNCIO — 10 de fevereiro de 2007 — amanheceu claro e sem nuvens, o típico sábado ensolarado de inverno que é bem mais bonito do que agradável. A temperatura se estabilizou por volta dos onze graus abaixo de zero com uma leve brisa. Nossa família chegara a Springfield na véspera.

Já começávamos a sentir as pressões de uma campanha nacional. Mas foi uma surpresa, para mim, que os primeiros ataques desferidos contra nós viessem de dentro da comunidade negra. A campanha foi criticada por marcar o anúncio da candidatura de Barack para o mesmo dia do State of the Black Union, fórum anual organizado por Tavis Smiley, uma famosa personalidade da televisão estatal. Para completar, bem no dia anterior ao anúncio uma revista publicou uma matéria sobre Barack que citava um sermão raivoso e inflamatório pregado muitos anos antes pelo reverendo Jeremiah Wright. Em seu sermão, o reverendo criticava o tratamento dispensado aos negros no nosso país.

A matéria em si era bastante positiva, mas a chamada na capa da revista era "As raízes radicais de Barack Obama", e sabíamos que isso logo seria usado como arma pela mídia conservadora. Era um desastre se formando, especialmente porque na programação o mesmo reverendo Wright estava escalado para falar com a multidão antes do discurso de Barack. Barack teve que fazer um telefonema difícil, em que perguntou ao reverendo se ele estaria disposto a simplesmente nos abençoar nos bastidores. Wright ficou magoado, segundo Barack, mas também pareceu ter entendido.

Naquela manhã, eu me dei conta de que chegáramos ao ponto sem volta. Estávamos colocando nossa família literalmente diante do povo americano. Aquele evento representava uma festa maciça de início de campanha, mas eu não conseguia me livrar do medo de que não apareceria ninguém. Ao contrário de Barack, eu tinha meus momentos de dúvida, com inquietações que me acompanhavam desde criança. E se não estivéssemos à altura? Talvez tudo o que nos disseram fosse um exagero. Talvez Barack não tivesse a popularidade que seus apoiadores imaginavam. Talvez simplesmente ainda não fosse a hora dele. Tentei afastar essas dúvidas ao passarmos por uma entrada lateral do antigo capitólio, ainda sem conseguir ver o que se passava lá fora. Para conversar rapidamente com a equipe e ter uma ideia de como estavam as coisas, deixei Sasha e Malia com minha mãe e Kaye Wilson — "Mama Kaye" —, ex-preceptora de Barack que, nos últimos anos, assumira o papel de segunda avó das meninas.

Disseram-me que havia uma multidão considerável. As pessoas tinham começado a chegar ainda de madrugada. O plano era que Barack fosse o primeiro a aparecer, e pouco depois as meninas e eu nos juntaríamos a ele no palanque. Eu já tinha deixado claro que não ficaríamos no palco durante o discurso inteiro. Era pedir demais a duas crianças que ficassem tanto tempo sentadas quietas, fingindo interesse. Não seria nada bom se fizessem cara de tédio, se uma delas espirrasse ou começasse a se remexer com impaciência. O mesmo se aplicava a mim. Eu sabia qual era o estereótipo das esposas de políticos, sabia que deveríamos ter a aparência de bonecas impecáveis, com um sorriso fixo no rosto, fitando o marido com um olhar fascinado, como que arrebatada por cada palavra dele. Essa não era eu, e jamais seria. Eu podia dar apoio, mas não podia ser um robô.

Barack saiu para cumprimentar o público. Sua aparição foi saudada com uma aclamação estrondosa que eu pude ouvir de dentro do edifício. Voltei para pegar Sasha e Malia, começando a me sentir realmente nervosa.

— Estão prontas, meninas? — perguntei.

— Estou com calor, mamãe — queixou-se Sasha, arrancando o gorro cor-de-rosa.

— Querida, não tire isso, lá fora está um gelo.

Recoloquei o gorro nela.

— Mas não estamos lá fora, estamos aqui dentro — retrucou ela.

Essa era Sasha, nossa menina de carinha redonda que só dizia verdades. Não dava para discutir com sua lógica. Em vez disso, tentei telegrafar uma mensagem mental a uma das assistentes ali por perto: *Se não começarmos logo com isso, vamos perder essas duas.*

Fazendo que sim com a cabeça para indicar que tinha entendido o recado, ela nos encaminhou para a porta. Era hora.

Àquela altura, eu já tinha ido a uma boa quantidade de eventos políticos de Barack — lançamentos de campanha, eventos de arrecadação de fundos e festas em noites de eleição. Já vira públicos cheios de velhos amigos e parceiros políticos de longa data. Springfield foi totalmente diferente.

Meus nervos fraquejaram quando subimos no palanque. Eu estava totalmente concentrada em Sasha, lembrando-a de sorrir e atenta para que as botinhas que usava não a fizessem tropeçar.

— Levante a cabeça, querida — eu dizia, segurando-a pela mão. — Sorria!

Malia já estava adiante de nós, de cabeça erguida, e abriu um sorriso enorme ao alcançar o pai e acenar. Só quando subimos os degraus é que finalmente consegui ver a multidão, ou pelo menos tentar. O bramido era enorme. Havia mais de 15 mil pessoas presentes, lotando o edifício do antigo capitólio e nos envolvendo com seu entusiasmo.

Nunca fui do tipo que escolheria passar um sábado num comício político. Eu não entendia muito bem qual era o sentido em ficar de pé num ginásio aberto ou num auditório de escola para ouvir políticos fazer promessas. Fiquei me perguntando o que aquela gente toda estava fazendo ali. Por que se dar ao trabalho de se agasalhar todo e passar horas naquele frio? Talvez para ver uma banda querida, daquelas que sabemos cantar junto todas as músicas, aí sim; ou um Super Bowl debaixo de neve, para torcer pelo time que acompanhamos desde a infância. Mas política? Nunca tinha visto algo parecido.

Foi quando me ocorreu que nós éramos a banda. Éramos o time que ia entrar em campo. E o que senti ao perceber isso foi, acima de tudo, um súbito senso de responsabilidade. Devíamos algo a cada pessoa ali presente. Estávamos pedindo que depositassem em nós sua fé, e agora nos cabia corresponder, carregando aquele entusiasmo por vinte meses e cinquenta estados, direto para a Casa Branca. Se antes eu não acreditava que isso fosse possível, agora talvez acreditasse. Entendi, naquele momento, que era assim que a democracia funcionava. *Você vem por nós e nós vamos por você.* Eram 15 mil novas razões para eu querer que Barack vencesse.

Agora eu estava totalmente envolvida. Nossa família inteira estava envolvida, mesmo que parecesse um pouco assustador. Eu não conseguia nem imaginar o que vinha pela frente, mas lá estávamos nós — lá fora —, os quatro, diante da multidão e das câmeras, os casacos nas nossas costas e um gorro cor-de-rosa um pouco folgado numa cabecinha miúda.

HILLARY CLINTON ERA uma oponente séria e admirável. Em pesquisa após pesquisa, ela mantinha a dianteira, com Barack dez ou vinte pontos atrás. Os eleitores democratas conheciam os Clinton e estavam ansiosos por uma vitória, excedendo em muito a quantidade dos que ao menos sabiam pronunciar o nome do meu marido. Todos nós — Barack, eu e a equipe de campanha — sabíamos, muito antes de oficializada sua candidatura, que as probabilidades iam contra um negro chamado Barack Hussein Obama, por maiores que fossem suas competências políticas.

247

Foi um problema que enfrentamos também dentro da comunidade negra. Tal como minha própria reação inicial à candidatura de Barack, muitos negros não conseguiam acreditar que ele tivesse chances reais. Muitos ainda não achavam possível que um negro vencesse em áreas predominantemente brancas, o que os levava a apostar num nome mais seguro, recaindo para a segunda melhor opção. Assim, um dos desafios de Barack era converter para si o voto de negros que mantinham uma persistente lealdade a Bill Clinton, o qual havia mostrado uma rara desenvoltura com a comunidade afro-americana e estabelecera com ela muitas ligações. Barack já criara boas relações com um amplo leque de eleitores em todo o estado de Illinois, inclusive em áreas rurais brancas. Ele já mostrara que era capaz de alcançar todos os setores demográficos, mas muita gente não entendia isso a seu respeito.

Barack estava submetido a um escrutínio ainda mais cerrado que o normal, com lentes de aumento cada vez mais potentes. Sabíamos que, como candidato negro, ele não podia se permitir nenhum deslize. Tinha que ser duas vezes melhor em tudo que fizesse. A esperança era que um bom desempenho nas primárias iniciais desse à campanha de Barack impulso suficiente para derrotar os poderosos e famosos Clinton.

Nossas esperanças se concentravam em Iowa. Era ganhar lá ou desistir. Um estado majoritariamente rural cuja população branca ultrapassa os 90% talvez não fosse o local mais óbvio para um negro de Chicago tentar se definir como alternativa política. Mas a realidade era essa. Desde 1972, era em Iowa que se iniciavam as primárias presidenciais, sob o olhar do país inteiro. Sabíamos que uma boa presença em Iowa serviria para mandar uma mensagem às pessoas de todo o país. Os eleitores negros, sobretudo, saberiam que fazia sentido acreditar que Barack tinha chances de vencer em um estado esmagadoramente branco.

Eu iria a Iowa quase todas as semanas, fazendo três ou quatro visitas de campanha num dia. Logo avisei ao coordenador da campanha de Barack que uma das condições era que eu estivesse de volta a Chicago a tempo de pôr minhas filhas para dormir. Minha mãe já concordara em reduzir sua carga horária no trabalho durante meu período de viagens, para poder ficar mais tempo com as meninas. Barack também passaria muitas horas em Iowa, ainda que, por conta das necessidades de campanha, raramente aparecêssemos juntos — tanto lá quanto em qualquer outro lugar.

Barack agora viajava com uma legião de assistentes, e eu recebi verba para manter duas pessoas me assessorando. Não fazia ideia do tipo de assistência de que precisava. Melissa Winter, que foi minha primeira contratação e mais tarde se tornaria minha assessora-chefe, me foi recomendada pelo responsável pela agenda de Barack. Ao entrevistar Melissa — uma loira de óculos — na sala de estar de nossa casa em Chicago, fiquei bem impressionada com seu humor e sua obsessão pelos detalhes. Eu sabia que isso seria importante para me ajudar a encaixar as atividades de campanha na minha agenda já bastante tomada pelo trabalho no hospital. Ela era esperta, extremamente eficiente e agia rápido. Além disso, estava na política havia tempo suficiente para não se abalar com a intensidade e o ritmo do trabalho. Melissa tinha poucos anos a menos do que eu, por isso se tornou mais próxima de mim do que o pessoal da campanha, que era muito mais jovem. Ela se tornaria uma pessoa da minha confiança — até hoje confio nela para assuntos de todos os aspectos da minha vida.

Katie McCormick Lelyveld completava nosso pequeno trio, tornando-se minha assessora de imprensa. Ela já trabalhara numa campanha presidencial e também para Hillary Clinton quando era ainda primeira-dama. Despachada, inteligente e sempre vestida de modo impecável, Katie ficou encarregada de tratar com os jornalistas e as equipes de TV, garantindo que nossos eventos tivessem boa cobertura e também — graças à pasta de couro em que sempre carregava um removedor de manchas, pastilhas de menta, um kit de costura e uma meia-calça reserva — que eu me mantivesse apresentável apesar da correria por aeroportos e eventos.

* * *

OS CONSELHEIROS DE BARACK tinham me explicado que minha missão era basicamente passar algum tempo com democratas em todo canto do estado, discursando para pequenos grupos, motivando voluntários e tentando ganhar os líderes comunitários. Os iowanos, disseram eles, levavam muito a sério seu voto. Estudavam direitinho o currículo dos candidatos e faziam perguntas sérias, e não seria um sorriso ou um aperto de mão que os ganharia. O que não me disseram foi qual deveria ser minha mensagem em Iowa. Não recebi nenhum roteiro, nenhuma recomendação. Entendi que teria de me virar sozinha.

Meu primeiro evento solo de campanha se deu no começo de abril, num lar modesto de Des Moines. Havia algumas dezenas de pessoas reunidas na sala de estar, instaladas nos sofás e em cadeiras dobráveis, ou mesmo sentadas no chão. Enquanto observava ao redor, o que vi provavelmente não deveria me surpreender, mas surpreendeu. As mesinhas de canto estavam decoradas com as mesmas toalhinhas brancas de crochê que minha avó Shields tinha em casa. Notei uns bibelôs de porcelana iguais aos que tinha nas estantes de Robbie, no andar abaixo do nosso. Um homem na primeira fila sorria cordialmente para mim. Eu estava em Iowa, mas tinha a clara sensação de estar em casa. Estava percebendo que os iowanos eram como a minha própria família: não suportavam tolos; não confiavam em gente de nariz empinado; farejavam um impostor a quilômetros de distância.

O que me cabia era ser eu mesma, falar como eu mesma. E foi o que fiz.

Vou falar sobre mim. Sou Michelle Obama. Cresci no South Side de Chicago, num pequeno sobrado muito parecido com este aqui. Meu pai trabalhava na prefeitura como bombeiro hidráulico e minha mãe ficava em casa para cuidar do meu irmão e de mim.

Falei sobre tudo: sobre meu irmão e os valores com que fomos criados, sobre aquele advogado fantástico que conheci no trabalho, o homem centrado que roubou meu coração com sua visão de futuro para o mundo, mas que também deixava as meias largadas e que às vezes roncava. Contei que continuava a trabalhar e que aquele dia minha mãe buscaria nossas filhas na escola.

Não embelezei o que sentia sobre política. Não era um mundo para pessoas boas, confessei, explicando como me sentira dividida quanto a apoiar ou não a candidatura de Barack, temendo o que os holofotes causariam a nossa família. Mas, se eu estava ali diante deles, era porque acreditava em meu marido e no que ele podia fazer. Sabia o quanto ele lia e o quão profundamente refletia sobre as coisas. Falei que ele era exatamente a pessoa inteligente e correta que eu escolheria para governar o país, mesmo que meu egoísmo o preferisse por mais tempo em casa.

Foram semanas e semanas contando a minha história de uma ponta à outra de Iowa, em livrarias, sindicatos, um abrigo para veteranos militares idosos e, à medida que o clima melhorava, em alpendres de casas e parques públicos. Quanto mais eu contava minha história, mais minha voz se firmava. Eu gostava da minha história. Sentia-me à vontade ao contá-la. E a contava a pessoas que, apesar da diferença na cor de pele, me lembravam a minha família: funcionários dos correios que sonhavam mais alto, tal como Dandy; professoras de piano de espírito cívico, tal como Robbie; mães e donas de casa atuantes na Associação de Pais e Mestres, tal como a minha; proletários que fariam qualquer coisa por sua família, tal como meu pai. Não era preciso ensaiar nem consultar anotações: eu dizia apenas o que sentia.

Durante esse tempo todo, repórteres começaram a me fazer a mesma pergunta: Como era ser uma mulher negra de 1,80 metro de altura formada numa universidade conceituada falando para salas cheias de iowanos na maioria brancos? Era muito estranho? Nunca gostei dessa pergunta, porque se concentrava apenas nas nossas diferenças e porque supunha que as pessoas enxergavam apenas as diferenças.

Essa pergunta contradizia totalmente o que eu vivenciava e o que meus interlocutores pareciam vivenciar também, fossem agricultores, universitários ou aposentados. Essas pessoas me procuravam depois das palestras para comentar, animadas, o que tínhamos em comum. Contavam que o pai também tivera esclerose múltipla ou que os avós eram iguaizinhos aos meus. Muitos diziam que nunca tinham se envolvido em política, mas que algo na nossa campanha os levava a acreditar que valeria a pena. Agora estavam pensando em se oferecer como voluntários no escritório local e iam tentar convencer o marido ou a esposa ou um vizinho a fazer o mesmo.

Eram interações naturais, autênticas. Eu me via abraçando as pessoas e ganhando de volta um abraço apertado.

FOI MAIS OU MENOS NESSA ÉPOCA que levei Malia ao pediatra para uma consulta de rotina. Queríamos acompanhar a asma de que ela sofria desde bebê. A asma estava sob controle, mas o médico me fez um alerta de outra coisa: o índice de massa corporal de Malia (um indicador de saúde que relaciona altura, peso e idade) estava começando a subir. Não era grave, segundo ele, mas, se não mudássemos alguns hábitos, poderia se tornar um verdadeiro problema com o tempo, aumentando o risco de pressão alta e diabetes tipo 2. Ao ver minha expressão apavorada, ele me garantiu que era um problema comum e solucionável. O índice de obesidade infantil estava aumentando em todo o país. Ele já vira muitos casos no consultório, a maioria sendo afro-americanos da classe trabalhadora.

A notícia me atingiu como uma pedra numa vidraça. Eu me esforçara tanto para que minhas filhas fossem saudáveis e felizes... Onde tinha errado? Que espécie de mãe eu era, se nem havia reparado nada diferente?

Conversando mais com o médico, comecei a enxergar melhor a rotina que levávamos. Com Barack sempre fora, a praticidade se tornara o fator mais importante nas minhas escolhas domésticas. Comíamos fora com mais frequência. Com menos tempo para cozinhar, muitas vezes eu comprava comida pronta na volta para casa. De manhã, colocava biscoitos e suco de caixinha na lancheira das meninas. Nos fins de semana, geralmente passávamos no McDonald's no intervalo entre a aula de balé e a de futebol. Não havia nada de mais nisso, disse o médico, nem nada de terrível se fosse uma vez ou outra. Em excesso, porém, era problemático.

Algo precisava mudar. Mas qualquer solução parecia exigir mais tempo — mais tempo para ir ao mercado, para cozinhar, para picar vegetais —, e justo quando tínhamos tão pouco.

Então lembrei que, algumas semanas antes, eu havia encontrado por acaso uma amiga que mencionou que ela e o marido tinham contratado um rapaz chamado Sam Kass para ir à casa deles preparar refeições saudáveis. Por coincidência, Barack e eu conhecêramos Sam anos antes, por intermédio de outro grupo de amigos.

Eu nunca tinha imaginado que um dia pagaria a alguém para cozinhar para minha família. Parecia o tipo de coisa que faria meus parentes do South Side me olharem torto. Barack também não morreu de amores pela ideia; não tinha a ver com seu estilo simples nem com a imagem que ele queria promover como candidato presidencial. Mas, para mim, era a única escolha sensata. Algo precisava ser feito. Ninguém mais podia fazer meu trabalho no hospital, ninguém mais podia falar como esposa de Barack Obama, ninguém podia ocupar meu lugar como mãe de Malia e Sasha na hora de dormir — mas talvez Sam Kass pudesse cozinhar para nós.

Combinei com Sam de ele ir à nossa casa duas ou três vezes por semana e preparar duas refeições: uma para o jantar daquele dia e outra que pudesse ser aquecida e consumida na noite seguinte. Um rapaz branco de 26 anos, com cabeça raspada reluzente, Sam era como que um estranho no lar dos Obama, mas as meninas se afeiçoaram às suas piadas batidas com a mesma rapidez com que se afeiçoaram à sua comida. Também as ensinava a cortar cenouras e higienizar verduras, tirando nossa família da mesmice que encontrávamos nos mercados o ano inteiro e nos trazendo para o ritmo sazonal dos alimentos. Ele se empolgava com a chegada das ervilhas frescas na primavera e quando as framboesas amadureciam, em junho. Esperava até que os pêssegos ficassem suculentos e polpudos antes de servi-los às meninas, sabendo que só assim poderiam concorrer a sério com os doces. Além disso, Sam entendia de questões relativas a nutrição e saúde, consciente de que a indústria, em nome da conveniência, alardeava a praticidade dos alimentos processados para as famílias e que isso estava tendo graves consequências para a saúde pública. Percebi que isso estava relacionado com coisas que eu vira quando trabalhava no hospital e com as concessões que eu mesma já fizera como mãe que trabalhava fora e tentava alimentar sua família.

Certa noite, Sam e eu passamos horas conversando na cozinha, trocando ideias sobre como eu poderia usar meu papel de primeira-dama, caso Barack chegasse à presidência, para procurar corrigir alguns desses problemas. E se plantássemos verduras e legumes na Casa Branca e ajudássemos a mostrar a importância de alimentos frescos? E se desenvolvêssemos toda uma iniciativa voltada para a saúde infantil que ajudasse os pais a evitar algumas das dificuldades que eu tinha enfrentado?

Conversamos até tarde. Em determinado momento, olhei para Sam e suspirei.

— O único problema é que o nosso candidato está trinta pontos atrás nas pesquisas — falei quando nós dois começamos a delirar demais. — Ele nunca vai ganhar.

Era um sonho, que eu queria que se realizasse.

QUANTO À CAMPANHA, cada dia era uma nova maratona a vencer. Ainda tentava me ater a algum tipo de normalidade e estabilidade, não só pelas meninas, mas também por mim. Minha vida pessoal e as obrigações políticas estavam agora intimamente ligadas, para o bem ou para o mal. Minhas conversas telefônicas com Barack eram geralmente breves — *Onde você está? Como estão indo as coisas? Como vão as crianças?* —, nós dois tendo nos acostumado a evitar falar em cansaço ou em necessidades pessoais. A vida era uma corrida contra o relógio da campanha.

No trabalho, eu fazia de tudo para me manter em dia. Vários meses após o anúncio oficial da pré-candidatura de Barack, em Springfield, meus colegas de trabalho me apoiaram quando decidi retomar um expediente de meio período. Melissa, Katie e eu passávamos dois ou três dias por semana juntas em viagens e, àquela altura, tínhamos formado uma família: nos encontrávamos de manhã no aeroporto e passávamos esbaforidas pela segurança, onde todos os guardas já me conheciam pelo nome. Agora eu era reconhecida com mais frequência, principalmente por mulheres afro-americanas, que gritavam "Michelle! Michelle!" quando eu passava por elas a caminho do portão de embarque.

Algo estava mudando, tão devagar que no início não notei. Às vezes eu tinha a impressão de estar flutuando num universo desconhecido, acenando para estranhos que agiam como se me conhecessem, embarcando em aviões que me tiravam do meu mundo normal. Estava me tornando uma pessoa *conhecida*. E conhecida por meu marido e por meu envolvimento na política, o que só multiplicava a estranheza de tudo aquilo.

Interagir com os apoiadores nos eventos de campanha era como tentar se manter de pé no olho do furacão. Desconhecidos cheios de entusiasmo e boas intenções se esticavam para pegar na minha mão e tocar meu cabelo, outros tentavam me empurrar canetas, câmeras e bebês sem avisar. Eu sorria, apertava mãos e ouvia histórias enquanto tentava avançar. No fim das contas, eu ficava com uma aparência de quem acabou de sair de um vendaval.

No fundo, me afligia que, conforme minha visibilidade como a esposa de Barack aumentava, outras partes de mim desapareciam da visão das pessoas. Os jornalistas raramente perguntavam sobre meu trabalho. Incluíam em minha descrição um "formada em Harvard" e só. Alguns veículos haviam publicado matérias sugerindo que eu fora promovida no hospital não por meu empenho e mérito próprio, mas por causa da crescente estatura política de Barack, o que me doeu muito. Uma jornalista de um periódico de circulação nacional escreveu um artigo sarcástico em que se referia a mim como uma "princesa do sul de Chicago" e dava a entender que eu enfraquecia Barack ao comentar publicamente sobre as meias que ele não guardava ou a manteiga que não devolvia à geladeira. Sempre considerei importante que vissem Barack como ser humano, não como um salvador sobrenatural. Achei estranho e triste que uma crítica tão áspera viesse de outra profissional mulher, alguém que não se preocupara em me conhecer e agora tentava dar a versão depreciativa da minha história.

Eu procurava não levar essas coisas para o lado pessoal, mas às vezes era difícil.

A cada evento de campanha, a cada reportagem, a cada sinal de que podíamos estar ganhando terreno ficávamos um pouco mais expostos, mais sujeitos a ataques. Corriam boatos absurdos sobre Barack: que ele era muçulmano; que se negara a recitar o Juramento à Bandeira; que não colocava a mão no peito durante o hino nacional; que tinha como amigo íntimo um ex-terrorista. Mesmo quando os jornalistas desmentiam essas inverdades, elas continuavam sendo repetidas por algumas pessoas.

A segurança de Barack era uma questão sobre a qual eu nem queria pensar, quanto mais discutir. Muitos de nós crescemos ouvindo notícias de assassinatos no jornal. Os Kennedy foram baleados. Martin Luther King Jr. foi baleado. John Lennon foi baleado. Ronald Reagan foi baleado e teve a sorte de sobreviver. Se a pessoa atraísse muita atenção, corria certo risco. Mas, afinal, Barack é negro. Correr riscos não era novidade para ele. Às vezes, quando levantavam a questão, eu tentava lembrar às pessoas:

— Ele pode levar um tiro no caminho até a padaria.

No começo de maio, Barack passara a receber proteção do Serviço Secreto. Nunca se designara uma equipe de segurança com tanta antecedência para um candidato presidencial, o que indicava alguma coisa sobre a gravidade das ameaças contra ele. Barack agora viajava em carros pretos fornecidos pelo governo e era acompanhado por mulheres e homens de terno, armados e com escuta. Um agente ficava de guarda na entrada de nossa casa.

Eu raramente me sentia insegura. À medida que continuava com as viagens, conseguia atrair multidões cada vez mais numerosas. Se antes eu me encontrava com vinte pessoas por vez em residências modestas, agora falava para centenas em ginásios de escolas. Segundo a equipe de campanha, minhas falas rendiam inúmeros compromissos de apoio, e a equipe começou a se referir a mim como "a Finalizadora", pela maneira como contribuía para que as pessoas tomassem uma posição.

A cada dia aprendia uma nova lição sobre como me deslocar com mais eficiência, como não me deixar atrasar por algum mal-estar ou alguma confusão qualquer. Depois de refeições um tanto questionáveis em restaurantes de beira da estrada, aprendi a valorizar a insípida segurança de um cheeseburguer do McDonald's. Ao percorrer estradas cheias de solavancos que ligavam uma cidadezinha a outra, aprendi a preservar minhas roupas optando por lanches que podiam até esfarelar, desde que não fossem carregados nos molhos. Aprendi a dormir ao som de carretas pesadas da rodovia interestadual de Iowa na madrugada.

Apesar dos altos e baixos, aquele primeiro ano de campanha foi repleto sobretudo de afetuosas lembranças e acessos de riso. Sempre que eu podia, levava Sasha e Malia comigo a tiracolo. Eram viajantes alegres e resilientes. Certo dia atarefado numa feira livre em New Hampshire, eu me afastei para cumprimentar eleitores e deixei as meninas passeando entre as barracas e os brinquedos com um assessor. Depois, iríamos fazer fotos para uma revista. Mais ou menos uma hora depois, ao ver Sasha, entrei em pânico: as bochechas, o nariz e a testa tinham sido pintados de branco e preto. Minha filha estava felicíssima com sua transformação em panda. Pensei de imediato na equipe da revista que nos esperava, na agenda de horários que agora estouraria, mas então olhei outra vez para aquela carinha de urso. Ela estava uma graça e alegre. Só consegui dar risada e procurar um banheiro para remover a pintura.

De tempos em tempos, fazíamos viagens em família, nós quatro. Alugamos um trailer por alguns dias em Iowa e percorremos os povoados da zona rural, jogando partidas animadas de Uno entre uma rápida parada e outra. Passamos uma tarde na Feira Estadual de Iowa, onde brincamos nos carrinhos bate-bate e atiramos em bexigas cheias de água para ganharmos bichos de pelúcia, enquanto os fotógrafos enfiavam as lentes bem na nossa cara. A verdadeira diversão começou depois que Barack seguiu para seu próximo destino, nos deixando com mais liberdade. Depois que ele foi embora, fomos explorar só nós três, descendo a toda num escorregador amarelo gigante, o vento soprando.

Semana após semana eu voltava a Iowa, olhando pela janela do avião e acompanhando a mudança de estação, a terra que aos poucos recuperava o verde e as lavouras de soja e milho crescendo em linhas retas como se traçadas a régua. Eu passara a amar o estado de Iowa, embora parecesse que, apesar de todo o nosso empenho, não venceríamos ali.

Durante boa parte do ano, Barack e sua equipe despejavam recursos em Iowa, mas, segundo a maioria das pesquisas, ele ainda estava em segundo ou terceiro lugar, atrás de Hillary Clinton e de John Edwards. A disputa parecia acirrada, mas ele estava perdendo — e eu me deparava com essa realidade cada vez que passava diante da TV em aeroportos e restaurantes.

Meses antes, eu ficara tão farta dos constantes comentários na CNN, na MSNBC e na Fox News que decidi nunca assistir a esses canais quando estava em casa. Em vez disso, ficava com meus reality shows preferidos, me permitindo algo mais tranquilo. Digo uma coisa a vocês:

ao final de um dia agitado, não há nada melhor do que acompanhar um jovem casal encontrando a casa dos seus sonhos ou uma noiva escolhendo o vestido.

Eu não acreditava nos analistas políticos e tampouco confiava muito nas pesquisas eleitorais. No fundo, estava convencida de que eles estavam errados. O que eles descreviam dentro dos estúdios urbanos e estéreis não era o que eu via nos salões das igrejas e nos centros de recreação de Iowa. Os analistas não conheciam os "Barack Stars", estudantes de ensino médio que trabalhavam como voluntários depois de um longo dia de atividades escolares. Não seguravam as mãos de uma avó branca que imaginava um futuro melhor para os netos mestiços. E também não pareciam cientes de como nosso trabalho de campo crescia. Estávamos num processo de construção de uma rede maciça de campanha de base, a maior na história dos caucuses (assembleias que ocorrem em alguns estados no mesmo período das primárias, para definir os candidatos que disputarão a eleição) de Iowa.

Tínhamos a juventude do nosso lado. Nossa atuação era alimentada pelo idealismo e pela energia de jovens que haviam largado tudo e ido para Iowa a fim de contribuírem para a campanha, cada um deles compartilhando do mesmo espírito que havia instigado Barack a se tornar um organizador comunitário em Chicago anos antes. A disposição e a capacidade desses jovens ainda não haviam sido computadas nas pesquisas eleitorais. Todas as vezes que eu ia até lá, sentia a esperança que brotava do contato com atuantes convictos na vitória, gente que passava horas por dia visitando eleitores, telefonando, formando redes de apoio mesmo nos povoados mais minúsculos e conservadores.

Para mim, os jovens que administravam nossos escritórios de campo representavam a promessa de uma nova geração de lideranças. Eles estavam unidos, com a energia catalisada. Estavam criando uma ligação mais direta entre eleitores e democracia, fosse por intermédio do escritório de campanha na rua ou por um site em que organizavam encontros e mutirões de telefonemas. Como Barack dizia, o que estávamos fazendo não servia somente a uma eleição. Estávamos criando uma política melhor para o futuro: menos movida a dinheiro, mais acessível e, no final das contas, mais esperançosa. Mesmo que não vencêssemos, estávamos realizando progressos importantes. De uma maneira ou de outra, o trabalho deles fazia diferença.

QUANDO O CLIMA começou a esfriar outra vez, Barack sabia que dispunha de uma última chance de mudar o cenário em Iowa. Um grande evento público seria realizado antes que os eleitores democratas de todo o estado se reunissem nos caucuses para escolher seu candidato. Todos os candidatos faziam um discurso e tentavam levar o maior número possível de apoiadores. Era, em essência, uma gigantesca queda de braço.

Os comentaristas dos telejornais tinham passado meses duvidando que os iowanos se manifestariam em favor de Barack à época do caucus. Mas cerca de 3 mil apoiadores nossos vieram de todo o estado para assistir a esse último discurso, mostrando que éramos ativos e organizados — mais fortes do que qualquer um imaginava.

Nos discursos daquela noite, todos os outros candidatos criticaram seus oponentes, tentando passar a impressão de que eram fracos ou indignos de confiança. Barack foi o último a falar, fazendo uma veemente defesa de sua mensagem central: que o país chegara a um momento decisivo. Tínhamos uma chance de superar a brutal polarização política que havia muito tempo nos dividia em "americanos vermelhos" (os republicanos) e "americanos azuis" (os democratas).

— Não quero lançar a América Vermelha contra a América Azul — disse ele. — Quero ser o presidente dos Estados Unidos da América.

O auditório retumbou. No salão, eu assistia a tudo com imenso orgulho.

— Estados Unidos, nossa hora é agora — proferiu Barack. — Nossa hora é agora.

Seu desempenho naquela noite deu à campanha a injeção de força exata. Ele ocupou a liderança em cerca de metade das pesquisas de Iowa e continuava ganhando impulso conforme os caucuses se aproximavam.

Logo após o Natal, restando somente cerca de uma semana na campanha de Iowa, tínhamos a impressão de que metade do South Side de Chicago tinha migrado para o frio extremo de Des Moines. Minha mãe e Mama Kaye apareceram. Meu irmão e sua esposa, Kelly, vieram com as crianças. Sam Kass estava lá. Valerie Jarrett, que se juntara à campanha uns dois meses antes como uma das assessoras de Barack, também estava lá, junto com Susan Sher e minhas amigas, com suas respectivas famílias. Fiquei comovida com a presença de colegas do hospital, de amigos nossos do escritório de advocacia, de professores de direito que haviam trabalhado com Barack. E, em conformidade com o espírito "agora ou nunca" da campanha, todos ajudaram no empurrão final, vinculando-se a um escritório de campo local, batendo à porta de casas num frio de zero grau, promovendo Barack e lembrando às pessoas a importância de irem ao caucus, já que o voto não era obrigatório. A campanha ganhou um reforço adicional com a chegada de mais centenas de pessoas, vindas de todo o país para a última semana. Hospedadas em casas de moradores locais, dirigiam-se diariamente aos menores vilarejos e percorriam as mais remotas estradas de cascalho.

Eu quase não estava presente em Des Moines, comparecendo a cinco ou seis eventos por dia que me faziam cruzar o estado de um lado a outro, com Melissa e Katie numa van alugada e um grupo de voluntários se revezando ao volante. Barack fazia o mesmo, e começava a ficar rouco.

Qualquer que fosse a quantidade de quilômetros que precisássemos percorrer, eu fazia questão de estar de volta ao nosso apart-hotel no horário de Malia e Sasha irem dormir, às oito. Elas, é claro, mal pareciam sentir minha ausência, pois passavam o dia cercadas por primos, amigos e babás, brincando no salão do hotel ou fazendo rápidos passeios pela cidade. Certa noite, ao abrir a porta com o único pensamento de despencar na cama para alguns momentos de silêncio, deparei com o quarto cheio de utensílios de cozinha. Rolos de macarrão na colcha da cama, tábuas de cortar sujas na mesinha, tesouras de cozinha no chão. Os abajures e a tela da TV estavam cobertos com uma leve camada de... aquilo era *farinha*?

— Sam ensinou a gente a fazer macarrão! — anunciou Malia. — A gente se empolgou um pouco demais.

Dei risada. Eu tinha ficado preocupada, pois seria o primeiro Natal das meninas sem a bisavó, que morava no Havaí, mas, por sorte, um pacote de farinha em Des Moines se mostrou um bom substituto para uma toalha de praia em Waikiki.

Dias depois, realizaram-se os caucuses. Barack e eu cumprimentamos o máximo de eleitores que podíamos. À noite, nos reunimos com um grupo de amigos e parentes para um jantar, agradecendo-lhes o apoio durante aqueles onze loucos meses desde o anúncio, em Springfield. Saí cedo e voltei para o apart-hotel a fim de me preparar para o discurso de Barack, fosse de derrota ou de vitória. Dali a pouco, Katie e Melissa irromperam com a notícia:

— Vencemos!

Ficamos alucinadas de alegria, gritando tanto que o agente do Serviço Secreto bateu à nossa porta para ver o que estava acontecendo.

Numa das noites mais frias do ano, um número recorde de iowanos havia se encaminhado ao seu caucus, quase o dobro de quatro anos antes. Barack vencera entre brancos, negros e jovens. Mais da metade dos votantes nunca havia participado de um caucus, e foi provavelmente esse grupo que ajudou a garantir a vitória. Os âncoras dos telejornais finalmente haviam chegado a Iowa e agora entoavam louvores ao craque da política que vencera com folga todos os outros candidatos.

Naquela noite, durante o discurso de vitória, quando nós quatro — Barack, eu, Malia e Sasha — estávamos no palco, eu me senti incrível, talvez até um pouco envergonhada por ter duvidado. Talvez, pensei comigo mesma, tudo o que Barack vinha falando nesses anos todos fosse de fato possível. Todas aquelas idas a Springfield, todas as suas frustrações por não exercer impacto suficiente, todo o seu idealismo, sua rara e sincera convicção de que as pessoas eram capazes de superar o que as dividia, de que, ao fim e ao cabo, as coisas podiam dar certo — talvez ele estivesse certo esse tempo todo.

Realizáramos algo histórico, algo monumental, e não só Barack, mas todos os assistentes, todos os voluntários, todos os professores, agricultores, aposentados e estudantes que haviam se manifestado naquela noite em favor de algo novo.

Iowa transformara todos nós. Pessoalmente, me fizera cultivar uma fé verdadeira. Nossa missão, agora, era reparti-la com o resto do país. Em seguida, Barack iria para New Hampshire, onde, dali a uma semana, seriam realizadas as eleições primárias estaduais. Nos dias seguintes, nossos organizadores de campo partiriam dali para se espalhar por outros estados — Nevada e Carolina do Sul, Novo México, Minnesota e Califórnia — e continuar divulgando a mensagem que fora comprovada: a de que a mudança era realmente possível.

17

QUANDO EU ESTAVA NO PRIMEIRO ANO DO FUNDAMENTAL, um menino da minha classe me deu um soco na cara, seu punho vindo na minha direção fulminante e inesperado como um cometa. Estávamos formando fila para almoçar, todos discutindo os assuntos que crianças de seis e sete anos consideram importantes — quem corria mais rápido, os nomes esquisitos das cores do giz de cera —, quando *bam!* Não sei qual foi o motivo e esqueci o nome do menino, mas me lembro de ficar olhando atônita para ele, com dor, meu lábio inferior já inchando, as lágrimas quentes nos olhos. Com a raiva inoculada pelo choque, fui correndo para casa.

O menino levou um sermão da professora e minha mãe foi à escola para ver com os próprios olhos o tipo de ameaça que ele representava. Meu avô Southside, que devia estar lá em casa nesse dia, insistiu em ir junto. Os adultos tiveram algum tipo de conversa. Decidiu-se um castigo. Recebi do menino um pedido de desculpas envergonhado e fui instruída a não me preocupar mais com ele.

— Aquele menino estava com medo e raiva de coisas que não têm nada a ver com você — minha mãe me explicou mais tarde, na nossa cozinha, enquanto preparava o jantar. E balançou a cabeça, como que para sugerir que sabia mais do que contaria. — Ele está com uns problemas.

Era assim que falávamos dos bullies. Quando eu era pequena, era fácil de entender: bullies eram pessoas assustadas escondidas dentro de pessoas assustadoras. Eu tinha visto isso em DeeDee, a menina durona do meu bairro, e até em Dandy, meu próprio avô, que por vezes era agressivo e rude com a esposa. Eles atacavam porque se sentiam impotentes. A praxe era desviar quando possível e se defender quando necessário. De acordo com minha mãe, o importante era jamais permitir que as ofensas ou agressões de um bully nos atingissem.

Se você permitisse — bom, aí podia se machucar de verdade.

Somente numa etapa da vida muito posterior isso se tornaria um desafio real para mim. Apenas quando estivesse ajudando meu marido a se eleger presidente eu me recordaria daquele dia no primeiro ano, da incompreensão e da dor de levar um soco totalmente inesperado.

Em 2008, passei boa parte do tempo tentando não me preocupar com os murros que levei.

VOU COMEÇAR dando um salto para uma lembrança feliz daquele ano, pois tenho inúmeras. Visitamos a cidade de Butte, em Montana, no Quatro de Julho, que coincidiu com o décimo aniversário de Malia. Estávamos a quatro meses das eleições gerais. Montana havia escolhido o republicano George W. Bush na eleição anterior, mas tinha eleito um governador democrata. Parecia um bom lugar para Barack visitar.

Mais do que nunca, Barack passava cada minuto de cada dia sendo observado, medido, avaliado. As pessoas tomavam nota de quais estados ele visitava, onde ia tomar o café da manhã, que tipo de carne pedia para comer com ovos. A essa altura, cerca de 25 membros da imprensa viajavam com ele o tempo inteiro, enchendo a parte traseira do avião, abarrotando os corredores e os quartos dos hotéis de cidades pequenas, seguindo-o por cada lugar em que ele parava. Um resfriado de um candidato era divulgado. Um corte de cabelo num lugar caro ou um pedido de mostarda Dijon na lanchonete era divulgado e analisado através de centenas de perspectivas na internet. Seria o candidato um fraco? Um esnobe? Um impostor? Um americano genuíno?

Isso fazia parte do processo — era um teste para ver quem tinha a capacidade de se sustentar como líder e como símbolo do país. Como se todos os dias lhe fizessem uma radiografia da alma e a esquadrinhassem incansavelmente à caça de qualquer indício de fraqueza. Ninguém se elege sem primeiro ter a vida inteira inspecionada pelo povo norte-americano. Estávamos entrando em uma época em que os cliques na internet eram medidos e revertidos em lucro. O Facebook só agora se popularizava, o Twitter era relativamente novo. A maioria dos adultos nos Estados Unidos tinha celular e a maioria dos celulares tinha câmera. Era o prelúdio de algo que nenhum de nós entendia por completo ainda.

Barack já não estava mais tentando ganhar apenas os eleitores democratas: ele agora visava ao país inteiro. Depois dos caucuses de Iowa, Barack e Hillary Clinton passaram o primeiro semestre de 2008 em embate por todos os estados e territórios, lutando arduamente por cada voto, em busca do privilégio de ser um candidato que romperia barreiras — Barack como negro, Hillary como mulher. (Antes do fim de janeiro, todos os outros competidores já tinham desistido.) Os dois candidatos haviam se testado com veemência, com Barack ganhando uma vantagem pequena mas por fim decisiva em meados de fevereiro.

— Agora ele é o presidente? — Malia me perguntaria algumas vezes ao longo dos meses seguintes, quando estávamos em algum palco, a música festiva saindo altíssima ao nosso redor. Sua mente jovem era ainda incapaz de entender algo além do objetivo final.

— *Agora* ele é o presidente, né?

— Não, querida, ainda não.

Foi somente em junho que Hillary reconheceu que lhe faltava o número de delegados para vencer. Foi só aí que Barack pôde se concentrar no adversário republicano, John McCain, o veterano senador do Arizona que havia se tornado o representante do Partido Republicano.

Estávamos em Butte no Quatro de Julho com dois objetivos. Barack acabava de chegar de quatro dias de campanha em quatro estados diferentes. Ele não podia perder tempo desviando da rota para comemorar conosco o aniversário de Malia, nem sair da vista dos eleitores no feriado mais simbólico do país. Portanto, fomos até ele, em uma tentativa de passar um dia juntos em família, mesmo que quase inteiramente sob os olhos do público. Estávamos acompanhados pela meia-irmã de Barack, Maya, seu marido, Konrad, e a filha deles, Suhaila, uma menininha fofa de quatro anos.

Qualquer pessoa nascida em um feriado importante sabe a dificuldade que é separar a comemoração individual e as festividades mais universais. Os bondosos habitantes de Butte, Montana, pareciam entender. Havia cartazes desejando "Feliz aniversário, Malia!" nas vitrines das lojas da rua principal. Espectadores davam parabéns a Malia aos berros, para serem ouvidos acima das batidas dos bumbos e das flautas entoando canções patrióticas enquanto nossa família assistia ao desfile de Quatro de Julho das arquibancadas.

Naquele mesmo dia, promovemos um piquenique em uma área aberta, evento que serviu como comício para algumas centenas de nossos apoiadores locais, bem como uma comemoração de aniversário improvisada para Malia. Fiquei comovida com todas as pessoas que apareceram. Naquele dia, fui surpreendida pela ternura trazida pela maternidade e pela paternidade, a maneira como o tempo passa tão rápido que, de súbito, percebemos que nossos bebês estão crescendo, seus braços e pernas passando de rechonchudos a esbeltos, os olhos adquirindo sabedoria.

Eu passara boa parte da última década, desde o nascimento de Malia, tentando encontrar o equilíbrio entre família e trabalho. Estava descobrindo como ser amorosa e presente com Malia e Sasha e ainda fazer meu trabalho com competência. Mas as coisas tinham mudado. Agora, eu tentava equilibrar a criação delas com algo diferente, mais confuso. A relevância do que estava acontecendo na vida de Barack, as exigências da campanha, os holofotes na nossa família — tudo parecia crescer depressa. Após os caucuses de Iowa, resolvi tirar uma licença do meu cargo no hospital. Eu estava tão ocupada que sequer fui até lá para pegar meus pertences ou fazer uma despedida decente. Agora eu era mãe e esposa em período integral, ainda que esposa com uma causa e mãe que queria impedir as filhas de serem engolidas por essa causa. Foi doloroso me afastar do trabalho, mas não havia alternativa: minha família precisava de mim, e ela era o mais importante.

Portanto, ali estava eu num piquenique de campanha em Montana, encabeçando um grupo basicamente de estranhos para cantar "Parabéns a você" para Malia, que estava sentadinha sorridente no gramado, com um hambúrguer no prato. Os eleitores achavam nossas filhas uma graça e gostavam de ver nossa família unida, o que para eles era um encanto. Mas eu sempre me perguntava como nossas filhas enxergavam aquilo tudo. Tentei evitar qualquer sensação de culpa. Planejamos uma festa de aniversário de verdade para o fim de semana seguinte, incluindo um monte de amigas da Malia dormindo em nossa casa e nada de política, e naquela noite teríamos uma reunião mais íntima no hotel. Mesmo assim, à medida que a tarde passava e as meninas corriam pela área do piquenique enquanto Barack e eu cumprimentávamos e abraçávamos eleitores, eu me pegava me questionando se as duas se lembrariam daquele passeio como algo divertido.

Naquela época, eu observava Sasha e Malia com uma nova ferocidade no coração. Assim como acontecia comigo, agora estranhos as chamavam pelo nome, querendo tocar nelas e tirar fotos. No inverno, o governo havia estendido para mim e para as meninas a proteção do Serviço Secreto, o que significava que, quando elas iam à escola ou à colônia de férias (geralmente levadas de carro pela minha mãe), seguranças as acompanhavam em outro veículo.

No piquenique, cada um de nós tinha ao lado um agente atento a qualquer sinal de ameaça. Felizmente, as meninas pareciam ver os guarda-costas mais como amigos adultos, novas adições ao grupo crescente de pessoas simpáticas com quem viajávamos, identificáveis apenas pelo fone no ouvido e pela vigilância silenciosa. Sasha geralmente se referia a eles como "os secretos".

As meninas deixavam a campanha mais tranquila. Para mim e Barack, era um alívio tê-las por perto — um lembrete de que, no fim das contas, nossa família era mais importante do que qualquer coisa. Nenhuma das duas ligava muito para o alvoroço em torno do pai. Tudo que elas queriam (e muito) era um cachorrinho. Adoravam brincar de pega-pega ou jogar cartas com a equipe nas horas mais sossegadas, e faziam questão de achar uma sorveteria em todos os lugares novos a que iam. Todo o resto era apenas ruído de fundo a ser ignorado.

Até hoje, Malia e eu caímos na risada ao lembrar que ela tinha oito anos quando Barack, nitidamente com um senso de responsabilidade, fez uma pergunta certa noite, ao colocá-la para dormir.

— O que você acharia se o papai se candidatasse à presidência? Acha uma boa ideia?

— Claro, papai! — respondeu ela, dando um beijo na bochecha do pai.

A decisão de concorrer mudaria quase toda a sua vida, mas como ela poderia imaginar? Ela simplesmente se virou para o lado e dormiu.

Naquele dia em Butte, visitamos o museu da mineração local, travamos uma batalha de pistola de água e jogamos bola no gramado. Barack fez um discurso e distribuiu cumprimentos, mas também pôde passar tempo conosco. Sasha e Malia pularam em cima dele, rindo e divertindo-o com seus comentários. Eu via leveza no sorriso dele, admirando-o pela capacidade de afastar todas as distrações e ser apenas pai quando tinha a oportunidade. Ele bateu um papo com Maya e Konrad e manteve o braço nos meus ombros enquanto caminhávamos.

Nunca estávamos sozinhos. Havia sempre a equipe da campanha, os agentes de segurança, membros da imprensa esperando por entrevistas, curiosos tirando fotos de longe — agora, esse era nosso normal. Durante a campanha, nossos dias haviam ficado tão planejados que aos poucos perdemos toda a nossa privacidade e nossa liberdade. Tanto Barack quanto eu entregamos quase todos os minutos da nossa vida e nossa programação diária a um grupo de jovens inteligentíssimos e competentes, mas que não tinham como saber a dor que era abrir mão do controle da minha própria vida. Se eu precisava de alguma coisa, tinha que pedir a alguém que fosse à loja comprar. Para falar com Barack, normalmente tinha que enviar um pedido por meio de um de seus assessores. Eventos e atividades surgiam do nada na minha agenda.

Mas aos poucos, como questão de sobrevivência, aprendíamos a viver nossas vidas em público, aceitando a realidade como era.

Ainda naquela tarde em Butte, demos uma entrevista à tv, nós quatro — Barack, as meninas e eu —, coisa que nunca tínhamos feito. Em geral, insistíamos em manter os jornalistas longe das nossas filhas, limitando-as a fotos em eventos públicos de campanha. Não sei por que dissemos sim daquela vez. Segundo me lembro, a equipe achou que seria legal dar ao público uma visão um pouco mais íntima de Barack como pai. Na época, não vi mal nenhum nisso. Ele amava nossas filhas, afinal. Amava todas as crianças. Era exatamente por isso que seria um ótimo presidente.

Sentamo-nos por cerca de quinze minutos com Maria Menounos, do *Access Hollywood*. Nós quatro conversamos com ela sentados em um banco de praça. Malia estava de cabelo trançado e Sasha usava um vestido vermelho. Como sempre, elas foram irresistivelmente fofas. Menounos foi gentil e manteve a conversa leve enquanto Malia, a professora júnior da família, refletia seriamente sobre cada pergunta. Disse que às vezes o pai a constrangia quando tentava apertar a mão de suas amigas e que nós três ficávamos incomodadas quando ele deixava as malas na porta. Sasha fez o possível para ficar quietinha e concentrada, interrompendo a entrevista uma única vez, ao me perguntar:

— Ei, quando é que a gente vai tomar sorvete?

De resto, escutava a irmã, de tempos em tempos acrescentando detalhes que lhe vinham à cabeça.

— O papai já teve um cabelão desse tamanho! — exclamou a certa altura, já no final, referindo-se ao penteado black power. Todos caímos na risada.

A entrevista foi transmitida alguns dias depois na ABC e recebida com tremendo entusiasmo. Teve cobertura de outros órgãos de imprensa com manchetes como "As cortinas se abrem para as filhas de Obama em entrevista de TV" e "As duas garotinhas dos Obama contam tudo". De repente, os comentários infantis de Malia e Sasha estavam nos jornais mundo afora.

Barack e eu nos arrependemos na mesma hora. Sentíamos ter feito uma escolha errada, colocando as vozes das meninas diante do público muito antes de poderem sequer começar a entender tudo aquilo. Nada no vídeo faria mal a Sasha ou Malia, mas as imagens gravadas estavam agora soltas no mundo e viveriam para sempre na internet. Pegamos duas meninas pequenas que não escolheram essa vida e, sem pensar direito, as colocamos no centro das atenções.

ÀQUELA ALTURA, eu já sabia alguma coisa sobre viver no centro das atenções. Oprah Winfrey me mandava mensagens de incentivo; Stevie Wonder, meu ídolo de infância, tocava em eventos de campanha, brincando comigo e me chamando pelo primeiro nome como se fôssemos velhos conhecidos. Eu me sentia estranha em recebermos tanta atenção, principalmente porque, a meu ver, não tínhamos feito muita coisa para merecê-la. Éramos apoiados pela força da mensagem de Barack, mas também, eu sabia, pelo que ele simbolizava. Se os Estados Unidos elegessem seu primeiro presidente negro, isso significaria algo não só para Barack como também para o país. Para inúmeras pessoas, e por inúmeras razões, aquilo importava muito.

Barack, é claro, recebia a maior parte da adoração pública e das críticas que inevitavelmente vinham junto. Quanto mais popular alguém se torna, mais inimigos adquire. É quase uma regra tácita, principalmente na política, em que adversários investem dinheiro e empenho procurando na vida do candidato qualquer coisa que possa manchar sua reputação.

Somos moldados de formas diferentes, meu marido e eu, e é por isso que ele escolheu a política e eu, não. Ele tinha ciência dos boatos e ideias falsas que eram lançados na campanha, mas era raro que se deixasse incomodar por essas coisas. Barack havia vivido outras campanhas. E, em termos gerais, simplesmente não é do tipo de se assustar fácil ou se desorientar com coisas abstratas como insegurança ou mágoa.

Já eu ainda estava descobrindo a vida pública. Me considerava uma mulher autoconfiante e bem-sucedida, mas também era a menina que dizia às pessoas que queria ser pediatra e se dedicava a fazer tudo certo na escola. Eu me importava com o que os outros pensavam. Tinha passado a juventude buscando aprovação, seguindo a cartilha de boa menina e evitando situações sociais conturbadas. Com o tempo, fui me aprimorando no tocante a não medir meu valor apenas em termos de conquistas, mas tendia a acreditar que bastava agir com dedicação e honestidade para não ser incomodada e ser sempre vista como eu mesma.

Essa crença estava prestes a cair por terra.

A vitória de Barack em Iowa tornou minha mensagem nas visitas de campanha ainda mais fervorosa. De centenas de pessoas por vez, eu agora me dirigia a mais de mil. Lembro-me de ter ido a um evento com Melissa e Kate e ver a fila dobrando a esquina, todos esperando para entrar em um auditório já entupido. Isso me deixou perplexa, mas de um jeito positivo. Eu repetia para todas as plateias: estava maravilhada com o entusiasmo e empenho que as pessoas traziam à campanha. Ficava admirada com o trabalho que eu as via fazerem no dia a dia para elegê-lo.

No que se refere ao meu discurso, eu me baseei no que funcionara tão bem para mim em Iowa e o desenvolvi com uma estrutura flexível, embora não usasse teleprompter nem me preocupasse em dizer tudo tim-tim por tim-tim. Minhas palavras não eram buriladas e eu nunca seria tão eloquente quanto meu marido, mas falava de coração. Contava que minhas dúvidas iniciais sobre a política vinham diminuindo semana a semana, substituídas por algo mais estimulante e esperançoso. Muitos de nós enfrentávamos as mesmas batalhas, nutríamos as mesmas preocupações em relação aos filhos e ao futuro. E muitos acreditavam, assim como eu, que Barack era o único candidato capaz de promover mudanças genuínas.

Por exemplo, Barack queria tirar as tropas americanas do Iraque. Queria revogar os cortes de impostos que George W. Bush conseguira aprovar para os abastados. Queria assistência médica acessível para todos. Era um ideal ambicioso, mas sempre que eu entrava em um auditório fervoroso, tinha a impressão de que a nação estava pronta para superar nossas diferenças a fim de concretizá-lo. Havia orgulho naqueles salões, um espírito de união que ia muito além da cor da pele. O otimismo era enorme e revigorante.

— A esperança está ressurgindo! — eu declarava em todas as paradas.

Foi em Wisconsin, em fevereiro, que Katie recebeu um telefonema da equipe de comunicação relatando um problema. Aparentemente, eu tinha dito algo controverso no discurso de algumas horas antes. Katie não entendeu, assim como eu. O que eu havia dito de tão diferente do que vinha dizendo a todas as plateias havia meses? Nunca teve nenhum problema. Por que teria agora?

Acontece que alguém tinha filmado meu discurso de aproximadamente quarenta minutos e o editado em um trecho de dez segundos, mudando o sentido das minhas palavras.

A versão original do que eu disse naquele dia era a seguinte:

— O que descobri ao longo deste ano é que a esperança está ressurgindo! E me permitam dizer: pela primeira vez em toda a minha vida adulta estou de fato orgulhosa do meu país. Não só pelo bom desempenho de Barack, mas porque acho que o povo está com sede de mudança. Eu estava desesperada para ver nosso país seguir nessa direção, para não me sentir tão sozinha na minha frustração e decepção. Eu vejo gente ávida por se unir em torno de problemas básicos em comum, e isso me dá orgulho. Eu me sinto privilegiada só de poder testemunhar isso.

Mas quase tudo tinha sido eliminado, inclusive minhas referências a esperança e união e minha afirmação de estar comovida com o que via. Os detalhes importantes sumiram. O que o vídeo editado mostrava — e o que agora estava sendo veiculado nas rádios conservadoras e nos talk shows — era o seguinte:

— Pela primeira vez em toda a minha vida adulta estou de fato orgulhosa do meu país.

Não era preciso assistir aos noticiários para saber a distorção promovida: *Ela não é patriota. Ela sempre odiou o país. Essa é quem ela é de verdade. O resto são só aparências.*

Ao tentar falar de um jeito casual, eu acabara esquecendo como cada palavra que uma pessoa diz pode facilmente ser usada contra ela mesma. Sem querer, dei aos oponentes um banquete de dezesseis palavras. Assim como o soco daquele menino no primeiro ano do fundamental, foi um golpe totalmente inesperado.

Voltei para Chicago naquela noite sentindo culpa e desânimo. A essa altura, Melissa, Katie e eu estávamos trabalhando juntas fazia quase um ano, somando milhas que nenhuma de nós três conseguiria contar, sempre correndo contra o relógio para que eu conseguisse estar de volta em casa, com minhas filhas, à noite. Enquanto Barack e sua equipe viajavam em aviões fretados e ônibus de turismo confortáveis, nós três continuávamos tirando os sapatos nas vagarosas filas para passar pela segurança dos aeroportos, sentando na classe econômica e contando com a boa vontade de voluntários para nos levarem a eventos às vezes a centenas de quilômetros de distância.

Minha impressão era de que, de modo geral, estávamos fazendo um excelente trabalho. Já tinha visto Katie subir na cadeira para gritar ordens para fotógrafos com o dobro da sua idade e dar foras em repórteres por fazerem perguntas indevidas. Já tinha visto Melissa arquitetar todos os detalhes da minha agenda com uma habilidade que conciliava múltiplos eventos em um só dia, rapidamente lidando com possíveis problemas e ao mesmo tempo garantindo que eu não perdesse a peça da escola, o aniversário de uma amiga antiga nem a chance de ir à academia. As duas abriram mão de tudo em prol dessa iniciativa, sacrificando a própria vida pessoal para que eu pudesse preservar um pouco da minha.

Sentada no avião sob o domo da luzinha individual, eu temia ter estragado tudo com aquelas dezesseis palavras impensadas.

Em casa, depois de pôr as meninas para dormir e liberar minha mãe para descansar um pouco na Euclid Avenue, liguei para Barack. Era a véspera das primárias de Wisconsin, e as pesquisas mostravam uma corrida apertada. A campanha não podia arcar com uma queda. Eu me desculpei pelo que estava acontecendo com o meu discurso.

— Não fazia ideia de que estava cometendo um erro — expliquei. — Faz meses que falo a mesma coisa.

Eu quase conseguia vê-lo dando de ombros do outro lado da linha.

— Olha, isso é porque suas plateias são imensas — ele me explicou. — Você se tornou uma potência na campanha, e isso significa que as pessoas irão um pouco atrás de você. É o que acontece.

Como fazia sempre que nos falávamos, ele me agradeceu pelo tempo que eu estava dedicando à campanha e lamentou que eu tivesse que lidar com os efeitos colaterais.

— Te amo, meu bem — disse ele, antes de desligar. — Sei que essas coisas são difíceis, mas vai passar. Sempre passa.

ELE ESTAVA AO MESMO TEMPO CERTO E ERRADO. Barack venceu a primária de Wisconsin por uma boa margem, o que parecia indicar que eu não lhe causara danos naquele ponto. No mesmo dia, Cindy McCain disparou contra mim em um comício, declarando:

— Tenho orgulho do meu país. Não sei vocês, se ouviram aquilo, mas eu tenho muito orgulho do meu país.

Ela estava tirando minhas palavras de contexto, para me deixar mal diante da opinião pública. As manchetes da CNN diziam que estávamos em uma "polêmica patriótica", e os blogueiros fizeram o que os blogueiros fazem. Em uma semana, porém, boa parte da comoção causada por meu discurso parecia ter passado. Barack e eu tínhamos feito comentários à imprensa, declarando com todas as letras que eu estava orgulhosa de ver tantos americanos se envolvendo na campanha, falando com os vizinhos e se sentindo mais confiantes no próprio poder que exerciam na nossa democracia, o que para mim era inédito. E assunto encerrado. Nos meus discursos, tentei tomar mais cuidado com a maneira como as palavras saíam da minha boca, mas a mensagem se mantinha a mesma. Eu continuava orgulhosa e continuava entusiasmada. Quanto a isso, nada havia mudado.

No entanto, uma semente sinistra fora plantada — uma visão de mim como mal-humorada e hostil, carente de graciosidade. Os boatos e os comentários tendenciosos quase sempre transmitiam um recado pouco sutil sobre raça, feito para suscitar no público eleitor o medo mais profundo e mais feio. *Não deixem os negros assumirem o controle. Eles não são como vocês. Não têm a mesma visão que vocês têm.*

Não contribuiu em nada o fato de que a imprensa estava atacando novamente o reverendo Jeremiah Wright. A ABC News fez um exame minucioso de horas e horas de sermões dele, resultando numa compilação chocante que o mostrava ressentido, tendo acessos de fúria contra a América branca, como se os brancos fossem culpados por todas as mazelas do país.

Barack e eu ficamos tristes ao ver aquilo, um reflexo do lado pior e mais paranoico do homem que havia celebrado nosso casamento e batizado nossas filhas. Ambos tínhamos crescido em famílias que viam a raça pela lente da desconfiança. Eu vivenciei o ressentimento latente de Dandy pelas décadas que passara sendo preterido em empregos por causa da cor de sua pele, bem como os temores de Southside em relação à segurança dos netos em bairros tipicamente brancos. Já Barack escutara Toot, sua avó branca, fazer uso de estereótipos étnicos com toda a tranquilidade do mundo e até confessar a seu neto negro que às vezes tinha medo ao cruzar com um homem negro na rua. Foram anos de convivência com a ignorância de alguns familiares mais velhos, e aceitamos que ninguém era perfeito, sobretudo aqueles que cresceram numa época de segregação.

Talvez por isso tivéssemos ignorado os absurdos das pregações do reverendo Wright, ainda que não estivéssemos presentes em nenhum dos sermões do vídeo que passou na TV. Ver a compilação daquelas cenas nos noticiários, entretanto, nos deixou perplexos. Era um lembrete de que, quanto à questão de raça, a desconfiança e a criação de estereótipos existiam dos dois lados.

Enquanto isso, alguém tinha desencavado minha monografia de Princeton, escrita mais de vinte anos antes — uma pesquisa que examinava como ex-alunos afro-americanos viam raça e identidade depois de estudar em Princeton. Por razões que jamais vou entender, a mídia conservadora tratava meu trabalho como se fosse um manifesto secreto do poder negro, como se houvessem desenterrado uma ameaça. Era como se, em vez de estar tentando tirar 10 em sociologia e entrar na Escola de Direito de Harvard, eu estivesse planejando uma rebelião para derrubar a maioria branca — e agora, graças à carreira política do meu marido, finalmente tivesse a chance de colocá-la em ação. "Será que Michelle Obama é a responsável pelo fiasco Jeremiah Wright?" foi o subtítulo de um artigo publicado on-line atacando a Michelle universitária, sugerindo que eu havia sido influenciada por pensadores negros radicais e que, para completar, eu escrevia porcamente. "Descrevê-la como difícil de ler seria um engano", afirmava o autor. "Não é possível 'ler' a monografia, no sentido estrito do verbo. Isso porque não foi escrita em nenhuma língua conhecida."

Eu era pintada não apenas como uma outsider, mas como "outra", tão estrangeira que nem meu idioma era reconhecível. Foi um insulto tacanho e ridículo, sem dúvida, mas o escárnio ao meu intelecto e a marginalização do meu eu jovem transmitiam um desdém maior. Agora, Barack e eu éramos conhecidos demais para nos invisibilizarem, mas se nos vissem como estranhos e intrusos, talvez nossa força pudesse ser esvaziada. O recado nunca era dito diretamente: *Essas pessoas não são daqui.* Uma foto de Barack de turbante e roupas somalis tradicionais, que lhe foram dadas durante uma visita oficial que ele fizera ao Quênia como senador, apareceu em um site conservador, ressuscitando velhas teorias de que ele era secretamente muçulmano. Meses depois, a internet produziria outro boato anônimo infundado, que questionava a cidadania de Barack, fazendo circular a ideia de que ele tinha nascido não no Havaí, mas no Quênia, o que o tornaria inelegível.

Enquanto viajávamos por Ohio e Texas, Vermont e Mississippi, eu continuava a falar em otimismo e união, sentindo a crescente positividade do público em eventos de campanha. Em paralelo, porém, o retrato nada lisonjeiro que pintavam de mim só parecia ganhar fôlego e se espalhar. Na Fox News, havia discussões sobre minha "ira militante". Na internet, produziram-se mais rumores sobre um suposto vídeo em que eu usava o termo "branquelos", um boato que era não apenas bizarro como descaradamente mentiroso. Em junho, quando Barack finalmente conquistou a indicação democrata, eu o saudei de um jeito brincalhão, dando um soquinho no punho dele, no palco de um evento. Um comentarista da Fox disse que era uma saudação terrorista, sugerindo de novo que éramos perigosos. A mesma rede havia se referido a mim como *Obama's Baby Mama*, apelando para clichês dos guetos negros americanos e sugerindo que Barack e eu tínhamos nossas filhas juntos mas sequer éramos casados.

Eu estava me cansando, não física, mas emocionalmente. Os golpes machucavam, mesmo eu sabendo que pouco tinham a ver comigo como pessoa. Era como se existisse uma versão caricatural de mim, uma mulher sobre a qual sempre ouvia falar mas que não conhecia — uma Godzilla muito alta, muito impetuosa e destrutiva chamada Michelle Obama. O que também me doía era que, às vezes, amigas me ligavam e descarregavam suas preocupações sobre mim, querendo que eu as tranquilizasse, assegurando que um boato que tinham ouvido sobre mim não era verdade. Eu desligava o telefone me sentindo desmoralizada e magoada por ter que me defender até para pessoas que me conheciam bem.

Minha sensação era de que nada que eu fizesse estaria certo, que nenhuma fé ou empenho no mundo me fariam superar as pessoas que me odiavam e suas tentativas de me silenciar. Eu era mulher, negra e forte, o que para certas pessoas só poderia se traduzir em "raivosa". Era outro clichê danoso, que sempre foi empregado para varrer para o canto as mulheres de minorias e o que temos a dizer.

Eu estava começando a realmente ter um pouco de raiva, o que só me fazia sentir pior, como se estivesse entregando os pontos para as pessoas que me atacavam. É incrível como um estereótipo funciona como uma armadilha. Quantas "mulheres negras raivosas" ficaram presas na armadilha que essas palavras representam? Se você não é ouvida, por que não elevar a voz? Ser desconsiderada por ser considerada raivosa ou emotiva não provoca justamente uma resposta raivosa e emotiva?

Eu estava esgotada pela crueldade, desconcertada com o quanto os ataques haviam se tornado pessoais, mas convicta de que não havia a menor chance de desistir. A certa altura de maio, o Partido Republicano do Tennessee divulgou na internet um vídeo em que minhas falas em Wisconsin eram alternadas com cenas de eleitores dizendo coisas como "Cara, tenho orgulho de ser americano desde criança". O site da Rádio Pública Nacional divulgou uma matéria sob o título: "Será Michelle Obama um trunfo ou um fardo?", insinuando que, apenas por ser eu mesma, poderia estar prejudicando a campanha de Barack. Abaixo, em negrito, vinham os pontos que aparentemente norteavam o debate a meu respeito: "Sinceridade reconfortante ou franqueza excessiva?" e "Seu visual: majestoso ou intimidante?".

Olha, essas coisas doíam.

Às vezes eu culpava a campanha de Barack pela situação em que me encontrava. Entendia que era mais ativa do que muitas esposas de candidatos, o que fazia de mim um alvo mais fácil. Meu instinto era revidar, me pronunciar contra as mentiras e generalizações injustas ou pedir a Barack que fizesse algum comentário, mas os assessores sempre me diziam que era melhor não reagir, seguir em frente e simplesmente aguentar. A resposta era sempre "É só política", como se não pudéssemos fazer nada, como se tivéssemos nos mudado para uma cidade em outro planeta chamado Política, onde nenhuma das regras normais se aplicava.

Sempre que meu ânimo começava a diminuir, eu me punia ainda mais, com um monte de pensamentos negativos: não tinha optado por aquilo. Nunca tinha gostado de política. Tinha largado meu emprego e aberto mão da minha identidade em prol da campanha e agora era um inconveniente? Para onde fora meu poder?

Sentados na nossa cozinha em Chicago, em uma noite de domingo em que Barack estava de folga, desabafei todas as minhas frustrações.

— Não preciso continuar com isso — falei. — Se estou prejudicando a campanha, por que faço parte dela?

Expliquei que Melissa, Katie e eu não estávamos conseguindo acompanhar o volume de demandas da imprensa e o trabalho que dava viajar com o orçamento apertado de que dispúnhamos. Eu não queria estragar nada e queria apoiá-lo, mas nos faltava tempo e recursos para fazer algo mais planejado. E, quanto às críticas crescentes contra mim, eu estava cansada de não poder reagir, cansada de ser vista como uma pessoa completamente diferente do que era.

— Posso ficar em casa com as crianças, se for melhor — falei. — Serei a esposa normal, que aparece só nos grandes eventos e sorri. Talvez fique bem mais fácil para todo mundo.

Barack escutou minhas frustrações com empatia. Ele estava nitidamente cansado, louco para ir para o quarto e ter o descanso tão necessário. Às vezes eu detestava como as fronteiras entre vida doméstica e vida política haviam se desfeito. Eu não queria ser mais uma questão que ele precisava resolver, mas minha existência havia sido completamente fundida à dele.

— Você traz muito mais vantagens do que desvantagens, Michelle, você precisa ter consciência disso — ele me disse, chateado. — Mas se quiser parar ou diminuir o ritmo, vou entender perfeitamente. Você pode fazer o que quiser.

Barack me disse que eu nunca deveria me sentir obrigada a fazer algo por ele ou pela campanha. E que, se eu quisesse continuar desde que houvesse mais apoio e recursos, ele daria um jeito de providenciar o que fosse necessário.

As palavras dele me reconfortaram, mas só um pouco. Eu ainda me sentia a menina que acabava de levar um soco na fila do almoço.

NÃO MUITO TEMPO DEPOIS, fui ao escritório de David Axelrod, assessor de imprensa de Barack, em Chicago e me sentei com ele e Valerie Jarrett para assistir a algumas das minhas aparições públicas. Os dois me elogiaram pelo trabalho intenso que vinha fazendo e pela eficiência em arregimentar eleitores, mas em seguida Axe passou o mesmo discurso sem volume, apagando minha voz para que examinássemos mais atentamente minha linguagem corporal, sobretudo as expressões faciais.

O que eu via? Eu me via falando com intensidade e convicção, e nunca amenizava o tom. Sempre falava sobre a época complicada que muitos americanos enfrentavam, bem como a desigualdade nas escolas e no sistema de saúde. Meu rosto refletia a seriedade daquilo em que eu acreditava. Porém, eu era séria demais, severa demais — segundo o que a maioria das pessoas era ensinada a esperar de uma mulher. Observei minha expressão pelos olhos de um estranho. Entendi como a oposição havia conseguido usar aquelas imagens para me retratar como uma rabugenta, o que tornava muito fácil menosprezar minha voz. Era outro estereótipo, outra armadilha.

Ninguém criticava Barack por parecer sério demais ou não sorrir muito. Eu era a esposa e não a candidata, então a expectativa era de que eu trouxesse mais leveza, mais graciosidade. No entanto, não havia qualquer dúvida de que outras mulheres também não eram bem tratadas no mundo da política. Eu sabia que muita gente atacava Hillary Clinton por ela ser mulher, chamando-a de tirana e resmungona. Sua voz era considerada estridente; sua risada, um cacarejo. Hillary era a adversária de Barack, mas eu não podia deixar de admirar sua capacidade de continuar lutando em meio a homens com tanta aversão às mulheres.

Naquele dia, ao rever o vídeo, senti as lágrimas brotarem nos olhos. Estava chateada. Agora percebia que havia um elemento performativo na política, que eu ainda não havia dominado. E já fazia mais de um ano que vinha proferindo discursos. Era mais difícil transmitir calor humano em grandes auditórios. Plateias mais numerosas exigiam expressões faciais mais claras, algo que eu precisava trabalhar. Tive medo de ser tarde demais para isso.

Valerie, minha amiga querida de mais de quinze anos, apertou minha mão.

— Por que vocês não discutiram isso comigo antes? — indaguei. — Por que ninguém tentou ajudar?

A resposta é que ninguém estava prestando muita atenção em mim. A equipe de campanha de Barack achava que eu estava me saindo bem, até eu me sair mal. Só quando virei um problema é que fui convocada para uma reunião.

Foi um ponto de virada para mim. A equipe de campanha existia para servir exclusivamente ao candidato, não a mim ou às meninas. E, por mais que o pessoal da equipe me respeitasse e valorizasse minhas contribuições, ninguém nunca tinha me dado muita orientação. Até então, ninguém havia se dado ao trabalho de viajar comigo ou mesmo comparecer aos meus eventos. Eu nunca tinha recebido treinamento de mídia nem de oratória. Foi quando me dei conta de que ninguém cuidaria de mim a não ser que eu lutasse por isso.

Ciente de que os olhares só se intensificariam naqueles seis meses restantes de campanha, a equipe de Barack finalmente concordou que eu precisava de uma ajuda mais sólida. Se continuaria atuando como se fosse candidata, eu precisava receber o apoio que uma candidata receberia. Para me proteger, decidi ser ainda mais organizada e insisti em obter os recursos necessários para cumprir bem minha função. Nas semanas finais das primárias, os coordenadores da campanha providenciaram reforços na minha equipe, incluindo uma assistente pessoal — Kristen Jarvis, a amável ex-assistente de Barack no Senado, que me ajudava a manter o foco e os pés no chão em momentos de estresse extremo — e uma especialista em comunicação assertiva e com experiência na política, Stephanie Cutter. Junto com Katie e Melissa, Stephanie me ajudou a aprimorar minha mensagem e minha apresentação, construindo o que se tornaria um grande discurso na Convenção Nacional Democrata, em agosto. Além dos recursos humanos, finalmente pudemos utilizar um avião de campanha, que me garantia uma movimentação mais eficiente. Agora eu podia dar entrevistas durante os voos, fazer cabelo e maquiagem a caminho dos eventos e levar Sasha e Malia sem que houvesse um custo extra.

Tudo isso foi um alívio. E acredito de verdade que esse alívio me permitiu sorrir mais, me deixou menos defensiva.

Quando planejávamos minhas aparições públicas, Stephanie me recomendava explorar meus pontos fortes e me lembrar dos assuntos de que eu mais gostava de falar, isto é, o amor que nutria por meu marido e minhas filhas, a conexão que sentia com mães que trabalham fora e o orgulho que tinha de minhas raízes em Chicago. Reparando que eu gostava de fazer brincadeiras, ela me disse para não refrear meu humor. Em outras palavras, não havia problema em ser eu mesma. Pouco depois de encerradas as primárias, concordei em participar de um talk show diurno, em que passei uma hora feliz e divertida com as apresentadoras diante de uma plateia ao vivo. Falei sobre os ataques contra mim, mas também dei risadas ao falar sobre as meninas, os cumprimentos de soquinhos e as coisas bobas que acontecem numa campanha política e das quais as pessoas nem fazem ideia. Senti uma nova tranquilidade, um novo domínio da minha voz. O programa foi bem recebido, de modo geral. Usei um vestido preto e branco de preço acessível que de repente as mulheres estavam correndo para comprar.

Eu estava causando impacto e, ao mesmo tempo, começando a me divertir, me sentindo cada vez mais aberta e otimista. Eu também estava tentando aprender com os americanos que encontrava pelo país, participando de debates com foco no equilíbrio entre trabalho e família, questão pela qual me interessava. As lições mais assombrosas vinham de visitas a comunidades militares, onde eu conhecia maridos e esposas de soldados.

— Me contem sobre suas vidas — eu dizia, e escutava as histórias de mulheres com bebês no colo, algumas ainda adolescentes. Algumas narravam a necessidade que tinham de se reorganizar, pôr os filhos em aulas de música e outras atividades toda vez que se mudavam para uma nova base militar. Elas explicavam a dificuldade de manter uma carreira em meio a tantas mudanças de endereço. Muitos jovens pais e mães não conseguiam achar creches acessíveis. E tudo isso, claro, ficava ainda mais difícil por conta dos fardos logístico e emocional de ver a pessoa amada ser enviada, por períodos de doze meses ou mais, para lugares como Afeganistão ou Iraque ou para um porta-aviões no mar da China Meridional. Encontrar essas pessoas dedicadas colocava minha dor em perspectiva. O sacrifício delas era muito maior que o meu. Nesses encontros, eu ficava assustada por saber tão pouco sobre a vida dos militares. Jurei a mim mesma que, se Barack tivesse a sorte de ser eleito, eu encontraria uma maneira de dar mais apoio àquelas famílias.

Tudo isso renovou minhas energias para dar um último empurrãozinho para Barack e Joe Biden, o senador de Delaware que logo seria anunciado como seu companheiro de chapa e candidato a vice-presidente. Eu me sentia animada a voltar a seguir meus instintos, cercada por pessoas que me apoiavam. Em eventos públicos, me concentrava em estabelecer vínculos pessoais, fosse em grupos pequenos ou em plateias de milhares. Quando tinham a oportunidade de me ver como uma pessoa real, os eleitores entendiam que os retratos distorcidos que pintavam de mim eram mentirosos. Aprendi que é mais difícil odiar alguém de perto.

Acelerei ainda mais o ritmo ao longo do verão de 2008, convicta de que podia fazer uma diferença positiva para Barack. Nos preparativos para a Convenção Nacional Democrata em Denver que se aproximava, pela primeira vez escrevi meu discurso com uma especialista, uma jovem talentosa chamada Sarah Hurwitz, que me ajudou a moldar minhas ideias em uma fala precisa de dezessete minutos. No fim de agosto, após semanas de preparo cuidadoso, subi ao palco. Eu me vi diante de cerca de 20 mil pessoas e mais milhões de espectadores pela TV, pronta para dizer ao mundo quem eu realmente era.

Naquela noite, meu irmão, Craig, me apresentou. Minha mãe estava na primeira fila de um camarote, parecendo meio aturdida com o tamanho gigantesco que o palco de nossas vidas havia adquirido. Falei sobre meu pai; sobre sua humildade, sua resiliência, e sobre como tudo isso havia moldado Craig e a mim. Tentei dar aos americanos a visão mais íntima possível de Barack e de seu nobre coração. Quando terminei, as pessoas não paravam de aplaudir, e senti um vigoroso sopro de alívio, ciente de que talvez tivesse finalmente feito alguma coisa capaz de mudar a percepção que o público tinha de mim.

Foi um grande momento, sem dúvida — grandioso e público. Mas a verdade é que palcos, plateias, luzes e aplausos estavam se tornando mais comuns do que eu jamais imaginara. Agora, eu ansiava pelos momentos não ensaiados, não fotografados, as pausas em que ninguém estava atuando nem julgando, em que a surpresa verdadeira ainda era possível.

Para isso, precisamos retornar a Butte, Montana, no Quatro de Julho. Era o fim do nosso dia ali, o sol de verão finalmente se pondo atrás das montanhas, o estourar dos fogos de artifícios começando a soar ao longe. Barack iria para Missouri no dia seguinte, enquanto as meninas e eu iríamos para casa, em Chicago. Estávamos cansados, todos nós. Tínhamos participado do desfile e do piquenique. A sensação era de que tínhamos falado com todos os moradores da cidade de Butte. E agora faríamos finalmente uma festinha só para Malia.

Se me perguntassem naquele momento, eu diria que falhamos com ela, no fim das contas; que seu aniversário parecera secundário na intensa tempestade da campanha. Nos juntamos em um melancólico salão de conferências do nosso hotel, com Konrad, Maya e Suhaila, além de alguns membros da equipe que eram próximos de Malia e, claro, os agentes do Serviço Secreto, que estavam sempre por perto. Arranjamos alguns balões, um bolo de supermercado, dez velas e um pote de sorvete. Havia alguns presentes comprados e embrulhados às pressas por alguém que não eu. O clima não era propriamente festivo. O dia simplesmente fora longo demais. Barack e eu trocamos um olhar, cientes de nossa falha.

Entretanto, como em tantas outras situações, era só uma questão de perspectiva — como decidíamos enxergar o que estava à nossa frente. Barack e eu estávamos concentrados somente em nossos defeitos e insuficiências, vendo-os refletidos naquela sala insípida e na festa improvisada, mas Malia estava focada em algo diferente. E ela enxergou o que buscava. Viu rostos amáveis, pessoas que a amavam, um bolo com uma camada grossa de glacê, a irmã mais nova e uma prima a seu lado, um novo ano adiante. Tinha passado o dia ao ar livre, visto o desfile e no dia seguinte andaria de avião.

Ela foi até Barack e se jogou no colo dele.

— Esse é o meu melhor aniversário de *todos*! — declarou.

Malia não reparou que tanto a mãe como o pai ficaram com os olhos marejados ou que metade dos presentes se emocionou junto. Porque ela tinha razão. E de repente todos vimos. Ela estava completando dez anos naquele dia, e tudo era maravilhoso.

18

QUATRO MESES DEPOIS, EM 4 DE NOVEMBRO DE 2008, EU depositava na urna meu voto em Barack. Fomos bem cedo à nossa zona eleitoral, no ginásio de uma escola a poucos quarteirões de casa. Levamos Sasha e Malia, ambas prontas para ir à escola delas em seguida. Mesmo no dia da eleição — talvez especialmente no dia da eleição —, achei que seria uma boa ideia elas irem à aula. Escola era rotina. Escola era conforto. Enquanto passávamos por fotógrafos e câmeras de TV no caminho para o ginásio, enquanto todos ao nosso redor falavam do caráter histórico daquela eleição presidencial, eu estava feliz por ter preparado as lancheiras.

Que tipo de dia seria aquele? Seria um dia longo. Fora isso, ninguém sabia.

Como sempre é o caso em dias de muita tensão, Barack estava mais sereno do que nunca. Cumprimentou os mesários, dirigiu-se à urna e apertou a mão de todos com quem cruzou, transparecendo tranquilidade. Fazia sentido. Em breve aquela coisa toda sairia de suas mãos.

Ficamos lado a lado nas nossas respectivas cabines de votação, as meninas atentas ao que estávamos fazendo.

Eu já tinha votado em Barack várias vezes antes, em níveis estadual e nacional, e aquela ida à zona eleitoral não me pareceu diferente. Votar era um hábito, um ritual saudável a ser realizado de modo consciente e em todas as oportunidades. Meus pais me levavam à zona eleitoral quando criança. Criei o hábito de levar minhas filhas sempre que possível, para mostrar a elas que era um ato tão importante quanto fácil.

A carreira do meu marido me permitiu testemunhar como um punhado de votos poderia fazer a diferença não só entre candidatos, mas entre sistemas de valores inteiros. A abstenção de algumas poucas pessoas por bairro podia determinar o que nossos filhos aprenderiam na escola, quais recursos de saúde estariam disponíveis ou se mandaríamos ou não tropas à guerra. O voto era tão simples quanto poderoso.

Naquele dia, demorei alguns segundos a mais encarando a cédula de votação com o nome do meu marido para presidente dos Estados Unidos. Depois de quase 21 meses de atuação em campanha, ataques sofridos e exaustão, finalmente chegara o momento — a última tarefa a cumprir.

Barack olhou para mim e riu.

— Ainda está indecisa? — brincou ele. — Quer mais um tempinho?

Se não fosse pela ansiedade que me dominava, eu diria que o dia da eleição foi quase relaxante em comparação com a trabalheira da campanha — foi como miniférias entre tudo que acontecera e tudo que viria pela frente. Após meses em que tudo ocorria rápido demais, o tempo se arrastava. Ao voltar para casa, fiz o papel de anfitriã para familiares e amigos que nos fizeram breves visitas para bater um papo leve e ajudar a aguentar a espera.

Ainda pela manhã, Barack saiu para jogar basquete com Craig e uns amigos em um clube próximo. Era quase um costume em dias de eleição. Para Barack, nada melhor que uma partida competitiva de basquete para acalmar os nervos.

— Só não deixe ninguém quebrar o nariz do meu marido — pedi a Craig quando os dois iam saindo. — Ele vai aparecer na TV mais tarde.

— Sempre jogando a responsabilidade para cima de mim — foi a resposta de Craig, típica de irmão. E lá foram eles.

Quem acreditasse em pesquisas pensaria que Barack já estava certo da vitória, mas eu sabia que ele havia preparado dois possíveis discursos para aquela noite: um de vitória, outro de derrota. Conhecíamos o padrão que se repetira durante anos a fio em diferentes disputas eleitorais de peso com candidatos negros no país inteiro. Candidatos negros lideravam as pesquisas, mas no dia da eleição eram derrotados. A explicação parecia ser que, no tocante a candidatos de minorias, os eleitores escondiam seu preconceito quando eram questionados, expressando-o apenas na privacidade da cabine de votação.

No decorrer da campanha de Barack, diversas vezes me questionei se o país estaria mesmo preparado para eleger um presidente negro, se havia se fortalecido o suficiente para enxergar além das raças e superar o preconceito. Estávamos, finalmente, prestes a descobrir isso.

Em meados de setembro, as notícias tomaram um rumo desastroso. A economia americana começou a sair do controle quando bancos e instituições financeiras de repente faliram. As ações sofreram uma queda brusca. As empresas não conseguiam mais fazer empréstimos. Fundos de pensão desapareceram.

Barack era a pessoa certa para aquele momento da história. O cargo de presidente nunca seria fácil, mas, por causa da crise financeira, se tornaria ainda mais difícil. No entanto, Barack era calmo, preparado e inteligente, e eu sabia que ele daria conta do recado. Pessoalmente, eu ainda ficaria feliz em perder as eleições em troca de recuperar alguma versão incompleta da nossa vida antiga, mas também sentia que o país de fato precisava da ajuda dele. Só que ele herdaria o caos.

Era quase noite e eu sentia meus dedos dormentes, um formigamento de nervosismo em todo o corpo. Mal conseguia comer e não me interessava mais em falar amenidades com minha mãe ou com os amigos que apareciam. Em dado momento, subi para ficar um pouco só.

E descobri que Barack também tinha se refugiado lá em cima, com a mesma necessidade que eu.

289

Estava sentado à sua mesa, repassando o discurso de vitória no escritório abarrotado de livros contíguo ao nosso quarto — sua Toca.

— Você está bem? — perguntei.

— Sim.

— Cansado?

— Não.

Ele sorriu para mim, como se tentasse provar que era verdade. Apenas um dia antes, tínhamos recebido a notícia de que Toot, sua avó de 86 anos, havia falecido no Havaí após meses de batalha contra um câncer. Sabendo que já perdera a chance de se despedir da mãe, ele tinha feito questão de ver Toot. Havíamos levado as crianças para vê-la no final do verão, e dez dias antes das eleições gerais ele voltara lá sozinho, deixando a campanha de lado por um dia para se sentar ao lado dela e segurar sua mão. Me dei conta de como isso era triste. Barack perdera a mãe bem no início de sua carreira política, dois meses depois de anunciar que concorreria ao Senado, e agora a avó não estaria presente para vê-lo chegar a seu auge. As pessoas que o criaram tinham partido.

— Estou orgulhosa de você, aconteça o que acontecer — declarei. — Você se saiu muito bem.

— Você também — ele me disse. — Nós dois nos saímos bem.

DEPOIS DE UM JANTAR em família em casa, nos arrumamos e fomos acompanhar os resultados da eleição com um pequeno grupo de amigos e parentes na suíte reservada para nós em um hotel. Nosso candidato a vice-presidente, Joe Biden, e sua esposa, Jill, estavam em outra suíte, com seus amigos e familiares, no fim do corredor.

As eleições presidenciais norte-americanas são indiretas, através do Colégio eleitoral. O candidato que vence o voto popular em cada estado conquista seu número de delegados, que varia de três (em Washington, DC e outros estados menos populosos) a 55 (na Califórnia). O candidato precisa de pelo menos 270 delegados (a maioria absoluta) para vencer. Os primeiros resultados parciais foram anunciados por volta das seis da tarde: McCain, o candidato republicano, levou Kentucky, e Barack levou Vermont. Em seguida veio a Virgínia Ocidental, escolhendo McCain, que logo depois conquistou também a Carolina do Sul. Os consultores de Barack apareciam a toda hora na nossa suíte para nos repassar as atualizações à medida que os resultados iam saindo. Víamos pela TV que milhares de pessoas já se reuniam no Grant Park, a uns dois quilômetros do lago, onde a cobertura das eleições era transmitida em telões e onde, mais tarde, Barack apareceria para proferir um de seus dois discursos. Havia policiais em praticamente todas as esquinas, barcos da Guarda Costeira patrulhando o lago, helicópteros sobrevoando a área. Parecia que Chicago inteira prendia o fôlego, aguardando as notícias.

Connecticut foi para Barack. New Hampshire foi para Barack. Assim como Massachusetts, Maine, Delaware e Washington, DC. Quando anunciaram que Illinois era de Barack, ouvimos buzinas e gritos empolgados nas ruas. A essa altura, a sala estava em silêncio, todo mundo aguardando o resultado final. No sofá à minha direita estavam as meninas, uma de vestido vermelho e outra de preto, e no sofá à minha esquerda estava Barack, o paletó pendurado em outro canto da sala, ao lado da minha mãe, que naquela noite vestia um terninho preto elegante e brincos prateados.

— Preparada para mais essa, vó? — ouvi Barack perguntar a ela.

Minha mãe apenas lhe lançou um olhar de soslaio e deu de ombros, fazendo os dois sorrirem. Mais tarde, no entanto, ela descreveria para mim como estava emocionada naquele momento, comovida, assim como eu, com a vulnerabilidade de Barack. Os Estados Unidos tinham passado a vê-lo como um homem seguro de si e poderoso, mas minha mãe também reconhecia a importância de sua jornada, a solidão da tarefa que ele teria. Ali estava um homem sem pai nem mãe, prestes a ser eleito o líder dos Estados Unidos da América.

Quando olhei novamente, vi que ela e Barack estavam de mãos dadas.

ERAM EXATAMENTE DEZ horas da noite quando as redes de notícia começaram a exibir imagens do meu marido sorridente, declarando que Barack Hussein Obama se tornava o 44º presidente dos Estados Unidos. Todos nos levantamos e começamos a gritar de emoção. A equipe da campanha irrompeu na sala, assim como os Biden, todos se abraçando.

Ele tinha conseguido. Nós todos tínhamos conseguido. Mal parecia possível, mas a vitória fora anunciada.

Foi ali que senti que nossa família havia sido lançada por um canhão em um estranho universo submerso. Tudo me parecia lento e meio distorcido, embora nos movimentássemos rápido, guiados por agentes do Serviço Secreto até um elevador de carga, pela saída dos fundos do hotel e para o veículo que nos aguardava. Será que inspirei fundo quando saímos? Será que agradeci à pessoa que abriu a porta para passarmos? Será que estava sorrindo? Não sei. Tudo parecia irreal. Tinha sido um dia longo. Dava para ver o cansaço no rosto das meninas. Eu tinha preparado as duas para aquela parte da noite, explicando que haveria uma comemoração barulhenta no parque, papai ganhando ou perdendo.

Seguimos pela Lake Shore Drive em um comboio escoltado pela polícia rumo ao Grant Park. Eu já percorrera aquele mesmo trajeto centenas de vezes na vida, desde as viagens de ônibus para a Whitney Young. Aquela era minha cidade, que eu conhecia como a palma da minha mão, mas naquela noite ela me parecia muito diferente, transformada em algo estranhamente silencioso. Era um pouco como um sonho.

Malia espiava pela janela do carro, absorvendo tudo.

— Papai — disse ela, quase em tom de desculpas —, só tem a gente na rua. Acho que ninguém vai à sua comemoração.

Barack e eu nos olhamos e caímos na risada. Foi então que reparamos que éramos, de fato, o único carro na pista. Agora, Barack era o presidente eleito dos Estados Unidos. O Serviço Secreto tinha evacuado os arredores, fechado um trecho inteiro da Lake Shore Drive, bloqueado todos os cruzamentos do percurso — uma precaução usual para presidentes, como logo descobriríamos. Para nós, era novidade.

Tudo era novidade.

Passei o braço em torno de Malia.

— Já estão todos lá, querida — esclareci. — Não se preocupe, eles estão nos esperando.

E estavam mesmo. Mais de 200 mil pessoas se amontoavam no parque para nos ver. Ouvimos os murmúrios de expectativa ao descermos do veículo e sermos conduzidos a uma série de tendas brancas montadas na frente do parque, criando um túnel que levava ao palco. Um grupo de amigos e parentes havia se reunido ali para nos cumprimentar, mas agora, devido às regras do Serviço Secreto, estavam isolados atrás de um cordão. Barack passou o braço em volta de mim, como que para ter certeza de que eu ainda estava ali.

Quando nós quatro fomos em direção ao palco, eu segurando a mão de Malia e Barack segurando a de Sasha, vi muitas coisas ao mesmo tempo. Vi que um muro de vidro blindado havia sido montado em torno do palco. Vi um mar de gente, muitos balançando bandeirinhas americanas. Meu cérebro não conseguia processar nada. Tudo parecia grandioso demais.

Pouco me lembro do discurso de Barack naquela noite. Sasha, Malia e eu ficamos assistindo dos bastidores, cercadas pelo escudo de vidro, por nossa cidade e pelo conforto dos mais de 69 milhões de votos. O que permaneceu comigo foi aquela sensação de calma, a tranquilidade incomum daquela noite à beira do lago, em Chicago, num calor incomum para novembro. Depois de tantos meses em comícios cheios de energia, com plateias estimuladas a entrar em um frenesi de gritos e cantos, a atmosfera no Grant Park era diferente. Estávamos diante de uma gigantesca e alegre massa de americanos que também estava dominada pelo sentimento de reflexão. O que ouvi era um silêncio.

Era quase como se conseguisse distinguir todos os rostos na multidão. Lágrimas brotavam em muitos olhos.

Talvez essa tranquilidade tenha sido fruto da minha imaginação, ou talvez fosse, para todos nós, mero produto da hora avançada. Era quase meia-noite, afinal. E todos estavam à espera. Estávamos à espera fazia muito, muito tempo.

Uma história maior

19

NÃO EXISTE UM MANUAL PARA PRIMEIRAS-DAMAS DOS
Estados Unidos. Tecnicamente, não é um trabalho, tampouco um título
oficial de governo. Não vem com salário nem com uma lista detalhada de
tarefas. Quando assumi, mais de 43 mulheres já haviam ocupado o assento
de primeira-dama, cada uma delas tendo cumprido a função a seu modo.

Eu sabia pouco a respeito das primeiras-damas anteriores e sobre
como haviam atuado na posição. Sabia que Jackie Kennedy tinha re-
decorado a Casa Branca, Rosalynn Carter participava de reuniões oficiais, Nancy Reagan arrumou problemas por aceitar roupas de estilistas
de graça e Hillary Clinton foi ridicularizada por trabalhar na formulação de uma política de saúde pública com a equipe de governo do
marido. Alguns anos antes, em um almoço para cônjuges de senadores, eu tinha visto — em parte chocada, em parte admirada — Laura
Bush posando, serena e sorridente, para fotos cerimoniais com cerca de
cem pessoas, sem jamais perder a compostura nem precisar fazer uma
pausa. Primeiras-damas apareciam nos noticiários tomando chá com
gente importante. Mandavam cartões oficiais em datas comemorativas
e usavam vestidos lindos. Eu sabia que, normalmente, também esco-
lhiam uma ou duas causas para defender.

297

Eu sabia que seria medida por uma outra régua. Seria a primeira primeira-dama afro-americana a pisar na Casa Branca. Isso significava que as coisas seriam diferentes para mim, e mais difíceis. As pessoas me veriam como diferente ou "de outro tipo". Se as minhas antecessoras brancas tinham sido vistas com boa vontade quase automática, eu sabia que comigo provavelmente não seria assim. A campanha havia me ensinado que eu teria que ser melhor, mais rápida, mais inteligente e mais forte do que nunca. Minha graciosidade precisaria ser conquistada. Eu me preocupava com o fato de que muitos americanos não se viam em mim ou não se identificavam com minha trajetória. Eu não teria o luxo de me adequar à nova função aos poucos antes de ser julgada. E, no tocante a ser julgada, estava mais vulnerável do que nunca aos medos infundados e estereótipos raciais que jaziam logo abaixo da superfície da percepção pública, prontos para serem instigados por boatos.

Estava honrada e animada para ser primeira-dama, mas nem por um segundo achei que teria um papel glamoroso e fácil. Isso jamais aconteceria a alguém que tivesse as palavras "primeira" e "negra" atribuídas a si. Eu tinha a sensação de estar no sopé de uma montanha, ciente de que precisaria galgar meu caminho até a aceitação.

Essa sensação me levou de volta à época do ensino médio, quando me vi tomada pela insegurança ao chegar à Whitney Young. Foi quando aprendi que a confiança às vezes tem que ser invocada de dentro. Desde então, repetia as mesmas palavras a mim mesma em inúmeras ocasiões desafiadoras.

Sou boa o bastante? Sim.

Entre o dia da eleição e a cerimônia de posse havia 76 dias. Achei que era importante começar a dar o tom de que tipo de primeira-dama eu gostaria de ser. Eu sabia que seria mais feliz se pudesse trabalhar ativamente por resultados concretos. Pretendia cumprir as promessas que havia feito de fornecer apoio aos familiares de militares que tinha conhecido durante a campanha. E havia também minha ideia de plantar uma horta e trabalhar para melhorar a saúde e a alimentação das crianças.

Minha intenção era chegar à Casa Branca com uma estratégia bem pensada e uma equipe forte. Tinha aprendido com os horrores da campanha, com as diversas maneiras como muitas pessoas tentaram me descartar como raivosa ou inapropriada, que se você não assume logo uma posição, os outros definem uma posição errada para você. Eu não estava interessada em esperar passivamente orientações da equipe de Barack. Depois de passar pelas provas de fogo do ano anterior, eu jamais permitiria que me batessem tanto assim de novo.

EU ESTAVA ZONZA com tudo que precisava ser feito. Não havia como se preparar para a transição. Sistemática como sou, foi difícil ficar de braços cruzados. Mas agora entrávamos em marcha acelerada. A maior prioridade eram Sasha e Malia, cuidar para que se adaptassem com a maior rapidez e o maior conforto possíveis.

Por sorte, pude manter minhas principais assessoras — Melissa, Katie e Kristen — durante o período de transição. Logo começamos a planejar nossa mudança para Washington e a entrevistar candidatos para compor uma equipe que me auxiliasse em meu futuro escritório na Ala Leste, bem como para cargos na nossa residência.

Enquanto isso, Barack preenchia os cargos de seu gabinete e se reunia com diversos especialistas para debater meios de recuperar a economia. Dava para perceber, pela expressão de seriedade do meu marido após esses encontros, que a situação era pior do que a maioria dos americanos sequer compreendia. Barack também recebia informações secretas dos serviços de inteligência a respeito de questões de segurança nacional, e tudo isso estava pesando sobre ele.

Como o Serviço Secreto passaria anos nos protegendo, a agência designou codinomes oficiais para nós. Barack era "Renegade" e eu era "Renaissance". As meninas puderam escolher os próprios nomes, de uma lista de opções. Malia virou "Radiance" e Sasha escolheu "Rosebud". (Depois, minha mãe ganharia um codinome informal, "Raindance".)

Quando se dirigiam a mim, os agentes do Serviço Secreto geralmente me chamavam de madame. "Por aqui, madame", "Por favor, dê um passo para trás, madame" e "Seu carro já vai chegar, madame".

Quem é a "madame"?, eu tinha o instinto de perguntar no início. "Madame" me soava como uma senhora com uma bolsa chique, boa postura e sapatos confortáveis.

Mas eu era a madame. A madame era eu. Fazia parte daquela transição louca pela qual passávamos.

Tudo isso estava na minha cabeça no dia em que fui a Washington visitar possíveis escolas para Malia e Sasha. Após uma das reuniões, voltei ao Aeroporto Nacional Regan para encontrar Barack, que chegaria de Chicago. Conforme a tradição para o presidente eleito, havíamos sido convidados pelo então presidente e pela sra. Bush a fazer uma visita à Casa Branca, e eu a havia marcado para coincidir com minha viagem. Eu estava de pé esperando quando o avião de Barack aterrissou. Ao meu lado estava Cornelius Southall, um dos agentes que chefiavam minha equipe de segurança.

Cornelius era um ex-jogador de futebol americano universitário de ombros enormes que já trabalhara na equipe de segurança do presidente Bush. Assim como todos os chefes da equipe, era inteligente e treinado para ter extrema atenção o tempo inteiro, um sensor humano. Já naquele momento, enquanto nós dois observávamos o avião de Barack parar a uns vinte metros de distância, ele notou algo antes de mim.

— Madame — disse Cornelius quando uma nova informação lhe chegou pelo fone de ouvido —, sua vida está prestes a mudar para sempre.

Quando lhe lancei um olhar confuso, ele completou:

— Espere só.

E apontou para a direita. Eu me virei. Algo imenso surgiu à vista: era um exército de veículos que incluía viaturas e motocicletas policiais, uma série de utilitários pretos, duas limusines blindadas com bandeiras americanas na capota, um carro de processamento de emergências químicas, uma força militar de elite com metralhadoras à vista, uma ambulância, uma picape equipada para detecção de projéteis, algumas vans e mais um grupo de escolta policial. Era o comboio presidencial. Uma fila compacta de no mínimo vinte veículos avançando em formação cerrada, carro após carro após carro, até a frota inteira parar silenciosamente, as limusines bem em frente ao avião já estacionado.

— E o caminhão de circo? — indaguei a Cornelius. — Falando sério, é assim que ele vai circular a partir de agora?

Ele sorriu.

— Todos os dias de sua presidência. Sim, vai ser assim o tempo todo.

Absorvi o espetáculo, sem perceber ainda que aquela era apenas a metade visível da proteção de Barack. Não sabia que o tempo inteiro haveria também um helicóptero por perto pronto para retirá-lo, atiradores a postos em telhados ao longo do caminho que ele percorresse, um médico particular acompanhando-o para qualquer emergência e um estoque do seu tipo de sangue no veículo em que estivesse, para o caso de ele precisar. Em questão de semanas, pouco antes da posse de Barack, a limusine presidencial seria trocada para um novo modelo — acertadamente chamado de Beast, "Fera" —, um tanque de sete toneladas disfarçado de veículo de luxo, equipado com canhões de gás lacrimogêneo, pneus à prova de rupturas e um sistema de ventilação fechado que o protegeria em caso de ataque biológico ou químico.

Agora eu estava casada com um dos seres humanos mais vigiados da Terra. Era ao mesmo tempo um alívio e uma aflição.

Cornelius indicou que eu fosse em direção à limusine.

— Pode ir agora, madame — anunciou ele.

EU SÓ TINHA ENTRADO NA CASA BRANCA uma vez, alguns anos antes. Foi quando me inscrevi com Malia e Sasha para um passeio especial que estava sendo oferecido durante uma de nossas visitas a Washington, imaginando que seria um programa divertido. Um guia da Casa Branca nos conduziu pelos corredores enormes e pelos muitos salões públicos.

Fitamos os lustres que pendiam do teto alto do Salão Leste, onde bailes elegantes e recepções históricas aconteceram. Inspecionamos as bochechas coradas e a expressão solene de George Washington no retrato gigantesco pendurado numa das paredes. Descobrimos, por cortesia do nosso guia, que a primeira-dama Abigail Adams, no final do século XVIII, usava aquele espaço imenso para pendurar as roupas lavadas e que décadas depois, durante a Guerra de Secessão, as tropas da União se alojaram ali temporariamente. Vários casamentos de primeiras-filhas foram celebrados no Salão Leste. Os caixões de Abraham Lincoln e de John F. Kennedy foram expostos ali para a despedida da população.

Malia, com oito anos na época, parecia espantada com o tamanho do lugar, enquanto Sasha, com cinco, lembrava-se de não tocar nos muitos objetos que não podiam ser tocados. Ela se manteve firme e forte quando fomos do Salão Leste à Sala Verde, que tinha belas paredes verde-esmeralda, e dali à Sala Azul, com mobília francesa. Mas quando o guia anunciou a Sala Vermelha, Sasha olhou para mim e, no tom enfático de uma criança entediada, deixou escapar:

— Ah nããão, outra sala, não!

Pedi que se calasse e lancei aquele olhar materno de *Não me faça passar vergonha*.

Mas como não concordar? A Casa Branca é um lugar gigantesco, com 132 salas, 35 banheiros e 28 lareiras espalhados por seis andares, todos carregados de tanta história que um único passeio não conseguiria cobrir. Era difícil imaginar a vida real transcorrendo ali. O presidente Bush e a primeira-dama Laura Bush viviam com seus terriers escoceses na residência familiar nos pisos acima. Mas estávamos em outra parte do prédio, a parte congelada no tempo, semelhante a um museu, onde se exibia a história do país.

Dois anos depois eu entraria ali de novo, dessa vez por outra porta e com Barack. Agora, veríamos o lugar como nosso futuro lar.

O presidente e a sra. Bush nos receberam na Sala de Recepção Diplomática, ao lado do Gramado Sul. A primeira-dama foi calorosa ao apertar minha mão, dizendo "Por favor, me chame de Laura", e seu marido foi igualmente acolhedor, seu espírito texano magnânimo superando quaisquer ressentimentos políticos. Bush, como republicano, naturalmente apoiara John McCain, mas prometeu fazer a transição presidencial mais suave da história. A primeira-dama instruíra seus funcionários a fazer listas de contatos, calendários e modelos de correspondências a fim de me ajudar a tomar pé das obrigações sociais que vinham com o título. Havia bondade sob tudo isso, um genuíno amor ao país que sempre vou apreciar e admirar.

Apesar de o presidente Bush não ter feito nenhuma menção direta, eu seria capaz de jurar que via em seu rosto os primeiros sinais de alívio, sabendo que seu tempo no cargo de presidente estava quase no fim e que em breve poderia voltar ao Texas. Era hora de deixar entrar seu sucessor.

Os dois homens foram conversar no Salão Oval, e Laura me levou ao elevador privativo reservado à família do presidente. Revestido de madeira, era operado por um elegante afro-americano de smoking.

Enquanto subíamos os dois andares até a área residencial, Laura me perguntou como estavam Sasha e Malia. Suas duas filhas já eram mais velhas quando viveram na Casa Branca. Ex-professora e bibliotecária, ela usara sua plataforma como primeira-dama para promover a educação e os profissionais da área. Ela me observou com seus carinhosos olhos azuis e perguntou:

— Como está se sentindo?

— Meio atordoada — admiti.

Ela sorriu com o que me pareceu compaixão verdadeira.

— Entendo. Acredite, entendo mesmo.

Naquele instante, não consegui compreender totalmente o peso do que ela dizia, mas depois pensaria com frequência nisto: Barack e eu estávamos nos tornando membros de um estranho e pequeníssimo grupo formado pelos Clinton, os Carter, dois grupos de Bush, Nancy Reagan e Betty Ford — as únicas famílias ainda vivas que sabiam o que Barack e eu estávamos vivendo, que conheciam na pele os deleites e as adversidades singulares da vida na Casa Branca. Por mais diferentes que todos fôssemos, sempre teríamos esse laço.

Laura me conduziu pela residência, mostrando-me cômodos e mais cômodos. A área particular da Casa Branca ocupa os dois andares superiores da estrutura histórica principal — aquela que você deve conhecer por fotos, com seus pilares brancos icônicos. Fui à sala de jantar em que a família do presidente faz suas refeições e dei uma espiada na organizada cozinha, onde os empregados já preparavam o jantar. Fui às acomodações para hóspedes, no último andar, já pensando em um possível lugar para a minha mãe, caso conseguíssemos convencê-la a morar conosco. Meu maior interesse era verificar os dois quartos que eu tinha em mente para Sasha e Malia, no mesmo corredor do quarto principal.

Minha prioridade era garantir às meninas conforto e a sensação de estar em casa. Afora toda a irrealidade quase de conto de fadas de se mudarem para uma mansão equipada com chefs, pista de boliche e piscina, Barack e eu estávamos prestes a fazer algo que ninguém deseja aos filhos: iríamos arrancá-las de uma escola que amavam bem no meio do ano letivo e levá-las para longe dos amigos, jogando-as em casa e escolas novas sem muito tempo de preparo. Aquilo me preocupava, mas também era um alívio lembrar que outras mães haviam feito o mesmo e se saído bem.

Ao entrarmos em um ambiente lindo e bem iluminado ao lado do quarto principal, tradicionalmente usado como quarto de vestir da primeira-dama, Laura apontou a vista da janela para o Jardim das Rosas e o Salão Oval, comentando que era reconfortante às vezes poder olhar e ter certa noção do que o marido estava fazendo. Segundo ela, Hillary Clinton lhe havia mostrado aquela mesma vista na primeira visita que Laura fizera à Casa Branca, oito anos antes. Assim como Barbara Bush, sogra de Laura, fizera dezesseis anos antes.

Ao longo dos meses seguintes, eu sentiria o poder do vínculo com essas outras mulheres. Hillary teve a gentileza de compartilhar comigo, por telefone, sua experiência na escolha de uma escola para Chelsea. Falei com Rosalynn Carter e Nancy Reagan, que me ofereceram apoio afetuoso. E Laura gentilmente me convidou para voltar com Sasha e Malia algumas semanas depois, em um dia em que suas filhas, Jenna e Barbara, pudessem estar presentes para lhes mostrar todas as "partes divertidas" da Casa Branca — das poltronas macias do cinema a como deslizar pelos corredores no andar de cima.

Tudo isso era animador. Eu já ansiava pelo dia em que poderia passar adiante o conhecimento que viria a adquirir.

NÓS NOS MUDAMOS para Washington logo após nosso tradicional recesso de Natal no Havaí, para que Sasha e Malia começassem na nova escola quando os alunos estivessem voltando das férias de inverno. Ainda faltavam três semanas para a posse, então tivemos de nos instalar no último andar de um hotel no centro da cidade. Nossos quartos tinham vista para a Lafayette Square e o Gramado Norte da Casa Branca, onde víamos a tribuna e as arquibancadas de metal serem montadas para a cerimônia de posse. Em um prédio de frente para o hotel, alguém tinha pendurado um banner gigantesco, onde se lia: "Bem-vindas, Malia e Sasha". Fiquei emocionada quando vi.

Decidimos matricular Malia e Sasha na Sidwell Friends, uma escola quaker de excelente reputação. Sasha entraria no segundo ano do fundamental, cujo prédio ficava na suburbana Bethesda, em Maryland, e Malia faria o quinto ano no campus principal, a poucos quilômetros da Casa Branca. As duas teriam que ir para a escola de comboio, escoltadas por um grupo de agentes armados do Serviço Secreto. Alguns agentes também se postariam junto à porta da sala de aula e as acompanhariam a toda parte: recreios, almoços, à casa de amigas, nos treinos esportivos.

Agora vivíamos em uma espécie de bolha. Eu não me lembrava da última vez que tinha saído à rua sozinha ou ido ao parque só por prazer. Todos os movimentos exigiam discussões prévias sobre segurança e agenda. Viver naquela bolha era estranho e não muito agradável, mas eu entendia que era para nossa segurança. Com uma escolta policial constante, já não parávamos mais no sinal vermelho, e raramente utilizávamos a entrada principal dos prédios se houvesse uma de serviço. Para o Serviço Secreto, quanto menos fôssemos vistos, melhor.

Eu me apegava à esperança de que a bolha de Sasha e Malia fosse diferente, de que elas se mantivessem seguras mas ainda capazes de viver como crianças normais. Queria que fizessem amigos, amigos de verdade — crianças que se aproximassem por gostarem delas, não por serem filhas de Barack Obama. Queria que aprendessem, que vivessem aventuras, que cometessem erros e dessem a volta por cima. Esperava que a escola fosse um lugar onde pudessem ser elas mesmas. A Sidwell Friends nos cativou por vários motivos. Os funcionários sabiam como proteger a privacidade de alunos notórios e a direção já tinha feito as adaptações de segurança que agora seriam necessárias para Malia e Sasha. Acima de tudo, gostei da atmosfera do lugar. A filosofia quaker era totalmente voltada para a comunidade, construída em torno da ideia de que nenhum indivíduo deve ser mais valorizado que outro, o que considerei um contrapeso saudável ao grande estardalhaço que agora rodeava o pai delas.

No primeiro dia de aula, Barack e eu tomamos café da manhã com Malia e Sasha e as ajudamos a se arrumarem. Barack não se conteve em dar conselhos de como sobreviver ao primeiro dia em uma escola nova (sorriam sempre, sejam gentis, prestem atenção nas aulas), acrescentando, enquanto as duas já colocavam nas costas as mochilas roxas:

— E nem pensem em tirar meleca!

Minha mãe se encontrou conosco no corredor e descemos de elevador.

Do lado de fora, o Serviço Secreto havia montado uma tenda de segurança para nos manter fora do campo de visão de fotógrafos e cinegrafistas a postos na entrada, ávidos por imagens da nossa família naquele período de transição. Barack queria acompanhar as meninas até a escola, mas sabia que criaria uma confusão e tanto. Seu comboio era grande demais. Notei a tristeza em seu rosto quando ele deu um abraço de despedida nas duas.

Minha mãe e eu acompanhamos as meninas no que se tornaria a nova versão de ônibus escolar delas: um utilitário preto com vidros fumê blindados. Naquela manhã, tentei demonstrar segurança, sorrindo e brincando com as meninas, mas por dentro me sentia nervosa. Chegamos primeiro ao campus da escola secundária, onde Malia e eu passamos apressadas por câmeras de noticiários antes de entrar no prédio acompanhadas por agentes do Serviço Secreto. Depois que a entreguei a sua nova professora, o comboio nos levou a Bethesda, onde repeti o processo com a pequena Sasha, deixando-a em uma sala de aula agradável com mesas baixas e janelas amplas. Rezei para que fosse um lugar seguro e feliz para ela.

Eu tinha um dia longo pela frente, todos os minutos ocupados por reuniões, mas minha cabeça continuou presa às nossas filhas. Como estaria sendo o dia delas? O que estariam comendo? Será que as estavam encarando ostensivamente ou as deixando à vontade? Mais tarde, vi na imprensa uma foto do trajeto até a escola, e aquilo me levou às lágrimas. Deve ter sido tirada quando eu estava deixando Malia, pois mostrava Sasha esperando no carro com minha mãe. Com o rostinho redondo colado na janela do carro, ela observava os fotógrafos e curiosos lá fora com os olhos arregalados. Tinha uma expressão séria, mas não transparecia o que se passava em sua mente.

Estávamos exigindo demais delas. Esse pensamento me consumiu não só aquele dia inteiro, mas por meses e anos a fio.

O PRESIDENTE ELEITO tem acesso a uma verba federal para se mudar para a Casa Branca e decorá-la, mas Barack insistiu que pagássemos tudo com nosso próprio dinheiro, como sempre impondo a si mesmo um padrão mais alto que o ditado pela lei. Existe uma máxima antiquíssima na comunidade negra: *É preciso ser duas vezes melhor para alcançar metade do caminho dos outros.* Como a primeira família afro-americana na Casa Branca, éramos vistos como representantes da nossa raça. Qualquer erro ou lapso de julgamento seria ampliado, repercutindo como algo além de suas dimensões reais.

O ritmo da transição não desacelerou nunca. Eu era bombardeada com centenas de decisões a tomar, tendo que escolher tudo, de toalhas de banho e pasta de dente a sabonete líquido para a residência da Casa Branca, selecionar as roupas que eu vestiria na cerimônia de posse e nos elegantes bailes que se seguiriam na mesma noite, além de coordenar as visitas dos cerca de 150 amigos próximos e parentes que viriam de outras cidades como nossos convidados. Eu estava menos interessada em redecorar a casa e planejar os eventos de posse do que em descobrir o que poderia fazer com meu novo papel. O fato de não existir uma lista de requisitos do cargo de primeira-dama me dava liberdade para escolher meus projetos. Queria garantir que qualquer iniciativa que tomasse pudesse ajudar a fomentar as metas mais abrangentes do novo governo.

Para meu enorme alívio, nossas filhas tiveram um primeiro dia de aula feliz, e o segundo, e o terceiro. Sasha teve dever de casa pela primeira vez e Malia já havia se inscrito para cantar em um coral. Elas relataram que as crianças às vezes davam uma segunda olhada quando as viam, mas que todos as trataram bem. A cada dia que passava, o percurso do comboio até a Sidwell Friends se tornava um pouco mais rotineiro. Depois de cerca de uma semana, as meninas já se sentiam à vontade para irem sem mim. Minha mãe passou a acompanhá-las. Isso automaticamente fez com que os trajetos de levar e buscar as duas se tornassem menos trabalhosos, pois envolviam menos seguranças, menos veículos e menos armas.

A princípio, minha mãe não queria morar conosco em Washington, mas eu insisti na questão. As meninas precisavam dela. Eu precisava dela. E gostava de acreditar que ela também precisava de nós. Nos últimos anos, ela vinha sendo uma presença quase diária na nossa vida, sua praticidade um bálsamo para as preocupações de todos, mas tinha vivido todos os seus 71 anos em Chicago. Relutava em deixar o South Side e a casa na Euclid Avenue. ("Eu amo essas pessoas, mas também amo minha casa", declarou ela a uma repórter após a eleição. "A Casa Branca parece um museu, e como eu poderia dormir em um museu?")

Tentei explicar que, caso se mudasse para Washington, ela conheceria muita gente interessante, não precisaria cozinhar nem fazer limpeza, e teria mais espaço no último andar da Casa Branca do que jamais tivera. Mas nada disso tinha relevância para ela. Minha mãe não dava a mínima para todo aquele glamour e badalação.

Acabei recorrendo a Craig.

— Você tem que falar com ela por mim — pedi. — Por favor, convença a mamãe.

Funcionou. Craig era bem persuasivo quando necessário.

Minha mãe acabaria ficando conosco em Washington pelos oito anos, mas não deixou que a enfiassem em uma bolha. Rejeitou a proteção do Serviço Secreto e evitava a imprensa a fim de manter um perfil discreto e as pegadas leves. Ela encantou a equipe de serviços gerais da Casa Branca ao insistir em lavar as próprias roupas, e pelos anos seguintes entraria e sairia da residência quando bem entendia, caminhando até a farmácia mais próxima ou à loja de departamentos quando precisava comprar alguma coisa, fazendo novas amigas e indo almoçar com elas regularmente. Sempre que um estranho comentava que ela era a cara da mãe de Michelle Obama, ela dava de ombros e dizia: "Pois é, todo mundo me diz isso", e seguia com sua vida. Minha mãe fazia as coisas à sua própria maneira, como sempre fez.

MINHA FAMÍLIA INTEIRA compareceu à posse. Tias, tios e primos. Nossos amigos de Hyde Park também foram, bem como minhas amigas, com os maridos. Todos com seus filhos. Planejamos comemorações para os pequenos ao longo da semana de posse, entre elas um show de música infantil, uma refeição só para as crianças durante o tradicional almoço no Capitólio que se segue ao juramento, e uma caça ao tesouro e festinha na Casa Branca enquanto os adultos estivessem nos bailes de posse.

Uma das bênçãos inesperadas dos últimos meses de campanha tinha sido a amizade que naturalmente surgira entre a nossa família e a do vice-presidente, Joe Biden.

Gostei imediatamente de Jill, a esposa de Joe, admirada por sua firmeza afável e sua ética profissional. Ela se casou com Joe cinco anos depois que um trágico acidente de carro matou a primeira esposa dele e sua filha ainda bebê. Jill assumiu a criação dos dois filhos dele, e mais tarde os dois tiveram uma menina. Jill havia concluído o doutorado em educação e lecionara inglês em uma faculdade comunitária de Delaware não só durante os anos de Joe no Senado como ao longo das duas campanhas presidenciais. Assim como eu, Jill tinha interesse em achar novas formas de oferecer suporte às famílias de militares. Ela tinha uma ligação emocional direta com a questão: Beau Biden, o filho mais velho de Joe, estava servindo no Iraque com a Guarda Nacional. Ele obtivera uma breve licença para ir a Washington ver o pai tomar posse como vice-presidente.

E havia também os netos dos Biden, cinco ao todo. Eles tinham ido à Convenção Nacional Democrata em Denver e imediatamente ficaram amigos de Sasha e Malia, convidando nossas meninas para dormirem na suíte do hotel de Joe. Era sempre um prazer ter as crianças da família Biden por perto.

No dia da posse fez um frio de rachar. As temperaturas não subiam além do congelante, e o vento dava a sensação térmica de dez graus abaixo de zero. Naquela manhã, Barack e eu fomos à igreja com as meninas, minha mãe, Craig e Kelly, Maya e Konrad, e Mama Kaye. O tempo inteiro ouvíamos que as pessoas tinham começado a formar filas no National Mall de madrugada, bem agasalhadas, à espera das festividades da posse. Quase 2 milhões de pessoas abarrotaram o Mall, vindas de todos os cantos do país, um mar de diversidade, energia e esperança que se estendia por quase dois quilômetros, indo além do Monumento a Washington.

Depois da igreja, Barack e eu fomos à Casa Branca para encontrar Joe e Jill, o presidente Bush, o vice-presidente Dick Cheney e suas esposas, todos nós reunidos para o café e o chá antes de irmos em comboio até o Capitólio para o juramento. Mais cedo, Barack havia recebido os códigos de autorização que lhe permitiriam acessar o arsenal nuclear do país e um informe sobre os protocolos para usá-los. Dali em diante, aonde quer que fosse, ele seria seguido de perto por um assistente militar com uma pasta de vinte quilos contendo códigos de autenticação de lançamento e sofisticados aparelhos de comunicação, muitas vezes chamada de bola nuclear. Mais um grande peso a se carregar.

Para mim, a cerimônia se tornaria mais uma daquelas experiências esquisitas, desaceleradas, tão enormes que eu não conseguia processar totalmente o que estava acontecendo. Antes da cerimônia, fomos conduzidos a uma sala privativa do Capitólio para que as meninas fizessem um lanche e Barack tivesse alguns minutos comigo para praticar o ato de botar a mão na pequena Bíblia vermelha que 150 anos antes pertencera a Abraham Lincoln. Enquanto isso, muitos de nossos amigos, parentes e colegas de trabalho encontravam lugares no palanque do lado de fora. Mais tarde, me passou pela cabeça que essa era provavelmente a primeira vez na história que tantas pessoas negras se sentavam diante do público e de uma audiência televisiva global, consideradas vips em uma cerimônia de posse americana.

Barack e eu sabíamos o que aquele dia representava para muitos americanos, principalmente para os que haviam participado do movimento pelos direitos civis. Ele fez questão de incluir entre seus convidados os Tuskegee Airmen, pilotos afro-americanos que fizeram história, e soldados que lutaram na Segunda Guerra Mundial. Também chamou o grupo conhecido como Little Rock Nine, os nove estudantes negros que em 1957 estavam entre os primeiros a se matricularem em uma escola só de brancos no Arkansas, depois da decisão da Suprema Corte contra a segregação, suportando muitos meses de crueldade e abusos em prol de um princípio maior. Todos já eram idosos, tinham os cabelos grisalhos e ombros curvados, sinal das décadas vividas e, talvez, também do peso que tinham carregado pelas gerações seguintes. Barack dissera muitas vezes que só almejava subir os degraus da Casa Branca porque os Little Rock Nine haviam ousado subir os degraus do colégio Central. De todo o legado de que éramos parte, talvez esse fosse o mais importante.

Quase ao meio-dia em ponto, ficamos perante o país com nossas duas meninas. Só me lembro das coisas mais simples: o brilho do sol na testa de Barack naquele exato instante, o silêncio respeitoso do público quando o presidente da Suprema Corte, John Roberts, deu início à cerimônia. Lembro que Sasha, muito pequena naquele mar de adultos, postou-se com imponência em um tamborete para ficar visível. Lembro como o ar estava frio. Levantei a Bíblia de Lincoln e Barack pôs a mão esquerda sobre ela, jurando proteger a Constituição dos Estados Unidos e concordando solenemente em defender todos os interesses do país. Era um gesto pesado e ao mesmo tempo alegre, sentimento refletido em seu discurso de posse.

— Neste dia — disse ele —, nos reunimos aqui porque escolhemos a esperança em vez do medo, a unidade de propósito em vez do conflito e da discórdia.

Eu via essa verdade espelhada várias e várias vezes no rosto das pessoas ali presentes, de pé no frio. Era gente por toda parte, até onde a vista alcançava. Elas preenchiam cada centímetro do National Mall e da rota do desfile. Senti o apoio que estavam dando para a nossa família. Estávamos fazendo um pacto, todos nós. Vocês estão conosco; nós estamos com vocês.

SENTI ORGULHO AO VER QUE MALIA E SASHA estavam aprendendo rápido o que era serem vigiadas pelos olhos públicos. Entramos na limusine presidencial e iniciamos o lento trajeto até a Casa Branca, encabeçando o desfile de posse. Fiquei admirada com o comportamento perfeito de nossas filhas ao longo da cerimônia: não demonstraram inquietação, não ficaram olhando para baixo ou esqueceram de sorrir. Enquanto o comboio percorria a Pennsylvania Avenue ainda havia muitos milhares de pessoas observando da pista e pela televisão, embora os vidros fumê dificultassem ver dentro do carro. Quando Barack e eu descemos para andar um trecho da rota do desfile e acenar para o público, Malia e Sasha continuaram dentro do casulo quente da limusine em movimento, e parece que se deram conta de que enfim estavam relativamente sozinhas, longe dos olhares alheios.

Quando voltamos para o carro, as duas estavam aos risos, sem fôlego, tendo se libertado de toda a dignidade cerimoniosa. Tinham tirado os chapéus e bagunçado o cabelo uma da outra e travavam uma batalha de cócegas. Finalmente cansadas, elas se esticaram nos bancos e passaram o restante do trajeto de pernas para cima, ouvindo Beyoncé no som do carro como se fosse um dia qualquer.

Sentimos um doce alívio naquele instante. Agora éramos a primeira-família, mas ainda éramos nós mesmos.

Quando o sol começou a se pôr, a temperatura caiu ainda mais. Barack e eu passamos duas horas em um palanque aberto, em frente à Casa Branca, vendo bandas e carros de todos os cinquenta estados passarem por nós ao longo da Pennsylvania Avenue. Estava tão frio que, em determinado momento, parei de sentir os dedos dos pés, mesmo depois de me darem uma manta para cobrir as pernas.

Eram quase sete horas da noite quando a última banda marcial terminou e Barack e eu entramos na Casa Branca pela primeira vez como residentes. Durante a tarde, a equipe tinha retirado os pertences dos Bush e trazido os nossos. Os carpetes foram vaporizados para eliminar rastros dos cachorros do ex-presidente e seu potencial alérgico para Malia, móveis foram arrumados, arranjos de flores, dispostos. Quando pegamos o elevador, nossas roupas já estavam organizadas

313

nos closets, e a despensa da cozinha já estava abastecida com os alimentos de nossa preferência. Os mordomos, em sua maioria homens afro-americanos da nossa idade ou mais velhos, estavam prontos para nos ajudar com o que precisássemos.

Tínhamos que estar no primeiro dos dez bailes em menos de uma hora. Tenho a lembrança de ver pouquíssimas pessoas lá em cima além dos mordomos, que eu ainda desconhecia. Na verdade, lembro que me senti meio solitária ao percorrer o longo corredor, passando por tantas portas fechadas. Eu passara os últimos dois anos rodeada de gente, sempre com Melissa, Katie e Kristen ao lado, e agora, de repente, me sentia muito sozinha. As crianças já tinham ido para outra parte da casa para a diversão da noite. Minha mãe, Craig e Maya estavam hospedados conosco, mas já haviam partido para as comemorações. Uma cabeleireira aguardava para fazer meu cabelo, meu vestido estava pendurado em um cabide. Barack fora tomar um banho e vestir o smoking.

Foi um dia incrível, simbólico, para nossa família e, espero, também para o país, mas além disso foi uma espécie de ultramaratona. Tive apenas uns cinco minutos para aproveitar o banho quente e me preparar para a etapa seguinte. Retoquei o penteado e a maquiagem e vesti o longo de chiffon de seda marfim que escolhera para a noite, feito especialmente para mim por um jovem estilista chamado Jason Wu. O vestido era de alça única e tinha delicadas flores de organza costuradas nele todo, cada uma com um minúsculo cristal no centro, e a saia caía em uma cascata exuberante até o chão.

Poucas vezes na vida eu tinha usado um vestido de gala, mas a criação de Jason Wu operou um pequeno milagre, fazendo com que eu me sentisse leve e bela, me transformando se não em uma princesa de baile mais madura, pelo menos em uma mulher capaz de subir em mais um palco. Agora eu era a primeira-dama dos Estados Unidos, ao lado de Barack, o presidente dos Estados Unidos. Era hora de celebrar.

Naquela noite, Barack e eu fomos ao Neighborhood Ball, o primeiro baile de posse a ser plenamente acessível e financeiramente viável ao público em geral e onde Beyoncé — a Beyoncé de verdade — cantou uma versão formidável, a plena voz, do clássico do r&b "At Last", a canção que havíamos escolhido para nossa "primeira dança". Dali, seguimos para o Home States Ball e depois o Commander in Chief Ball, então o Youth Ball, e mais seis. Nossa permanência em cada um foi relativamente curta e mais ou menos igual: uma banda tocava o hino do presidente, Barack tecia alguns comentários, sorríamos e tentávamos transmitir nosso apreço pela presença de todos e, enquanto todo mundo ficava de pé e assistia, dançávamos "At Last" outra vez.

A cada dança eu me agarrava ao meu marido, meus olhos encontrando tranquilidade nos dele. Continuávamos sendo a mesma dupla que éramos havia vinte anos, ainda unidos por um sólido amor, nossas personalidades diferentes se equilibrando. Eu sempre me alegrava em mostrar isso.

Com o avançar das horas, no entanto, eu sentia que começava a perder as forças.

A melhor parte da noite deveria ser o último evento, uma festa particular na Casa Branca para algumas centenas de amigos. Ali, finalmente poderíamos relaxar, sem nos preocuparmos com a aparência. É claro que eu tiraria os sapatos.

Eram quase duas da madrugada quando chegamos. Barack e eu atravessamos os pisos de mármore que levavam ao Salão Leste, e a cena que se descortinou diante de nós foi da festa a pleno vapor — drinques brotando e pessoas elegantes rodopiando sob o cintilar dos lustres. Uma famosa banda de jazz tocava em um pequeno palco ao fundo do salão. Vi ao longe amigos de praticamente todas as fases da minha vida: amigos de Princeton, amigos de Harvard, amigos de Chicago, uma porção de familiares. Era com aquelas pessoas que eu queria rir e perguntar: *Como foi que a gente veio parar aqui?*

Mas eu estava acabada. Tinha chegado ao meu limite. Também estava pensando à frente, ciente de que logo pela manhã — em poucas horas, na verdade — iríamos ao Serviço de Oração Nacional e depois teríamos que cumprimentar duzentos membros da população que iriam visitar a Casa Branca. Barack leu meus pensamentos ao olhar para mim.

— Não precisa ficar — ele me disse. — Não tem problema.

Os convidados já se aproximavam, ávidos para interagir. Um doador de campanha, o prefeito de uma grande cidade. "Michelle! Michelle!", chamavam. Estava tão exausta que achei que fosse começar a chorar.

Quando Barack cruzou as portas do salão, gelei por uma fração de segundo, então dei meia-volta e fugi. Sem um pingo de energia, não cheguei a inventar uma desculpa nem a acenar para meus amigos. Saí andando depressa pelo grosso tapete vermelho, ignorando os seguranças em meu encalço, ignorando tudo ao me enfiar no elevador e mergulhar na residência — percorrendo um corredor pouco familiar, entrando em um quarto pouco familiar, tirando os sapatos e o vestido e me deitando na cama estranha que era nossa nova cama.

20

AS PESSOAS QUEREM SABER COMO É MORAR NA CASA
Branca. Às vezes digo que é como morar em um hotel chique, só que
sem outros hóspedes — só você e sua família. Há flores frescas por
toda parte, e novas são trazidas quase todos os dias. O prédio é antigo
e um pouco intimidante. As paredes são tão espessas e o assoalho tão
sólido que o som é absorvido depressa. As janelas são majestosas, altas
e também equipadas com vidro resistente a bombas, e ficam fechadas
o tempo todo por motivos de segurança, o que só reforça a quietude
interna. O local é mantido perfeitamente limpo. Há uma equipe composta por porteiros, portadores, chefs de cozinha, camareiras e floristas, além de eletricistas, pintores e encanadores, todos indo e vindo
educadamente e em silêncio, buscando a discrição em cada movimento,
esperando que você vá para outro aposento para só então entrar de
mansinho e trocar as toalhas ou colocar uma flor fresca no vaso à ca-
beceira da cama.

Os cômodos são grandes, todos eles. Até mesmo os banheiros e
closets são maiores do que qualquer coisa que eu já havia visto. Nosso
quarto tinha não só uma bela cama de quatro colunas com um dossel,
mas também uma lareira e uma área de estar com sofá, mesinha de

centro e poltronas. Havia cinco banheiros para os cinco moradores, além de outros dez banheiros extras. Eu tinha um closet ligado a um espaçoso quarto de vestir — foi dali que Laura Bush me mostrou a vista do Jardim das Rosas. Esse espaço se tornou meu escritório particular de fato, o lugar onde eu podia me sentar em silêncio e ler, trabalhar ou ver TV só de camiseta e calça de moletom, abençoadamente fora da visão de todos.

Eu tinha consciência da nossa sorte em viver dessa maneira. A suíte principal da residência era maior do que todo o apartamento em que morei na infância, com minha família, na Euclid Avenue. Havia uma tela de Monet na saída do meu quarto e uma escultura de bronze de Degas na sala de jantar. Antes uma criança do South Side de Chicago, eu agora criava duas meninas que dormiam em quartos decorados por profissionais e que podiam pedir o café da manhã a um chef renomado.

Às vezes, pensar nisso me deixava meio tonta.

Tentei, à minha maneira, suavizar as formalidades do lugar. Deixei claro para a equipe de manutenção da casa que nossas meninas arrumariam a própria cama. Também pedi a Malia e Sasha que agissem como sempre agiram: que fossem bem-educadas e afáveis e não pedissem nada além do que fosse estritamente necessário ou que não pudessem obter elas mesmas. Mas era importante para mim que nossas filhas continuassem a se sentir livres para agir como crianças apesar da formalidade do lugar. *Sim, podem jogar bola no corredor. Sim, podem procurar biscoitos na despensa.* Deixei bem claro que elas não precisavam pedir permissão para brincar lá fora. Fiquei comovida certa tarde, durante uma tempestade de neve, quando avistei as duas pela janela descendo a encosta do Gramado Sul sobre bandejas de plástico emprestadas pelo pessoal da cozinha.

A verdade é que as meninas e eu éramos coadjuvantes; recebíamos tudo aquilo porque nossa felicidade estava ligada à de Barack. Éramos protegidas pela única razão de que, se nossa segurança fosse comprometida, a preocupação o deixaria incapaz de pensar com clareza e liderar a nação. Todo o funcionamento da Casa Branca, segundo aprendemos, tem o propósito de otimizar o bem-estar, a eficiência e o poder geral de uma única pessoa: o presidente. Barack vivia agora rodeado por pessoas cujo trabalho era tratá-lo como uma joia preciosa. Às vezes parecia um retorno a tempos mais antigos, em que todo o lar girava em torno das necessidades exclusivas do homem. Isso era o oposto do que eu queria que nossas filhas considerassem normal. Barack também se sentia desconfortável com a atenção, mas tinha pouco controle sobre a questão.

Eram cerca de cinquenta funcionários para ler e responder sua correspondência. Havia pilotos de helicóptero — fuzileiros navais — para levá-lo a qualquer lugar aonde precisasse ir, e uma equipe que organizava grossas pastas de informações para mantê-lo atualizado e capaz de tomar decisões embasadas. Uma outra equipe de nutricionistas cuidava de sua alimentação, e havia também gente cuja função era assegurar que nossos alimentos estavam protegidos de envenenamentos e contaminações — faziam compras anônimas nos supermercados, sem nunca revelar para quem trabalhavam.

Desde que conheço Barack, ele nunca gostou de fazer compras, cozinhar nem fazer trabalhos de manutenção doméstica. Não é do tipo que guarda ferramentas no porão ou alivia o estresse preparando uma refeição elaborada ou aparando a grama. Não ter que se preocupar com obrigações relativas à casa o deixava feliz, principalmente porque isso permitia que seu cérebro se concentrasse em questões maiores e mais importantes.

O mais engraçado para mim era o fato de que Barack agora tinha três mordomos pessoais, todos militares, cujos deveres incluíam ficar de vigia em seu closet, certificando-se de que os sapatos estivessem engraxados, as camisas passadas, as roupas de ginástica sempre limpas e dobradas. A vida na Casa Branca era muito diferente da vida na Toca.

— Viu como eu ando arrumado agora? — ele comentou comigo um dia no café da manhã, todo alegre. — Já deu uma olhada no meu armário?

— Sim — respondi, sorrindo. — E você não tem crédito nenhum por isso.

* * *

EM SEU PRIMEIRO MÊS NO CARGO, Barack assinou a Lei Lilly Ledbetter de Pagamento Justo, que ajudou a proteger os trabalhadores contra a discriminação salarial baseada em gênero, raça ou idade. Ele ordenou o fim do uso de tortura em interrogatórios e se empenhou para aprovar no Congresso um grande projeto de lei que ajudaria a economia. A meu ver, ele parecia estar em uma excelente fase. As mudanças que prometera se tornavam realidade.

Como bônus, estava conseguindo aparecer para o jantar na hora.

Para mim e para as meninas, essa foi a surpresa feliz que resultou de morarmos na Casa Branca com o presidente dos Estados Unidos, em vez de morarmos em Chicago com um pai que trabalhava em um Senado distante e muitas vezes estava em campanha por um cargo mais alto. Finalmente, tínhamos o papai em casa. A vida dele era mais disciplinada e ordenada agora. Como sempre, Barack cumpria um horário de expediente ridiculamente longo, mas às 18h30 em ponto ele entrava no elevador e subia para uma refeição em família, mesmo que muitas vezes precisasse voltar ao Salão Oval logo depois. Minha mãe às vezes também jantava conosco, embora tivesse sua própria rotina. Ela descia para nos cumprimentar antes de acompanhar Malia e Sasha até a escola, mas em geral preferia jantar no terraço ao lado de seu quarto enquanto via um programa de perguntas e respostas na TV. Mesmo quando lhe pedíamos para ficar, ela se despedia com um aceno.

— Vocês precisam de um tempo só de vocês — dizia.

Nos primeiros meses na Casa Branca, senti necessidade de estar atenta a tudo. Uma das minhas primeiras lições foi que podia ser caro morar ali. Embora estivéssemos isentos de aluguel e de despesas com água, eletricidade, gás e funcionários, cobríamos todas as outras despesas, que pareciam aumentar depressa, especialmente em função da altíssima qualidade de tudo. Todo mês recebíamos uma conta detalhada listando cada item alimentício e cada rolo de papel higiênico.

Nossas filhas cresceram na Casa Branca. Este foi o aniversário de onze anos de Sasha, um dos oito que ela comemorou durante a presidência de Barack. →

Abraços são minha forma preferida de me conectar com as pessoas, como no caso das meninas da escola Elizabeth Garrett Anderson, de Londres. ←

adorava a horta da Casa Branca, não só porque dava a promover a boa nutrição e na vida saudável, mas porque era de eu podia sujar as mãos com as rianças enquanto exíamos na terra. →

↑
É muito inspirador ver o otimismo e o sacrifício dos militares e de suas famílias.

A vida pode ser injusta e um abraço nem sempre é o bastante, como no caso de Cleopatra Cowley-Pendleton, que perdeu a filha, Hadiya, em consequência da violência armada em Chicago.

←

Quase todos os dias eu cumprimentava as meninas na volta da escola.

→

Em geral, procurávamos não atrapalhar o trabalho de Barack, mas aparecemos de surpresa no Salão Oval no aniversário dele.

←

Nossos cachorros, Bo (na foto) e Sunny, sempre alegravam nossos dias.
←

Somos muito gratos a toda a equipe da Casa Branca, que nos apoiou por oito anos. Comemoramos muitas datas importantes juntos, como o aniversário do assistente Reggie Dixon.
→

Tentávamos manter uma sensação de normalidade em nossa vida e sempre estar presentes para as meninas. Na foto, Malia, Barack e eu torcemos para o time de basquete de Sasha.
←

→ As meninas relaxando no *Bright Star*, o avião da primeira-dama.

Fizemos questão de que as meninas tivessem a oportunidade de fazer coisas normais de adolescentes, como aprender a dirigir — mesmo que, para isso, precisassem ter aulas de direção com o Serviço Secreto. ↑

↑ Sempre temos muitos motivos para celebrar o Quatro de Julho, já que também é o aniversário de Malia.

Nos juntamos ao hoje falecido congressista John Lewis e a outros líderes do movimento pelos direitos civis no quinquagésimo aniversário da marcha pela ponte Edmund Pettus, em Selma, Alabama. Estar ali, no local que foi cenário de um grave conflito entre tropas e manifestantes, me lembrou do quanto nosso país avançou e do quanto ainda temos que avançar em nome da igualdade.

Ser a família presidencial tinha seus privilégios e seus desafios, mas, apesar de tudo, continuamos sendo nós mesmos.

Pagávamos por cada hóspede que lá passava uma noite e cada convidado que fazia uma refeição conosco. Eu precisava ficar de olho no que era servido, porque quando Barack fazia um comentário casual de que tinha gostado de alguma fruta exótica no café da manhã ou do sushi no jantar, o pessoal da cozinha anotava e a partir daí passava a incluir esse alimento com regularidade no cardápio. Só mais tarde, inspecionando a conta, é que percebíamos que alguns desses produtos estavam sendo trazidos do exterior a um custo elevado.

No entanto, a maior parte da minha vigilante atenção naqueles primeiros meses se concentrou em Malia e Sasha. Eu ficava de olho no ânimo delas, interrogando-as sobre como se sentiam e como estavam se entrosando com as outras crianças. Tentava me conter a cada vez que me relatavam ter feito uma nova amizade, embora por dentro estivesse empolgadíssima. A essa altura, já tinha compreendido que não havia uma maneira simples e fácil de organizar visitas de amiguinhos na Casa Branca ou passeios, mas aos poucos estávamos encontrando um jeito.

Eu tinha permissão para usar um celular pessoal, mas fui aconselhada a limitar meus contatos a cerca de dez dos meus amigos mais próximos — as pessoas que me amavam e me apoiavam de forma incondicional. Quem cuidava da maioria das minhas comunicações era Melissa, que agora era minha vice-chefe de gabinete e conhecia a minha vida melhor do que qualquer um. Ela me mantinha informada de todos os meus primos, todos os meus amigos da faculdade. Dávamos o número de telefone e o endereço de e-mail de Melissa em vez dos meus, direcionando a ela todos os pedidos. Velhos conhecidos e parentes distantes ressurgiam do nada com uma enxurrada de perguntas. Será que Barack poderia discursar na formatura de Fulano? Seria possível, por favor, que eu fizesse um discurso na ONG de Beltrano? Quem sabe participar dessa ou daquela festa ou daquele evento beneficente? A maioria muito generosa e bem-intencionada, mas era impossível dar conta de tudo.

Com relação ao dia a dia de nossas filhas, muitas vezes eu tinha que confiar na ajuda de jovens funcionários. Minha equipe se reunia de antemão com professores e administradores na Sidwell, registrando datas importantes para eventos escolares e respondendo a perguntas de professores. Quando as meninas começaram a fazer planos sociais fora da escola, minha assistente pessoal pegava o número de telefone de outros pais, organizando as viagens de carro para buscar e levar os amiguinhos convidados para os encontros. Assim como em Chicago, eu sempre fazia questão de conhecer pessoalmente os pais dos novos amigos das meninas, convidando algumas mães para almoçar e me apresentando durante os eventos na escola. Essas interações podiam ser embaraçosas. Eu sabia que às vezes demorava um pouco para um novo conhecido deixar de lado a imagem que tinha formado de mim e de Barack a partir da TV ou do noticiário e me ver simplesmente, se possível, como a mãe de Malia e de Sasha.

Era constrangedor ter de explicar que, para que Sasha pudesse ir à festa de aniversário da pequena Julia, o Serviço Secreto precisaria passar na casa deles e realizar uma varredura de segurança. Era estranho exigir o número do documento de qualquer pai, mãe, babá ou responsável que levasse de carro até nossa casa uma criança para brincar com nossas filhas. Tudo isso era complicado, mas necessário. Eu não gostava da existência dessa estranha linha divisória a ser cruzada sempre que conhecia alguém, mas, para meu alívio, era muito diferente para Sasha e Malia, que saíam em disparada para cumprimentar os amigos da escola tão logo eram deixados na Casa Branca, pegando-os pela mão e entrando correndo, aos risos. No fim, ficou claro que as crianças só dão importância à fama por alguns poucos minutos. Depois disso, elas só querem se divertir.

UMA DAS MINHAS atribuições como primeira-dama era planejar e executar festas e jantares tradicionais, a começar pelo Governors'

Ball, realizado em fevereiro. O mesmo valia para a anual Corrida dos Ovos de Páscoa, uma celebração familiar ao ar livre com um concurso de "rolamento de ovos" que começou em 1878 e envolvia milhares de pessoas. Havia também almoços de primavera de que eu participaria em homenagem a cônjuges de senadores e congressistas — semelhante àquele em que eu vira Laura Bush com um sorriso imperturbável enquanto tirava fotos intermináveis com os convidados.

Esses eventos muitas vezes me pareciam distrações do que eu esperava que seria um trabalho mais impactante, mas, ao mesmo tempo, comecei a pensar em maneiras de repaginar alguns deles. Minha ideia era que a vida na Casa Branca poderia ser modernizada sem desprezar a história e a tradição ali estabelecidas. Com o passar dos meses, Barack e eu daríamos passos nessa direção, acrescentando às paredes algumas obras de artistas afro-americanos e fazendo móveis contemporâneos conviverem com antiguidades; no Salão Oval, Barack substituiu um busto de Winston Churchill por um de Martin Luther King Jr.; e demos aos mordomos a opção de trocarem o smoking por trajes mais descontraídos (calça cáqui e camisa polo) nos dias em que não havia eventos públicos.

Barack e eu sabíamos que queríamos tornar a Casa Branca um espaço mais aberto. Quando organizávamos um evento, eu queria abri-lo a pessoas comuns, não apenas àquelas acostumadas a trajes finos. E queria mais crianças por perto, porque elas tornam tudo melhor. Eu queria tornar a Corrida dos Ovos de Páscoa aberta a mais gente, com mais lugares para as crianças das escolas municipais e para as famílias dos militares, como os garantidos aos filhos e netos de congressistas e outros VIPs. Por fim, se eu fosse me sentar e almoçar com os cônjuges dos deputados e senadores, não poderia também convidá-los a um projeto comunitário na cidade?

Eu sabia o que importava para mim. Não queria ser um enfeite bem-vestido só para dar as caras em festas e cortar fitas em cerimônias de inauguração. Queria fazer coisas significativas e duradouras. E decidi que meu primeiro empreendimento real seria a horta.

Eu não entendia do assunto e nunca na minha vida havia cultivado uma horta, mas sabia, graças a Sam Kass e aos esforços de nossa família para comer melhor em casa, que os morangos chegam ao auge da suculência em junho, que as folhas escuras são mais ricas em nutrientes e que não era tão difícil fazer chips de couve no forno. Ao ver minhas filhas comerem salada de ervilha e macarrão com couve-flor, me dei conta de que até pouco tempo antes a maior parte do que sabíamos sobre alimentação havia chegado até nós por meio de propagandas de produtos embalados, congelados ou processados para a conveniência. Ninguém, ninguém mesmo, fazia propaganda de itens frescos e saudáveis — a agradável crocância de uma cenoura ou a doçura de um tomate recém-arrancado da rama.

Plantar uma horta na Casa Branca foi minha resposta a esse problema, e meu desejo era de que aquilo sinalizasse o início de algo maior. A administração de Barack estava concentrada em ajudar a população a ter acesso a serviços de saúde financeiramente viáveis, e a horta era minha maneira de transmitir uma mensagem parecida sobre uma vida saudável. Encarei aquele projeto como um teste preliminar para o que eu poderia realizar como primeira-dama. Pensei na horta como uma espécie de sala de aula ao ar livre, um lugar que as crianças poderiam visitar para aprender sobre o cultivo de alimentos.

Mas havia mais coisas em jogo. Planejei usar o trabalho que faríamos na horta para estimular um debate sobre nutrição, sobre os meios de produzir, rotular e comercializar os alimentos e sobre como afetavam a saúde pública. O que eu mais queria era que esses temas fossem discutidos nas escolas e entre os pais, e sabia que iniciar o debate na Casa Branca seria desafiar as grandes corporações na indústria de alimentos e bebidas a mudar o modelo de negócios que vigorava havia décadas.

A verdade é que eu não tinha a menor ideia de como isso tudo se daria. O que sabia, ao instruir Sam — que havíamos incorporado aos funcionários da Casa Branca — a começar a trabalhar na criação da horta, era que estava pronta para descobrir.

Meu otimismo naqueles primeiros meses foi frustrado principalmente por um fator: a política. Agora morávamos em Washington, bem perto da feia dinâmica de republicanos-contra-democratas que durante anos eu tentara evitar, mesmo que Barack tivesse escolhido trabalhar bem dentro dela. Agora que ele era presidente, essas forças praticamente dominavam seus dias. Semanas antes, às vésperas da cerimônia de posse, um apresentador de rádio conservador anunciara: "Espero que Obama fracasse". E eu vira, consternada, os republicanos no Congresso combatendo todos os esforços de Barack para resolver a crise econômica, recusando-se a apoiar medidas que reduziriam impostos e salvariam ou criariam milhões de empregos. No dia em que Barack assumiu o cargo, a economia norte-americana estava entrando em colapso a uma velocidade igual ou maior à do início da Grande Depressão. Quase 750 mil postos de trabalho foram fechados somente em janeiro. Barack havia baseado sua campanha na ideia de que era possível construir consenso entre partidos, de que os americanos estavam, no fundo, mais unidos do que divididos, mas o Partido Republicano lançava mão de um esforço deliberado para refutá-lo e provar que ele estava errado, em um momento tão crítico.

Isso ocupava minha mente durante a noite de 24 de fevereiro, quando Barack falou diante de uma sessão conjunta do Congresso. O evento serve para dar ao presidente recém-empossado uma oportunidade de explicar seus objetivos para o ano vindouro em uma transmissão ao vivo de um discurso proferido no salão da Câmara dos Representantes, com juízes da Suprema Corte, membros do gabinete, generais das forças militares e congressistas presentes. Por tradição, os legisladores expressam com eloquência se aprovam ou não as ideias do presidente — levantando-se para repetidas ovações ou permanecendo sentados de cara fechada.

Naquela noite, sentei-me na galeria entre uma menina de catorze anos que escrevera uma carta sincera a seu presidente e um afável veterano da Guerra do Iraque e esperamos a chegada do meu marido. Dali, eu podia

325

ver a maior parte do salão abaixo. Era uma visão aérea incomum dos líderes do nosso país, um oceano de brancura e masculinidade trajando ternos escuros. A ausência de diversidade era flagrante — honestamente, era embaraçosa — para um país moderno e multicultural. E era mais drástico e impactante entre os republicanos: na época, havia apenas sete não brancos entre eles no Congresso, nenhum negro e apenas uma mulher. No geral, quatro em cada cinco membros do Congresso eram homens.

O espetáculo começou minutos depois, com um estrondo: o bater de um martelo e o anúncio feito pelo sargento de armas. A multidão ficou de pé, aplaudindo por mais de cinco minutos seguidos enquanto os líderes eleitos disputavam boas posições. No centro do furacão, cercado por um grupo de agentes de segurança e por um cinegrafista que fazia a filmagem caminhando de costas, surgiu Barack, apertando mãos e sorrindo enquanto lentamente abria caminho pelo salão em direção ao púlpito.

Ver meu marido lá embaixo, em meio à multidão de legisladores e seguranças, de súbito tornou muito reais a magnitude e a dificuldade de seu trabalho, sobretudo porque ele precisaria conquistar mais da metade do Congresso para conseguir promover alguma mudança.

O discurso de Barack naquela noite foi detalhado, sóbrio e sensato, reconhecendo todos os desafios que a nação enfrentava, incluindo a péssima situação da economia, guerras e possíveis ataques terroristas. Ele teve o cuidado de ser realista, mas também ressoar notas de esperança, lembrando seus ouvintes de nossa resiliência como nação, nossa capacidade de nos recuperarmos de tempos difíceis.

Vi da galeria os membros republicanos permanecerem sentados a maior parte do tempo, com uma expressão teimosa e irritada, os braços cruzados e propositalmente carrancudos, como crianças quando não conseguem o que querem. Eles lutariam contra tudo que Barack fizesse, fosse bom para o país ou não. Mais do que tudo, parecia que só queriam que Barack fracassasse. Confesso que naquele momento eu de fato me perguntei se havia alguma saída.

* * *

QUANDO EU ERA MENINA, tinha ideias vagas sobre como minha vida poderia ser melhor. Ia brincar na casa das irmãs Gore e sentia inveja de terem uma casa inteirinha só para sua família. Eu queria que meus pais tivessem condições de comprar um carro melhor. Não deixava de notar qual das minhas amigas tinha mais pulseiras ou Barbies do que eu, quem comprava roupas no shopping em vez de usar o que a mãe costurava em casa. As crianças aprendem a medir e fazer comparações muito antes de entenderem o tamanho ou o valor de qualquer coisa. No fim das contas, se você tiver sorte, aprenderá que sempre mediu tudo errado.

Agora, morávamos na Casa Branca, e aos poucos começávamos a nos familiarizar. Não porque algum dia eu tenha me acostumado ao tamanho e ao luxo de tudo aquilo, mas porque era ali que minha família dormia, comia, ria e vivia. Nos quartos das meninas, colocamos à mostra as crescentes coleções de bugigangas que Barack trazia de suas muitas viagens: globos de neve para Sasha, chaveiros para Malia. Começamos a fazer pequenas mudanças na residência, acrescentando iluminação moderna e velas perfumadas que deixavam o local com mais cara de lar. Eu nunca veria com a maior naturalidade do mundo nossa imensa sorte nem todo aquele conforto, mas comecei a apreciar mais a humanidade do lugar.

Até minha mãe, que se queixara da formalidade que tornava a Casa Branca semelhante a um museu, logo descobriu que havia mais ali do que à primeira vista. O lugar estava cheio de pessoas que não eram tão diferentes de nós. Vários dos mordomos trabalhavam ali havia muitos anos, cuidando de todas as famílias que por lá passavam. Sua dignidade discreta me lembrava meu tio-avô Terry, que, quando eu era criança, morava abaixo de nós na Euclid Avenue e aparava nossa grama de sapato social e suspensório. Eu tentava me certificar de que nossas interações com os funcionários fossem respeitosas e positivas. Fazia questão de que nunca se sentissem invisíveis. Eles tinham o cuidado de respeitar nossa privacidade, mas também eram sempre abertos e acolhedores, e aos poucos nos tornamos próximos. Eles sentiam instintivamente quando precisavam me dar espaço ou quando eu estava disposta a ouvir alguma piada ou brincadeira. Estavam sempre reclamando de seus times na cozinha, onde gostavam de me contar sobre as últimas fofocas de outros funcionários ou as façanhas de seus netos enquanto eu dava uma olhada nas manchetes do dia. Se houvesse um jogo de basquete universitário na TV à noite, às vezes Barack assistia com eles por algum tempo. Sasha e Malia passaram a amar o espírito acolhedor da cozinha, entrando de fininho para fazer smoothies ou pipoca depois da escola. Muitos funcionários encantaram-se em especial com minha mãe, volta e meia parando para bater papo com ela.

Levei algum tempo para reconhecer a voz de cada operadora de telefonia da Casa Branca, responsáveis pelo serviço de chamada-despertador que me acordava de manhã ou por me conectar aos escritórios da Ala Leste, no andar de baixo, mas logo elas também se tornaram familiares e amigáveis. Conversávamos sobre o tempo, ou eu brincava sobre como em muitos eventos oficiais eu precisava ser despertada horas mais cedo que Barack só para arrumar o cabelo. Eram interações rápidas, mas faziam a vida parecer um pouco mais normal.

Um dos mordomos mais experientes, um afro-americano de cabelo branco chamado James Ramsey, servia desde a administração Carter, quarenta anos antes. De vez em quando ele aparecia com a última edição da revista *Jet*, dizendo, com um sorriso orgulhoso:

— Veja o que descolei para a senhora.

A vida era sempre melhor quando podíamos mensurar o carinho.

EU ANDAVA POR aí certa de que nossa casa nova era um exagero de tamanho e pompa até abril, quando conheci Sua Majestade, a rainha da Inglaterra.

Foi a primeira viagem internacional que Barack e eu fizemos juntos desde a posse: para Londres, a bordo do Força Aérea 1, para que ele pudesse participar de uma reunião dos líderes mundiais. Era a primeira grande cúpula de Barack como presidente no cenário internacional, e seu principal trabalho ali era limpar a bagunça; no caso, absorver a frustração de outros chefes de Estado, cuja opinião era de que havíamos perdido importantes oportunidades de evitar o desastre econômico em que todos eles se viam agora.

Já mais confiante de que Sasha e Malia estavam confortáveis em sua rotina escolar, deixei minha mãe no comando pelos poucos dias que eu passaria fora, ciente de que ela imediatamente afrouxaria todas as minhas regras de ir para a cama cedo, comer todos os legumes e hortaliças servidos no jantar etc. Ela adorava ser avó, especialmente quando podia deixar de lado todas as minhas regras em favor de seu estilo mais brando e mais leve. Seu jeito de demonstrar carinho pelas crianças era muito mais descontraído e tolerante do que quando Craig e eu éramos pequenos, e as meninas adoravam ficar com a vovó.

O primeiro-ministro do Reino Unido estava organizando as reuniões de que Barack participaria, mas a rainha também receberia a todos no Palácio de Buckingham para dar um olá cerimonial. Por conta da estreita relação entre Estados Unidos e Grã-Bretanha, e suponho que também em função de sermos novatos, Barack e eu fomos convidados a chegar mais cedo para uma audiência particular com a rainha.

Eu não tinha experiência alguma em encontros com a realeza. Sabia que poderia ou fazer uma reverência ou apertar a mão da rainha. Sabia que deveríamos nos referir a ela como "Sua Majestade", ao passo que seu marido, o príncipe Philip, duque de Edimburgo, passava por "Sua Alteza Real". Fora isso, não sabia muito bem o que esperar quando nossa comitiva de carros atravessou os altos portões de ferro do palácio. Passamos por espectadores espremidos junto às cercas, por uma coleção de guardas e um trombeteiro real, depois cruzamos o arco interno e chegamos ao pátio, onde o mestre oficial da casa esperava do lado de fora para nos receber.

Então vi o quanto o Palácio de Buckingham é grande — tão grande que mal dá para expressar. Tem 775 cômodos e quinze vezes o tamanho da Casa Branca. Nos anos seguintes, Barack e eu teríamos a sorte de voltar lá algumas vezes como convidados, e nessas viagens posteriores dormimos em uma luxuosa suíte no andar térreo, aos cuidados de lacaios de libré e damas de companhia. Participaríamos de um banquete formal no salão de baile, comendo com talheres revestidos de ouro. Certa vez, durante uma visita guiada, nosso anfitrião diria coisas como "Este é nosso Salão Azul", apontando para um vasto salão cinco vezes maior que o nosso Salão Azul na Casa Branca. Em outra ocasião, o mordomo-mor da rainha conduziria a mim, minha mãe e as meninas pelo Jardim das Rosas, que continha milhares de flores em plena imaculada florescência e ocupava um terreno de mais de 4 mil metros quadrados, fazendo as poucas roseiras que tão orgulhosamente mantínhamos do lado de fora do Salão Oval parecerem de repente não tão impressionantes. Achei o Palácio de Buckingham ao mesmo tempo de tirar o fôlego e imperscrutável.

Nessa primeira visita, fomos escoltados até o apartamento privativo da rainha e levados a uma sala de estar onde ela e o príncipe Philip nos aguardavam. Então com 82 anos, Elizabeth ii era muito baixinha e graciosa, tinha um sorriso delicado e um cabelo branco que subia da testa em leves ondas majestosas. Usava um vestido rosa-claro e um conjunto de pérolas, e mantinha uma bolsa de mão preta devidamente pendurada em um dos braços. Trocamos um aperto de mãos e posamos para uma foto. A rainha educadamente perguntou sobre nosso jet lag e nos convidou a sentar.

Ali, sentada com a rainha, tive que me obrigar a deixar de lado o esplendor do cenário e o deslumbramento que senti ao me ver frente a frente com um genuíno ícone. O rosto de Sua Majestade me era familiar, eu já o vira dezenas de vezes em livros de história, na tv, em cédulas e moedas de libra esterlina, mas ali estava ela em carne e osso, dando-me plena atenção e me fazendo perguntas. Ela era cordial e encantadora, e tentei corresponder. A rainha era tão humana quanto todos nós. Gostei dela de imediato.

Naquela mesma tarde, Barack e eu circulamos pela recepção do palácio, comendo canapés com os outros líderes mundiais e seus maridos e esposas. Conversei com a chanceler alemã e o presidente da França, conheci o rei da Arábia Saudita, o presidente da Argentina, os primeiros-ministros do Japão e da Etiópia. Fiz o meu melhor para lembrar quem vinha de qual nação e quem era o cônjuge de quem, tomando o cuidado de não falar muito por medo de dizer algo errado. No geral, foi uma ocasião digna e amistosa e um lembrete de que até mesmo chefes de Estado são capazes de falar sobre os filhos e fazer piadas sobre o clima britânico.

Em algum momento mais para o fim da festa, virei a cabeça e constatei que a rainha Elizabeth havia surgido ao meu lado. Subitamente, nos vimos juntas, apenas nós duas, no salão apinhado. Usava as luvas impecavelmente brancas e aparentava estar tão descansada e bem-disposta quanto horas antes, em nosso primeiro encontro. Ela sorriu.

— Você é tão alta — comentou, inclinando a cabeça.

— Bem, os sapatos ajudam — respondi, rindo. — Mas, sim, sou alta.

A rainha então olhou para meus saltos altos pretos e balançou a cabeça.

— Esses saltos são desconfortáveis, não? — ela gesticulou com alguma frustração para os próprios sapatos sociais pretos.

Confessei que meus pés doíam. Ela disse que os dela também. Então nos entreolhamos com expressões idênticas, como quem diz: *Quando é que vai finalmente acabar essa história de ficar de pé em meio aos líderes mundiais?* E, com isso, ela deixou escapar uma risada simplesmente encantadora.

Não importava que a rainha às vezes usasse uma coroa cravejada de diamantes e que eu tinha sido levada para Londres pelo jato presidencial: éramos apenas duas senhoras cansadas, cujos pés estavam doendo. Então fiz o que me é instintivo sempre que me sinto conectada a uma nova pessoa, que é expressar externamente meus sentimentos. Coloquei a mão carinhosamente em seu ombro.

Naquele momento eu não tinha como saber, mas meu gesto teria enormes repercussões. Toquei a rainha da Inglaterra, o que, logo depois eu descobriria, é algo que *não se faz*. Nossa interação foi registrada por câmeras e nos dias seguintes seria reproduzida vezes e mais vezes na mídia de todo o mundo: "Quebra do protocolo!", "Michelle Obama se atreve a abraçar a rainha!". Isso reavivou parte das especulações da época da campanha eleitoral de que eu era inadequada e desprovida da graça e da elegância padrão de uma verdadeira primeira-dama, e fiquei preocupada por estar possivelmente desatenta aos esforços de Barack no exterior. Tentei não me deixar abalar pelas críticas. Se eu não tinha agido corretamente no Palácio de Buckingham, pelo menos tinha agido com humanidade. Acho que a rainha levou meu gesto numa boa, porque, quando a toquei, ela apenas chegou mais perto, pousando de leve a mão enluvada nas minhas costas.

No dia seguinte, enquanto Barack participava de reuniões, fui visitar um colégio interno para meninas. Era uma escola pública, mantida pelo governo em uma área periférica e desprivilegiada, não muito longe de uma área de moradia social. Mais de 90% das novecentas alunas da escola eram negras ou de alguma minoria étnica; um quinto delas eram filhas de imigrantes ou refugiados. A escola me atraiu porque era uma instituição diversificada, com pouco dinheiro e, no entanto, reconhecida como extraordinária em termos acadêmicos. Quando eu visitava um país como primeira-dama, fazia questão de conhecê-lo de verdade, entrando em contato com as pessoas que viviam lá, não apenas seus dirigentes. Fazer isso me daria a oportunidade de encontrar novas maneiras de levar um pouco de afabilidade para aquelas visitas em geral tão solenes. Eu pretendia fazer isso em todas as viagens ao estrangeiro, a começar pela Inglaterra.

Mas eu não estava totalmente preparada para o que senti quando entrei na Escola Elizabeth Garrett Anderson e fui levada a um auditório

onde cerca de duzentas alunas se reuniam para assistir à apresentação de algumas de suas colegas e depois me ouvir falar. A escola tinha
o nome de uma médica pioneira que também se tornou a primeira
prefeita eleita na Inglaterra. O prédio em si não tinha nada de especial — um quadrado de tijolinhos numa rua comum —, mas, quando
me acomodei em uma cadeira dobrável no palco e comecei a assistir à
apresentação — que incluiu uma cena de Shakespeare, uma dança moderna e um coral cantando uma bela versão de uma música de Whitney
Houston —, algo dentro de mim começou a vacilar. Quase me senti
caindo de volta para dentro do meu próprio passado.

Bastava olhar para os rostos no auditório para saber que, apesar
de seu potencial, aquelas meninas precisariam se esforçar muito para
serem vistas. Havia meninas de *hijab*, outras para as quais o inglês era
uma segunda língua, meninas de pele em todos os tons de marrom. Eu
sabia que elas teriam que lutar para rechaçar os estereótipos, a infini-
dade de julgamentos que sofreriam antes de sequer terem a chance de
se definirem por si mesmas. Elas precisariam lutar contra a invisibilidade que vem no pacote de pobre, mulher e não branca. Teriam que
trabalhar com afinco para encontrar a própria voz, para não serem
diminuídas e inferiorizadas, para não serem subjugadas. Teriam que
dar duro apenas para aprender.

Mas eu via esperança naqueles rostos, e agora também me sentia
confiante. Naquele momento, tive uma estranha revelação: elas eram
eu, a que eu outrora havia sido. E eu era elas, a que elas poderiam ser.
A escola estava inundada da energia e do poder de novecentas meninas
em pleno crescimento.

Terminada a apresentação, fui até o microfone para falar, mal conseguindo conter a emoção. Eu tinha preparado um discurso, mas de
repente achei que não cabia ler um texto pronto. Fitando as meninas,
comecei a conversar com elas, explicando que, embora eu viesse de
longe e carregasse esse estranho título de primeira-dama dos Estados
Unidos, tínhamos mais semelhanças do que elas imaginavam. Contei

que também crescera em um bairro da classe trabalhadora, em uma família de condições modestas e amorosa, e que muito cedo entendi a escola como o lugar onde eu poderia começar a me definir, que a educação é algo pelo qual vale a pena se empenhar, que a educação ajudaria a lançá-las adiante no mundo.

Àquela altura, eu tinha apenas dois meses como primeira-dama. Em alguns momentos, me sentira sobrecarregada pelo ritmo intenso, indigna do glamour, preocupada com nossas filhas e incerta do meu propósito. Há aspectos da vida pública, de uma pessoa que abre mão da privacidade para tornar-se um símbolo ambulante e falante de uma nação, que podem dar a sensação de que uma parte de sua identidade está se perdendo. Mas ali, falando com aquelas meninas, enfim senti algo completamente diferente — um perfeito ajuste entre meu antigo eu e meu novo papel. *Vocês são boas o suficiente? Sim, vocês são.* Expressei às alunas da Elizabeth Garrett Anderson que elas haviam tocado meu coração. Falei que elas eram preciosas, porque de fato eram. E quando terminei minha fala, fiz o que me era instintivo e abracei todas as meninas que pude alcançar.

EM WASHINGTON, a primavera tinha chegado. O sol surgia mais cedo e se demorava um pouco mais a cada dia. O Gramado Sul gradualmente ganhava um tom de verde exuberante. Fazia dois meses que minha equipe e eu trabalhávamos para transformar em realidade minha ideia de horta, o que não foi fácil. Para começar, tivemos que persuadir o Serviço Nacional de Parques e a equipe de jardinagem da Casa Branca a alterar um pedaço de um dos gramados mais famosos do mundo. A mera sugestão foi recebida com resistência, inicialmente, mas, no fim, conseguimos.

Vários dias depois de voltar da Europa, recebi novamente um grupo de alunos da Bancroft, uma escola de ensino fundamental bilíngue da cidade. Semanas antes, tínhamos preparado o solo, com pás e enxadas.

As mesmas crianças estavam de volta para me ajudar no plantio. Nosso pedaço de terra não ficava longe da cerca ao sul, onde os turistas se aglomeravam para espiar a Casa Branca. Fiquei feliz porque agora a horta seria parte do que eles veriam.

Quer dizer, estava torcendo para que isso acontecesse em algum momento. Porque, com uma horta, nunca se sabe ao certo se algo vai de fato germinar e crescer.

— Sinceramente — eu comentara com Sam naquela manhã, antes que as pessoas chegassem para assistir ao plantio. — É bom que isso funcione.

Passei o dia ajoelhada com crianças do quinto ano, colocando sementes no solo cuidadosamente, apertando de leve em torno dos frágeis caules. As crianças me fizeram perguntas, algumas sobre legumes, frutas e hortaliças e a tarefa à mão, mas também coisas como "Cadê o presidente?" e "Por que ele não está ajudando?". Logo elas esqueceram minha presença, voltando sua atenção totalmente para as luvas de jardinagem e para as minhocas que encontravam no solo. Adoro estar com crianças. Naquele dia, como durante todo o tempo que passei na Casa Branca, elas foram um escape das minhas preocupações de primeira-dama. Com elas, eu voltava a me sentir eu mesma. Para elas, eu era apenas uma senhora simpática meio grandalhona.

Naquela manhã, plantamos alface e espinafre, erva-doce e brócolis. Introduzimos na terra cenouras e couve, cebolas e ervilhas. Plantamos arbustos de baga e uma variedade de ervas. Qual seria o resultado de tudo aquilo? Eu não sabia, da mesma maneira que não sabia o que estava por vir para nós na Casa Branca, tampouco o que o futuro reservava para o país ou para qualquer uma daquelas doces crianças ao meu redor. Tudo que podíamos fazer era depositar nossa fé no esforço despendido, confiando que, com o sol, a chuva e o tempo, algo minimamente bom brotaria da terra.

21

EM UMA NOITE DE SÁBADO NO FIM DE MAIO, BARACK me levou para um encontro romântico. Nos últimos quatro meses — desde que se tornara presidente —, ele vinha trabalhando nas promessas feitas aos eleitores durante a campanha. Agora, estava cumprindo uma promessa feita a mim. Íamos para Nova York, e nosso programa incluía um jantar e uma peça de teatro.

Durante anos em Chicago, nossa noite a dois era sempre uma parte importante da semana, uma atividade que protegíamos a qualquer custo. Adoro conversar com meu marido, nós dois frente a frente a uma mesa pequena a meia-luz. Sempre gostei e espero gostar para sempre. Barack é um bom ouvinte, paciente e atencioso. Adoro quando ele inclina a cabeça para trás e ri. Amo a leveza do seu olhar, a afabilidade de sua natureza. Apreciar juntos uma refeição sem pressa sempre foi nosso jeito de relembrar a empolgação que sentimos naquele verão quente em que nos conhecemos.

Eu me enfeitei toda para nosso encontro em Nova York, escolhendo um vestido preto elegante, passando batom e fazendo um penteado caprichado. Sentia uma trêmula empolgação ante a perspectiva de uma fuga, de um tempo só para nós dois. Nos últimos meses, promovemos jantares e comparecemos a apresentações, mas quase sempre eram eventos oficiais, com muitas outras pessoas. Aquele sábado seria uma verdadeira noite de folga.

Barack vestiu um terno escuro sem gravata. Nos despedimos das meninas e da minha mãe e seguimos de mãos dadas pelo Gramado Sul até o Marine 1, o helicóptero presidencial, que nos levou à Base Militar Andrews. Dali, embarcamos em um pequeno avião da Força Aérea até o Aeroporto JFK, e, por fim, um outro helicóptero nos deixou em Manhattan. Cada movimento foi planejado meticulosamente, visando ao máximo de eficiência e segurança.

Barack escolhera um restaurante pequeno e um pouco escondido perto da Washington Square que eu certamente adoraria por sua ênfase em alimentos de cultivo local. No último trecho da nossa jornada notei as luzes dos carros de polícia que bloqueavam as ruas transversais ao restaurante e senti uma pontada de culpa pelos problemas de tráfego que estávamos causando.

No restaurante, fomos levados até uma mesa em um canto discreto, enquanto as pessoas ao redor tentavam conter os olhares. Mas não havia como esconder nossa chegada. Qualquer um que entrasse depois de nós teria que se submeter a detectores de metal, um processo geralmente rápido, mas ainda assim inconveniente. Lá vinha mais uma pontada de culpa.

Conversamos sobre temas leves. Mesmo depois de quatro meses como presidente e primeira-dama, ainda estávamos descobrindo como nossas novas identidades mudariam nossa vida como casal. Agora, não havia praticamente um único aspecto da complicada vida de Barack que não impactasse a minha de alguma forma — a decisão de sua equipe de programar uma viagem ao exterior durante as férias das meninas, por exemplo, ou se minha chefe de gabinete estava sendo ouvida nas reuniões matinais de equipe na Ala Oeste, a parte da Casa Branca onde fica o gabinete do presidente. Porém, em geral eu tentava evitar discutir essas coisas durante o jantar, fazendo todo o possível para manter os assuntos da Casa Branca fora do tempo que tínhamos para nós, não apenas naquela noite, mas em todas.

Vez por outra Barack queria falar sobre o trabalho, embora quase sempre evitasse. Afinal, a maior parte do que ele tinha em mãos era muito extenuante, desafios de proporções imensas, muitos deles aparentemente impossíveis de resolver. Sempre que velhos amigos vinham nos visitar na Casa Branca, eles achavam graça que tanto eu como Barack os interrogássemos com veemência sobre como iam seus empregos, seus filhos, seus passatempos, qualquer coisa. Estávamos sempre menos interessados em falar sobre as complexidades de nossa nova vida e ávidos por amenidades e fofocas dos nossos conhecidos em Chicago. Nós dois ansiávamos por vislumbres da vida normal.

Naquela noite em Nova York, comemos e conversamos à luz de velas, saboreando a sensação de termos saído às escondidas. A Casa Branca é um lugar extraordinariamente bonito e confortável, uma fortaleza disfarçada de lar, e do ponto de vista dos agentes do Serviço Secreto, que tinham a função de nos proteger, provavelmente o ideal seria que jamais deixássemos a residência. Respeitávamos toda essa vigilância, mas quase sempre tínhamos a sensação de vivermos em confinamento. Às vezes eu negociava um equilíbrio entre minhas necessidades e a conveniência dos outros. Se um de nós quisesse sair à Varanda Truman — o encantador terraço com vista para o Gramado Sul, e o único espaço exterior minimamente reservado de que dispúnhamos na Casa Branca —, precisávamos alertar o Serviço Secreto com antecedência, para que fosse fechado o trecho da rua com campo de visão para o terraço, esvaziada a via pública e dispersadas as multidões de turistas que se apinhavam lá a qualquer hora do dia e da noite para ver a Casa Branca. Houve muitas ocasiões em que pensei em sair para me sentar na varanda, mas reconsiderei ao lembrar o incômodo que eu causaria e as férias que interromperia só porque seria agradável tomar um chá ao ar livre.

Deixando de lado as questões do país, nunca nos faltavam assuntos para conversar. Naquela noite, durante o jantar, falamos sobre as aulas de flauta de Malia e sobre a ininterrupta devoção de Sasha a seu cobertor preferido, com o qual ela cobria a cabeça para dormir. Quando contei a história do maquiador que havia tentado, sem sucesso, colocar cílios postiços em minha mãe para uma sessão de fotos, Barack jogou a cabeça para trás e riu, exatamente do jeito que eu adorava. E tínhamos muito a comentar sobre o novo membro da família, um espevitado cão de água português de sete meses, a quem demos o nome de Bo. Ele tinha chegado como cumprimento da promessa que fizéramos às meninas durante a campanha, e era hipoalergênico, portanto não faria mal a Malia. As duas brincavam de esconde-esconde com ele, agachando-se atrás de árvores e gritando o nome dele enquanto Bo corria em disparada, seguindo as vozes delas. Todos nós amávamos Bo.

Quando terminamos nossa refeição e nos levantamos para sair, os clientes à nossa volta ficaram de pé e aplaudiram, um gesto que achei gentil ainda que desnecessário. É possível que alguns deles tenham ficado felizes em nos ver partir.

Enquanto nosso comboio nos levava rapidamente pela Sexta Avenida para assistirmos a uma peça, senti de forma intensa como a nossa mera presença perturbava a vida normal das pessoas. Quando chegamos ao teatro, os outros espectadores agora aguardavam na fila para passar por detectores de metal que normalmente não estariam lá, e os artistas precisariam iniciar a peça 45 minutos depois do normal, devido às verificações de segurança.

O espetáculo, quando finalmente começou, foi maravilhoso. Era um drama ambientado durante a Grande Migração, quando milhões de afro-americanos deixaram o Sul e afluíram em torrentes rumo ao Meio-Oeste, assim como meus parentes maternos e paternos haviam feito. Sentada no escuro ao lado de Barack, fiquei encantada, um pouco emotiva, e por um breve período consegui me perder na apresentação e na sensação de silenciosa satisfação que decorria apenas de estar de folga e no mundo.

No voo de volta para Washington, eu já sabia que demoraria muito para que voltássemos a fazer algo parecido. Os adversários políticos de Barack o criticariam por me levar a Nova York para uma peça, afirmando que nossa noite romântica tinha sido extravagante e custosa. Era um lembrete de que sempre haveria críticas. Os republicanos nunca desistiriam. A percepção pública sempre governaria nossa vida.

Com nossa noite a dois, Barack e eu provamos que *podíamos* sair de cena para uma noite romântica, como costumávamos fazer, anos antes, quando a vida política dele ainda não tinha assumido o controle. Podíamos, mesmo na Casa Branca, nos sentir próximos e conectados, aproveitar um jantar e uma peça em uma cidade que tanto amávamos. A parte ruim era a sensação de que tínhamos sido um pouco egoístas ao tomar essa decisão, sabendo que nosso programa havia exigido horas de reuniões entre as equipes de segurança e a polícia local. Acarretara trabalho extra para nossos funcionários, para o teatro, para os garçons do restaurante, para as pessoas que tinham ficado presas no trânsito por culpa do nosso comboio. Era parte do peso que nos acompanhava agora. Era muita gente envolvida, muita gente afetada, para qualquer coisa ser leve.

DA VARANDA TRUMAN eu podia ver a plenitude da horta tomando forma. Para mim, uma visão gratificante: brotos, talos de cenoura e cebola apenas começando a subir, os canteiros com espinafre densos e verdes, com flores de amarelo e vermelho intensos desabrochando nas bordas. Estávamos produzindo comida.

No fim de junho, nossa equipe original de jardineiros mirins da escola Bancroft veio mais uma vez para nossa primeira colheita, e nos ajoelhamos juntos na terra para arrancar os pés de alface e retirar as vagens de ervilha dos caules. Dessa vez, eles também brincaram com Bo, nosso cachorrinho, que saltitava em círculos ao redor das árvores antes de se esparramar de barriga ao sol entre os canteiros crescidos.

Depois da colheita, Sam e as crianças da escola foram para a cozinha e fizeram salada de alface e ervilhas fresquinhas, que comemos com frango assado, e de sobremesa tivemos cupcakes cobertos de frutas vermelhas. Em dez semanas, produzimos mais de quarenta quilos de hortifrútis — a partir de apenas cerca de duzentos dólares em sementes e adubo.

A horta era popular e saudável, mas eu também sabia que, para algumas pessoas, não seria o suficiente. Compreendi que estava sendo observada com expectativa, especialmente pelas mulheres, e talvez mais ainda pelas mulheres com carreira profissional, que queriam saber se eu deixaria de lado minha experiência e formação para me encaixar no padrão de uma primeira-dama tradicional, que se limitava a realizar chás da tarde e escolher lençóis e toalhas de mesa chiques. As pessoas pareciam temer que eu não mostraria meu eu por completo.

Independentemente do que eu escolhesse fazer, estava fadada a decepcionar algum grupo. A campanha me ensinara que todos os meus movimentos e expressões faciais seriam interpretados de dezenas de maneiras diferentes. Algumas pessoas continuariam a me ver como agressiva e raivosa ou obstinada. Para as feministas, minha horta e minhas mensagens sobre alimentação eram uma prova de que eu não estava usando meu poder e minha voz com toda a força que eu podia. Meses antes de Barack ser eleito, eu tinha declarado a uma revista que meu foco principal na Casa Branca seria continuar a exercer meu papel como "matriarca" da família. Falei isso de maneira descontraída, mas esse pequeno trecho da entrevista repercutiu e foi amplamente divulgado na imprensa. Alguns pareceram compreender a ideia, cientes do volume de organização e esforço demandados na criação de filhos, enquanto outros ficaram horrorizados, presumindo que, na condição de primeira-dama, eu não faria nada além de projetos de artesanato com minhas filhas.

A verdade era que eu pretendia fazer tudo como sempre fiz: realizar um trabalho com propósito e cuidar das minhas filhas com zelo. A única diferença era que agora havia muitas pessoas assistindo.

Meu estilo de trabalho, pelo menos a princípio, foi a discrição. Eu queria ser metódica na formulação de um plano maior, esperando ter plena confiança antes de ir a público apresentar algo. O interesse e o entusiasmo com a horta — a resposta positiva da imprensa e as cartas que chegavam do país inteiro — só me confirmaram que eu poderia gerar empolgação em torno de uma boa ideia. O passo seguinte era chamar a atenção para um problema maior e exigir soluções maiores.

Na época em que Barack assumiu o cargo, quase um terço das crianças americanas eram obesas ou estavam com sobrepeso. Nas últimas três décadas, o índice de obesidade infantil havia triplicado. Mais crianças estavam sendo diagnosticadas com pressão alta e diabetes tipo 2. Líderes militares relatavam que a obesidade era um dos fatores desqualificadores mais comuns no recrutamento.

O problema estava entranhado em todos os aspectos da vida familiar, desde o elevado preço das frutas in natura até os cortes no financiamento de programas esportivos e recreativos nas escolas públicas. A tv, os computadores e os videogames competiam pelo tempo das crianças, e, em alguns bairros, ficar dentro de casa parecia mais seguro do que sair para brincar, como Craig e eu fazíamos quando crianças. Muitas famílias não contavam com mercearias próximas, ou tinham dificuldades para encontrar frutas, legumes e hortaliças frescos, pelos quais nem sempre tinham condições de pagar. Enquanto isso, o tamanho das porções nos restaurantes e lanchonetes só aumentava. Os slogans e anúncios publicitários de cereais açucarados, refeições para micro-ondas e tudo no "tamanho família" eram descarregados direto na mente das crianças nos intervalos dos desenhos animados.

Eu sabia que, se tentasse declarar guerra às bebidas açucaradas para crianças, provavelmente sofreria a oposição não apenas das grandes indústrias, mas também dos agricultores que forneciam o milho usado em muitos adoçantes. Se fizesse campanha em defesa de merendas escolares mais saudáveis, entraria em rota de colisão com as grandes corporações que não raro ditavam o que colocar na bandeja dos estudantes.

Ainda assim, parecia-me o momento certo para exigir mudanças. Eu não era a primeira nem a única a ser atraída por essas questões. De uma ponta a outra dos Estados Unidos, um crescente movimento de alimentos saudáveis vinha ganhando força. Agricultores urbanos realizavam experiências em todo o país. Republicanos e democratas abordaram o problema nos estados e nas cidades, investindo em uma vida saudável, construindo mais calçadas e hortas comunitárias — uma prova de que havia terreno comum a ser explorado.

Minha pequena equipe e eu começamos a nos reunir com especialistas a fim de formular um plano. Decidimos voltar nosso trabalho para as crianças, porque é difícil fazer adultos mudarem de hábitos. Estávamos convencidos de que teríamos mais chances se tentássemos ajudar as crianças a pensar de maneira diferente sobre alimentação e exercícios. E quem poderia ir contra nós se estivéssemos genuinamente cuidando das crianças?

Minhas filhas estavam em férias de verão. Eu me comprometera a passar três dias por semana dedicada a minhas funções de primeira-dama, e dedicaria o resto do meu tempo à família. Em vez de despachar as meninas para um acampamento, decidi criar a Colônia de Férias Obama, convidando amigos delas para excursões locais, para conhecermos a região onde agora morávamos. Fomos a Monticello e Mount Vernon e exploramos cavernas no Vale do Shenandoah. Visitamos o Bureau of Engraving and Printing para ver como os dólares eram fabricados e visitamos a casa de Frederick Douglass, onde aprendemos como uma pessoa escravizada pode se tornar um estudioso e um herói. Por um tempo, exigi um pequeno relatório depois de cada visita, com um resumo do que haviam aprendido, mas elas logo começaram a protestar e deixei a ideia de lado.

Sempre que podíamos, agendávamos esses passeios para as primeiras horas da manhã ou para o fim do dia, assim o Serviço Secreto podia isolar uma área sem causar muita complicação. Ainda éramos um incômodo, eu sabia disso, mas eu tentava me isentar de qualquer culpa quando se tratava das meninas. Queria que nossas filhas pudessem ir e vir com a mesma liberdade de outras crianças. Meses antes, eu tivera uma briga com o Serviço Secreto por causa de Malia, quando um grupo de amigos da escola a convidou para ir a uma sorveteria. Como, por razões de segurança, ela não tinha permissão para entrar no carro de outras pessoas, Malia teria que esperar uma hora até que o chefe de seu destacamento de segurança viesse, o que, é claro, atrasou todos os envolvidos.

Era exatamente esse tipo de peso que eu não queria colocar nas costas das minhas filhas. Não pude conter minha irritação. Aquilo não fazia sentido.

— Não é assim que as famílias funcionam e não é assim que funciona uma ida à sorveteria — argumentei. — Se você vai proteger uma criança, tem que ser capaz de se deslocar como uma criança.

Insisti que os procedimentos fossem ajustados para que, no futuro, Malia e Sasha pudessem sair da Casa Branca com segurança sem um mastodôntico planejamento. Barack e eu já havíamos abandonado a ideia de que nós dois podíamos ser espontâneos, nos rendendo à constatação de que em nossa vida não havia mais espaço para impulsividade e divertimento. Mas lutaríamos para manter viva essa possibilidade para nossas meninas.

EM ALGUM MOMENTO durante a campanha de Barack, as pessoas começaram a prestar atenção nas minhas roupas. Ou pelo menos a mídia prestava atenção, o que levou os blogueiros de moda a prestar atenção, o que, por sua vez, aparentemente fez brotar toda espécie de comentários na internet. Não sei explicar exatamente por quê — talvez porque eu seja alta e não tenha medo de usar estampas mais chamativas —, mas foi o que aconteceu.

Tudo que eu usava era notícia. Quando eu não usava salto alto, virava notícia. Meus colares de pérolas, meus cintos, meus cardigãs, meus vestidos, minha escolha de usar branco na cerimônia de posse — tudo parecia provocar uma avalanche de opiniões e comentários instantâneos. Usei um vestido sem mangas no discurso de Barack em uma sessão conjunta do Congresso e para a foto oficial da Casa Branca, e de repente meus braços eram manchete. Visitamos o Grand Canyon e fui criticada por uma suposta falta de dignidade ao ser fotografada saindo do avião (em um calor de quarenta graus, devo ressaltar) de short. Às vezes parecia que minhas roupas importavam mais para as pessoas do que qualquer coisa que eu tivesse a dizer. Chorei de emoção enquanto falava para as meninas da Elizabeth Garrett Anderson, em Londres, apenas para descobrir que a primeira pergunta de um repórter que cobria o evento tinha sido: "Quem assinou o vestido?".

Esse tipo de coisa me entristecia, mas tentei ver como uma oportunidade de aprender e encontrar força dentro de uma situação que não me agradava. Assim, se as pessoas folheassem uma revista com o objetivo principal de ver minhas roupas, que ao menos vissem também o marido ou a esposa de um militar ao meu lado, ou que lessem o que eu tinha a dizer sobre saúde infantil. Até aceitei posar para a capa da *Vogue*, pois é importante que mulheres negras apareçam em capas de revistas. Também insisti em escolher minhas próprias roupas para a sessão de fotos, usando vestidos desenhados por estilistas jovens e de minorias étnicas como Jason Wu e Narciso Rodriguez, um talentoso designer latino-americano.

Eu tinha noções básicas de moda. Como mãe que trabalhava fora, não tinha muito tempo para me debruçar sobre o assunto. Durante a campanha, fiz a maioria das minhas compras em uma butique em Chicago, onde tive a sorte de conhecer uma jovem vendedora chamada Meredith Koop, que, além de perspicaz, tinha um bom conhecimento de diferentes estilistas e um senso lúdico de cores e texturas. Depois da eleição de Barack, consegui levá-la para Washington como assistente de estilo pessoal e a encarreguei do meu guarda-roupa. Ela não demorou a se tornar também uma amiga de confiança.

Algumas vezes por mês, Meredith chegava com várias araras de roupas, e passávamos uma ou duas horas experimentando peças e escolhendo o figurino para os compromissos das semanas seguintes. Eu pagava por tudo, com exceção de alguns vestidos de gala que usei em eventos formais; estes me eram emprestados pelos estilistas e posteriormente doados aos Arquivos Nacionais. Em termos de estilo, eu tentava ser um tanto imprevisível, para evitar que interpretassem alguma mensagem no que eu vestia. Era preciso um equilíbrio milimétrico. Eu deveria me destacar, mas sem ofuscar ninguém; deveria me harmonizar às outras mulheres, mas sem desaparecer. Como mulher negra, eu sabia que seria criticada se fosse considerada vistosa e sofisticada, assim como seria criticada se fosse informal demais. Então pincelava um pouco de cada. Combinava itens de grife com peças de lojas de departamentos. Tinha em mente a ideia de promover e prestigiar os designers americanos, especialmente os menos conhecidos. Minhas escolhas de moda eram, para mim, simplesmente uma maneira de usar toda a atenção pública que eu recebia para impulsionar um diversificado grupo de profissionais em ascensão.

Exigia tempo, reflexão e dinheiro — mais do que eu jamais gastara em roupas — assegurar que meus vestidos fossem sempre apropriados. Também requeria uma cuidadosa pesquisa por parte de Meredith, particularmente em viagens ao exterior. Eram horas e horas para verificar se os modelos, cores e estilos escolhidos prestavam o devido respeito às pessoas e aos países que visitávamos. Meredith também providenciava o que Sasha e Malia vestiriam em eventos públicos, o que aumentava as despesas, mas as meninas também estavam sob o escrutínio público. Às vezes eu suspirava de inveja ao ver Barack pegar no armário o mesmo terno escuro e sair para o trabalho sem nem precisar pentear o cabelo. Seu maior desafio indumentário em aparições públicas era decidir se mantinha ou tirava o paletó. Com gravata ou sem gravata?

Éramos cuidadosas, Meredith e eu, no sentido de estar sempre preparadas. No quarto de vestir, quando experimentava algo novo eu me agachava, me esticava e girava os braços, para ter certeza de que conseguiria me mexer. Em viagens, eu levava roupas extras, para o caso de mudanças no clima ou na programação; sem mencionar possíveis tragédias de algum líquido derramado ou um zíper emperrado. Aprendi que era importante sempre incluir na bagagem um traje de funeral, porque às vezes éramos chamados em cima da hora para o enterro de algum soldado, senador ou líder mundial.

Passei a depender tremendamente de Meredith, mas também de Johnny Wright, meu cabeleireiro, que era um furacão, uma metralhadora verbal de gargalhada solta, e de Carl Ray, meticuloso maquiador de fala mansa. O trabalho dos três me dava a confiança necessária para aparecer em público a cada dia, todos nós conscientes de que um deslize levaria a uma enxurrada de comentários ridicularizantes e desagradáveis. Eu nunca imaginara contratar pessoas para manter minha imagem, e no começo a ideia me incomodava, mas rapidamente descobri uma verdade sobre a qual ninguém fala: hoje, praticamente toda mulher na vida pública — nas esferas da política, do entretenimento e tudo mais — tem alguma versão de Meredith, Johnny e Carl. É quase um pré-requisito, imposto pela forma como as mulheres, muito mais que os homens, são julgadas por sua aparência.

DURANTE AQUELE PRIMEIRO ANO na Casa Branca, em várias ocasiões me flagrei pegando biografias de primeiras-damas anteriores, mas acabava sempre devolvendo-as à prateleira. Preferia me manter alheia às semelhanças e diferenças entre nós.

Em setembro, tive um agradável almoço com Hillary Clinton na sala de jantar da área residencial da Casa Branca. Conversamos sobre suas experiências no período em que foi primeira-dama. Hillary foi honesta comigo sobre como havia julgado mal a disposição do país em ter uma mulher profissional proativa no papel de primeira-dama. Quando foi primeira-dama do estado do Arkansas, Hillary continuou atuando como advogada, ao mesmo tempo que ajudava nos esforços do marido para melhorar os serviços de saúde e educação. Quando seu marido foi eleito presidente, ela chegou a Washington com o mesmo desejo e a mesma energia para contribuir, mas foi criticada por assumir um papel ativo no trabalho da Casa Branca com vistas a reformar o sistema de saúde. A mensagem foi transmitida em alto e bom som: os eleitores tinham votado no marido dela, não nela. Primeiras-damas não tinham lugar na Ala Oeste. Ao que parece, ela tentou fazer coisas demais rápido demais, e deu de cara com uma parede.

Tentei ficar atenta a essa parede, tomando cuidado para não me envolver diretamente nos assuntos oficiais. Confiava na minha equipe para se comunicar diariamente com a de Barack, trocando conselhos e revisando nossas agendas e planos. Na minha opinião, os conselheiros do presidente se irritavam de modo excessivo com as aparências. Em dado momento, quando decidi cortar uma franja, minha equipe sentiu necessidade de primeiro submeter a ideia à aprovação da equipe de Barack, apenas para ter certeza de que não haveria problema.

Após quase um ano de mandato de Barack, a economia ainda estava em maus lençóis. Eu sabia por experiência que mesmo em tempos difíceis, talvez especialmente em tempos difíceis, ainda era bom rir. Era preciso encontrar maneiras de se divertir. Nesse quesito, minha equipe estava entrando em atrito com o pessoal de comunicação de Barack sobre minha ideia de organizar uma festa infantil de Halloween na Casa Branca. A equipe de Barack achou que isso seria percebido como um gesto de ostentação, caro demais. "Vai passar uma imagem ruim", decretaram eles. Isso queria dizer que não pegaria bem aos olhos do povo, num momento em que muitas famílias passavam por dificuldades. Discordei, argumentando que uma festa de Halloween para crianças locais e famílias de militares que nunca tinham visitado a Casa Branca era um gasto perfeitamente apropriado para uma minúscula fatia do nosso orçamento para eventos sociais e de entretenimento.

Em algum momento a equipe de Barack parou de resistir à nossa ideia. No fim de outubro, para minha grande alegria, uma abóbora de meia tonelada foi instalada no gramado. Uma banda de esqueletos tocava jazz, enquanto uma gigantesca aranha negra descia o Pórtico Norte. Eu me posicionei à entrada, vestida de onça — calça preta, blusa amarela com manchas pretas e um arco com orelhas de gata —, enquanto Barack, que mesmo antes dos olhares alheios nunca foi muito de usar fantasias, estava ao meu lado com um suéter sem graça. Naquela noite, distribuímos saquinhos de biscoitos, frutas secas e M&M's em uma caixa decorada com o selo presidencial, enquanto mais de 2 mil princesas, ceifadores, piratas, super-heróis, fantasmas e jogadores percorriam o gramado para nos encontrar. Na minha opinião, passamos uma imagem excelente.

A HORTA CONTINUOU produzindo ao longo das estações, ensinando-nos todo tipo de coisas. Colhemos melões que se revelaram pálidos e sem gosto. Tempestades destruíram a camada orgânica do solo. Pássaros comeram nossos mirtilos. Besouros devoraram os pepinos. Se algo dava errado, fazíamos pequenos ajustes e seguíamos em frente. Os jantares na residência agora incluíam nossos próprios brócolis, cenouras e couves. Começamos a doar uma parte de cada colheita para uma organização sem fins lucrativos local que atendia pessoas em situação de rua. Começamos a produzir legumes, frutas e verduras em conserva e oferecê-los como presentes a dignitários em visitas oficiais, junto com potes de mel de nossas novas colmeias. Entre os funcionários, a horta tornou-se uma fonte de orgulho. Os que antes duvidavam logo se converteram em fãs. Para mim, a horta era simples, abundante e saudável — um símbolo de diligência e fé. Era linda e ao mesmo tempo poderosa. E alegrava as pessoas.

Nos meses anteriores, minha equipe e eu tínhamos conversado com especialistas em saúde infantil para nos ajudar a direcionar nossos esforços para algo maior. Daríamos aos pais informações melhores, para orientá-los a fazer escolhas saudáveis; contribuir para que as escolas fossem mais saudáveis; ampliar o acesso a alimentos nutritivos; e promover a atividade física entre os jovens. Sabendo que o modo de apresentar nosso projeto era importante, minha equipe de comunicação trabalhou a fim de dar uma cara divertida para a campanha. Enquanto isso, a equipe de Barack aparentemente estava aflita com meus planos, temendo que eu parecesse uma sabichona, justo em um momento em que os americanos estavam desconfiados de qualquer coisa que se assemelhasse a um governo mandão dizendo-lhes o que fazer.

Meu objetivo era transcender o governo. Quanto à vida cotidiana das famílias, queria falar diretamente com as mães, os pais e, em especial, as crianças.

Concedi entrevistas a revistas de saúde voltadas para pais e filhos, brinquei de bambolê no Gramado Sul para mostrar que exercícios podem ser divertidos e fiz uma participação especial no programa *Vila Sésamo*, conversando com Elmo e Garibaldo sobre a importância de incluir vegetais na alimentação. Sempre que eu falava com jornalistas na horta da Casa Branca, mencionava que muitos americanos tinham dificuldade para encontrar produtos frescos em suas comunidades e falava sobre os custos dos serviços de saúde relacionados ao aumento dos níveis de obesidade. Para ter certeza de que conseguiríamos a aprovação e a adesão dos agentes necessários para tornar a iniciativa um sucesso, passamos semanas e semanas fazendo reuniões sigilosas com diferentes grupos para aperfeiçoar nosso plano e nossa mensagem.

Em fevereiro de 2010, eu finalmente estava pronta para compartilhar o meu ideal. Era uma terça-feira fria quando tomei meu lugar na Sala de Jantar do Estado na Casa Branca, rodeada por crianças e autoridades do governo, celebridades do mundo esportivo e prefeitos, juntamente com especialistas em medicina, educação e agricultura, além dos jornalistas, para orgulhosamente anunciar nossa nova iniciativa. Decidimos chamá-la de Let's Move! [Vamos nos mexer!]. O objetivo central da campanha era acabar, no decorrer de uma geração, com a epidemia de obesidade infantil no país.

O importante, para mim, era que não estávamos apenas anunciando fantasiosos castelos de areia. O esforço era real e o trabalho estava bem adiantado. Barack havia assinado um memorando para a criação de uma força-tarefa federal cuja missão era refrear a obesidade infantil. Os três principais fornecedores de refeições para as escolas anunciaram que reduziriam a quantidade de sal, açúcar e gordura em sua produção, e a Associação Americana dos Fabricantes de Bebidas já prometera adotar rótulos com informações mais claras sobre seus ingredientes. Estimulamos os pediatras a incluir em suas consultas regulares a medição do índice de massa corporal, parâmetro que determina se o peso de uma pessoa está de acordo com sua altura e sua idade. Convencemos a Disney, a NBC e a Warner Bros. a veicular anúncios de serviço público e investir em uma programação especial que incentivasse escolhas para um estilo de vida saudável. Dirigentes de ligas esportivas profissionais concordaram em promover a campanha Sessenta Minutos de Brincadeira por Dia para incentivar as crianças a se mexerem mais.

E isso foi apenas o começo. Tínhamos planos de ajudar a trazer vendedores de hortifrútis para áreas urbanas e rurais conhecidas como "desertos alimentares" devido à falta de estabelecimentos que vendessem comida saudável. Também exigimos informações nutricionais mais precisas nas embalagens de alimentos. Ao longo do caminho, trabalharíamos para responsabilizar as empresas por suas decisões com impactos na saúde das crianças.

Seriam necessários comprometimento e organização para que tudo isso fosse implementado, mas era exatamente esse o tipo de trabalho que me agradava. Estávamos assumindo a batalha contra um problema de proporções imensas, mas agora, como primeira-dama, eu tinha a vantagem de operar em uma plataforma enorme. Estava começando a perceber que tudo que me parecia bizarro na minha nova vida — a estranheza da fama, o escrutínio extremo da minha imagem, a falta de clareza na descrição das atribuições da minha função — poderia ser usado a serviço de objetivos reais. Aquilo me encheu de energia. Finalmente eu encontrara uma maneira de me mostrar por inteira.

22

NUMA MANHÃ DE PRIMAVERA, BARACK, AS MENINAS E EU fomos convocados da residência para o Gramado Sul. Um homem que eu nunca tinha visto antes nos esperava na entrada para carros. Ele tinha um rosto simpático e um bigode grisalho que lhe dava um ar distinto. Apresentou-se como Lloyd.

— Sr. presidente, sra. Obama — disse o homem. — Achamos que seria do seu agrado uma pequena mudança na rotina e organizamos um minizoológico para vocês.

Ele abriu um largo sorriso.

— Nunca antes uma primeira-família participou de algo assim.

O homem gesticulou para sua esquerda. A uns trinta metros de nós, quatro grandes e belos felinos descansavam à sombra dos cedros. Havia um leão, um tigre, uma pantera-negra de pelagem reluzente e um guepardo esguio salpicado de pintas pretas. Não vi cercas nem correntes. Aparentemente, não havia nada que confinasse os animais. Aquilo tudo me pareceu estranho. Sem dúvida, uma mudança na rotina.

— Obrigada. É muito atencioso da sua parte — falei, tentando soar educada e elegante. — Tem certeza... Lloyd, não é?... que não deveria haver cercas nem nada? Não é um pouco perigoso para as crianças?

— Sim, é claro, nós pensamos nisso — respondeu o homem. — Imaginamos que seria uma experiência melhor se os animais vagassem livremente, como na natureza, então os sedamos, para sua segurança. Não há perigo algum. — Ele fez um aceno reconfortante. — Podem se aproximar. Divirtam-se!

Barack e eu pegamos Malia e Sasha pela mão e abrimos caminho pela grama ainda orvalhada. Os animais eram maiores do que eu esperava, sacudindo a cauda enquanto observavam nossa aproximação. Eu nunca tinha visto nada assim, quatro amistosos felinos em fila. O leão se mexeu ligeiramente quando chegamos perto. Vi que os olhos da pantera acompanhavam nossos movimentos, que as orelhas do tigre se abaixavam um pouco. Então, sem aviso, o guepardo saiu em disparada, a uma velocidade ofuscante, correndo feito um foguete na nossa direção.

Entrei em pânico. Agarrei Sasha pelo braço e fui correndo com ela na direção da casa, imaginando que Barack e Malia estavam fazendo o mesmo. Ouvi os animais se erguerem de um salto e virem atrás de nós.

Lloyd ficou parado à entrada, imperturbável.

— Você disse que eles estavam sedados! — berrei.

— Não se preocupe, madame! — respondeu ele, também aos gritos. — Temos um plano exatamente para este cenário!

Ele deixou passar um enxame de agentes do Serviço Secreto, que portavam o que pareciam ser armas carregadas de dardos tranquilizantes. Nesse momento, senti Sasha escapar da minha mão.

Ao me virar, fiquei horrorizada ao ver minha família sendo perseguida por animais selvagens, e os animais selvagens sendo perseguidos por agentes disparando suas armas.

— É *esse* o seu plano? — gritei. — *Você só pode estar de brincadeira!*

Foi aí que o guepardo soltou um grunhido e se lançou para cima de Sasha, as garras para fora, o corpo parecendo voar. Um agente desferiu um tiro, errou o alvo, mas foi o suficiente para o animal recuar. Por uma fração de segundo fiquei aliviada, mas só até ver um dardo branco e laranja alojado no braço de Sasha.

Eu me sentei na cama assustada, o coração batendo forte no peito, o corpo encharcado de suor. Meu marido dormia profunda e tranquilamente ao meu lado. Tinha sido só um pesadelo.

EU AINDA SENTIA como se estivéssemos caindo de costas, toda a nossa família, torcendo para que nos segurassem. Eu confiava em todo o suporte que tínhamos na Casa Branca, mas ainda me sentia um pouco vulnerável sabendo que tudo, desde a segurança de nossas filhas até o planejamento dos meus movimentos, estava quase inteiramente nas mãos de outras pessoas. Da maneira como cresci, aprendi que autossuficiência era tudo. Fui criada para saber cuidar de mim mesma, mas agora isso parecia quase impossível. Cuidavam de tudo por mim. Para eu poder sair de casa, agentes percorriam de carro a rota que eu faria, cronometrando cada minuto do trajeto e programando até os intervalos para eu ir ao banheiro. Agentes levavam minhas filhas para encontrar os amigos da escola, camareiras recolhiam nossas roupas para lavar; eu não dirigia e não carregava dinheiro nem as chaves de casa. Assessores atendiam ao meu telefone, compareciam a reuniões em meu lugar e redigiam declarações em meu nome.

Tudo isso era maravilhoso e útil, pois permitia que eu me concentrasse nos afazeres mais importantes, mas de vez em quando ainda me deixava — eu, uma pessoa detalhista — com a sensação de que tinha perdido o controle dos detalhes. Era quando os leões e guepardos começavam a espreitar.

Havia também muita coisa que não dava para planejar. Quando você é casada com o presidente, entende rapidamente que o mundo é repleto de caos, que desastres acontecem sem aviso prévio, acabando com o mínimo de calma que você ainda consegue manter. Era impossível ignorar as notícias: é um terremoto que assola o Haiti; um problema mecânico numa plataforma de petróleo ao largo da costa da Louisiana que lança milhões de barris de petróleo cru no Golfo do México; uma revolução que causa distúrbios no Egito; um homem que abre fogo no estacionamento de um supermercado no Arizona, matando seis pessoas e ferindo gravemente uma congressista.

Eu lia as notícias selecionadas pela minha equipe todas as manhãs e sabia que Barack teria que responder a cada novo acontecimento e desdobramento importante. Ele seria culpado por eventos fora de seu alcance, pressionado a resolver problemas assustadores em nações distantes. Seu trabalho era pegar todo esse caos e dar um jeito de convertê-lo em uma serena liderança. Todas as horas do dia, todos os dias do ano.

Eu fazia o possível para não deixar as incertezas do mundo afetarem meu trabalho pelo país, mas às vezes não tinha jeito. A maneira como Barack e eu nos comportávamos em face da instabilidade era importante. Entendíamos que representávamos a nação e cabia a nós ser um modelo de racionalidade, compaixão e estabilidade e estar presentes quando houvesse tragédias, adversidades, sofrimento e confusão. Depois que o derramamento de óleo na Louisiana — o pior da história dos Estados Unidos — finalmente foi contido, fizemos uma viagem em família para a Flórida, durante a qual Barack levou Sasha para um mergulho, para mostrar que era seguro voltar a passar férias no Golfo do México. Foi um gesto pequeno, mas de mensagem maior: *Se ele confia nessa água, você também pode confiar.* Quando viajávamos para algum lugar após uma tragédia, muitas vezes era para instar nosso povo a não menosprezar a dor dos outros. Eu tentava salientar os esforços de socorristas, assistentes sociais, educadores e voluntários da comunidade, de qualquer um que oferecesse mais em momentos difíceis. Quando um terremoto arrasou o Haiti, Jill Biden e eu visitamos um grupo de artistas locais que faziam arteterapia com crianças desalojadas. Apesar de todas as perdas e da angustiante devastação, as crianças ainda transbordavam esperança graças aos adultos ao seu redor.

O luto e a resiliência vivem juntos. Como primeira-dama, aprendi isso não apenas uma vez, mas inúmeras.

Sempre que eu podia, visitava hospitais militares, onde os soldados americanos se recuperavam dos ferimentos de guerra. A primeira vez que fui ao Centro Médico Militar Nacional Walter Reed, acabei permanecendo cerca de quatro horas quando estavam previstos noventa minutos.

O Walter Reed cuidava de militares feridos em serviço no Iraque ou no Afeganistão. Alguns soldados ficavam apenas alguns dias; já para outros, a internação durava meses. O hospital empregava excelentes cirurgiões e oferecia serviços de reabilitação da mais alta qualidade, aparelhados e equipados para tratar os mais devastadores ferimentos sofridos em campo de batalha.

Por mais que eu tentasse me preparar para tudo na vida, não havia preparação para o que vi e ouvi dos veteranos feridos e suas famílias em hospitais militares. Como eu já disse, cresci sabendo pouco sobre os militares. Meu pai serviu dois anos no Exército, mas isso foi bem antes de eu nascer. Até o início da campanha de Barack, jamais tivera contato direto com o alvoroço ordeiro de uma base militar ou com as casas modestas onde residiam os membros das Forças Armadas com suas famílias. A guerra sempre foi aterrorizante, mas também distante. A guerra envolvia paisagens que eu não podia sequer imaginar e pessoas que eu não conhecia. Hoje sei que ver as coisas dessa maneira era um luxo.

Nesses hospitais, geralmente eu era recebida por uma enfermeira, que me dava um avental e me orientava a lavar as mãos cada vez que entrasse em um quarto. Antes de abrir cada porta, recebia um breve resumo das condições da pessoa. Alguns pacientes se recusavam a me receber, talvez por não estarem se sentindo bem, ou talvez por razões políticas. Qualquer que fosse o motivo, eu entendia. A última coisa que queria era ser um fardo para eles.

A duração das visitas dependia da receptividade de cada paciente. Todas eram privadas, sem a presença da mídia nem de funcionários ou seguranças. A conversa era às vezes sombria, às vezes leve. Falávamos sobre esportes, nosso estado natal, nossos filhos. Ou sobre o

Afeganistão e o que tinham vivido lá. Às vezes o assunto eram as necessidades deles, do que precisavam e também do que não precisavam — neste último quesito, em geral dispensavam a piedade alheia.

Certa vez, deparei-me com um papel vermelho colado a uma porta, com uma mensagem escrita em canetinha preta que parecia dizer tudo:

ATENÇÃO, TODOS QUE ENTRAREM AQUI:
Se você está vindo com tristeza ou para sentir pena da minha condição, pode voltar. Minhas feridas eu sofri em um trabalho que amo, por pessoas que amo, em nome da liberdade de um país que amo demais. Sou extremamente forte e vou me recuperar por completo.

Isso era resiliência. Refletia um espírito maior de autossuficiência e orgulho que eu tinha visto em todas as partes das Forças Armadas. Um dia, sentei-me com um homem que era jovem e saudável quando foi enviado para atuar numa missão no exterior, deixando para trás a esposa grávida, e voltara para casa tetraplégico, incapaz de mover os braços ou as pernas. Enquanto conversávamos, o filho deles — um pequenino recém-nascido de rosto rosado — estava enrolado em um cobertor, aninhado no peito do pai. Conheci outro militar que teve uma das pernas amputadas e me fez muitas perguntas sobre o Serviço Secreto. Alegremente, ele me contou que, antes, tinha a esperança de se tornar um agente depois de deixar o Exército, mas que agora estava pensando em outros caminhos.

E havia as famílias. Eu me apresentava a esposas e maridos, mães e pais, primos e amigos que encontrava ao lado do leito, pessoas que quase sempre colocavam o resto de sua vida em espera para ficar perto dos entes queridos. Às vezes essas pessoas eram as únicas com quem eu podia conversar, pois o paciente estava fortemente sedado ou dormindo. Esses familiares carregavam sua própria dor. Alguns vinham de gerações de serviço militar, ao passo que outros eram namoradas adolescentes que tinham se tornado noivas pouco antes de um rapaz ser enviado para uma missão no exterior — o futuro de ambos tendo tomado um repentino e complicado rumo. Não sou capaz de contar com quantas mães chorei, vendo nelas uma tristeza tão profunda que só nos cabia unir as mãos e rezar em silêncio em meio às lágrimas.

O que eu vi da vida militar me deixou mais humilde. Ao longo de toda a minha vida, jamais havia encontrado o tipo de força e lealdade com que me deparei naqueles quartos.

Um dia, em um hospital militar em San Antonio, no Texas, notei uma agitação no corredor. Enfermeiras entravam e saíam apressadas do quarto para onde eu estava prestes a ir.

— Ele não quer ficar na cama — ouvi alguém sussurrar.

Lá dentro, encontrei um jovem de ombros largos do interior do Texas que havia sofrido múltiplos ferimentos e cujo corpo fora gravemente queimado. Estava em agonia, arrancando os lençóis e tentando deslizar os pés para o chão.

Levamos um minuto para entender. Apesar da dor, ele estava tentando se levantar e bater continência para saudar a esposa de seu comandante em chefe.

EM ALGUM MOMENTO no início de 2011, Barack mencionou o nome "Osama bin Laden". Tínhamos acabado de jantar e Sasha e Malia saíram correndo para fazer o dever de casa, deixando-nos a sós.

— Achamos que sabemos onde ele está — disse Barack. — Podemos entrar e tentar pegá-lo, mas não há nenhuma garantia.

Bin Laden foi o cérebro por trás dos atentados terroristas contra os Estados Unidos em 2001 e era, na época, o homem mais procurado do mundo. Capturá-lo ou matá-lo era uma das principais prioridades de Barack tão logo ele assumiu o cargo. Eu sabia que isso significaria muito para a nação, especialmente para os militares que passaram anos tentando nos proteger da al-Qaeda e para todos aqueles que perderam entes queridos no Onze de Setembro.

Pelo tom sombrio de Barack, percebi que a decisão sobre o que fazer era um fardo pesado sobre seus ombros, embora eu tenha tido o discernimento de não fazer muitas perguntas. Eu sabia que ele agora passava os dias cercado por consultores especialistas, que tinha acesso a todo tipo de informações ultrassecretas e que, no que me dizia respeito, não precisava das minhas opiniões e sugestões. Quase sempre, meu desejo era de que o tempo que ele passava comigo e com as meninas fosse um descanso do estresse, ainda que o trabalho estivesse sempre por perto.

Barack sempre foi bom em deixar de lado o trabalho para estar presente por inteiro quando passava o tempo conosco. Foi algo que aprendemos juntos, à medida que nossa vida profissional se tornava cada vez mais atarefada e intensa. Cercas precisavam ser erguidas; limites deviam ser impostos. Bin Laden não era convidado para o jantar, tampouco a crise humanitária na Líbia, muito menos os republicanos do Tea Party, a ala ultraconservadora da direita. Tínhamos filhas, e as crianças precisam de espaço para se expressar e se desenvolver. O tempo que dedicávamos à família era quando descartávamos as grandes preocupações de modo que as pequenas pudessem, com todo o direito, assumir o controle. Durante o jantar, ouvíamos histórias do recreio na escola ou detalhes do trabalho de Malia sobre animais em extinção como se essas fossem as coisas mais importantes do mundo. Porque eram. Mereciam ser.

O trabalho se acumulava mesmo enquanto comíamos. Parte do ritual da Casa Branca era que toda noite nos eram entregues duas pastas, uma para mim e uma muito mais grossa para Barack. Ambas continham documentos de nossos gabinetes, que deveríamos ler para a manhã seguinte.

Depois de colocar as crianças na cama, Barack normalmente desaparecia na Sala dos Tratados com sua pasta, enquanto eu levava a minha para meu quarto de vestir, onde passava uma ou duas horas todas as noites ou de manhã bem cedo examinando a papelada.

Um ano após o lançamento da campanha Let's Move!, já víamos resultados. Ajudamos a instalar 6 mil bufês de salada em cantinas e refeitórios escolares e recrutamos chefs locais para ajudar a servir refeições que fossem não apenas saudáveis como saborosas. O Walmart aderiu ao nosso esforço ao prometer reduzir a quantidade de açúcar, sal e gorduras em seus produtos industrializados e diminuir os preços dos hortifrútis. Também convocamos prefeitos de quinhentas cidades, pequenas e grandes, de todo o país para se comprometerem a combater a obesidade infantil.

Mais importante, ao longo de 2010 me empenhei para ajudar a aprovar no Congresso uma nova lei relacionada à nutrição infantil. Essa lei expandia o acesso das crianças a alimentos saudáveis e de alta qualidade nas escolas públicas. Ainda que geralmente eu me mantivesse de fora da política e da formulação de políticas públicas, essa tinha sido minha grande briga, a questão pela qual eu estava disposta a me lançar dentro do ringue. Foram horas ligando para senadores e representantes, tentando convencê-los de que nossas crianças mereciam coisa melhor do que lhes era oferecido. Eu conversava sobre isso interminavelmente com Barack, com seus assessores, com qualquer um que se dispusesse a ouvir. A nova lei acrescentou mais frutas, legumes e hortaliças frescos, cereais integrais e laticínios reduzidos em gordura a cerca de 43 milhões de refeições servidas todos os dias. Limitou as máquinas de venda automática dentro das escolas e deu às instituições escolares mais dinheiro para financiar a criação de hortas e o uso de produtos cultivados localmente. Barack e seus assessores também fizeram enorme pressão na luta pela aprovação do projeto de lei. Depois que os republicanos conquistaram a maioria na Câmara dos Representantes, nas eleições intercalares (que elegem os congressistas e ocorrem dois anos depois das presidenciais), Barack fez da proposta uma prioridade em suas negociações com os legisladores. No início de dezembro, a lei foi oficialmente aprovada. Onze dias depois eu me postei orgulhosamente ao lado de Barack no momento em que ele assinou a lei, rodeado por crianças em uma escola primária local.

Como no caso da horta, eu estava tentando cultivar algo — um coro de vozes que falavam sem medo em nome das crianças e de sua saúde. Eu via meu trabalho como um complemento do sucesso de Barack em estabelecer a Lei de Proteção e Cuidado Acessível ao Paciente, em 2010, que aumentou muito o acesso de todos os americanos ao seguro-saúde. E agora eu também estava concentrada em fazer decolar o chamado Joining Forces [Unindo Forças], este em colaboração com Jill Biden, cujo filho havia acabado de retornar são e salvo do serviço militar no Iraque. Esse trabalho também serviria para apoiar os deveres de Barack como comandante em chefe.

Sabendo que devíamos aos nossos membros das Forças Armadas e a suas famílias mais do que meros agradecimentos simbólicos, Jill e eu estávamos colaborando com um grupo de assessores para encontrar formas específicas de auxiliar a comunidade militar. No início do ano, Barack dera o pontapé inicial pedindo a todos os setores e órgãos do governo que encontrassem novos meios de dar apoio a famílias de militares. Entrei em contato com os mais poderosos CEOs e presidentes de empresas do país, convencendo-os a se comprometer a contratar um número significativo de veteranos e cônjuges de militares. Jill obteve promessas de universidades de treinar professores para entender melhor as necessidades dos filhos de militares. Também queríamos combater o estigma que cercava os problemas de saúde mental que acompanhavam alguns de nossos soldados que retornavam para casa, e planejamos estimular roteiristas e produtores de Hollywood para incluírem histórias de militares em filmes e programas de TV.

As questões em que eu estava trabalhando não eram simples, mas eram administráveis, ao contrário de boa parte dos problemas e pontos de controvérsia que mantinham meu marido em sua mesa de trabalho noite adentro. Desde que conheci Barack, é no período noturno que ele consegue pensar sem distrações. Se tivesse fome, um mordomo lhe trazia um pratinho de figos ou nozes. Ele tinha parado de fumar, felizmente, embora muitas vezes recorresse aos chicletes de nicotina.

361

Durante a semana, quase toda noite ele ficava à mesa de trabalho até uma ou duas da manhã, lendo memorandos, ajustando discursos e respondendo a e-mails, a TV ligada baixinho na ESPN. Ele sempre fazia um intervalo para dar um beijo de boa-noite em mim e nas meninas.

A essa altura eu já estava acostumada com sua devoção à infinita tarefa de governar. Durante anos, as meninas e eu o dividimos com seu eleitorado, e agora eles eram mais de 300 milhões. Deixando-o sozinho na Sala dos Tratados à noite, às vezes eu me perguntava se eles faziam alguma ideia da sorte que tinham.

A última etapa do trabalho a que Barack se dedicava, geralmente já passada a meia-noite, era ler cartas de cidadãos. Desde o início de seu governo ele pedira à equipe que incluísse em sua pasta dez cartas ou e-mails de eleitores, selecionados entre os cerca de 15 mil que chegavam todo dia. Ele lia cada uma atentamente, fazendo anotações nas margens para que um assessor preparasse uma resposta ou encaminhasse uma reclamação ou anseio a um secretário de gabinete. Ele lia cartas de soldados. De presidiários. De pacientes com câncer com dificuldade de pagar pelo tratamento e de pessoas que perderam suas casas por causa de dívidas. De gays que sonhavam se casar legalmente e de republicanos que o acusavam de estar arruinando o país. De mães, avós e crianças. Barack lia cartas de gente que aprovava seu governo e de gente empenhada em informá-lo de que ele era um idiota.

Barack lia tudo isso, o que entendia como parte da responsabilidade que vinha com o juramento. Ele tinha um trabalho árduo e solitário — muitas vezes me parecia o mais árduo e solitário do mundo —, mas sabia que era sua obrigação ouvir as preocupações de todo o povo americano.

NAS NOITES DE SEGUNDA E QUARTA-FEIRA, Sasha, agora com dez anos, praticava natação. Vez por outra eu ia vê-la treinar, tentando entrar de fininho na sala contígua à piscina onde os pais acompanhavam o treino através de uma janela.

Circular por um movimentado centro esportivo durante as horas de pico era um desafio para os meus seguranças, mas eles se saíam muito bem. De minha parte, eu me tornara uma especialista em caminhar rápido e olhar para baixo quando estava em espaços públicos, o que sempre ajudava. Passava voando por universitários ocupados com seus exercícios de musculação e aulas de zumba. Às vezes ninguém parecia notar. Em outras ocasiões, eu sentia a agitação sem sequer precisar levantar os olhos, ciente do que tinha causado quando ouvia murmúrios ou mesmo um grito claro e direto: "Ei, é a Michelle Obama!". Mas nunca era mais que isso, logo passava. Eu era como uma aparição, surgindo e sumindo num piscar de olhos.

Nos treinos da noite, os assentos à beira da piscina ficavam vazios exceto por um punhado de pais que conversavam ou se distraíam no celular enquanto esperavam. Eu encontrava um lugar tranquilo para me sentar e me concentrava na atividade em andamento.

Eu adorava qualquer oportunidade de ver minhas filhas imersas no mundo delas — livres da Casa Branca, livres dos pais, em espaços e relacionamentos que haviam forjado por si mesmas. Sasha era uma nadadora vigorosa, adorava o nado peito e queria dominar o borboleta. De touca azul-marinho e maiô, ela completava suas voltas na piscina com braçadas velozes, parando de vez em quando para ouvir recomendações dos treinadores e batendo papo alegremente com os colegas durante os intervalos.

Não havia nada mais gratificante para mim do que aqueles momentos ali sentada, quase despercebida pelas pessoas ao meu redor, testemunhando o milagre de uma menina — a nossa menina — em crescimento, adquirindo independência e se tornando completa. Tínhamos jogado as duas dentro daquela intensidade da vida da Casa Branca, sem saber que impacto isso teria sobre elas ou o que tirariam da experiência. Eu tentava tornar a exposição das nossas filhas ao mundo o mais positiva possível, percebendo que Barack e eu tínhamos uma oportunidade singular de lhes mostrar a história de perto. Quando

Barack fazia viagens oficiais ao exterior que coincidiam com as férias escolares, viajávamos em família. Nós as levamos em viagens que incluíram visitas ao Kremlin, em Moscou, e ao Vaticano, em Roma. Elas conheceram pessoalmente o presidente russo, passearam pelo Panteão e pelo Coliseu romano e atravessaram a "Porta sem retorno" em Gana, o ponto de onde partiu um número incontável de africanos para serem vendidos como escravos.

Eu estava aprendendo que cada criança absorvia o que podia e a partir de sua própria perspectiva. Ao fim de nossas viagens naquele verão, Sasha ingressou no terceiro ano. Então, passando por sua sala de aula em um dia de reunião de pais, deparei com uma breve redação que ela escrevera sobre o tema "Como foram minhas férias", exposta num mural ao lado de trabalhos de colegas. "Fui a Roma e conheci o papa", Sasha tinha escrito. "O polegar dele não tem um pedaço."

Eu não saberia dizer como é o polegar de Bento XVI, se ele não tem mesmo a ponta do dedo. O fato é que levamos a Roma, Moscou e Acra uma criança de oito anos muito observadora, prática e direta, e aquilo foi o que ela trouxe desses lugares. Àquela época, sua visão da história batia na altura da cintura.

Por mais que tentássemos criar um escudo protetor entre as meninas e os aspectos mais complicados do trabalho de Barack, eu sabia que ainda assim Sasha e Malia tinham muito a processar. Nossas filhas estavam convivendo com acontecimentos mundiais como poucas crianças, lidando com notícias que ocasionalmente se desenrolavam bem debaixo do nosso teto. Estavam vivendo com o fato de que o pai às vezes era chamado para emergências nacionais e de que sempre, não importava o que acontecesse, haveria algumas pessoas que o criticavam e eram contra ele. Essa sensação de ameaça me lembrava o sonho em que os leões e guepardos estavam próximos demais.

Durante o inverno de 2011, o apresentador de TV e empresário nova-iorquino Donald Trump estava começando a fazer barulho sobre a possibilidade de concorrer à nomeação como candidato à presidência pelo Partido Republicano em 2012. Na maioria das vezes, parecia que Trump estava apenas fazendo alarde, vociferando críticas mal elaboradas à política externa e questionando abertamente se Barack era de fato um cidadão americano. Durante a campanha eleitoral anterior, algumas pessoas haviam tentado alimentar um falso rumor de que a certidão de Barack que comprovava seu nascimento no Havaí era falsificada e que na verdade ele vinha do Quênia. Essas pessoas eram chamadas de "*birthers*", e agora Trump fazia afirmações cada vez mais bizarras na televisão, insistindo que os anúncios publicados em 1961 no jornal de Honolulu sobre o nascimento de Barack eram falsos e que nenhum colega de escola se lembrava dele. Por sua vez, a mídia — em particular a ala mais conservadora — repetia alegremente essas alegações infundadas.

A coisa toda era uma loucura maldosa e mesquinha, é claro. Os *birthers* mal escondiam seu racismo e sua xenofobia — o temor de estrangeiros. Mas também era algo perigoso, cujo intuito deliberado era incitar comportamentos extremos. Eu tinha medo da reação das pessoas que acreditavam nessas mentiras. De tempos em tempos eu era informada pelo Serviço Secreto sobre ameaças mais sérias e tentava não me preocupar, mas às vezes não conseguia evitar. E se alguém mentalmente instável pegasse uma arma e fosse até Washington? E se essa pessoa fosse atrás das nossas meninas? Donald Trump, com suas declarações estridentes e inconsequentes, colocava em risco a segurança da minha família. E isso eu nunca perdoaria.

Porém, pouca opção nos restava além de afugentar os medos e simplesmente viver. Os que procuravam nos definir como diferentes ou os "outros" já tentavam isso havia anos. Barack e eu fizemos tudo o que podíamos para superar as mentiras, confiando que nossas ações mostrariam às pessoas a verdade sobre quem realmente éramos. Convivi com preocupações bem-intencionadas por nossa segurança desde o dia em que Barack decidiu concorrer à presidência.

— Estamos orando para que ninguém faça mal a vocês — diziam as pessoas ao me cumprimentar em eventos de campanha.

Ouvi de gente de todas as raças, todas as origens e todas as faixas etárias um lembrete da bondade e generosidade reinantes em nosso país. "Oramos por você e sua família todos os dias."

Guardei comigo essas palavras. Eu sentia a proteção daqueles milhões de pessoas decentes que oravam por nós. Barack e eu também confiamos em nossa fé pessoal. Agora, íamos à igreja apenas em raras ocasiões, principalmente porque nossa presença se tornara um espetáculo, com repórteres berrando perguntas no caminho até o altar. Desde que o escrutínio do nosso antigo pastor, o reverendo Jeremiah Wright, tornou-se um problema durante a campanha, desde que os adversários tentaram usar a fé como arma — sugerindo que Barack era um "muçulmano secreto" —, tínhamos optado por exercitar nossa fé em particular e em casa. Orávamos todas as noites antes do jantar e organizamos uma escola dominical na Casa Branca para nossas filhas. Não frequentávamos nenhuma igreja em Washington porque não queríamos submeter outra congregação aos tipos de ataques que haviam chovido sobre a nossa igreja em Chicago. Foi um sacrifício. Eu sentia falta do calor humano de uma comunidade espiritual. Muitas vezes, à noite, via Barack deitado de olhos fechados na cama, fazendo suas orações em silêncio.

Numa noite de sexta-feira de novembro, meses depois que os boatos dos *birthers* começaram a ganhar fôlego, um homem parou o carro na Constitution Avenue e começou a disparar um rifle semiautomático pela janela do veículo, mirando os andares mais altos da Casa Branca. Uma bala atingiu uma das janelas do Salão Oval Amarelo, onde eu às vezes gostava de tomar chá. Outra se alojou na moldura de uma janela e outras mais atingiram o telhado. Barack e eu estávamos fora naquela noite, assim como Malia, mas Sasha e minha mãe estavam em casa, embora não tenham percebido; elas saíram ilesas. Enquanto o vidro não era substituído, eu muitas vezes me pegava fitando o espesso buraco redondo deixado pela bala, um lembrete de como éramos vulneráveis.

Em geral, eu entendia que era melhor para todos nós não legitimar o ódio ou insistir enfaticamente nos riscos, mesmo quando outras pessoas traziam o assunto à tona. Malia entrou para o time de tênis da Sidwell, que treinava nas quadras da escola que eram visíveis da rua. Um dia, a mãe de outro aluno se aproximou e, apontando para a rua movimentada, perguntou:

— Você não tem medo aqui fora?

Minha filha estava encontrando a própria voz à medida que crescia, descobrindo suas próprias maneiras de estabelecer os limites de que precisava.

— Se a senhora está me perguntando se eu penso sobre a minha morte todos os dias — disse ela à mulher, com toda a polidez de que era capaz —, a resposta é não.

Dois anos depois, a mesma mãe viria até mim em um evento para pais na escola e me entregaria um bilhete com um sincero pedido de desculpas, dizendo que tinha entendido imediatamente seu erro: incutir preocupações em uma criança que nada podia fazer a respeito. Significou muito para mim que ela tivesse refletido tanto sobre isso. Ela ouvira, na resposta de Malia, tanto a resiliência quanto a vulnerabilidade, um eco de tudo o que vivíamos e tentávamos manter à distância. Ela entendeu também que a única coisa que a nossa menina poderia fazer, naquele dia e em todos os dias depois, era voltar para a quadra e mirar outra bola.

TODO DESAFIO, OBVIAMENTE, É RELATIVO. Eu sabia que minhas filhas estavam crescendo com mais vantagens do que a maioria das famílias poderia imaginar. Tinham uma bela casa, comida na mesa, adultos devotados ao redor e encorajamento e recursos para sua educação. Eu transmitia tudo que sabia para Malia e Sasha e seu desenvolvimento, mas, como primeira-dama, também estava consciente de uma obrigação maior. Sentia que devia mais às crianças do país, especialmente às meninas. Compreendia que as pessoas ficavam surpresas com a minha história de vida — uma menina negra que tinha dado um salto tão grande, passando por universidades de elite e cargos executivos até chegar à Casa Branca. Eu sabia que minha jornada era incomum, mas não havia uma boa razão para que assim fosse. Quantas vezes constatei que era a única mulher negra — ou até mesmo a única mulher — sentada a uma mesa de conferência ou entre os convidados de um evento VIP. Se fui a primeira em algumas dessas coisas, eu queria ter a certeza de que outras estavam vindo depois de mim. Como minha mãe ainda diz toda vez que alguém começa a fazer efusivos elogios a mim e a Craig e enaltecer nossas realizações:

— Eles não têm nada de especial. O South Side está cheio de crianças assim.

Só precisávamos ajudá-las a ter seu lugar naqueles espaços.

Comecei a perceber que as partes importantes da minha história estavam menos em minhas realizações e mais no que lhes dava sustentação: as muitas pequenas demonstrações e atos de apoio ao longo dos anos, e as pessoas que ajudaram a construir minha autoconfiança ao longo do tempo. Eu me lembrava de todos os homens e mulheres que já haviam me dado algum empurrãozinho para a frente. Cada uma dessas pessoas tinha feito o possível a fim de me preparar para passar por cima das dificuldades que eu certamente encontraria nos lugares para onde estava rumando — todos aqueles ambientes construídos para pessoas que não eram nem negras nem mulheres.

Eu pensava na minha tia-avó Robbie e em seus elevados padrões na arte de tocar piano, em como ela me ensinou a erguer a cabeça e tocar com todo o meu coração em um piano de cauda, mesmo que tudo o que eu tivesse conhecido fosse um piano vertical com as teclas lascadas. Pensava no meu pai, que me ensinou a lutar boxe e lançar uma bola de futebol americano, exatamente como ensinou a Craig. Teve também o sr. Martinez e o sr. Bennett, meus professores, que nunca ignoraram minhas opiniões. Minha mãe, minha mais dedicada apoiadora, que me salvou de definhar aos poucos em uma tediosa sala de aula do segundo ano. Em Princeton, tive Czerny Brasuell, que me incentivou a assumir novos riscos. E, já como jovem profissional, tive, entre outras, Susan Sher e Valerie Jarrett, que me mostraram o que era ser mãe e trabalhar fora e abriram portas para mim, convictas de que eu tinha algo a oferecer.

A maioria dessas pessoas não se conhecia e provavelmente nunca teria a oportunidade de se conhecer. Eu mesma tinha perdido contato com muitas delas. Mesmo assim, elas formavam uma constelação pessoal significativa. Foram os meus incentivadores, os meus crédulos, o meu coro gospel pessoal, cantando *Você consegue, garota!* ao longo de todo o caminho.

Nunca esqueci essas pessoas. Mesmo quando eu estava no início da carreira em direito, buscava retribuir o que tinham feito comigo, incentivando a curiosidade quando eu a via e trazendo pessoas mais jovens para conversas importantes. Se uma assistente jurídica me fizesse alguma pergunta sobre suas possibilidades profissionais, eu abria meu escritório para ela e lhe contava minha trajetória ou oferecia conselhos. Quando alguém precisava de orientação ou ajuda para fazer um contato, eu me desdobrava para colaborar. Tempos depois, quando atuei na Public Allies, pude ver em primeira mão os bons frutos de uma mentoria mais formal. Aprendi, com minha experiência de vida, como é importante quando alguém demonstra interesse verdadeiro em colaborar com o aprendizado e o desenvolvimento de outra pessoa, mesmo que seja por apenas dez minutos em um dia atarefado. E isso é ainda mais valioso para as mulheres e as outras minorias — para qualquer pessoa que a sociedade não hesita em negligenciar.

Com isso em mente, decidi iniciar um programa de liderança e mentoria na Casa Branca. Convidei vinte meninas dos ensinos fundamental e médio de escolas da Grande Washington para encontros mensais. Organizávamos bate-papos, viagens de campo e aulas sobre todo tipo de tema, de escolha de carreira ao funcionamento do sistema financeiro.

Formamos duplas, designando para cada adolescente uma mentora, que lhe dava orientação e aconselhamento. As estudantes eram indicadas pelo diretor ou pelo orientador educacional da escola e podiam seguir no programa até concluírem o ensino. Tínhamos meninas de famílias de militares, de famílias de imigrantes, uma mãe adolescente, uma menina que morava em um abrigo. Eram moças inteligentes e interessadas, todas elas. Em nada diferentes de mim, nem um pouco diferentes das minhas filhas. Acompanhei, com o tempo, as amizades que se formavam e os relacionamentos que se aprofundavam entre elas e com as adultas envolvidas. Passávamos horas conversando, comendo pipoca e trocando ideias sobre faculdade, autoimagem e meninos. Nenhum assunto era proibido. Acabávamos dando muitas risadas, e era exatamente isso, mais do que tudo, o que eu queria que elas levassem para o futuro — a naturalidade, a tranquilidade, a experiência de fazer parte de uma comunidade, o incentivo para falarem e serem ouvidas.

Eu lhes desejava o mesmo que para Sasha e Malia: que, ao aprenderem a se sentir confortáveis na Casa Branca, elas se sentissem confortáveis e confiantes em exercer sua voz em qualquer sala, a qualquer mesa, dentro de qualquer grupo.

VIVÍAMOS DENTRO da bolha da presidência havia mais de dois anos, e eu seguia fazendo tudo que podia para expandi-la. Barack e eu continuávamos a abrir a Casa Branca para mais pessoas, especialmente crianças, no intuito de transmitir a sensação de que aquele esplendor era inclusivo. Convidávamos alunos de escolas locais para assistirem às cerimônias diplomáticas de boas-vindas a dignitários estrangeiros e aproveitar o jantar de gala que era servido. Quando recebíamos músicos para uma apresentação noturna, pedíamos que chegassem mais cedo para ministrarem uma oficina para jovens. Queríamos destacar a importância de expor as crianças às artes. Eu adorava ver os estudantes interagindo com John Legend, Justin Timberlake e Alison Krauss, bem como lendas como Smokey Robinson e Patti LaBelle. Eu me sentia voltar no tempo, o jazz na casa de Southside, os recitais de piano organizados por minha tia-avó Robbie, as visitas em família aos museus. Eu sabia como as artes e a cultura contribuem para o desenvolvimento de uma criança. E aqueles momentos também faziam com que me sentisse em casa. Barack e eu assistíamos da primeira fila a todas as apresentações, nosso corpo acompanhando o ritmo. Até minha mãe, que evitava aparições públicas, descia toda vez que havia música tocando.

Promovíamos apresentações de dança e outras artes, trazendo artistas em ascensão para mostrar seus trabalhos. Em 2009, aconteceu o primeiro sarau da Casa Branca. Um jovem compositor chamado Lin-Manuel Miranda se levantou e surpreendeu a todos com o trecho de um projeto ainda incipiente que ele chamou de "álbum conceitual sobre a vida de alguém que eu acho que encarna o hip-hop... o secretário do Tesouro Alexander Hamilton".

Lembro-me de cumprimentá-lo com um aperto de mão e dizer:

— Boa sorte com essa sua ideia do Hamilton.

Todos os dias éramos expostos a muitas coisas. Glamour, excelência, devastação, esperança, tudo junto, e durante todo o tempo tínhamos duas filhas tentando levar a vida para além do que acontecia em casa. Eu fazia o que podia para assegurar que as meninas e eu nos mantivéssemos conectadas ao mundo cotidiano e encontrássemos momentos de vida normal, vida comum. Durante as temporadas de futebol americano e de lacrosse, eu ia a muitos dos jogos de Sasha e Malia. Ficava na arquibancada ao lado de outros pais, rejeitando educadamente os pedidos de fotos, mas sempre feliz em conversar. Quando Malia começou a jogar tênis, eu assistia às partidas pela janela de um veículo do Serviço Secreto, estacionado perto da quadra, para não atrapalhar. Só no fim do jogo é que eu aparecia para lhe dar um abraço.

Para Barack era mais difícil vivenciar esses momentos normais. Tanto quanto podia, ele comparecia aos eventos da escola e aos eventos esportivos das meninas, mas era fácil notar a presença de sua equipe de segurança. O objetivo era enviar ao mundo uma mensagem clara de que ninguém podia machucar o presidente dos Estados Unidos. Isso me deixava feliz, mas podia ser um pouco demais.

Esse mesmo pensamento ocorreu a Malia certo dia, quando nós três nos dirigíamos a um evento na escola de Sasha. Ao atravessar um pátio externo, passamos por um grupo de crianças do jardim de infância que aproveitavam o recreio brincando no trepa-trepa e correndo pela área de recreação. Não sei se as criancinhas viram os atiradores de elite espalhados pelos telhados dos prédios, vestidos de preto e os rifles de assalto a postos, mas Malia certamente viu. Ela olhou dos franco-atiradores para as crianças pequenas, depois para Barack, e, com um olhar de provocação, disse:

— Sério, pai?

Barack só pôde sorrir e dar de ombros. Não havia como se esquivar da gravidade do trabalho dele.

Nenhum de nós quatro jamais pisava fora da bolha. Após aquelas negociações iniciais com o Serviço Secreto, Sasha e Malia podiam ir aos bar mitsvás dos amigos, lavavam carros nos eventos para arrecadação de fundos da escola e até passeavam no shopping. Iam sempre acompanhadas por agentes e muitas vezes por minha mãe, mas agora pelo menos tinham a mesma mobilidade de seus colegas. Os agentes de Sasha eram adorados na Sidwell. As famílias se lembravam de mandar cupcakes também para eles quando havia festinhas de aniversário em sala de aula.

Com o tempo, todos nos afeiçoamos aos nossos agentes. Quando estávamos em público, eles se mantinham em silêncio e hiperalertas, mas nos bastidores e no avião se soltavam, contavam histórias, faziam piadas. Eu os provocava dizendo que eram "uns fofos com pose de durões". Ao longo de tantas horas que passamos juntos e tantos quilômetros percorridos, eles se tornaram verdadeiros amigos. Eu sofria com suas perdas e comemorava junto a vitória de seus filhos. Sempre tive consciência da seriedade do dever deles, dos sacrifícios que estavam dispostos a fazer em nome da minha segurança, e sempre lhes dei o devido valor.

Assim como minhas filhas, eu cultivava uma vida particular em paralelo à oficial. Descobri que havia maneiras de passar despercebida quando precisava, auxiliada pela disposição do Serviço Secreto de ser flexível. Às vezes eu podia me deslocar em um veículo sem identificação e com uma escolta reduzida. Vez por outra fazia compras-relâmpago, entrando e saindo de uma loja antes que dessem pela minha presença. Certa manhã, constatando que Bo tinha estripado ou triturado habilmente todos os brinquedos trazidos pela equipe que fazia nossas compras regulares, eu mesma o levei a um pet shop. Saboreei o glorioso anonimato, ainda que breve, enquanto escolhia brinquedos mais resistentes. Bo, tão encantado quanto eu com a novidade, também adorou o passeio.

Toda vez que eu conseguia ir a algum lugar sem causar alvoroço, sentia o prazer de uma pequena vitória. Mais ou menos seis meses após a visita ao pet shop, foi a vez de uma impulsiva incursão a uma loja de departamentos, disfarçada com um boné e óculos escuros. Meus agentes de segurança foram de bermuda e tênis, sem os fones de ouvido, e fizeram o melhor que podiam para não causar estranheza seguindo a mim e a minha assistente pela loja. Perambulamos por todos os corredores. Encontrei alguns jogos para Sasha e Malia, e, pela primeira vez depois de vários anos, comprei um cartão para dar a Barack em nosso aniversário de casamento.

Voltei para casa feliz da vida. Às vezes, as menores coisas pareciam enormes.

Com o passar do tempo, acrescentei novas aventuras à minha rotina. Comecei a jantar fora com amigas, ou ia à casa delas. Às vezes, ia ao parque fazer longas caminhadas às margens do rio Potomac. Nessas ocasiões, alguns agentes iam à frente e outros atrás de mim, mas a certa distância. Passei a fazer ginástica em academias locais; entrava nas aulas assim que começava e saía tão logo terminasse, para não causar confusão. A atividade mais libertadora de todas acabou sendo o esqui. Eu tinha pouca experiência, mas esse esporte rapidamente se tornou uma paixão.

Aproveitando os invernos mais pesados que o normal que tivemos nos nossos primeiros dois anos em Washington, fiz algumas viagens de um dia com as meninas e alguns amigos para uma pequena área de esqui chamada Liberty Mountain, nos arredores de Gettysburg. Com capacete, cachecol e óculos de proteção, descobrimos que podíamos nos infiltrar em qualquer multidão. Deslizando por uma pista de esqui, eu estava ao ar livre, em movimento e incógnita — tudo de uma vez. Era como voar.

Eu adorava estar junto das pessoas — era uma maneira de me sentir eu mesma, de continuar sendo a Michelle Robinson do South Side de Chicago, em meio àquele pedaço mais amplo da história. Entrelacei minha antiga vida à minha vida nova, fundi minhas preocupações pessoais a meu trabalho público. Em Washington, fiz alguns novos amigos; mães de colegas de classe de Sasha e Malia e pessoas que conheci no exercício das minhas atribuições. Eram mulheres que se importavam menos com meu sobrenome ou meu endereço e mais com meu jeito de ser. É engraçado como se reconhece rápido quem está ao nosso lado para nos dar apoio e quem está só fingindo ser seu amigo. Barack e eu às vezes conversávamos sobre isso com Sasha e Malia, durante o jantar; sobre algumas pessoas, crianças e adultos que orbitavam nossos grupos de amigos parecendo um pouco ávidas demais — "sedentas", na nossa definição.

Eu tinha aprendido, muitos anos antes, a importância de manter os amigos verdadeiros. Ainda tinha um contato próximo com o grupo de mulheres que, em Chicago, se reuniam nas manhãs de sábado para as nossas crianças brincarem juntas. Foram essas amigas que me mantiveram de pé, fazendo compras para mim quando eu não conseguia ir ao mercado, levando as meninas ao balé quando eu estava atrasada com os prazos no trabalho ou quando apenas precisava de um descanso. Durante a campanha, algumas delas haviam pegado o avião para me acompanhar em eventos, dando apoio emocional quando eu mais precisava. As amizades femininas são construídas de mil pequenas gentilezas como essas, trocadas em um incessante vaivém.

Comecei a fazer um esforço deliberado para reunir antigas e novas companheiras de vida. A cada dois ou três meses, convidava umas dez ou mais amigas próximas para passarem um fim de semana comigo em Camp David, a casa de campo e retiro presidencial nas montanhas do norte de Maryland. Comecei a chamar essas breves viagens de "Acampamento de treinamento intensivo", em parte porque eu obrigava todas a fazer exercícios físicos comigo várias vezes ao dia.

Muitas das minhas amigas tinham uma vida familiar atarefada e um emprego desgastante. Eu entendia que nem sempre era fácil fugir da rotina, mas isso era parte do propósito. Estávamos sempre nos sacrificando pelos filhos, pelo cônjuge e pelo trabalho. Depois de anos tentando encontrar equilíbrio na vida, aprendi que não há problema em ajustar as prioridades e cuidar de nós mesmas de vez em quando e dizer: *Desculpa, pessoal, estou fazendo isso por mim.*

Os fins de semana do "Acampamento de treinamento intensivo" se tornaram uma oportunidade de nos mantermos conectadas e recarregarmos as baterias. Ficávamos em aconchegantes chalés de madeira cercados por vegetação, indo de lá pra cá em carrinhos de golfe e andando de bicicleta. Jogávamos queimada, fazíamos agachamentos e a posição do cachorro olhando para baixo. Às vezes iam conosco algumas moças da minha equipe, e era incrível ver Susan Sher, de quase setenta anos, rastejando feito uma aranha ao lado de MacKenzie Smith, minha assessora de vinte e poucos anos que foi jogadora de futebol na faculdade. Comíamos refeições saudáveis, fazíamos bastante atividade física e conversávamos até não poder mais, trocando reflexões e experiências, dando conselhos ou contando histórias engraçadas. Muitas vezes, bastava ouvir. E no fim do domingo, quando nos despedíamos, prometíamos fazer tudo de novo em breve.

Eu me sentia renovada com minhas amigas. Sempre foi assim e sempre será. Elas me animavam e levantavam meu astral sempre que eu me sentia abatida ou frustrada, ou quando tinha menos acesso a Barack. Elas me apoiavam quando eu sentia as pressões de ser julgada, quando tudo que me dizia respeito, desde a cor do esmalte até a largura dos meus quadris, era analisado e discutido publicamente. E elas me ajudavam a perseverar e superar as grandes ondas de inquietação que às vezes arrebentavam sem aviso prévio.

Na noite do primeiro domingo de maio de 2011, fui jantar com duas amigas em um restaurante no centro da cidade, e Barack e minha mãe ficaram encarregados das meninas em casa. O fim de semana tinha sido especialmente movimentado. Barack fora arrastado para uma enxurrada de reuniões naquela tarde, e passáramos a noite de sábado no Jantar dos Correspondentes da Casa Branca, ocasião em que Barack fez um discurso com algumas piadas mordazes sobre a carreira de Donald Trump como apresentador de reality shows e suas teorias de que ele não era americano. Eu não conseguia ver Trump do meu lugar, mas ele estava presente. Durante o monólogo de Barack, as câmeras deram um zoom no rosto de Trump, mostrando-o impassível mas espumando de raiva por dentro.

Nossas noites de domingo costumavam ser tranquilas e sem trabalho. As meninas geralmente estavam cansadas depois de um fim de semana de esportes e passeios com os amigos. Naquela noite, depois de um jantar em que matei a saudade de algumas amigas, cheguei em casa por volta das dez horas. Fui saudada à entrada por um dos porteiros, como sempre, mas soube de imediato que algo estava acontecendo, pois notei um nível de atividade diferente do normal no andar térreo. Perguntei ao porteiro se ele sabia onde o presidente estava.

— Creio que está lá em cima, senhora, preparando-se para o pronunciamento.

E assim entendi que tinha enfim acontecido. Eu havia passado os dois dias anteriores tentando agir dentro da completa normalidade, fingindo não saber que algo perigoso e de profunda importância estava para se tornar realidade. Após meses de preparação meticulosa e uma tensa decisão final, a 11 mil quilômetros da Casa Branca e sob o manto da escuridão, uma equipe de elite dos SEALS da Marinha americana invadira uma misteriosa residência em Abbottabad, no Paquistão, à procura do terrorista Osama bin Laden.

Encontrei Barack saindo do nosso quarto. De terno escuro e gravata vermelha, parecia tomado pela adrenalina. Ele vinha carregando havia meses a pressão dessa decisão.

— Pegamos ele. E ninguém se machucou — disse Barack.

Nós nos abraçamos. Osama bin Laden estava morto. Nenhuma vida norte-americana fora perdida. Barack assumira um risco enorme — que poderia ter custado sua permanência no cargo — e tudo correra bem.

A notícia já estava percorrendo o mundo. Uma multidão se formou nas ruas ao redor da Casa Branca. As pessoas saíam dos restaurantes, hotéis e residências, e os gritos de comemoração preenchiam a noite. O som ficou tão alto, superando a barreira das janelas de vidro blindado que supostamente bloqueava todo barulho externo, que acordou Malia.

Nas cidades do país inteiro as pessoas tinham saído às ruas, atraídas por um impulso de estarem próximas umas das outras, ligadas não apenas pelo patriotismo, mas pelo luto comunal que havia nascido no Onze de Setembro e pelo alívio depois de anos temendo um novo ataque. Pensei em todas as bases militares que eu já havia visitado, em todos os soldados trabalhando com afinco para se recuperar dos ferimentos, nas muitas pessoas que estavam separadas de um familiar enviado para um lugar distante em nome da segurança do nosso país, nos milhares de crianças que perderam o pai ou a mãe naquele dia tão terrível e tão triste. Não havia como recuperar nenhuma dessas perdas. Nenhuma morte pode substituir uma vida perdida. Não sei ao certo se a morte de alguém pode ser motivo de comemoração, mas o que os Estados Unidos tiveram naquela noite foi um momento de libertação, uma chance de reafirmar sua resiliência.

23

O TEMPO PARECIA ORA DAR SALTOS, ORA DAR VOLTAS, sendo impossível medir seu progresso ou acompanhá-lo. Todos os dias eram cheios. Todas as semanas, meses e anos que passamos na Casa Branca foram cheios. Quando chegava a sexta-feira, mal lembrava como tinham sido a segunda e a terça. Às vezes, ao me sentar para jantar, ficava me perguntando sobre onde e como tinha sido o almoço. Mesmo agora, ainda acho difícil processar. A velocidade era grande demais, o tempo de reflexão curto demais. Uma única tarde podia englobar dois ou três eventos oficiais, várias reuniões e uma sessão de fotos. Eu podia visitar vários estados num dia só, falar para 12 mil pessoas ou fazer ginástica com quatrocentas crianças no jardim. Tudo isso antes de colocar uma roupa chique e me dirigir a uma festa quando caísse a noite. Meus dias livres eram dedicados a Sasha e Malia e à vida delas. E depois eu voltava aos dias "formais" — aos penteados, à maquiagem e ao vestuário. Ao centro da vista pública.

Estávamos caminhando para 2012, ano de campanha para reeleição, e eu sentia que não podia nem deveria descansar. Ainda estava conquistando meu espaço. Os questionamentos sobre o que eu devia e a quem ocupavam minha mente. Eu carregava uma história, e não era a história de presidentes e primeiras-damas. Nunca me identifiquei com a história do presidente John Quincy Adams como me identificava com a da abolicionista Sojourner Truth, nunca me emocionei com o presidente Woodrow Wilson e sim com a ativista Harriet Tubman. A luta de Rosa Parks e a de Coretta Scott King, mulheres negras que lutaram por igualdade, me eram mais familiares do que as das primeiras-damas Eleanor Roosevelt ou Mamie Eisenhower. Eu carregava essas histórias junto com as da minha mãe e minhas avós. Nenhuma dessas mulheres célebres jamais teria considerado possível uma vida como a que eu tinha agora. No entanto, elas persistiram, pavimentando o caminho para alguém como eu. Eu queria que minha atuação no mundo honrasse sua memória.

Eu sentia a pressão para não estragar as coisas. Embora fosse considerada popular, não deixava de me afetar pelas críticas, pelas pessoas que tiravam conclusões a meu respeito baseadas na cor da minha pele. Por isso eu ensaiava meus discursos várias vezes e fazia questão de que todos os eventos organizados por nós fossem pontuais e transcorressem sem problemas. Insistia ainda mais para minha assessoria que o alcance das minhas iniciativas Let's Move! e Joining Forces fosse ampliado. Minha meta era não perder nenhuma oportunidade que agora tinha, mas às vezes precisava me lembrar de respirar.

Com outra eleição presidencial pela frente, Barack e eu sabíamos que os meses de campanha exigiriam mais viagens, mais planejamento estratégico e mais preocupações. E a responsabilidade era enorme. Todos que trabalhavam na Casa Branca viviam no limbo de não saber se conseguiríamos um segundo mandato para dar continuidade aos avanços que tínhamos feito até então. Eu tentava nem pensar na possibilidade de uma derrota, mas ela existia — era uma semente de medo bem lá no fundo.

O país ainda estava se recuperando da crise econômica. Muitos culpavam Barack. No alívio que se seguiu à morte de Osama bin Laden, a aprovação popular havia disparado, o maior número em dois anos, mas poucos meses depois despencaram a níveis inéditos por conta de divergências políticas e dos temores de uma nova recessão.

Quando se iniciava esse alvoroço, fui à África do Sul para uma visita de boa vontade. As aulas de Sasha e Malia tinham acabado de terminar e elas puderam ir comigo, assim como minha mãe e meus sobrinhos, Leslie e Avery, já adolescentes a essa altura. Eu ia fazer um discurso num fórum para jovens líderes africanas de todo o continente. Também havíamos incluído na minha agenda eventos comunitários ligados à saúde e ao ensino, além de visitas a líderes locais e a funcionários do consulado americano.

Fomos instantaneamente arrebatados pela energia da África do Sul. Em Johannesburgo, visitamos o Museu do Apartheid, que expunha a história de segregação racial no país. Dançamos e lemos histórias para crianças num centro comunitário de um distrito negro. Num estádio de futebol na Cidade do Cabo, reunimo-nos com organizadores comunitários e agentes da área de saúde que utilizavam programas de esportes para conscientizar as crianças sobre o vírus HIV e fomos apresentados ao arcebispo Desmond Tutu, o lendário teólogo e ativista que ajudou a acabar com o apartheid na África do Sul. Tutu estava com 79 anos, um homem de tronco largo, olhos brilhantes e um riso irreprimível. Ao saber que eu estava no estádio para promover a boa forma física, ele insistiu em fazer flexões comigo na frente de um bando de crianças aplaudindo.

Eu me senti nas nuvens durante esses poucos dias na África do Sul. Foi uma visita totalmente diferente da minha primeira viagem ao Quênia, quando passeei com Barack naqueles ônibus coloridos que chamam de *matatu* e ajudei a empurrar o carro quebrado de Auma no acostamento de uma estrada de terra. Um terço da minha sensação podia ser efeito do jet lag, mas o restante era algo mais significativo e energizante. Era como se entrássemos nas grandes contracorrentes da cultura e da história, subitamente relembrados de como éramos pequenos no arco temporal mais amplo. Vendo o rosto das 76 moças escolhidas para comparecer ao fórum por estarem fazendo um trabalho importante em suas comunidades, tive que conter as lágrimas. Elas me instilavam esperança. Ali, me senti velha da melhor maneira possível. Nada menos que 60% da população africana tinha abaixo de 25 anos na época. Ali estavam mulheres, todas com menos de trinta anos e algumas de apenas dezesseis, que estavam montando entidades sem fins lucrativos, treinando outras mulheres a serem empreendedoras e correndo o risco de ser presas por denunciar a corrupção do governo. E agora estavam sendo conectadas, treinadas, incentivadas. Isso, esperava eu, apenas aumentaria o poder delas.

Mas o momento mais surreal ocorrera no começo, no segundo dia da nossa viagem. Minha família e eu fomos à sede da Fundação Nelson Mandela, em Johannesburgo, na companhia da célebre humanitarista Graça Machel, que é esposa de Mandela. Então nos disseram que Mandela em pessoa gostaria de nos receber em sua casa, ali perto.

Fomos imediatamente, claro. Nelson Mandela estava, nessa época, com 92 anos. Meses antes, ficara internado no hospital com problemas pulmonares e, segundo me disseram, raramente recebia visitas. Barack o conhecera seis anos antes, como senador, quando Mandela esteve em visita a Washington. Desde então, uma foto emoldurada do encontro entre ambos decorava a parede de seu escritório. Mesmo as meninas — Sasha com dez anos e Malia prestes a fazer treze — entenderam a grandiosidade do momento. Até minha mãe, quase sempre imperturbável, parecia um pouco espantada.

Não existia ninguém em vida que tivesse exercido maior impacto no mundo do que Nelson Mandela, pelo menos segundo meus critérios. Ele era um rapaz quando ingressou no Congresso Nacional Africano, nos anos 1940, e começou a contestar bravamente o governo exclusivamente branco e suas arraigadas políticas racistas. Tinha 44 anos quando foi enviado para a prisão por causa de sua militância, e 71 anos quando foi finalmente libertado, em 1990. Sobrevivendo a 27 anos de privação e isolamento como prisioneiro, tendo muitos amigos torturados e mortos sob o regime do apartheid, Mandela conseguiu negociar com os líderes do governo — em vez de combatê-los —, realizando assim uma transição miraculosamente pacífica para uma verdadeira democracia na África do Sul, e vindo a se tornar seu primeiro presidente.

Mandela morava numa rua arborizada de um bairro residencial, numa casa cercada por muros amarelos. Graça Machel nos conduziu por um pátio sombreado de árvores até a casa, onde seu marido estava sentado na poltrona de um aposento amplo e ensolarado. Tinha cabelos brancos ralos e usava uma camisa de batik marrom. Alguém lhe colocara uma manta branca no colo. Diversas gerações de parentes o cercavam, e todos nos receberam com alegria. Algo na luminosidade da sala, na vivacidade da família e no sorriso do patriarca Mandela me lembrou minha infância, quando eu ia à casa do meu avô. Eu estava nervosa ao saber que vinha, mas depois fiquei mais à vontade.

A verdade é que não sei bem se Mandela entendeu quem éramos. Já idoso, ele parecia distraído e tinha a audição debilitada.

— Esta é *Michelle Obama*! — disse Graça Machel, junto ao ouvido dele. — A esposa do presidente americano!

— Ah, encantadora — Nelson Mandela murmurou. — Encantadora.

Ele me olhava com autêntico interesse, embora, na verdade, eu pudesse ser qualquer pessoa. Ficou claro para mim que ele dava esse mesmo grau de cordialidade a todos os que cruzavam seu caminho. O contato que tive com Mandela foi profundo e silencioso — talvez até mais profundo por causa do silêncio. Praticamente todas as palavras de sua vida já haviam sido ditas, seus discursos e cartas, seus livros e canções de protesto, tudo já gravado não apenas em sua história, mas na história de toda a humanidade. Pude sentir isso nos breves momentos em que estive com ele — sua dignidade e força, capazes de extrair uma igualdade até então inexistente naquele lugar.

Eu continuava a pensar em Mandela cinco dias depois, quando estávamos no avião de volta aos Estados Unidos. Sasha e Malia dormiam esparramadas debaixo dos cobertores, ao lado dos primos; minha mãe cochilava numa poltrona próxima. Mais atrás, assessores e agentes assistiam a um filme ou cochilavam. Os motores zuniam. Eu me sentia sozinha e não sozinha. Pensei nas jovens africanas que conhecera no fórum de lideranças, que deviam estar voltando para suas comunidades, onde retomariam o trabalho com perseverança para guiá-las por todas as incertezas que tivessem de enfrentar.

Mandela foi preso por causa de seus princípios. Não viu os filhos crescerem, tampouco muitos de seus netos. Tudo isso sem amargura. Tudo isso ainda acreditando que alguma hora prevaleceria a natureza boa de seu país. Ele se empenhou e esperou, tolerante e incansável, para ver isso acontecer.

Voltei para casa inspirada. A vida estava me ensinando que o avanço e a mudança vêm lentamente. Não em dois anos, não em quatro anos, nem mesmo numa vida inteira. Estávamos plantando as sementes da mudança, e talvez nunca víssemos seus frutos. Precisávamos ser pacientes.

AO LONGO DA SEGUNDA METADE DE 2011, por três vezes Barack apresentou projetos de lei que criariam milhares de empregos, incluindo mais oportunidades para professores e socorristas. Por três vezes os republicanos obstruíram o andamento, não permitindo sequer que fossem votados.

Um ano antes, o senador Mitch McConnell fizera a seguinte declaração a respeito das metas de seu partido:

— O mais importante para nós é conseguir que o presidente Obama não chegue ao segundo mandato.

Simples assim. Os congressistas republicanos estavam empenhados, acima de tudo, em ver o fracasso de Barack. Ficou evidente que não priorizavam a administração do país nem o fato de que as pessoas precisavam trabalhar. O próprio poder vinha primeiro.

Aquilo era decepcionante, exasperante, às vezes arrasador. Sim, era política, mas em sua face mais pessimista e negativa, aparentemente desvinculada de qualquer perspectiva mais ampla. Vinham-me emoções que talvez Barack não pudesse se permitir. Ele se mantinha concentrado no trabalho, superando os baques e buscando negociações onde fosse possível, aferrando-se ao otimismo sensato que sempre o guiou. Eu o imaginava como uma velha panela de cobre: temperada pelo fogo, amassada, mas sempre luzidia.

Retomando o ritmo de campanha no outono, saímos de Washington e voltamos a visitar comunidades de todo o país. Nesses lugares podíamos dar as mãos e abraçar apoiadores, ouvir suas ideias e preocupações. Era uma chance de relembrarmos que os cidadãos americanos são muito mais positivos e esperançosos do que seus dirigentes. Precisávamos apenas que eles saíssem para votar. No ano anterior, eu ficara desapontada com a abstenção de milhões de pessoas nas eleições intercalares, o que na prática colocou nas mãos de Barack um Congresso dividido que mal conseguia fazer uma lei.

Apesar dos problemas, porém, havia também muitas coisas que despertavam esperança. No final de 2011, os últimos soldados americanos tinham deixado o Iraque. Estava em andamento uma retirada gradual das tropas no Afeganistão. Partes importantes da lei de atendimento de saúde acessível (o chamado ObamaCare) tinham passado a vigorar, dando a mais pessoas acesso à cobertura dos planos de saúde. Tudo isso era um avanço, eu dizia a mim mesma, passos rumo a um caminho mais abrangente.

Mesmo com um partido político inteiro tramando para ver o fracasso de Barack, só nos restava manter o otimismo e seguir em frente. A situação era análoga àquela em que uma mulher perguntou a Malia, durante a aula de tênis, se ela não tinha medo de morrer. No fim das contas, o que se pode fazer além de seguir o jogo e bater a próxima bola? Então seguimos trabalhando. Nós dois. Eu me lancei às minhas iniciativas. Sob a bandeira do Let's Move!, continuamos a acumular resultados. Minha equipe e eu persuadimos uma grande rede de restaurantes, que servia anualmente 400 milhões de refeições, a fazer mudanças saudáveis no tipo de comida que oferecia. Numa empresa grande como aquela, mesmo mudanças pequenas — como retirar do cardápio das crianças as tentadoras fotos de copos de refrigerante gelado — poderiam ter um impacto efetivo.

O poder de uma primeira-dama é uma coisa curiosa — suave e indefinido como o próprio papel. Mas eu estava aprendendo a utilizá-lo. A tradição mandava que eu evitasse confrontos com a nação e que simplesmente mantivesse minha devoção ao presidente. No entanto, eu começava a ver que tinha um poder maior. Minha influência consistia em ser uma espécie de excentricidade — uma primeira-dama negra, uma mulher ativa profissionalmente, mãe de duas crianças. As pessoas pareciam querer saber sobre as roupas, os sapatos e os penteados que eu usava, mas também precisavam ver por que eu tomava as decisões que tomava. Eu vinha aprendendo a vincular minha mensagem a minha imagem e a influenciar a maneira como as pessoas me viam. Podia usar uma roupa diferente, fazer uma piada e falar sobre nutrição infantil sem ser enfadonha. Podia fazer um agradecimento público a uma empresa que contrata integrantes da comunidade militar, ou, em nome do Let's Move!, me lançar ao chão para uma disputa de flexões ao vivo com Ellen DeGeneres (e ganhar, conquistando o direito vitalício de me gabar disso).

Meus gostos sempre foram ligados ao *mainstream* e sempre adorei a cultura popular. Ainda que tivesse passado por locais exclusivos como a Universidade Princeton e o escritório de advocacia em Chicago, ainda que nos últimos tempos ostentasse ocasionais diamantes e vestidos de gala, nunca parei de ler a revista *People* nem deixei de acompanhar uma boa série de comédia. Assistia muito mais aos programas da Oprah e da Ellen do que noticiários e debates políticos, e até hoje nada me dá mais prazer que o triunfo da ordem proporcionado pelos programas de reforma de casas.

Por causa disso, eu via maneiras de criar vínculos com os americanos cuja potência não era percebida por Barack e seus assessores, pelo menos no começo. Em vez de dar entrevistas a grandes veículos da imprensa, comecei a conversar com mães blogueiras extremamente influentes com um público feminino muito grande e muito bem informado. Eu via os jovens da minha equipe com seus celulares, via Malia e Sasha começando a acompanhar as notícias e conversar com amigos pelas redes sociais, e percebi que ali também havia uma oportunidade. Publiquei no Twitter pela primeira vez em meados de 2011, para promover o Joining Forces, e fiquei acompanhando meu post disparar pelo estranho e sem fronteiras mundo on-line, onde as pessoas passavam cada vez mais tempo.

Foi uma revelação. Com meu poder suave, eu estava descobrindo que podia ter força.

Se os repórteres e as câmeras de televisão queriam me seguir, então que eu os levasse a lugares que chamassem a atenção para questões relevantes. Podiam, por exemplo, acompanhar a mim e a Jill Biden pintando as paredes de uma casa modesta em Washington. Não havia nada de muito interessante em duas mulheres com um rolo de pintura na mão, mas isso atraiu todo mundo à porta do sargento Johnny Agbi.

O sargento Johnny Agbi era um jovem médico do Exército que se feriu gravemente quando o helicóptero em que estava sofreu um ataque, demandando um longo período de recuperação no hospital Walter Reed. Agora a casa dele estava sendo adaptada para o uso de cadeira de rodas — alargando-se os umbrais das portas e rebaixando-se a pia da cozinha — por um grupo de voluntários que reformavam residências para veteranos necessitados. As câmeras registraram tudo: o soldado, a casa, a boa vontade e a energia dos envolvidos. Os repórteres entrevistaram não só a mim e a Jill, mas também o sargento Agbi e o pessoal que realmente pôs a mão na massa. Para mim, era assim que devia ser. Era nisso que os olhos americanos precisavam prestar atenção.

NO DIA DA ELEIÇÃO — 6 de novembro de 2012 —, aguardei temerosa e em silêncio. Barack, as meninas e eu estávamos em casa em

Chicago, à espera para saber se toda uma nação nos aceitaria ou rejeitaria. Para mim, foi a eleição mais estressante até então. Senti como se fosse um julgamento não só sobre o desempenho político de Barack na administração do país, mas também sobre o caráter dele e nossa presença na Casa Branca. As meninas haviam estabelecido relações sólidas e rotinas normais que eu não queria interromper de novo. Tendo aberto mão de mais de quatro anos da nossa vida em família, eu estava tão afetada por tudo aquilo que era impossível não levar um pouco para o lado pessoal.

As pesquisas mostravam uma ligeira vantagem de Barack sobre o candidato republicano Mitt Romney. A campanha nos esgotou mais do que eu previra, e era nítida a exaustão em nossa esforçada equipe. Embora decididos a não demonstrar, eles estavam inquietos com a possibilidade de Barack perder e ter que deixar o cargo dali a alguns meses.

Ao longo de toda a campanha, Barack manteve a calma, mas eu notava os efeitos das pressões que sofria. Nas semanas finais, ele estava um pouco pálido e ainda mais magro que o habitual. Eu via com preocupação seu esforço em fazer tudo: tranquilizar os militantes, prosseguir na campanha até o final e ainda governar, tudo ao mesmo tempo.

Naquela noite, quando a apuração dos votos na Costa Leste começou a se encerrar, fui para o terceiro andar da nossa casa, onde minha equipe tinha montado uma espécie de salão de beleza, a fim de me preparar para a parte pública da noite. Meredith havia escolhido as roupas para mim, minha mãe e as meninas. Johnny e Carl faziam meu cabelo e maquiagem. Mantendo a tradição, Barack tinha ido jogar basquete durante o dia e depois ficara no escritório para dar os retoques finais em seus discursos.

De propósito, eu deixava a TV desligada. Quando surgisse alguma notícia, boa ou ruim, eu queria ouvir diretamente de Barack ou de Melissa, ou de alguém próximo de mim. O falatório dos âncoras dos noticiários sempre mexia com meus nervos. Eu não queria os detalhes; só queria saber como me sentir.

Passava das oito da noite, o que significava que os primeiros resultados já estavam saindo. Mandei e-mails para Valerie, Melissa e Tina Tchen (que em 2011 se tornara minha nova chefe de equipe), perguntando o que elas sabiam.

Deu quinze minutos, depois trinta. Ninguém respondeu. O cômodo à minha volta parecia imerso num silêncio estranho. Minha mãe estava lá embaixo, lendo uma revista na cozinha; Meredith preparava as meninas para a noite; Johnny fazia meu cabelo. Era paranoia minha ou as pessoas evitavam me olhar nos olhos? Elas sabiam algo que eu não sabia?

Comecei a ter palpitações. Não me atrevia a ligar a TV, de repente imaginando que seriam más notícias. A cada minuto que o meu celular continuava silencioso no meu colo, minhas dúvidas ficavam mais fortes e mais estrondosas. Talvez não tivéssemos trabalhado com o afinco necessário. Talvez não merecêssemos um segundo mandato. Minhas mãos tremiam.

Eu estava a ponto de desmaiar de ansiedade quando Barack subiu lepidamente pela escada, com seu velho sorriso aberto e confiante. Já havia deixado suas preocupações para trás.

— Estamos arrasando — disse ele, aparentando surpresa por eu ainda não saber. — Está praticamente definido.

Fiquei sabendo que, lá embaixo, estavam o tempo todo na maior alegria, a TV no térreo trazendo uma onda constante de boas notícias. O problema comigo foi que meu celular estava, por alguma razão, sem sinal, por isso não enviava nem recebia mensagens. Acabei presa na minha cabeça, e ninguém reparou que eu estava aflita, nem as pessoas que estavam na sala comigo.

Barack venceu em todos menos em um dos estados mais disputados. Venceu entre jovens, minorias e mulheres, tal como em 2008. Apesar de tudo o que os republicanos haviam feito para impedir seu sucesso, sua visão prevalecera. Pedíramos aos americanos permissão para continuar trabalhando — para terminar bem —, e recebemos. O alívio foi imediato. *Somos bons o suficiente? Sim, somos.*

Era hora avançada quando Mitt Romney telefonou para admitir a derrota. Mais uma vez, vimo-nos arrumados e bem-vestidos, acenando do alto de um palco, quatro Obamas e um monte de confetes, felizes em ter mais quatro anos.

A certeza que veio com a reeleição me manteve firme. Dispúnhamos de mais tempo para prosseguir em nossas metas. Podíamos ser mais pacientes com nosso avanço rumo ao progresso. Agora tínhamos uma perspectiva de futuro, o que me deixava feliz. Sasha e Malia podiam continuar na escola; nossa equipe podia continuar em seus empregos; nossas ideias ainda tinham importância. E, quando esses quatro anos seguintes se encerrassem, teríamos realmente terminado, o que me deixava mais feliz ainda.

A verdade é que o futuro traria suas surpresas — algumas boas, outras indizivelmente trágicas. Mais quatro anos na Casa Branca significavam mais quatro anos como símbolos dos Estados Unidos, absorvendo e respondendo a tudo o que surgisse no caminho do nosso país. E agora o futuro vinha na nossa direção, talvez mais depressa do que percebíamos.

CINCO SEMANAS DEPOIS, um homem armado entrou na escola de ensino fundamental Sandy Hook em Newtown, Connecticut, e começou a matar crianças.

Eu acabava de fazer um breve discurso na frente da Casa Branca e depois visitaria um hospital infantil quando Tina me puxou de lado para contar o que havia acontecido. Durante o meu discurso, a notícia começara a aparecer no celular dela e de várias outras pessoas, mas elas continuaram ali, procurando ocultar as emoções, enquanto eu falava.

A notícia era tão triste e pavorosa que eu mal consegui processar o que Tina dizia.

Ela disse que Barack estava sozinho no Salão Oval.

— Ele pediu para você ir para lá — disse Tina. — Imediatamente.

Meu marido precisava de mim. Essa foi a única vez em oito anos que ele pediu minha presença no meio de um dia repleto de atividades programadas. Não raro, trabalho era trabalho e casa era casa, mas a tragédia em Newtown estilhaçou todas as vidraças e derrubou todas as cercas para nós, como para muita gente. Quando entrei no Salão Oval, Barack e eu nos abraçamos em silêncio. Não havia nada a dizer. Não havia palavras.

O que muitos não sabem é que o presidente vê quase todas as informações relacionadas ao bem-estar do país. Sendo um homem prático, atento aos fatos, Barack sempre preferia saber mais detalhes, e não menos, para poder oferecer uma resposta bem fundamentada. A seu ver, era sua responsabilidade encarar as coisas de frente em vez de desviar o olhar, manter-se firme enquanto os demais temiam desabar.

Por isso, quando cheguei, ele já estava informado sobre todos os detalhes do horrendo crime na escola Sandy Hook. Sua dor e seu horror não se comparavam aos dos socorristas que entraram na escola para proteger o prédio e evacuar os sobreviventes da escola; não eram nada em comparação à dor e ao horror dos pais, que tiveram de esperar do lado de fora, rezando para reverem os filhos. E não eram absolutamente nada em comparação ao inimaginável sofrimento dos pais que perderam seus filhos naquele dia.

Mesmo assim, aquelas imagens do que aconteceu na Sandy Hook deixaram Barack arrasado.

Assim como eu, ele tem um profundo e genuíno amor pelas crianças. Além de ser um pai muito afetuoso, de tempos em tempos ele levava crianças ao Salão Oval para lhes mostrar o lugar. Pegava bebês no colo. Sempre aproveitava o tempo que tivesse para visitar uma feira de ciências em alguma escola ou um evento desportivo juvenil. No ano anterior, ele se deleitou ao se oferecer como treinador-assistente do time de basquete de Sasha no ensino fundamental.

A proximidade das crianças tornava tudo mais leve. Ele compreendia, mais do que ninguém, o potencial perdido com a morte daquelas vinte crianças.

Manter a compostura depois de Newtown foi provavelmente a tarefa mais difícil de sua vida. Quando Malia e Sasha voltaram da escola, Barack e eu as recebemos com um abraço apertado. Era difícil saber o que dizer ou não dizer a elas sobre o tiroteio. E, em toda a nação, outros pais estavam enfrentando o mesmo desafio.

Barack deu uma coletiva de imprensa naquele dia, enxugando as lágrimas, procurando palavras capazes de proporcionar algum consolo, mas entendendo que não havia consolo possível. O máximo que podia fazer era oferecer sua determinação em prevenir novos massacres, e faria isso com a aprovação de leis básicas e sensatas sobre a venda de armas.

Eu me limitei a apoiá-lo, já que não me sentia preparada. Em quase quatro anos como primeira-dama, muitas vezes prestara consolo. Orei com pessoas cujas casas haviam sido arrasadas em instantes pela passagem de um tornado, abracei homens, mulheres e crianças que perderam entes queridos na guerra, em ataques terroristas ou nas violentas ruas do bairro. Nos quatro meses anteriores, eu visitara sobreviventes dos tiroteios em massa num cinema e dentro de um templo sikh. Era sempre devastador. Nesses encontros, sempre tentei oferecer minha faceta mais calma e receptiva, emprestar minha força fazendo-me presente e atenciosa, sentando-me em silêncio junto ao sofrimento de outras pessoas. No entanto, dois dias após o massacre da Sandy Hook, quando Barack foi a Newtown para se pronunciar numa vigília de orações pelas vítimas, não consegui me recompor e ir com ele. Estava tão abalada que não tinha forças. Em meus quatro anos como primeira-dama já haviam ocorrido matanças demais — mortes absurdas, que poderiam ter sido evitadas, e pouca ação como resposta. Não sabia que consolo poderia dar a alguém que perdera um filho de seis anos dentro da escola.

Como tantos outros pais e mães, apenas me agarrei às minhas filhas. Estávamos perto do Natal, e Sasha estava entre as crianças locais escolhidas para integrar o Balé de Moscou em duas apresentações de *O quebra-nozes*, no mesmo dia da vigília em Newtown. Barack conseguiu se infiltrar de fininho no ensaio final e assisti-la sentado nos fundos antes de se dirigir a Connecticut. Eu compareci à apresentação, ao fim do dia.

Foi um espetáculo lindo, com o príncipe numa floresta enluarada e o cortejo rodopiante de doces. Sasha fazia o papel de um camundongo, com uma malha preta, orelhas peludas e rabo comprido, entrando em cena enquanto um trenó passava sob uma chuva de flocos cintilantes imitando neve, ao som crescente da música orquestral. Fiquei de olhos pregados nela. Todo o meu ser agradecia por sua existência. Sasha, no palco, com os olhos brilhando de fascínio, no começo parecia nem acreditar que estava ali, como se achasse a cena toda irreal e deslumbrante. E era mesmo. Ela ainda era nova o suficiente para se entregar por inteiro àquilo, permitindo-se viver alguns momentos num paraíso onde ninguém falava e todos dançavam, e onde sempre havia um feriado pela frente.

TENHAM PACIÊNCIA COMIGO, pois as coisas não vão ficar mais fáceis. Seria diferente se os Estados Unidos fossem um lugar simples com uma história simples. Se eu pudesse dizer que tudo ao meu redor era pacífico e agradável. Se não houvesse retrocessos. E se pelo menos todas as tristezas tivessem um final feliz.

Mas meu país não é assim, e nem eu. Não vou tentar ajustar minha história para forçá-la a assumir um formato perfeito.

Em muitos aspectos, o segundo mandato de Barack foi mais fácil que o primeiro. Foram quatro anos iniciais aprendendo muito, cercando-nos das pessoas certas, construindo sistemas que funcionavam bem. Agora sabíamos o suficiente para evitar alguns pequenos erros e ineficiências, a começar pelo dia da posse, em janeiro de 2013, quando solicitei que a plataforma de onde assistiríamos ao desfile fosse totalmente aquecida, para nossos pés não congelarem. Tínhamos ainda quatro anos pela frente, e, se eu aprendera alguma coisa, foi a relaxar e tentar ir com calma.

Sentada ao lado de Barack durante o desfile da cerimônia de posse, depois que ele renovara o juramento de lealdade ao país, observei o fluxo de carros e as bandas de música, já capaz de apreciar mais do que na primeira vez. Do meu ponto de observação, não conseguia distinguir bem o rosto dos artistas. Eram milhares deles, cada qual com sua história. Outros milhares tinham ido a Washington para se apresentar nos eventos que precederam a posse, além das dezenas de milhares de pessoas que foram assistir.

Mais tarde, fiquei querendo quase freneticamente ter enxergado Hadiya Pendleton, uma graciosa menina negra com uma fita dourada no cabelo e uniforme azul de baliza que naquele dia viera com a banda da escola Martin Luther King Jr., do South Side de Chicago, para se apresentar em alguns dos eventos paralelos. Queria crer que, de alguma maneira, eu tivera ocasião de vê-la em meio à enorme cascata de gente percorrendo a cidade — uma jovem em ascensão, com quinze anos, que pegou um ônibus para a capital com os colegas da banda para viver um grande momento. Hadiya morava com os pais e o irmão pequeno, a cerca de três quilômetros da nossa casa. Era uma das melhores alunas do colégio e gostava de dizer às pessoas que queria estudar em Harvard. Tinha começado a planejar sua festa de aniversário de dezesseis anos. Gostava de comida chinesa e de cheeseburguer, e de tomar sorvete com os amigos.

Eu soube dessas coisas sobre Hadiya várias semanas depois, no enterro dela. Oito dias após a posse, levou um tiro fatal num parque de Chicago, não muito longe de sua escola. Estava com um grupo de amigos sob uma cobertura de metal perto de um playground, esperando passar a chuva torrencial. Foram confundidos com membros de uma gangue e baleados por um rapaz de dezoito anos, de outra gangue. Hadiya foi atingida nas costas, quando tentava correr para se proteger. Dois amigos seus ficaram feridos. Tudo isso às 14h20 de uma terça-feira.

Gostaria de tê-la visto viva, nem que fosse apenas para ter uma lembrança a doar à mãe dela agora que as lembranças da filha tinham sido abruptamente interrompidas, memórias a serem reunidas e preservadas.

Fui ao funeral de Hadiya porque me pareceu o certo a se fazer. Como não acompanhara Barack à cerimônia fúnebre em Newtown, agora era minha vez de comparecer. Tinha a esperança de que minha presença ajudasse a chamar a atenção para as inúmeras crianças inocentes que eram alvejadas quase todos os dias nas ruas das cidades. Eu esperava que esse tipo de tragédia, junto com o horror de Newtown, motivasse os americanos a exigir leis sensatas sobre a venda e o porte de armas. Hadiya Pendleton vinha de uma família trabalhadora muito unida, bastante parecida com a minha. Em termos simples, eu podia tê-la conhecido. Eu podia ter sido ela no passado. E, se naquele dia Hadiya tivesse tomado outro caminho para casa, ou mesmo se movido quinze centímetros para a esquerda e não para a direita quando os disparos começaram, ela poderia ser eu.

— Fiz tudo o que devia — disse-me a mãe dela quando nos encontramos, logo antes de começar o funeral, as lágrimas correndo dos olhos castanhos.

Cleopatra Cowley-Pendleton era uma mulher afetuosa, de voz meiga e cabelo curto que trabalhava com atendimento ao cliente. No dia do enterro da filha, usava uma enorme flor cor-de-rosa na lapela. Ela e o marido, Nathaniel, sempre zelaram ciosamente pela filha; incentivaram-na a se inscrever na King, uma escola pública muito seleta. Para que não lhe sobrasse muito tempo para ficar na rua, fizeram questão de matriculá-la em aulas de vôlei, animação de torcida e num grupo de dança na igreja. Tal como meus pais fizeram por mim, eles se sacrificaram para que ela pudesse ter contato com outras coisas além do bairro. Naquele mesmo ano, Hadiya planejava ir para a Europa com a banda, e tinha adorado a visita a Washington.

— Lá é tudo tão limpo, mãe — ela contou para Cleopatra quando voltou. — Acho que vou entrar para a política.

Em vez disso, Hadiya Pendleton foi uma das três pessoas que morreram naquele mesmo dia de janeiro, em episódios separados de violência com armas de fogo em Chicago. Foi a 36ª vítima de violência armada naquele ano em Chicago, e ainda era apenas o 29º dia do ano. Quase todas as vítimas eram negras. Apesar de todas as suas aspirações e toda a sua dedicação, Hadiya se tornou símbolo de algo negativo.

O funeral estava lotado, mais uma comunidade destroçada se apinhando na igreja. Cleopatra se levantou e falou sobre a filha. Os amigos de Hadiya se levantaram e contaram histórias sobre ela, todas expressando sentimentos de indignação e impotência. Eram adolescentes perguntando não só *por quê?*, mas *por que tantas vezes?*. Havia adultos importantes ali naquele dia, incluindo o prefeito e o governador, todos se espremendo nos bancos, lidando intimamente com a dor e a culpa enquanto o coro cantava com uma força que fazia estremecer o piso da igreja.

ERA IMPORTANTE FAZER mais do que apenas consolar. Ao longo da vida, já ouvi muitas palavras vazias de pessoas importantes. Eles dizem muita coisa em momentos de crise, sem que se siga nenhuma ação. Eu estava decidida a ser alguém que falava a verdade, usando, quando podia, minha voz para incentivar os que não a tinham, e a não desaparecer quando as pessoas mais necessitavam de mim. Tinha consciência de que, quando aparecia em algum lugar, era um tanto teatral visto de fora — o séquito de carros, agentes, assessores e a mídia, e eu no centro. Eu não gostava do que isso causava nos meus contatos com as pessoas. Às vezes elas gaguejavam ou silenciavam na minha presença, sentindo-se desconfortáveis. Por isso, geralmente eu tentava me apresentar com um abraço, para quebrar o gelo e me aproximar.

Eu procurava estabelecer relações com as pessoas que encontrava, em especial com aquelas que normalmente não tinham acesso ao mundo exclusivo onde eu agora vivia. Queria compartilhar o máximo que pudesse daquele brilho. Convidei os pais de Hadiya Pendleton para se sentarem ao meu lado durante o Discurso Sobre o Estado da União de Barack, alguns dias depois do funeral, e os recebi na Casa Branca para a Corrida dos Ovos de Páscoa. Cleopatra, que se tornara firme defensora da prevenção à violência, voltou à Casa Branca para outros encontros sobre o tema. Escrevi cartas às meninas da escola londrina Elizabeth Garrett Anderson, que haviam me emocionado profundamente, incentivando-as a conservarem a esperança e continuarem se esforçando, mesmo em condições adversas. Em 2011, eu tinha visitado a Universidade de Oxford acompanhada de 37 moças da Garrett Anderson, não as melhores alunas, mas aquelas cujos professores pensavam que ainda não haviam atingido todo o seu potencial. O objetivo era lhes dar uma ideia das possibilidades, mostrar-lhes o que era possível se acreditassem em si mesmas como eu acreditava nelas. Também recebi na Casa Branca alunas da escola durante a visita oficial do primeiro-ministro britânico. Julguei que era importante travar contato múltiplas vezes e de múltiplas formas com as crianças, para que elas soubessem que tudo aquilo era real.

Eu sabia que meus sucessos iniciais eram fruto do amor e das altas expectativas que me cercaram na infância, tanto em casa quanto na escola. Esse entendimento foi o que motivou meu programa de mentoria na Casa Branca, bem como uma nova iniciativa educacional que minha equipe e eu estávamos preparando, chamada Reach Higher [Chegue Mais Longe]. Eu queria incentivar meninos e meninas a se empenharem com afinco para frequentar a universidade e não abandonar os estudos. Um diploma de ensino superior se tornaria cada vez mais importante para os jovens encontrarem empregos. O projeto Reach Higher os ajudaria nesse processo, oferecendo apoio aos orientadores pedagógicos e acesso mais fácil à ajuda financeira federal.

Tive a sorte de contar com pais, professores e mentores que me alimentavam regularmente com uma mensagem simples: *Você tem valor.* Eu queria transmitir essas palavras para uma nova geração. Era a mensagem que eu passava às minhas filhas, que tinham a sorte de vê-la ser reforçada pela escola e pelas condições privilegiadas em que viviam, e eu estava decidida a mostrar a todos os jovens que encontrasse que eles também eram importantes. Queria ser o contrário da orientadora pedagógica que tivera no ensino médio, que me dissera que eu não servia para entrar em Princeton. Descobri que os jovens dão mais de si quando sentem que recebem mais. E as alunas da Elizabeth Garrett Anderson demonstraram isso — seu desempenho nas provas deu um salto significativo desde que comecei a ter contato com elas. Todo o mérito por isso cabia às meninas e aos professores, mas entendi que havia um poder em mostrar às crianças minha consideração.

— Todos nós acreditamos que o lugar de vocês é aqui — falei às meninas da Elizabeth Garrett Anderson. Estavam sentadas (muitas delas com ar intimidado) na antiga sala de jantar da Universidade de Oxford, com seu estilo gótico do Velho Mundo, rodeadas por estudantes e professores universitários convidados a orientá-las naquele dia. Eu falava algo semelhante sempre que recebíamos jovens na Casa Branca — adolescentes da reserva indígena Sioux de Standing Rock, crianças de escolas locais que apareciam para trabalhar na horta, alunos de ensino médio que vinham para os dias de apresentação das profissões e oficinas de moda, música e poesia, e mesmo crianças em que eu apenas dava um abraço breve mas apertado. A mensagem era sempre a mesma: *Seu lugar é aqui, você tem valor, tenho você em alta consideração.*

DOIS MESES DEPOIS DO FUNERAL de Hadiya Pendleton, voltei a Chicago. Eu havia orientado Tina Tchen, minha chefe de equipe, a angariar apoio para a prevenção da violência na cidade.

Após a morte de Hadiya, Tina acionara seus contatos locais visando à ampliação dos programas comunitários para jovens em risco por toda a cidade. Seu empenho ajudou a arrecadar milhões de dólares em doações em poucas semanas. Num dia fresco de abril, Tina e eu pegamos um avião para participar de uma reunião de líderes comunitários em que seria discutido o empoderamento dos jovens e para encontrar um outro grupo de jovens.

Quando eu era jovem, Englewood, no South Side, era um bairro com problemas, mas não tão mortal como era agora. Durante o penúltimo ano do ensino médio, eu ia até Englewood toda semana para ter aulas de biologia nos laboratórios de uma faculdade comunitária. Agora, anos depois, enquanto meu comboio passava por uma sucessão de terrenos baldios e construções incendiadas, a impressão que tive foi de que as únicas lojas ainda abertas eram as de bebidas. No ano anterior, 29 alunos e ex-alunos da escola William R. Harper Senior tinham sido alvejados, sendo oito vítimas fatais. São números assombrosos, mas o triste fato é que as escolas urbanas de todo o país vinham enfrentando níveis epidêmicos de violência armada. Em meio a toda a discussão sobre o empoderamento da juventude, era preciso nos sentarmos com os jovens e ouvir o que tinham a dizer.

Fiquei pensando na minha infância e no meu bairro, em como a palavra "gueto" soava como uma ameaça. Agora eu entendia que a mera sugestão do termo fizera com que famílias de classe média fugissem para os subúrbios. "Gueto" marcava um lugar de negros e pessoas sem perspectivas. Era um rótulo que previa fracasso e acelerava sua vinda. Fazia mercearias e postos de gasolina fecharem, minava o esforço de escolas e educadores de inspirar um senso de dignidade nas crianças. Era uma palavra da qual todos queriam fugir, mas que rapidamente podia definir uma comunidade.

A Harper ficava no meio de West Englewood, uma construção grande de tijolinho marrom. Fui recebida pela diretora, Leonetta Sanders, uma afro-americana ágil, e duas assistentes sociais escolares que se envolviam profundamente na vida das 510 crianças matriculadas na escola, a maioria delas oriunda de famílias de baixa renda. Uma das assistentes sociais, Crystal Smith, era vista com frequência pelos corredores da Harper no intervalo das aulas, distribuindo palavras de incentivo entre os alunos. Ela exclamava "Estou tão orgulhosa de você!" e "Vejo que você tem se esforçado!". Ela gritava "Já gostei de ver!" a cada boa escolha que acreditava que aqueles estudantes fariam.

Na biblioteca da escola, juntei-me a um círculo de 22 alunos — todos afro-americanos, a maioria no final do ensino médio. Muitos estavam ansiosos para falar. Expuseram o medo constante das gangues e da violência. Alguns contaram que os pais eram ausentes ou lutavam contra algum vício. Dois tinham cumprido pena em centros de detenção de menores. Um rapaz chamado Thomas tinha presenciado, no ano anterior, uma grande amiga levar um tiro e morrer, aos dezesseis anos. Na mesma ocasião, seu irmão mais velho, a quem um disparo deixara parcialmente paralisado, foi atingido e ferido. Praticamente todos os jovens ali presentes haviam perdido alguém — um amigo, um parente, um vizinho — devido a uma arma de fogo. Em contraste, poucos já tinham ido ao centro da cidade, e a maioria jamais tinha visto as praias à beira do lago ou visitado atrações que ficavam a apenas meia hora de seu bairro.

A certa altura, uma das assistentes sociais exclamou para o grupo:

— Sol e 26 graus!

Todos no círculo assentiram, melancólicos. Não entendi a razão.

— Digam à sra. Obama — falou ela. — O que passa pela cabeça de vocês quando acordam de manhã e ouvem a previsão do tempo dizendo que vai fazer sol e 26 graus?

Ela sabia a resposta, mas queria que eu ouvisse. Todos os alunos da Harper concordaram: um dia assim não era bom. Quando fazia tempo bom, as gangues ficavam mais ativas. Havia mais tiroteios.

Aqueles meninos e meninas tinham se adaptado às regras invertidas ditadas pelo ambiente, evitando sair quando o tempo estava bom, mudando o trajeto de ida e volta da escola de acordo com a posição territorial das gangues. Às vezes, o caminho mais seguro para casa era andar no meio da rua, com carros passando em alta velocidade dos dois lados. Assim eles viam melhor as brigas ou possíveis atiradores e os evitavam. E isso lhes dava mais tempo para fugir.

Os Estados Unidos não são um país simples. Suas contradições me dão vertigens. Em meu período como primeira-dama, eu estivera em eventos de arrecadação de fundos realizados em apartamentos enormes e chiques, com pessoas ricas que se diziam ardorosamente interessadas nas questões da infância e educação, mas que na verdade não queriam pagar impostos mais altos que custeassem as soluções para esses problemas.

E agora eu estava na Harper, ouvindo jovens que contavam como faziam para continuar vivos. Eu admirava a resiliência deles — sua capacidade de enfrentar as dificuldades — e queria desesperadamente que não fosse tão necessária.

Um deles me olhou diretamente nos olhos.

— É legal que você esteja aqui e tal — disse ele, dando de ombros —, mas o que você vai fazer na prática?

Para eles, eu representava Washington, DC, tanto quanto o South Side. E, quanto a Washington, senti que mereciam saber a verdade.

— Para ser sincera — comecei —, sei que vocês enfrentam muita coisa por aqui, mas ninguém vai salvá-los tão cedo. A maior parte do governo não está nem tentando. Muitos nem sabem que vocês existem.

Expliquei àqueles estudantes que o progresso é lento, que eles não podiam ficar sentados esperando alguma mudança. Muitos americanos não queriam pagar mais impostos, mesmo que isso significasse ter mais dinheiro para as escolas. O Congresso estava ocupado demais com rixas políticas para direcionar investimentos na educação ou fazer reviravoltas mágicas para a comunidade deles. Mesmo depois do horror de Newtown, o Congresso parecia decidido a obstruir qualquer medida que ajudasse a evitar que as armas caíssem em mãos erradas. A política é um caos, admiti. Por esse lado, eu não tinha nada de muito animador ou encorajador a dizer.

Adotei outro discurso, que vinha diretamente da minha identidade. *Usem a escola*, aconselhei.

Aqueles jovens tinham acabado de passar uma hora me contando histórias trágicas e inquietantes, mas lembrei a eles que essas mesmas histórias também mostravam a sua persistência, independência e capacidade de superação. Ali estavam eles, frequentando uma escola que lhes fornecia ensino gratuito. E nessa escola havia todo um grupo de adultos empenhados e dedicados que acreditavam no valor deles. Cerca de um mês e meio depois, graças a doações de empresários locais, um grupo de alunos da Harper foi a Washington se encontrar com Barack e comigo na Casa Branca, e depois visitar a Universidade Howard, para entender como a faculdade funcionava. Torci para que conseguissem enxergar a si mesmos frequentando o lugar.

Nunca fingi que as palavras ou os abraços de uma primeira-dama são capazes de mudar a vida de alguém, nem que existe um caminho fácil para superar o que aqueles adolescentes enfrentavam. Nenhuma história é simples assim. E, claro, todos nós ali sentados naquele dia, na biblioteca, sabíamos disso. Mas eu estava ali para rechaçar a velha narrativa nociva do que era ser um jovem negro nos centros urbanos americanos, prevendo o fracasso e acelerando sua chegada. Se eu podia ressaltar os pontos fortes daqueles estudantes e lhes dar um vislumbre de um caminho adiante, sempre o faria. Fazer essa pequena diferença estava ao meu alcance.

24

EM 2015, MALIA ANUNCIOU QUE TINHA SIDO CONVIDADA para o baile de formatura por um garoto de quem ela meio que gostava. Ela estava com dezesseis anos, no penúltimo ano do ensino médio. Para mim e Barack, ainda era nossa menininha, com as mesmas pernas compridas e o mesmo entusiasmo, embora parecesse um pouco mais adulta a cada dia que passava. Estava quase da minha altura e começando a pensar na faculdade. Era boa aluna, curiosa e dona de si, sua atenção aos detalhes quase equiparável à do pai. Malia vinha demonstrando um fascínio por filmes e pela produção cinematográfica. Certa noite, meses antes, tinha abordado Steven Spielberg durante um jantar na Casa Branca a que ele compareceu e o enchera de perguntas, a ponto de ele lhe propor um estágio numa série de TV que estava produzindo. Nossa menina estava encontrando seu caminho.

Por razões de segurança, nossas filhas não podiam andar no carro de outras pessoas. Malia já podia dirigir sozinha com sua habilitação provisória, ainda que acompanhada por agentes em outro veículo, mas desde que se mudara para Washington, aos dez anos, nunca tinha andado de ônibus nem de metrô, assim como nunca pegara carona com ninguém. Abrimos uma exceção para a noite da formatura.

O rapaz chegou para buscá-la em um terno preto, passou pela verificação de segurança no portão e seguiu, muito resoluto — e corajoso — até a Sala de Recepção Diplomática, ou Sala Dip, como passamos a chamá-la.

— Por favor, peguem leve, tá? — Malia tinha pedido a mim e a Barack, já começando a ficar constrangida enquanto descíamos para recebê-lo.

Eu estava descalça, Barack de chinelo. Malia usava uma saia longa preta e uma blusa elegante que deixava os ombros à mostra. Estava linda.

Acho que conseguimos pegar leve, mas Malia até hoje ri ao recordar o episódio, que descreve como um tanto aflitivo. Barack e eu cumprimentamos o rapaz, tiramos algumas fotos e nos despedimos de nossa filha com um abraço. Devo admitir que nos tranquilizamos sabendo que os seguranças seguiriam na cola do carro do rapaz até o restaurante onde eles jantariam, e ficariam de guarda discretamente durante o baile inteiro.

Para um pai ou uma mãe, não era um modo ruim de criar duas adolescentes: sabendo que adultos atentos as seguiam o tempo todo, prontos para livrá-las de qualquer emergência. Para um adolescente, é compreensível que fosse um saco. Tal como muitos outros aspectos da vida na Casa Branca, cabia-nos avaliar onde e como traçar os limites para a nossa família, de que modo equilibrar as exigências de segurança da presidência e as necessidades de duas adolescentes começando a amadurecer.

Quando as meninas entraram no ensino médio, estabelecemos um horário de dormir: primeiro às onze horas, depois passamos para meia-noite. E, segundo elas, cobrávamos isso com um rigor maior que o dos pais de muitos de seus amigos. A qualquer preocupação com a segurança ou o paradeiro delas, bastaria recorrer aos agentes, mas eu tentava evitar isso, pois era importante que elas confiassem nos seguranças. Então, eu fazia o que imagino que seja comum: recorria a

403

uma rede de mães e pais dos outros alunos para me manter informada. Todos compartilhávamos o que sabíamos sobre aonde o grupo ia e se algum adulto iria junto. Claro que nossas meninas sofriam uma pressão maior por causa do pai. Qualquer coisa que aprontassem poderia virar manchete de jornal. Barack e eu reconhecíamos a injustiça disso. Nós dois tínhamos ultrapassado limites e feito besteiras na adolescência, felizmente sem termos sido vigiados por uma nação inteira.

Malia tinha oito anos quando Barack se sentou na beira de sua cama e perguntou se ela achava bom que ele concorresse à presidência. Hoje fico pensando que na época ela não tinha muitos meios de saber como seria; nenhum de nós tinha. Uma coisa era ser uma criança na Casa Branca, outra coisa era tentar sair de lá uma adulta. Como Malia ia adivinhar que um dia iria ao baile de formatura com um bando de homens armados a tiracolo? Nossas meninas estavam se formando numa época incomum. Barack era o primeiro presidente de uma nova era, em que os smartphones eram cada vez mais comuns, mudando para sempre as normas referentes à privacidade. Selfies, hackeamento de dados, Snapchat e Kardashians passaram a ser parte do vocabulário da nação durante nosso período na Casa Branca. Por serem adolescentes, faixa etária em que as redes sociais desempenham um papel importante na vida, nossas filhas estavam mais envolvidas nesse mundo do que Barack e eu. Quando andavam por Washington com os amigos depois da escola ou nos finais de semana, Malia e Sasha viam desconhecidos apontando o celular para elas ou discutiam com os adultos que pediam — até exigiam — para tirarem uma selfie juntos.

— Você sabe que eu sou adolescente, né? — às vezes dizia Malia ao recusar.

Barack e eu fazíamos o possível para resguardá-las. Recusávamos todos os pedidos da mídia e evitávamos incluí-las em eventos públicos. Os próprios agentes que as escoltavam tentavam ser mais discretos em público, usando bermuda e camiseta em vez de terno e trocando a escuta convencional e o microfone de pulso por fones intra-auriculares, para não chamarem tanta atenção entre os adolescentes. Éramos totalmente contrários à publicação de qualquer foto das nossas filhas fora de algum evento oficial, e o porta-voz da Casa Branca deixava isso muito claro para a mídia. Sempre que uma imagem indevida aparecia num site de fofocas, minha equipe exigia que fosse removida.

Para proteger a privacidade das meninas, era preciso encontrar outras formas de satisfazer a curiosidade do público por nossa família. No início do segundo mandato de Barack, adotamos uma nova cadelinha: Sunny, uma exploradora teimosa que parecia não ver o menor sentido em aprender a fazer as necessidades lá fora. Os cães traziam leveza a tudo. Eram provas vivas de que a Casa Branca era um lar. Sabendo que não teriam praticamente acesso algum a Malia e Sasha, as equipes de comunicação da Casa Branca começaram a solicitar os cachorrinhos para aparições oficiais, incluindo participar das visitas de jornalistas ou de crianças. Bo estrelou um vídeo para promover a tradicional Caça aos Ovos de Páscoa. Ele e Sunny posaram comigo para fotos de uma campanha instando que as pessoas se inscrevessem nos planos de assistência à saúde. Eram excelentes representantes dos Obama, imunes a críticas e indiferentes à fama.

COMO TODAS AS CRIANÇAS, chegou um momento em que Sasha e Malia já não tinham mais idade para certas coisas. Desde o primeiro ano na Casa Branca, elas acompanhavam Barack em um ritual que era provavelmente o mais ridículo do cargo: o "perdão" do peru às vésperas do Dia de Ação de Graças. A ave que fosse perdoada não seria sacrificada, ao contrário de muitas outras que estariam na mesa dos americanos no feriado. Nos primeiros cinco anos, elas sorriam e davam risadinhas enquanto o pai contava piadas batidas. Na sexta vez, já com treze e dezesseis anos, estavam crescidas demais até para fingir que achavam graça. Corriam por toda a internet fotos das duas entediadas — Sasha com ar blasé e Malia de braços cruzados — ao lado do presidente e do desavisado peru. A manchete do *USA Today* resumiu bem: "Malia e Sasha Obama não aguentam mais o perdão do peru".

A presença delas na cerimônia do perdão e em praticamente todos os eventos da Casa Branca se tornou totalmente opcional. Eram adolescentes felizes, bem ajustadas, com uma vida ativa e repleta de interesses e relações sociais que não tinham nada a ver com os pais. Malia e Sasha tinham seus próprios programas, por isso pouco se impressionavam mesmo com os mais divertidos dos nossos.

— Não quer descer para ver Paul McCartney tocar?

— Mãe, por favor. Não.

Era comum música alta no quarto de Malia. Sasha e as amigas eram fãs de programas de culinária e às vezes tomavam conta da cozinha para decorar biscoitos ou preparar pratos elaborados. As duas gostavam muito do relativo anonimato de que gozavam quando saíam em excursões da escola ou em férias com a família de amigas (os agentes sempre na cola). O que Sasha mais adorava era escolher seus lanches no Aeroporto Internacional Dulles antes de embarcar num voo comercial lotado, simplesmente porque era completamente diferente do complicado ritual presidencial na Base Andrews, que se tornara a norma da nossa família.

Viajar conosco, no entanto, tinha suas vantagens. Durante o governo de Barack, nossas meninas assistiram a uma partida de beisebol em Havana, andaram pela Grande Muralha da China e visitaram o Cristo Redentor, no Brasil. Mas também podia ser uma chatice. No penúltimo ano de Malia no ensino médio, nós duas passamos um dia visitando universidades em Nova York. Correu tudo bem por um tempo. Visitamos o campus da NYU rapidamente, pois era muito cedo e muitos estudantes ainda não tinham se levantado. Percorremos as salas de aula, espiamos um quarto do dormitório e conversamos com o reitor, depois fomos em busca de um almoço adiantado para partirmos para a segunda visita.

O problema é que não tem como esconder o séquito de carros de uma primeira-dama, muito menos em Manhattan em pleno dia de semana. Quando acabamos de comer, já havia umas cem pessoas na frente do restaurante. Quando saímos, topamos com dezenas de celulares erguidos na nossa direção e nos afogamos nas aclamações. Era um incentivo bem-intencionado — "Venha para Columbia, Malia!", gritavam —, mas não muito proveitoso para uma garota que precisava refletir com calma sobre seu futuro.

Logo vi o que precisava fazer: ficar de fora e deixar que Malia fosse visitar a universidade seguinte sem mim. Kristin Jones, minha assistente pessoal, a acompanhou no meu lugar. Sem minha presença, as chances de Malia ser reconhecida diminuíam, ela poderia andar mais depressa e com um número muito menor de agentes. Talvez conseguisse parecer uma jovem qualquer andando pelo campus.

Kristin, uma californiana de quase trinta anos, era como uma irmã mais velha para as meninas. Junto com outra integrante da equipe, Kristen Jarvis, tinha um papel muito importante na vida da nossa família. "As Kristins", como dizíamos, nos substituíam muitas vezes, comparecendo a reuniões e interagindo com professores, treinadores e outros pais quando Barack e eu não podíamos ir. As Kristins protegiam Malia e Sasha, eram amorosas e muito mais descoladas do que eu jamais seria aos olhos das meninas. Elas confiavam cegamente nas Kristins, as procuravam em busca de conselhos para tudo, desde o uso de redes sociais e que roupas vestir até a crescente aproximação dos garotos.

Naquela tarde, enquanto Malia percorria Columbia, esperei numa sala avaliada como segura pelo Serviço Secreto — no subsolo de um dos prédios do campus — e ali permaneci sozinha e incógnita até ela terminar a visita. Lamentei não ter levado um livro para ler. Admito que foi doloroso ficar ali, acometida por uma solidão provavelmente pouco relacionada ao fato de estar só e sim à percepção de que, gostasse eu ou não, nossa primeira filha estava crescendo e logo sairia de casa.

AINDA NÃO ESTÁVAMOS no fim da presidência, mas eu já começava a me sentir reflexiva. Eu me peguei pesando ganhos e perdas, avaliando o que fora sacrificado e o que podíamos contar como avanço tanto em nosso país quanto em nossa família. Será que tínhamos feito tudo que podíamos? Será que sairíamos inteiros daquilo?

Pensava no passado e procurava entender em que momento minha vida tinha dado uma guinada e se distanciado da existência previsível e supercontrolada que eu havia imaginado para mim — salário fixo, uma casa para viver até o fim da vida, dias com rotina. Em que ponto eu havia escolhido um caminho diferente? Quando permitira que o caos se instalasse? Será que tinha sido na noite de verão em que abaixei a casquinha de sorvete e me inclinei para beijar Barack pela primeira vez? Ou no dia em que finalmente deixei para trás a minha carreira no direito, certa de que encontraria algo mais gratificante?

Às vezes minha mente vagava no tempo, retornava ao salão da igreja no Far South Side de Chicago, aonde, 25 anos antes, eu fora para ver Barack em um encontro em que ele falaria para um grupo do bairro que lutava contra o desamparo e a negligência. Naquela noite, ouvi algo familiar expresso de uma maneira nova. Eu sabia que era possível ter os pés plantados na realidade mas também voltados na direção do progresso. Era o que eu havia feito quando menina na Euclid Avenue, era o que meus familiares — e os marginalizados, de modo geral — sempre haviam feito. Só se chega a algum lugar construindo uma realidade melhor, mesmo que, de início, apenas na própria cabeça. Ou, como Barack disse naquela noite, podemos viver no mundo como ele é, mas ainda podemos trabalhar para criar o mundo que deveria ser.

Eu o conhecia fazia poucos meses, mas, ao olhar para trás, vejo que foi ali o ponto de guinada. Naquele momento, sem dizer uma palavra, decidi por uma vida nossa, esta vida.

Passados tantos anos, eu me sentia grata pelo progresso que via. Em 2015, ainda ia de tempos em tempos ao Hospital Walter Reed, mas a cada visita parecia diminuir o número de feridos. Os Estados

Unidos tinham menos militares em risco no exterior, menos soldados precisando de cuidados médicos, menos mães sofrendo. Isso, para mim, era progresso.

Progresso era que os Centros de Controle de Doenças registrassem que os índices de obesidade infantil pareciam estar diminuindo. Progresso era que 2 mil estudantes do ensino médio de Detroit aparecessem para me ajudar a celebrar o College Signing Day, feriado que ajudamos a difundir como parte do programa Reach Higher, para marcar o dia em que os jovens assumiam compromisso com as suas faculdades. Progresso era a garantia de que todo americano tivesse direito a assistência médica. Era uma economia que completava quase cinco anos seguidos de aumento na oferta de empregos.

Para mim, tudo isso era prova de que, como país, éramos capazes de construir uma realidade melhor. Mas, apesar disso, vivíamos no mundo tal como ele era.

Um ano e meio depois do tiroteio de Newtown, o Congresso não havia aprovado uma única medida para o controle de armas. Bin Laden se fora, mas um novo grupo terrorista chamado Estado Islâmico chegou. O índice de homicídios em Chicago aumentava em vez de diminuir. Um adolescente negro chamado Michael Brown foi baleado por um policial em Ferguson, no Missouri, e o corpo ficou horas largado no meio da rua. Um adolescente negro chamado Laquan McDonald recebeu dezesseis tiros da polícia em Chicago, nove deles nas costas. Um garoto negro chamado Tamir Rice foi baleado pela polícia, em Cleveland, quando brincava com uma arma de plástico. Um homem negro chamado Freddie Gray morreu por negligência quando estava sob custódia policial, em Baltimore. Um homem negro chamado Eric Garner foi morto pela polícia com uma chave de braço durante sua detenção, em Staten Island. Tudo isso provava a presença de algo nocivo e inalterável nos Estados Unidos. Na primeira eleição de Barack, alguns comentaristas afirmaram que nosso país entrava numa era "pós-racial", em que a cor da pele deixaria de ter importância. Esses fatos mostravam que eles estavam muito equivocados. Obcecados pela ameaça do terrorismo, muitos americanos deixavam de ver o racismo e o fanatismo político que dilaceravam a nação.

No final de junho de 2015, Barack e eu fomos a Charleston, na Carolina do Sul, para nos reunir com outra comunidade enlutada. Era o funeral de um pastor chamado Clementa Pinckney. Ele era um dos nove mortos num tiroteio motivado por questões raciais, ocorrido pouco antes numa igreja episcopal metodista africana conhecida como Mother Emanuel. As vítimas, todas afro-americanas, haviam acolhido em seu grupo de estudos bíblicos um rapaz branco de 21 anos, desempregado, desconhecido de todos. Ele ficou sentado com o grupo; depois, quando as pessoas inclinaram a cabeça em oração, o rapaz se levantou e começou a atirar. No meio dos disparos, consta ter dito que tinha que fazer aquilo porque os negros estavam tomando o país.

Depois de dizer algumas comoventes palavras em tributo ao reverendo Pinckney e de reconhecer o momento profundamente trágico, Barack surpreendeu a todos ao puxar a congregação a cantar uma versão lenta e emocionante de "Amazing Grace". Foi uma súplica singela por esperança, um apelo à perseverança. Todos presentes se uniram ao coro. Por mais de seis anos, Barack e eu vivêramos cientes de que irritávamos algumas pessoas. Enquanto as minorias de todo o país começavam a ocupar espaços maiores na política, nos negócios e no entretenimento, nossa família se tornara o exemplo de maior destaque. Nossa presença na Casa Branca foi celebrada por milhões de americanos, mas também contribuiu para alimentar medos e ressentimentos entre outros milhões. Era um ódio antigo e profundo, agora mais perigoso que nunca.

Convivíamos com ele como família e convivíamos com ele como nação. E seguíamos em frente, com toda a dignidade possível.

NO MESMO DIA do ofício fúnebre em Charleston — 26 de junho de 2015 —, a Suprema Corte dos Estados Unidos proferiu uma decisão histórica. Agora, casais do mesmo sexo tinham oficialmente o direito de se casarem em todos os cinquenta estados do país. Essa batalha jurídica vinha sendo travada metodicamente havia décadas, estado por estado, tribunal por tribunal. Como em todas as lutas por direitos civis, exigira persistência e coragem de muita gente. Uma multidão transbordando de alegria entoava "O amor venceu!" na escadaria da Suprema Corte. Casais afluíam às prefeituras e às sedes dos condados para finalmente se casar. Bandeiras com arco-íris — um símbolo do orgulho — ondulavam nas ruas de todo o país.

Isso nos ajudou a nos animar durante aquele triste dia na Carolina do Sul. De volta à Casa Branca, trocamos as roupas de luto, jantamos rapidamente com as meninas e Barack desapareceu na Sala dos Tratados para ver um pouco de ESPN e pôr o trabalho em dia. Eu me dirigia ao meu quarto de vestir quando vi um brilho arroxeado por uma das janelas do lado norte da residência.

Nossa equipe iluminara a Casa Branca com as cores do arco-íris da bandeira do orgulho LGBTQIA+. Olhando pela janela, vi que uma multidão se reunira sob o lusco-fusco do verão para ver a Casa Branca transformada em comemoração ao reconhecimento das uniões homoafetivas. A decisão da Suprema Corte alcançara e comovera muita gente. De onde eu estava, era possível ver a exuberância da celebração da multidão lá fora, mas não se ouvia nada. Este era um aspecto esquisito da nossa realidade. A Casa Branca era uma fortaleza silenciosa, fechada, quase todos os sons bloqueados pela espessura das vidraças e das paredes. O helicóptero Marine 1 podia descer num dos lados da casa, com a hélice levantando um verdadeiro vendaval e sacudindo os galhos das árvores, e dentro da residência não escutaríamos nada. Geralmente eu percebia que Barack chegara em casa não pelo barulho do helicóptero, mas pelo cheiro do combustível, que de alguma maneira conseguia entrar nos aposentos.

Eu gostava de me recolher no silêncio protegido da residência ao final de um longo dia, mas aquela noite era diferente. Depois de um dia de luto em Charleston, eu estava diante de uma festa gigantesca, que começava logo adiante da minha janela. Centenas de pessoas com os olhos na nossa casa. E eu queria vê-la como elas a viam. De repente, fiquei louca de vontade de participar da comemoração.

Fui à Sala dos Tratados.

— Quer ir lá fora ver as luzes? — perguntei a Barack. — Tem um montão de gente lá fora.

Ele riu.

— Você sabe que eu não dou conta de um montão de gente.

Sasha estava no quarto dela, mexendo no iPad.

— Quer ir ver as luzes do arco-íris comigo? — perguntei.

— Não.

Só restava Malia, que me surpreendeu um pouco ao topar na hora. Íamos sair para uma aventura — lá fora, onde o povo se reunia —, e sem pedir permissão a ninguém.

Normalmente, avisávamos os agentes do Serviço Secreto postados ao lado do elevador sempre que queríamos deixar a residência, fosse para ver um filme no andar de baixo ou levar os cães para passear. Hoje não. Malia e eu simplesmente passamos direto, sem fazer contato visual. Contornamos o elevador e descemos depressa por uma escada. Eu ouvia o ruído dos sapatos sociais nos degraus atrás de nós, os agentes tentando nos alcançar. Malia me deu um sorrisinho travesso; não estava acostumada a ver a mãe desobedecer às regras.

Ao chegar ao andar de Estado, seguimos até as altas portas duplas que dão para o Pórtico Norte. Foi quando ouvimos uma voz.

— Olá, madame! Posso ajudar?

Era Claire Faulkner, a porteira no plantão noturno, uma morena simpática e de fala mansa. Imaginei que ela tivesse sido avisada pelos agentes que cochichavam nos transmissores de pulso atrás de nós.

Sem me deter, falei para ela, olhando por cima do ombro:

— Ah, a gente vai lá fora ver as luzes.

Claire ergueu as sobrancelhas. Nós a ignoramos. Chegando à porta, levei a mão à grossa maçaneta dourada e puxei. A porta não se mexeu.

Nove meses antes, um intruso empunhando uma faca conseguira saltar uma cerca e entrar por essa mesma porta, correndo pelo andar de Estado, até ser agarrado por um agente do Serviço Secreto. Por causa disso, a segurança passara a deixá-la sempre trancada.

Eu me virei para o grupo de agentes atrás de nós.

— Como se abre essa coisa? — perguntei a ninguém específico. — Deve ter uma chave.

— Senhora — disse Claire —, não sei se é essa a melhor porta. Todas as câmeras neste momento estão apontadas para o lado norte da Casa Branca.

Era um bom argumento. Eu estava toda despenteada, de chinelo de dedo, shorts e camiseta. Não eram os trajes apropriados para uma aparição pública.

— Certo — respondi. — Mas não tem como chegarmos lá sem sermos vistas?

Malia e eu não desistiríamos assim tão fácil. Íamos dar um jeito de sair.

Então alguém sugeriu tentarmos uma das portas de serviço do térreo, onde os caminhões faziam entregas de alimentos e materiais de escritório. Nosso grupo se encaminhou para lá. Malia enganchou o braço no meu. Agora estávamos eufóricas.

— Vamos sair! — exclamei.

— Ô se vamos! — respondeu ela.

Descemos por uma escada de mármore, percorremos os tapetes vermelhos, contornamos os bustos de George Washington e Benjamin Franklin, passamos pela cozinha e, de repente, estávamos lá fora. O ar úmido de verão bateu no nosso rosto. Vaga-lumes piscavam no gramado. E então lá estava: o zunido do público, as pessoas celebrando e gritando de alegria do outro lado dos portões de ferro. Levamos dez minutos para sair da nossa casa, mas tínhamos conseguido. Estávamos ali fora, num dos cantos do gramado, fora da vista do público, mas com uma linda visão em close da Casa Branca, iluminada de orgulho.

Malia e eu nos apoiamos uma na outra, felizes por termos chegado até ali.

* * *

COMO É COMUM na política, novos ventos já começavam a se formar e soprar. No segundo semestre de 2015, a campanha presidencial estava a todo vapor. O lado republicano tinha mais de uma dúzia de candidatos, entre eles governadores e senadores. Enquanto isso, os democratas rapidamente reduziam os nomes até se tornar uma escolha entre Hillary Clinton e Bernie Sanders, o senador liberal e há muito tempo independente de Vermont.

Donald Trump anunciara sua pré-candidatura à presidência em junho. De dentro da Trump Tower, em Manhattan, ele lançava invectivas contra os imigrantes mexicanos. Falou também sobre os "fracassados" que dizia estarem comandando o país. Imaginei que estivesse apenas fazendo cena para a mídia. Nada em sua conduta sugeria que ele realmente pretendesse governar.

Eu acompanhava a campanha, mas não tão de perto como nos anos anteriores. Andava ocupada na minha quarta iniciativa como primeira-dama, chamada Let Girls Learn [Deixem as Garotas Aprenderem]. Barack e eu lançáramos juntos na primavera esse projeto ambicioso, com o objetivo de ampliar o acesso ao ensino para garotas adolescentes de todo o mundo. Durante meus quase sete anos como primeira-dama até então, eu sempre me surpreendera com o que havia de promissor e ao mesmo tempo de vulnerável nas jovens pelo mundo afora, desde as imigrantes que conhecera na Elizabeth Garrett Anderson até Malala Yousafzai, a adolescente paquistanesa que sofreu ataques brutais de membros do Talibã, grupo de militantes islâmicos que acreditam que meninas não devem ir à escola. Malala viera à Casa Branca para conversar comigo, com Barack e Malia sobre sua campanha pela educação das meninas.

Fiquei horrorizada quando, cerca de seis meses após a visita dela, 276 alunas nigerianas foram sequestradas pelo grupo extremista Boko Haram, com a intenção de incutir em famílias nigerianas o medo de mandar as filhas para a escola. Pela primeira e única vez durante a presidência, esse evento perturbador me motivou a substituir Barack em seu discurso semanal à nação. Falei, emocionada, sobre a necessidade de nos esforçarmos mais para proteger e encorajar as jovens do mundo inteiro.

Essa questão me tocava intimamente. A educação foi o instrumento básico de mudança na minha vida, minha alavanca para subir na sociedade. Era chocante que tantas garotas — mais de 98 milhões no mundo, na verdade — não tivessem acesso a isso. Algumas não podiam estudar porque precisavam trabalhar para ajudar a família. Outras vezes, a escola ficava muito distante ou era muito cara, ou elas corriam o risco de serem atacadas no caminho. Quase sempre a pobreza e as expectativas tradicionais quanto ao papel feminino se combinavam para manter as meninas sem instrução. Isso, na prática, vedava-lhes oportunidades futuras. Parecia existir uma ideia em certas partes do mundo de que não valia a pena colocar uma moça na escola, mesmo quando estudos mostravam que a educação de meninas e mulheres, permitindo-lhes trabalhar, aumentava significativamente a renda de um país.

Barack e eu estávamos empenhados em mudar as ideias sobre o valor de uma jovem para a sociedade. Ele trabalhou para assegurar centenas de milhões de dólares em recursos do governo. Nós dois intercedemos junto aos governos de outros países por apoio a programas educacionais para meninas.

A essa altura, eu sabia criar certo alarido em defesa de uma causa. Entendia que os americanos podiam se sentir desconectados em relação às lutas de povos em países distantes, por isso tentei situar a questão internamente, chamando celebridades para emprestarem seu poder midiático em eventos e nas redes sociais. Recrutei a ajuda de Janelle Monáe, Zendaya, Kelly Clarkson e outros talentos para lançarem uma música pop muito bonita, escrita por Diane Warren, chamada "This Is for My Girls", cuja renda gerada seria destinada para a educação feminina em nível mundial.

Por último, fiz algo que me amedrontou um pouco: cantar no divertidíssimo programa de James Corden, *Carpool Karaoke*. Nós dois passeamos pelo Gramado Sul num carro preto. Soltamos a voz em "Signed, Sealed, Delivered I'm Yours", em "Single Ladies" e, no final — a razão primordial que me fez aceitar o convite —, "This Is for My Girls", com a presença de Missy Elliott, que entrou no carro conosco e engrossou o coro. Ensaiei por semanas, decorando cada nota de cada música. A ideia era fazer algo leve e divertido, mas por trás havia um objetivo maior: aproximar as pessoas da questão da educação feminina. Meu segmento com James teve 45 milhões de visualizações no YouTube em três meses, fazendo nosso esforço valer 100%.

NO FINAL DE 2015, Barack, as meninas e eu fomos passar o Natal no Havaí, como sempre fazíamos, alugando uma casa com janelas amplas que davam para a praia. Como fizéramos nos últimos seis anos, aproveitamos o dia de Natal para visitar os soldados e suas famílias numa base de fuzileiros navais próxima. E, como sempre foi com Barack durante todo o seu período na presidência, as férias eram férias apenas na teoria. Ele recebia ligações, lia os relatórios diários, consultava assessores, assistentes e redatores de discursos, que ficavam hospedados num hotel próximo. Quando realmente chegasse a hora de deixarmos a presidência para trás, será que ele ainda lembraria o que era relaxar?

Eu me permitia sonhar um pouco, mas ainda não conseguia imaginar como tudo terminaria.

De volta a Washington para nosso último ano na Casa Branca, sabíamos que agora era uma corrida contra o relógio. Comecei uma longa série de "últimos" — o último Governors' Ball, a última Corrida dos Ovos de Páscoa, o último Jantar dos Correspondentes da Casa Branca. Barack e eu também fizemos uma última viagem juntos ao Reino Unido, que incluía uma rápida visita a nossa amiga, a rainha.

Barack sempre sentiu um apreço especial pela rainha Elizabeth, que lhe lembrava sua avó Toot, sempre prática e direta. Numa tarde de abril de 2016, nós dois pegamos um helicóptero em Londres para o Castelo de Windsor, na região rural a oeste da cidade. Como de costume, nossa equipe nos instruiu de antemão sobre os procedimentos adequados: saudaríamos o casal real formalmente antes de entrar no veículo deles para o curto trajeto. Eu me sentaria na frente, ao lado do príncipe Philip, com 94 anos, que estaria dirigindo, e Barack iria no banco de trás, ao lado da rainha.

Seria a primeira vez em mais de oito anos que andaríamos num veículo dirigido por alguém que não era do Serviço Secreto. Parecia uma questão importante para nossas equipes de segurança, assim como o protocolo era importante para os organizadores, que se afligiam incessantemente com nossos movimentos e interações para garantir que cada detalhe saísse certo.

Só que, depois de pousarmos no terreno do palácio e apresentarmos nossas saudações, a rainha deu um piparote naquilo tudo, fazendo um gesto para que eu fosse com ela no banco traseiro da Range Rover. Fiquei paralisada, tentando lembrar se era mais cortês aceitar ou insistir que Barack tomasse seu devido assento ao lado dela.

A rainha entendeu imediatamente minha hesitação. E não quis nem saber.

— Eles lhe deram alguma regra quanto a isso? — perguntou ela, descartando todo aquele alvoroço com um aceno de mão. — Bobagem. Sente-se onde quiser.

OS DISCURSOS DE FORMATURA eram um ritual de primavera muito importante para mim. Todos os anos eu fazia alguns deles, dando preferência a escolas e faculdades que normalmente não tinham oradores de grande destaque. Em 2015, eu voltara a Chicago para falar na formatura da Martin Luther King Jr., a escola em que Hadiya Pendleton se formaria se estivesse viva. Durante a cerimônia, foi deixada uma cadeira vazia em sua memória, decorada com girassóis e um pano roxo por colegas de turma.

Em minha última série de discursos de formatura como primeira-dama, incluí a historicamente negra Jackson State University, no Mississippi, aproveitando a oportunidade para falar sobre a busca pela excelência. Falei também na Faculdade da Cidade de Nova York, ressaltando o valor da diversidade e da imigração. E em 26 de maio, que calhou de ser o dia em que Donald Trump abocanhou a indicação como candidato oficial à presidência pelo Partido Republicano, eu estava no Novo México falando para uma turma de nativos americanos de uma pequena escola de ensino médio, quase todos já encaminhados para a universidade. Quanto mais eu me aprofundava na experiência de primeira-dama, mais segura me sentia para falar sem rodeios e com franqueza sobre o que era ser marginalizado por raça e por gênero. Minha intenção era dar aos jovens uma perspectiva para pensarem sobre o ódio que aflorava nos noticiários e nas conversas sobre política, além de lhes oferecer um pouco de esperança.

Procurava transmitir a única mensagem sobre mim mesma e meu lugar no mundo que me parecia realmente capaz de significar alguma coisa. E a mensagem era que eu conhecia a invisibilidade. Vivera a invisibilidade. Vinha de uma história de invisibilidade. Eu era tataraneta de um escravo chamado Jim Robinson, que provavelmente estava enterrado num túmulo sem identificação em alguma fazenda da Carolina do Sul. E ali, diante de estudantes que estavam pensando no futuro, eu era uma prova de que era possível, pelo menos em alguns aspectos, superar essa invisibilidade.

A última cerimônia de formatura a que compareci naquele ano foi pessoal: a de Malia no ensino médio, em um dia ensolarado de junho. A oradora foi nossa grande amiga Elizabeth Alexander, poeta que recitou um poema no primeiro discurso de posse de Barack, o que deixou ele e eu na plateia entregues à emoção. Eu sentia orgulho de Malia, que logo passaria algumas semanas na Europa com amigos e, depois de um ano sabático, iria para Harvard. Sentia orgulho de Sasha, que completava quinze anos naquele mesmo dia e estava contando as horas para o show da Beyoncé, sua escolha de presente de aniversário em vez de uma festa. Ela passaria boa parte do verão em Martha's Vineyard, na casa de amigos da família, até que Barack e eu chegássemos para as férias. Faria novos amigos e teria seu primeiro emprego em uma lanchonete. Eu sentia orgulho também da minha mãe, sentada ao lado, ao sol, que conseguira viver na Casa Branca e percorrer o mundo conosco se mantendo ela mesma.

Sentia orgulho de todos nós, por termos feito quase tudo.

Barack estava ao meu lado, numa cadeira dobrável. Eu via as lágrimas aflorando por trás de seus óculos escuros, enquanto olhava Malia atravessando o palanque para pegar o diploma. Estava cansado, eu sabia. Três dias antes, havia comparecido ao funeral e prestado homenagem a um amigo da faculdade de direito que trabalhara para ele na Casa Branca. Dois dias depois, um extremista abriu fogo dentro de uma casa noturna gay em Orlando, na Flórida, matando 49 pessoas e ferindo 53. A gravidade de suas funções nunca diminuía.

Ele era um bom pai, atento e presente como o próprio pai nunca fora. Mas também fizera sacrifícios ao longo do caminho. Tornara-se pai quando já estava na política. O povo e suas necessidades sempre estiveram conosco. Devia ser um pouco doloroso perceber que logo teria mais tempo e mais liberdade, porém no momento em que nossas filhas começavam a alçar voo.

Mas precisávamos deixar que partissem. O futuro era delas, como deveria ser.

NO FINAL DE JULHO, durante um voo, passei por uma tempestade violenta, o avião oscilando e mergulhando ao se aproximar da Filadélfia, onde eu ia falar pela última vez numa convenção democrata em apoio a Hillary Clinton. Foi talvez a pior turbulência que enfrentei na vida e, enquanto Caroline Adler Morales, minha diretora de comunicação, em estágio de gravidez muito avançado, receava que o estresse da situação acelerasse o parto, e Melissa, que mesmo em circunstâncias normais já tinha medo de voar, se encolhia na poltrona, eu só conseguia pensar: "Por favor, aterrisse a tempo de eu ensaiar meu discurso". Fazia tempo que eu me sentia à vontade nos maiores palcos, mas a preparação ainda ajudava muito.

Em 2008, durante a primeira disputa presidencial de Barack, ensaiei vezes e mais vezes meu discurso para a convenção. Na ocasião, eu nunca tinha discursado assim, ao vivo na televisão, e havia muita coisa em jogo. Ia pisar no palco logo depois de ser criticada como uma negra raivosa que não amava seu país. Meu discurso naquela noite me permitiu dizer quem eu era com minha própria voz, acabando com as imagens distorcidas e os estereótipos com minhas próprias palavras. Quatro anos depois, na convenção em Charlotte, na Carolina do Norte, falei com ardor e sinceridade sobre o que eu percebera em Barack durante o primeiro mandato: que ele ainda era o mesmo homem de princípios com quem eu me casara e que eu havia entendido que "ser presidente não muda você, e sim revela quem você é".

Hillary Clinton, adversária de Barack nas brutais primárias de 2008, se tornara sua leal e eficiente secretária de Estado. Nunca me senti tão devota a outro candidato quanto me sentia em relação ao meu marido, mas defini um código de conduta quando precisava falar publicamente sobre algo ou alguém na esfera política: dizer apenas aquilo em que acreditava totalmente e sentia por completo.

Assim que chegamos ao centro de convenções, fui e expus minha verdade. Falei sobre meus receios iniciais em criar nossas filhas na Casa Branca e sobre o orgulho que eu nutria pelas jovens inteligentes que elas se tornaram. Disse que confiava em Hillary porque ela entendia as exigências do cargo e possuía uma liderança nata, e porque suas qualificações eram das melhores na história.

Desde criança, sempre acreditei que é importante falar contra os bullies sem descer ao nível deles. E agora estávamos enfrentando um. Donald Trump era um homem que humilhava as minorias, as mulheres e os prisioneiros de guerra, pondo em risco a dignidade do nosso país a cada palavra proferida. Eu queria que os americanos entendessem que as palavras têm importância, que a linguagem de ódio que ouviam na TV não refletia a verdadeira natureza do país, e que tínhamos o poder de votar contra isso. Era à dignidade que eu queria fazer um apelo — à ideia de que, como nação, podíamos nos apegar ao mesmo cerne que sustentara minha família por gerações. A dignidade sempre nos fez perseverar. Era uma escolha; nem sempre a mais fácil, mas era a escolha que as pessoas que eu mais respeitava na vida sempre tomavam, dia após dia. Barack e eu tínhamos um lema que tentávamos seguir na vida, e o apresentei naquela noite, no palco: *Quando eles descem, nós nos elevamos.*

Dois meses depois, faltando poucas semanas para a eleição, apareceu um vídeo de Donald Trump vangloriando-se a um apresentador de TV em 2005 de ter atacado sexualmente mulheres. A linguagem que ele usava era tão baixa e vulgar que violava os padrões de decência dos meios de comunicação. No final, esses padrões foram simplesmente baixados para dar espaço à voz dele.

Quando ouvi aquilo, mal consegui acreditar. E aí também havia algo dolorosamente familiar na ameaça e na agressividade machista daquela gravação. *Posso machucar você e sair impune.* Era uma expressão de ódio em geral excluída do bom convívio, mas que no fundo ainda persistia em nossa sociedade supostamente esclarecida. Todas as mulheres que conheço notaram aquilo. Todas as pessoas que algum dia foram estigmatizadas notaram aquilo. Era exatamente disso que tantos de nós tínhamos a esperança de que nossos filhos fossem poupados, mas provavelmente experimentariam. Esse tipo de poder de dominação, e mesmo sua ameaça, é uma forma de desumanização. É a espécie mais repulsiva de poder.

Fiquei fervendo de raiva depois de ouvir a gravação. Em um comício da campanha de Hillary na semana seguinte, senti a necessidade de abordar diretamente as palavras de Trump — de contrapor minha voz à dele.

Elaborei minhas notas num quarto do hospital Walter Reed, onde minha mãe passava por uma cirurgia nas costas. Eu já fora escarnecida e ameaçada muitas vezes, desprezada por ser negra, mulher e franca. Sentira a ridicularização do meu corpo, o espaço literal que eu ocupava no mundo. Vira Donald Trump assediar Hillary Clinton durante um debate, seguindo-a enquanto ela falava, ficando próximo demais, procurando diminuir a presença dela com a sua. *Posso machucar você e sair impune.* As mulheres sofrem constantemente essas indignidades, na forma de assobios, de apalpadas, de assédio, de opressão. Essas coisas nos ferem. Deixam cicatrizes, algumas grandes, outras quase invisíveis, que carregamos por toda parte: ao ir e voltar da escola e do trabalho, em casa com nossa família, nos locais de culto, a qualquer momento em que tentamos avançar.

Os comentários de Trump foram mais um golpe em mim. Eu não podia me calar ante sua mensagem. Com a ajuda de Sarah Hurwitz, minha brilhante redatora, pus minha fúria em palavras. Apresentei-as num dia de outubro em New Hampshire, depois que minha mãe se recuperou da cirurgia. Falando para uma multidão vibrante de energia, expus claramente meus sentimentos.

— Isso não é normal. Não é política como costuma ser. É uma desgraça. É intolerável.

Expressei minha raiva e meu medo, assim como minha convicção de que os americanos entendiam a verdadeira natureza da escolha que fariam naquela eleição. Pus todo o meu coração naquele discurso.

Então voltei para Washington, rezando para que tivessem me ouvido.

À MEDIDA QUE o outono avançava, Barack e eu começamos a planejar nossa mudança em janeiro, tendo decidido ficar em Washington para que Sasha terminasse o ensino médio. Malia, enquanto isso, estava na América do Sul, num ano sabático, saboreando a liberdade de estar o mais longe possível da política. Pedi com insistência à minha equipe na Ala Leste que continuasse firme até o final, mesmo quando a batalha entre Hillary Clinton e Donald Trump se intensificava diariamente e desviava nossa atenção.

Em 7 de novembro de 2016, na véspera da eleição, Barack e eu viajamos até a Filadélfia para nos reunirmos com Hillary e sua família num último comício perante uma multidão, no Independence Mall. O clima era positivo, de boas expectativas. Eu me sentia animada com o otimismo que Hillary representava naquela noite e nas várias pesquisas que lhe davam uma confortável dianteira. Eu não dava nada como certo, mas as perspectivas me pareciam boas.

Era a primeira vez em muitos anos que Barack e eu não tínhamos nenhum papel a desempenhar numa noite de eleição. Não havia nenhum penteado, maquiagem ou roupa a providenciar, nem preparação de nenhum discurso em horas avançadas da noite. Não tínhamos nada para fazer, e vibrávamos com isso. Era o começo da nossa saída, um gostinho do que poderia ser o futuro. Tínhamos preocupações, claro, mas o momento que vinha pela frente não era nosso. Iríamos meramente presenciá-lo. Sabendo que levaria algum tempo até que os resultados saíssem, convidamos Valerie Jarrett para assistir a um filme no telão da Casa Branca.

Não me lembro de absolutamente nada do filme. Estávamos apenas passando o tempo no escuro. Eu continuava a pensar no fato de que o mandato de Barack estava no fim. O que se seguiria em termos mais imediatos eram as despedidas, dezenas e dezenas delas, todas emocionadas, conforme o pessoal que amávamos e a quem tanto tínhamos a agradecer começasse a deixar a Casa Branca. Nosso objetivo era fazer o que George e Laura Bush haviam feito para nós: tornar a transição do poder a mais tranquila e amigável possível. Nossas equipes já começavam a preparar agendas de compromissos e listas de contatos para seus sucessores. Antes de partir, muitos integrantes da equipe da Ala Leste deixaram bilhetes sobre suas mesas desejando boas-vindas e se prontificando a ajudar os que chegassem.

Ainda estávamos profundamente envolvidos no nosso trabalho, mas também começávamos a nos programar para o que vinha a seguir. Barack e eu estávamos felizes em permanecer em Washington, mas manteríamos nossas ligações com o South Side de Chicago, que se tornaria a sede do Centro Presidencial Obama. Também planejamos criar uma fundação, cuja missão seria incentivar e fortalecer uma nova geração de líderes. Nós dois tínhamos muitos planos, mas o principal era criar mais espaço e oferecer mais suporte aos jovens e suas ideias. Eu também sabia que precisávamos de uma folga, por isso começara a procurar um local discreto para passar alguns dias de tranquilidade em janeiro, logo após a posse do novo presidente.

Só precisávamos do novo presidente.

Quando o telão subiu e as luzes se acenderam, uma mensagem nova vibrou no celular de Barack. Vi que ele olhou de relance e depois olhou outra vez, franzindo levemente as sobrancelhas.

— Hmm. Os resultados na Flórida estão meio estranhos.

Não havia tensão em sua voz, apenas uma ponta de alerta. O celular vibrou outra vez. Meu coração começou a bater um pouco mais depressa.

Examinei bem o rosto do meu marido, sem saber se estava preparada para ouvir o que ele me diria. Não parecia algo bom. Senti algo pesado no estômago, minha ansiedade se transformando em pavor. Quando Barack e Valerie começaram a comentar os resultados iniciais, avisei que ia subir. Fui até o elevador, querendo fazer uma única coisa: deixar tudo aquilo de lado e dormir. Compreendi o que provavelmente se passava, mas não estava pronta para enfrentar a verdade.

Enquanto eu dormia, a notícia foi confirmada: os eleitores americanos haviam escolhido Donald Trump para suceder a Barack como presidente dos Estados Unidos.

No dia seguinte, acordei em uma manhã escura e chuvosa. Um céu cinzento cobria Washington, e só consegui classificá-lo de fúnebre. O tempo parecia se arrastar. Sasha foi para a escola, processando em silêncio seu abalo. Malia ligou da Bolívia, mostrando enorme perplexidade. Falei para nossas meninas que as amava e que ia dar tudo certo. Continuei repetindo isso para mim mesma.

No final, Hillary Clinton obteve quase 3 milhões de votos a mais, porém Trump ganhou no Colégio eleitoral. Não sou uma pessoa política e portanto não tentarei fazer uma análise dos resultados. Não tentarei especular quem foram os responsáveis nem o que houve de injusto. Só gostaria que mais gente tivesse comparecido às urnas. E sempre vou me indagar o que terá levado tantas mulheres, especialmente, a escolher para a presidência um homem que depreciava e tratava tão mal as mulheres, em detrimento de uma candidata de qualificação excepcional. Mas era esse o resultado com que agora viveríamos.

Como já acontecera tantas vezes, recorreram a Barack para se apresentar como símbolo de firmeza, para ajudar a nação a superar o choque. Por volta do meio-dia, no Jardim das Rosas, ele fez um discurso sério e tranquilizador, conclamando — como sempre fazia — à união e à dignidade. Pediu aos americanos que respeitassem uns aos outros e às instituições erguidas pela democracia.

Naquela tarde, sentei-me no meu gabinete na Ala Leste com a minha equipe, comprimindo-nos na sala. Eu me cercara de muitas mulheres e minorias, inclusive vários descendentes de imigrantes. Muitos estavam às lágrimas. Acreditavam profundamente nas causas que promoviam. Eu lhes dizia que deveriam se orgulhar de quem eram, que seu trabalho era importante e que uma única eleição não era capaz de lançar por terra oito anos de mudança.

Nem tudo estava perdido. Era essa a mensagem que precisávamos difundir. Era no que eu realmente acreditava. Não era o ideal, mas era nossa realidade — o mundo como ele é. Precisávamos manter nossos pés voltados na direção do progresso.

* * *

AGORA ESTÁVAMOS NO FIM, DE FATO. Eu me via dividida, olhando o passado e olhando o futuro, remoendo uma pergunta em especial: o que permanece?

Éramos a 44ª família presidencial e apenas a 11ª a completar dois mandatos. Éramos e sempre seríamos a primeira família negra. Eu queria que futuros pais, ao levarem os filhos em visita à Casa Branca, tal como eu levara Malia e Sasha, pudessem lhes mostrar alguma lembrança do tempo em que nossa família esteve ali, como a maravilhosa pintura abstrata de Alma Thomas, em amarelo, vermelho e azul — *Ressurreição* —, que foi a primeira obra de arte feita por uma mulher negra a ser incorporada ao acervo permanente da Casa Branca. Pensei que seria importante registrar nossa presença na história mais ampla do lugar.

A marca mais duradoura ficava no lado de fora. A horta havia persistido por sete anos e meio, produzindo quase uma tonelada de alimentos por ano. Sobreviveu a nevascas, chuvas torrenciais e granizos. Alguns anos antes, quando vendavais derrubaram a Árvore de Natal Nacional, de mais de doze metros de altura, a horta sobrevivera ilesa. Antes de deixar a Casa Branca, quis lhe garantir uma permanência ainda maior. Ampliamos a área para mais do que o dobro do tamanho original. Acrescentamos algumas trilhas de cascalho e bancos de madeira, além de uma aconchegante pérgula erguida com madeira proveniente das propriedades dos presidentes Jefferson, Madison e Monroe e da casa de infância de Martin Luther King Jr. Então, numa tarde de outono, atravessei o Gramado Sul para passar a horta oficialmente à posteridade.

Naquele dia, juntaram-se a mim apoiadores e pessoas que haviam colaborado em prol da nutrição e saúde infantil, além de uma dupla de estudantes da turma original do quinto ano da escola Bancroft, agora praticamente adultos. A maior parte da minha equipe estava lá, inclusive Sam Kass, que veio para a ocasião.

Olhando a multidão na horta, fiquei emocionada. Senti-me grata a todas as pessoas da minha equipe que haviam se dedicado totalmente ao nosso trabalho. Eu vira muitos deles assumindo maior responsabilidade e amadurecendo profissional e pessoalmente, mesmo sob os mais implacáveis holofotes. O peso de sermos "o primeiro", "a primeira", "os primeiros" não recaía apenas sobre os ombros da nossa família. Por oito anos, aqueles jovens otimistas — e alguns profissionais experientes — nos deram respaldo. Melissa, que fora minha primeira contratação de campanha, quase uma década antes, e que considerarei uma grande amiga pelo resto da vida, continuou comigo até o final do mandato, bem como Tina, minha admirável chefe de equipe. Kristen Jarvis fora substituída por Chynna Clayton, jovem muito trabalhadora que logo se tornou mais uma irmã mais velha para nossas meninas e foi fundamental para que minha vida corresse sem maiores percalços. Para mim, todas essas pessoas, integrantes e ex-integrantes da equipe, faziam parte da família. E eu tinha muito orgulho do que havíamos feito.

Em todos os vídeos que viralizavam na internet — dançando com Jimmy Fallon, enterrando uma cesta com LeBron James, cantando um rap com Jay Pharoah para incentivar os estudos —, nosso objetivo não era sermos o tópico mais popular do Twitter durante algumas horas; ia além disso. E alcançamos resultados. Agora, 45 milhões de crianças consumiam lanches e almoços mais saudáveis; 11 milhões de estudantes faziam sessenta minutos diários de atividades físicas, no nosso programa Let's Move! Active Schools. Crianças e jovens, no geral, consumiam mais cereais integrais e hortaliças.

O meu trabalho com Jill Biden no Joining Forces ajudava a persuadir empresas a contratar ou oferecer estágios a mais de 1,5 milhão de veteranos de guerra e cônjuges de militares. Dando andamento a uma das primeiras preocupações que eu ouvira durante a campanha, conseguimos acordos de colaboração com todos os cinquenta estados para evitar que a carreira de cônjuges de militares parasse a cada vez que precisassem se mudar.

Na educação, Barack e eu direcionamos bilhões de dólares para facilitar o acesso de meninas de todo o mundo à instrução que elas tanto merecem. Nos Estados Unidos, minha equipe e eu contribuímos para que um maior número de jovens se inscrevesse para o auxílio estudantil, apoiamos os orientadores pedagógicos e elevamos o College Signing Day a uma data de nível nacional.

Barack, enquanto isso, conseguiu reverter a crise econômica mais grave desde a Grande Depressão. Ele ajudou a negociar o Acordo de Paris, relativo à mudança climática, trouxe de volta dezenas de milhares de soldados do Iraque e do Afeganistão e encerrou efetivamente o programa nuclear do Irã. Mais 20 milhões de pessoas ganharam acesso a um plano de saúde. Cumprimos dois mandatos no cargo sem um grande escândalo. Ativemo-nos, nós e todos que trabalharam conosco, aos mais elevados critérios de ética e decência, ao longo de todo o percurso.

Para nós, algumas mudanças eram mais difíceis de avaliar, mas pareciam igualmente importantes. Seis meses antes da cerimônia da horta, Lin-Manuel Miranda, o jovem compositor que eu conhecera num dos primeiros eventos artísticos promovidos na Casa Branca, voltou para se apresentar novamente. Seu riff de hip-hop sobre Alexander Hamilton se tornara um musical de sucesso estrondoso na Broadway, transformando-o em um astro global. *Hamilton* era uma celebração musical da história e da diversidade americanas, mudando nosso entendimento dos papéis que as minorias desempenham na nossa história nacional e ressaltando a importância das mulheres por tanto tempo ofuscadas por homens poderosos.

Lin-Manuel trouxe grande parte do elenco a Washington, um grupo multirracial muito talentoso. Os artistas passaram a tarde com jovens de escolas de ensino médio locais — potenciais dramaturgos, bailarinos e rappers passeando pela Casa Branca, escrevendo letras e improvisando com seus ídolos. No final da tarde, fomos todos juntos assistir a uma apresentação na Sala Leste. Barack e eu nos sentamos na primeira fila, cercados por jovens de todas as etnias e origens, ambos emocionadíssimos quando Christopher Jackson e Lin-Manuel cantaram a balada "One Last Time" como número de encerramento. Ali estavam dois artistas, um negro e outro porto-riquenho, sob um candelabro de 115 anos, rodeados por retratos antigos e imponentes de George e Martha Washington, cantando que se sentiam "em casa nessa nação que fizemos". O poder e a verdade daquele momento permanecem comigo até hoje.

Hamilton me emociona porque trata do tipo de história que eu mesma vivi. É sobre os Estados Unidos que incluem a diversidade. Refleti depois sobre tantos de nós que passamos a vida inteira carregando nossas histórias ocultas, sentindo receio ou vergonha quando nossa verdade não corresponde ao ideal estabelecido. Crescemos sendo bombardeados de mensagens que alegam existir apenas uma maneira de ser americano. Se temos a pele escura ou o cabelo crespo, se não amamos de uma determinada maneira, se falamos outra língua ou nascemos em outro país, então aqui não é o nosso lugar. Até que alguém ouse começar a contar essa história de outra maneira.

Cresci com um pai incapacitado numa casinha pequena, sem muitos recursos, num bairro que ensaiava a decadência, e também cresci rodeada de amor e de música numa cidade múltipla, num país onde a instrução pode nos levar longe. Eu não tinha nada, ou tinha tudo — depende de como você queira contar essa história.

Quando nos aproximávamos do final do governo de Barack, eu pensava nos Estados Unidos dessa mesma forma. Amava meu país, com todas as maneiras como podemos contar sua história. Por quase uma década, tive o privilégio de percorrê-lo, conhecendo suas contradições espantosas e seus conflitos amargos, sua dor e seu persistente idealismo, e, acima de tudo, sua resiliência. A visão que tive foi pouco usual, talvez, mas penso que o que vivi durante aqueles anos foi o mesmo que muitos viveram: uma sensação de progresso, o reconforto da compaixão, a alegria de presenciar o invisível e o não dito encontrarem alguma luz. Um vislumbre do mundo como poderia ser. Esta era nossa aposta de permanência: uma geração rigorosa, que compreendeu o que era possível — e que, para ela, era ainda mais possível. Independentemente do que viesse depois, esta era uma história que podia ser nossa.

EPÍLOGO

BARACK E EU SAÍMOS DEFINITIVAMENTE DA CASA BRANCA em 20 de janeiro de 2017, acompanhando Donald e Melania Trump à cerimônia de posse. Naquele dia, eu sentia tudo ao mesmo tempo: cansaço, orgulho, decepção, impaciência. Porém, tentava manter a postura, pois câmeras de TV acompanhavam cada gesto nosso. Barack e eu estávamos decididos a fazer a transição com elegância e dignidade, para encerrar aqueles oito anos com nossa postura e nossos ideais intocados. Era a hora final.

Naquela manhã, Barack fez uma última visita ao Salão Oval, onde escreveu à mão uma mensagem ao presidente seguinte. Reunimo-nos no andar de Estado para nos despedirmos dos funcionários permanentes da Casa Branca: mordomos, porteiros, chefs de cozinha, arrumadeiras, floristas e tantos outros que cuidaram de nós com carinho e profissionalismo e agora estenderiam essas mesmas cortesias à família que logo mais se mudaria para lá. Essas despedidas foram especialmente penosas para Sasha e Malia. Elas tinham visto muitas daquelas pessoas quase todos os dias por quase metade de suas vidas. Abracei todos e tentei não chorar quando nos deram de presente de despedida duas bandeiras americanas: a que foi hasteada no primeiro dia de Barack na presidência e a que foi hasteada em seu último dia, como símbolos do começo e do fim da experiência da nossa família ali.

Sentada pela terceira vez no palco da posse, na frente do Capitólio, eu tentava segurar as emoções. A vibrante diversidade das duas últimas cerimônias de posse desaparecera. Em seu lugar, havia o tipo de multidão esmagadoramente branca e masculina com que me deparei tantas vezes na vida, sobretudo nos espaços mais privilegiados aos quais eu viera a ter acesso desde que saí da minha casa de infância. O que eu aprendera com a experiência de trabalhar nesses ambientes profissionais — desde o recrutamento de novos advogados para meu antigo escritório de advocacia às contratações para a Casa Branca — é que hegemonia leva a mais hegemonia enquanto não houver um esforço deliberado em contrabalançá-la.

Olhando para as cerca de trezentas pessoas sentadas no palco naquela manhã, os convidados do presidente eleito, ficou claro para mim que dificilmente haveria tal esforço na nova Casa Branca. Alguém do governo Barack poderia dizer que era uma percepção errada, que a cena não refletia a realidade ou os ideais do presidente. Mas, nesse caso, talvez refletisse. Ao me dar conta disso, fiz os ajustes na minha própria imagem: parei sequer de tentar sorrir.

UMA TRANSIÇÃO é exatamente a definição da palavra: a passagem de um estado de coisas a outro. Põe-se a mão sobre a Bíblia, repete-se um juramento. A mobília de um presidente sai para dar lugar à do outro. Esvaziam-se guarda-roupas para logo serem novamente preenchidos. Num piscar de olhos, há novas cabeças em novos travesseiros — novos temperamentos, novos sonhos. E quando o mandato acaba, quando você deixa a Casa Branca para trás, terá de se reencontrar em muitos aspectos.

Estou em um momento de recomeço, em uma nova fase da vida. Pela primeira vez em muitos anos, estou livre de obrigações políticas e de expectativas alheias. Tenho duas filhas praticamente adultas que já não precisam mais tanto de mim. Tenho um marido que não carrega mais o peso da nação sobre os ombros. Minhas responsabilidades de antes — para com Sasha e Malia, Barack, minha carreira e meu país — mudaram e agora me permitem pensar de outra maneira sobre o que virá. Tenho mais tempo para refletir, para ser eu mesma. Continuo avançando e espero não parar.

Para mim, ter uma história não significa chegar a algum lugar ou alcançar algum objetivo. Entendo-a como um movimento adiante, um meio de evoluir, uma maneira de tentar, continuamente, ser uma pessoa melhor. É uma jornada sem fim. Tornei-me mãe, mas ainda tenho muito a ensinar e a aprender com minhas filhas. Tornei-me esposa, mas continuo a me adaptar e a aceitar o verdadeiro significado de amar e construir uma vida com outra pessoa. Tornei-me, em certa medida, uma figura de poder, e mesmo assim há momentos em que ainda me sinto insegura ou desconsiderada.

É um processo, são passos ao longo de um caminho. Escrever sua história exige paciência e rigor em igual medida. Escrever sua história é nunca desistir da ideia de que é necessário avançar.

Como me perguntam isto frequentemente, vou responder aqui, com toda a clareza: não pretendo concorrer a cargos oficiais, jamais. Nunca fui fã de política, e minha experiência nos últimos dez anos pouco contribuiu para mudar minha mente nesse sentido. Continuo a me espantar com a maldade — com a rixa cega entre o azul e o vermelho, essa ideia de que temos que escolher um lado e nos prender a ele, incapazes de ouvir e ceder, às vezes até de ser cortês. Acredito de fato que a política, em sua melhor forma, pode ser um meio para mudanças positivas, mas não é minha praia.

Isso não significa que eu não me interesse profundamente pelo futuro do nosso país. Desde que Barack deixou o cargo, tenho lido notícias que reviram meu estômago. À noite, fico acordada na cama, furiosa com o que anda acontecendo. É angustiante ver como o comportamento e a agenda política do atual presidente têm levado muitos americanos a duvidarem de si mesmos e a duvidarem e temerem uns aos outros. É penoso ver programas compassivos, montados com tanto cuidado, sofrerem retrocessos, enquanto se perdem alguns dos nossos aliados mais próximos e os setores vulneráveis da sociedade ficam expostos e são desumanizados. Às vezes me pergunto a que ponto vamos chegar.

No entanto, não permito a desesperança. Nos momentos de maior aflição, respiro fundo e relembro a dignidade e a decência de tantas pessoas que encontrei ao longo da vida, os inúmeros obstáculos que já foram vencidos. Espero que outros façam o mesmo. Todos nós temos um papel na democracia. Precisamos nos lembrar do poder de cada voto. Continuo conectada a uma força que é maior e mais poderosa do que qualquer eleição, qualquer dirigente ou qualquer noticiário: o otimismo. Para mim, é uma forma de fé, uma resposta ao medo. No pequeno apartamento da minha família na Euclid Avenue, o otimismo era abundante. Eu o via no meu pai, que se locomovia como se não tivesse nenhum problema físico, como se a doença que um dia lhe tiraria a vida simplesmente não existisse. Eu via o otimismo na obstinada confiança que minha mãe depositava em nosso bairro, em sua decisão de manter suas raízes ali, mesmo quando o medo levou muitos vizinhos a recolherem seus pertences e irem embora. O otimismo foi também o que primeiro me atraiu em Barack quando ele apareceu no escritório de advocacia, com um largo sorriso cheio de esperança. Mais tarde, foi o otimismo que me ajudou a vencer minhas dúvidas e vulnerabilidades, o suficiente para ter confiança de que minha família conseguiria continuar segura e também feliz, mesmo enquanto levasse uma vida pública.

E o otimismo é o que me ajuda hoje. Como primeira-dama, eu o vi em lugares surpreendentes. O otimismo acompanhava o soldado ferido no Walter Reed, que rejeitava a piedade, relembrando a todos que era forte e positivo. O otimismo estava em Cleopatra Cowley-Pendleton, que direcionou parte de seu luto pela filha na luta por mudanças na legislação que rege o porte de armas de fogo. Estava também na assistente social da escola Harper que fazia questão de anunciar a todo volume seu amor e apreço pelos alunos toda vez que cruzava com eles no corredor. E está no coração dos jovens, que todos os dias acordam acreditando na bondade, na magia do que pode existir. Juntos, manteremos a força e continuaremos batalhando para criar um mundo mais justo e humano. Precisamos permanecer firmes e esperançosos, e reconhecer que ainda há muito para avançar.

Hoje, há retratos de mim e de Barack na National Portrait Gallery, em Washington. Isso muito nos lisonjeia. Quem visse nossa infância dificilmente imaginaria que um dia estaríamos em um museu de arte. São belas pinturas, mas o que realmente importa é que os jovens as vejam — que nossos rostos ajudem a mudar a ideia de que só quem tem determinada aparência pode ser parte importante da história. Se Barack e eu temos um lugar ali, então muitos outros também podem ter.

Sou uma pessoa comum que se viu numa jornada extraordinária. Ao contar minha história, espero abrir espaço para mais histórias e mais vozes, ampliar o caminho para todas as pessoas e causas que pertencem a esse lugar. Tive a sorte de entrar em castelos de pedra, em escolas urbanas e cozinhas de Iowa, apenas tentando ser eu mesma, apenas tentando criar conexões. A cada porta que se abriu para mim, procurei abrir a minha a outros. Por fim, o que tenho a dizer é o seguinte: convidemo-nos uns aos outros a entrar. Assim talvez possamos começar a temer menos, a julgar menos, a abandonar os preconceitos e estereótipos que criam divisões desnecessárias. Assim talvez possamos abraçar o que temos em comum. O que importa não é a perfeição. O que importa não é o destino final. Há poder em se fazer conhecer e ouvir, em ter sua própria história, em usar sua voz autêntica. E há beleza em se dispor a conhecer e ouvir os outros. Para mim, é assim que construímos nossa história.

AGRADECIMENTOS

COMO EM TUDO O QUE FIZ NA VIDA, ESTAS MEMÓRIAS não teriam sido possíveis sem o amor e o apoio de muitas pessoas.

Eu não seria quem sou hoje sem a presença constante e o amor incondicional de minha mãe, Marian Shields Robinson. Ela sempre foi minha âncora, concedendo-me a liberdade de ser quem sou, mas sempre me mantendo com os pés no chão. Seu amor irrestrito pelas minhas meninas e sua disposição em colocar nossas necessidades à frente das suas deram-me a confiança e a tranquilidade de me arriscar no mundo, sabendo que minhas filhas estavam rodeadas de carinho e segurança em casa.

Meu marido, Barack, meu amor, meu parceiro há 25 anos e o pai extremamente amoroso e dedicado de nossas filhas, tem sido um companheiro de vida que eu mal conseguiria imaginar. Nossa história ainda prossegue, e aguardo ansiosa pelas muitas aventuras que virão. Agradeço-lhe a ajuda e os conselhos para este livro… agradeço-lhe por ler os capítulos com atenção e paciência e por saber exatamente quando dar palpites gentis.

E meu irmão, Craig — por onde começo? Você é meu protetor desde o dia em que nasci. É quem mais me fez dar risada neste mundo. É o melhor irmão que uma irmã poderia querer, além de filho, marido e pai atencioso e amoroso. Obrigada por todas as horas que passou com minha equipe, repassando as memórias de nossa infância. Algumas de minhas melhores lembranças escrevendo este livro serão os momentos que passamos juntos, com mamãe, sentados na cozinha, revivendo tantas coisas antigas.

Eu não teria como concluir este livro durante a minha vida sem a equipe de colaboradores incrivelmente talentosa, que simplesmente adoro. Quando conheci Sara Corbett, alguns anos atrás, sabia apenas que ela era muito respeitada por meu editor e que não entendia quase nada de política. Hoje eu confiaria minha vida a ela, não só porque tem uma inteligência inquisitiva e assombrosa, mas porque é uma pessoa essencialmente boa e generosa. Espero que este seja apenas o começo de uma longa amizade.

Tyler Lechtenberg foi um integrante valioso do mundo dos Obama por mais de uma década. Ele entrou em nossa vida como uma das centenas de jovens organizadores de campo de Iowa e desde então está conosco como assessor de confiança. Acompanhei sua carreira e o vi se tornar um excelente escritor com um futuro incrivelmente brilhante.

E há minha editora, Molly Stern, cujo entusiasmo, energia e paixão me atraíram instantaneamente. Com sua fé inabalável em meu projeto para este livro, Molly me manteve sempre animada. Minha eterna gratidão a ela e a toda a equipe da Crown, incluindo Maya Mavjee, Tina Constable, David Drake, Emma Berry e Chris Brand, que acompanharam o trabalho desde o início. Amanda D'Acierno, Lance Fitzgerald, Sally Franklin, Carisa Hays, Linnea Knollmueller, Matthew Martin, Donna Passanante, Elizabeth Rendfleisch, Anke Steinecke, Christine Tanigawa, Dan Zitt, todos eles contribuíram para a existência de *Minha história*.

Para esta edição para jovens leitores, gostaria de acrescentar meus agradecimentos à equipe da Delacorte Press/ Random House Children's Books, que inclui Beverly Horowitz, Rebecca Gudelis, Jake Eldred, Alison Kolani, Andrea Lau, April Ward, Denise DeGennaro, Tim Terhune,

Linda Palladino, Judith Haut, Barbara Marcus e Felicia Frazier, bem como as equipes de marketing, publicidade, vendas e direitos estrangeiros, e David Drake, Emma Berry, Chris Brand e Madison Jacobs, da Crown, por suas contribuições contínuas.

Quero também agradecer a Markus Dohle por colocar todos os recursos da Penguin Random House por trás deste trabalho gratificante.

Eu não me sairia bem neste mundo como mãe, esposa, amiga e profissional sem minha equipe. Todos os que me conhecem bem sabem que Melissa Winter é a segunda metade de meu cérebro. Mel, obrigada por estar a meu lado ao longo de todo esse processo. E, mais importante, obrigada por amar tanto a mim e a minhas meninas. Não existo sem você.

Melissa é a chefe da minha equipe pessoal. Esse grupo pequeno, mas poderoso, de mulheres inteligentes e dedicadas é que garante que eu esteja sempre focada: Caroline Adler Morales, Chynna Clayton, MacKenzie Smith, Samantha Tubman e Alex May Sealey.

Bob Barnett e Deneen Howell da Williams and Connolly foram guias inestimáveis no processo editorial, e lhes agradeço o apoio e as recomendações. Um agradecimento especial a todos os que me ajudaram a criar este livro em muitos outros aspectos: Pete Souza, Chuck Kennedy, Lawrence Jackson, Amanda Lucidon, Samantha Appleton, Kristin Jones, Chris Haugh, Arielle Vavasseur, Michele Norris e Elizabeth Alexander.

Além disso, quero agradecer à incrivelmente talentosa Ashley Woolheater pelas pesquisas exaustivas e a Gillian Brassil pela checagem minuciosa dos dados. Muitos integrantes de minha antiga equipe também ajudaram a confirmar datas e detalhes importantes ao longo desse processo — são numerosos demais para citar um a um, mas sou grata a todos eles.

Agradeço a todas as mulheres maravilhosas em minha vida que me mantiveram motivada. Vocês sabem quem são e o que significam para mim… minhas amigas, minhas mentoras, minhas "outras filhas"… e um agradecimento muito especial a Mama Kaye. Todas vocês me auxiliaram durante esse processo de escrita e me ajudaram a me tornar uma mulher melhor.

O ritmo frenético de minha vida como primeira-dama deixava pouco tempo para registros tradicionais. É por isso que agradeço muito à minha querida amiga Verna Williams, atualmente reitora interina e docente de direito na Faculdade de Direito da Universidade de Cincinnati. Fiz muito uso das 1100 páginas, aproximadamente, de transcrições de nossas conversas semestrais gravadas durante nossos anos na Casa Branca.

Tenho muito orgulho de tudo o que fizemos na Ala Leste. Quero agradecer a todos os homens e mulheres que dedicaram a vida a ajudar nossa nação, os membros do Gabinete da Primeira-Dama — cuidando dos programas de ação, montando as agendas, administrando, integrando a assessoria de imprensa, escrevendo discursos, cuidando de eventos sociais e da correspondência. Agradeço às equipes, aos servidores públicos da Casa Branca e aos funcionários que foram responsáveis por montar todas as minhas iniciativas — Let's Move!, Reach Higher, Let Girls Learn e, claro, Joining Forces.

O Joining Forces sempre terá um lugar especial em meu coração porque me permitiu um raro contato com a força e a superação de nossa excepcional comunidade militar. A todos os militares, veteranos e famílias de militares, agradeço-lhes por seus serviços e sacrifícios em prol do país que todos nós amamos. À dra. Jill Biden e toda a sua equipe — foi realmente uma dádiva e uma alegria trabalhar ao lado de todos vocês nessa iniciativa tão importante.

A todos os líderes e defensores da área pedagógica e nutricional, agradeço por realizarem o trabalho diário, árduo e ingrato, de garantir que todas as nossas crianças tenham o amor, o apoio e os recursos de que precisam para alcançar seus sonhos.

Agradeço a todos os integrantes do Serviço Secreto dos Estados Unidos, assim como a suas famílias, cujo sacrifício diário lhes permite cumprirem tão bem seus deveres. Especialmente aos que serviram e continuam a servir a minha família, minha eterna gratidão pela dedicação e pelo profissionalismo. Agradeço às centenas de homens e mulheres que se empenham diariamente em fazer da Casa Branca um lar para as famílias que têm o privilégio de residir em um dos nossos mais estimados monumentos — porteiros, chefs de cozinha, mordomos, floristas, jardineiros, arrumadeiras e equipes técnicas. Sempre serão uma parte importante da nossa família.

Por fim, quero agradecer a todos os jovens que conheci durante o período em que fui a primeira-dama. A todas as jovens almas promissoras que tocaram meu coração ao longo desses anos — aos que ajudaram a cultivar minha horta, aos que dançaram, cantaram, cozinharam e partilharam as refeições comigo; aos que se mantiveram abertos ao amor e à orientação que eu tinha a oferecer; aos que me deram milhares de abraços gostosos e calorosos, abraços que ergueram meu ânimo e me permitiram prosseguir mesmo em meus momentos mais difíceis. Agradeço por me darem sempre uma razão para ter esperança.

CRÉDITOS DAS IMAGENS

CADERNO DE FOTOS 1
Todas as fotografias são cortesia do arquivo da família Obama-Robinson.

CADERNO DE FOTOS 2
Página 1: (*acima*) Cortesia da Faculdade de Medicina da Universidade de Chicago; (*abaixo*) Cortesia do arquivo da família Obama-Robinson.

Página 2: (*acima*) © David Katz, 2004; (*centro*) © Anne Ryan, 2007; (*abaixo*) © Callie Shell/Aurora Photos.

Página 3: (*acima*) Cortesia do arquivo da família Obama-Robinson; (*centro*) © Spencer Platt/Getty Images; (*abaixo*) © David Katz, 2008.

Página 4: Foto de Chuck Kennedy, McClatchy/Tribune.

Página 5: © Mark Wilson/Getty Images.

Página 6: (*acima*) Foto oficial da Casa Branca por Joyce N. Boghosian; (*centro*) Foto oficial da Casa Branca por Pete Souza; (*abaixo*) © Karen Bleier/AFP/Getty Images.

Página 7: (*acima e abaixo*) Foto oficial da Casa Branca por Chuck Kennedy.

Página 8: (*acima e centro*) Foto oficial da Casa Branca por Pete Souza; (*abaixo*) Foto oficial da Casa Branca por Samantha Appleton.

CADERNO DE FOTOS 3

Página 1: (*acima*) Foto oficial da Casa Branca por Sonya Hebert; (*centro*) Foto oficial da Casa Branca por Lawrence Jackson; (*abaixo*) Foto oficial da Casa Branca por Amanda Lucidon.

Página 2: Foto oficial da Casa Branca por Samantha Appleton.

Página 3: (*acima*) Foto oficial da Casa Branca por Chuck Kennedy; (*centro e abaixo*) Foto oficial da Casa Branca por Pete Souza.

Página 4: (*acima*) Foto oficial da Casa Branca por Chuck Kennedy; (*centro e abaixo*) Foto oficial da Casa Branca por Pete Souza.

Página 5: (*acima*) Foto oficial da Casa Branca por Samantha Appleton; (*abaixo*) Foto oficial da Casa Branca por Pete Souza.

Página 6: Cortesia do arquivo da família Obama-Robinson.

Página 7: Foto oficial da Casa Branca por Lawrence Jackson.

Página 8: Foto oficial da Casa Branca por Pete Souza.

ESTA OBRA FOI COMPOSTA POR OSMANE GARCIA FILHO EM MINION
E IMPRESSA PELA LIS GRÁFICA EM OFSETE SOBRE PAPEL PÓLEN SOFT DA
SUZANO S.A. PARA A EDITORA SCHWARCZ EM FEVEREIRO DE 2021

A marca FSC® é a garantia de que a madeira utilizada na fabricação do papel deste livro provém de florestas que foram gerenciadas de maneira ambientalmente correta, socialmente justa e economicamente viável, além de outras fontes de origem controlada.